Dorothee Beck / Hartmut Meine
Armut im Überfluss

Dorothee Beck / Hartmut Meine

Armut im Überfluss

Nachrichten aus einer gespaltenen Gesellschaft

Steidl

1. Auflage 2007
Copyright © Steidl Verlag, Göttingen 2007
Alle Rechte vorbehalten
Umschlaggestaltung: Steidl Design/Claas Möller
Grafiken: Karsten Meier
Satz, Druck, Bindung:
Steidl, Düstere Str. 4, 37073 Göttingen
www.steidl.de
Printed in Germany
ISBN 978-3-86521-426-3

Inhalt

Einleitung

»Sie kennen das beste Olivenöl der Welt noch nicht? Aber ich!« Diese Botschaft stand handgeschrieben auf Pappschildern, die die italienische Firma Zabbara Obdachlosen in neun deutschen Städten zu Werbezwecken um den Hals hängte. In der Pressemitteilung hieß es: »Männer, die kein festes Dach über dem Kopf haben, für die es nicht selbstverständlich ist, sich täglich mehrmals ein Essen leisten zu können, erklärten sich bereit, für das Edelprodukt Zabbara Werbung zu machen. Außergewöhnlicher kann Reklame nun wirklich nicht sein!« – Geschmackloser auch nicht.

Bei der Eröffnung eines Weinfestes in Bremen im Mai 2005 machte sich der damalige Wirtschaftssenator Peter Gloystein einen Spaß daraus, einem Obdachlosen Sekt über den Kopf zu kippen. Der CDU-Politiker musste sich entschuldigen und zurücktreten. Der Zeitung mit den großen Buchstaben gelang es, Gloysteins Entgleisung noch zu toppen. Sie setzte den Politiker und sein Opfer an einen Bistrotisch und legte dem Tippelbruder den Satz in den Mund: »Jetzt sind wir beide beschissen dran.«

Am 11.07.2005 gab es auf *FAZ.net* drei Schlagzeilen: »Dax steigt auf Mehrjahreshoch«, »DIW sieht geringes BIP-Wachstum im zweiten Quartal« und »Im Jahresschnitt 4,75 Millionen Arbeitslose erwartet«. An derlei Gleichzeitigkeiten haben wir uns gewöhnt. Aufsehen würde allenfalls die Überschrift erregen: »Dax fällt wegen Massenarbeitslosigkeit«.

Immer mehr Menschen droht der soziale Abstieg. Der Ingenieur beim Handy-Hersteller BenQ, der noch zu Siemens-Zeiten Verzicht übte, um seinen Arbeitsplatz zu retten, landet jetzt doch auf der Straße. Nach zwölf Monaten hat er nur noch Arbeitslosengeld (Alg) II. Wie kommt ein Mensch mit so wenig Geld zurecht? Und wie fühlt sich einer, der nur noch für einen Euro jobbt?

Armut ist sichtbarer Alltag im drittreichsten Land der Erde: Der Bettler in der Fußgängerzone, die Drogenabhängige, die im Glascontainer nach Pfandflaschen angelt, die überfüllten Wartezonen der Alg-II-Behörden. Im drittreichsten Land der Erde gehen Kinder an Armut zugrunde, wie im Oktober 2006 der zweijährige Kevin, den sein von Drogen und Alg II abhängiger Vater zu Tode prügelte, während die Sozialbehörden in Bremen wegschauten. Wie wachsen Kinder auf, die Armut im Überfluss am eigenen Leib erfahren, deren Eltern nicht einmal das Kopiergeld in der Schule bezahlen können? Was sagen diese Menschen zu den Managergehältern, die mehr als 100- oder 150-mal so hoch sind wie ein Durchschnittsverdienst? Woher kommt dieses Geld? Wer hat es verdient? Die Manager? Ihre Beschäftigten? Oder wir alle? Und woher haben die 100 Milliardäre in Deutschland ihr Geld? Kann man durch Arbeit eine Milliarde verdienen? Solche Fragen zu beantworten ist gar nicht so einfach. Es gibt zwar mehrere Statistiken zum Thema. Doch die haben unterschiedliche Berechnungsgrundlagen, sind nicht vergleichbar oder widersprechen sich sogar. Teilweise verschleiern sie mehr, als sie offenlegen.

Trotz der Gegensätze, oder vielleicht gerade deswegen, ist soziale Gerechtigkeit den meisten Menschen in Deutschland nach wie vor der wichtigste gesellschaftliche Wert. Wir ärgern uns über die Selbstbedienungsmentalität von Bundestagsabgeordneten, die nach 23 Jahren im Parlament eine Altersvorsorge von gut 4.700 Euro mitnehmen, für die ein Durchschnittsverdiener 180 bis 200 Jahre arbeiten müsste. Doch diese 4.700 Euro verdient der Chef der Deutschen Bank Josef Ackermann in einer guten Stunde. Wir ärgern uns über Ackermann, der 13,06 Millionen Euro im Jahr einstreicht und Tausende Beschäftigte vor die Tür setzt. Doch diese 13,06 Millionen sind gerade mal 12,1 Prozent des Jahreseinkommens von Michael Schumacher. Die 108 Millionen des ehemaligen Formel-1-Piloten wiederum machen nur ein Drittel der Summe aus, die die zwei reichsten Deutschen Karl und Theo Albrecht pro Jahr sparen, weil die Vermögensteuer ausgesetzt ist.

Ohne Vermögensteuer gibt es keine Vermögensteuerstatistik. Das ist einer der Gründe, warum wir über Deutschlands Superreiche relativ wenig wissen. Wer einen zweistelligen Milliarden- oder dreistelligen Millionenbetrag auf Bankkonten und in Wertpapierdepots hat, lebt zurückgezogen und gut geschützt vor einer allzu neugierigen Öffentlichkeit. Die 100 Milliardäre und 700.000 Vermögensmillionäre sind gemeint, wenn wir die Wiedereinführung der Vermögensteuer fordern. Mit der jährlichen Vermögensteuer der zehn reichsten Deutschen ließe sich zum Beispiel der Sparerfreibetrag, den die Bundesregierung Anfang 2007 halbiert hat, komplett weiterfinanzieren.

8

Der ersten rot-grünen Bundesregierung kommt das Verdienst zu, eine Armuts- und Reichtumsberichterstattung in Deutschland initiiert zu haben. Der erste Bericht, 2001 vorgelegt, dokumentierte die soziale Kluft, die 16 Jahre Kohl-Regierung hatten aufreißen lassen. Doch zeigte Rot-Grün nur mäßigen Willen, den Reichtum genauer zu beleuchten. Analysiert wurde lediglich das Privatvermögen, Produktivvermögen blieb hingegen ausgespart. Und Konsequenzen hatten die dürren Zahlen auch nicht. Die Schröder-Regierung brach ihr Wahlkampfversprechen, die Vermögensteuer wieder einzuführen.

Der zweite Armuts- und Reichtumsbericht von 2005 belegte nicht nur, dass die soziale Spaltung unserer Gesellschaft auch unter Rot-Grün tiefer geworden war, sondern dokumentierte zudem die programmatische Wende der Sozialdemokratie. Die Ursachen der sozialen Polarisierung blieben ausgeblendet. Statt materieller Verteilungsgerechtigkeit wurden nur gleiche Start- und Teilhabechancen propagiert.

Die sogenannte Heuschreckendebatte, mit der der damalige SPD-Chef Franz Müntefering im Mai 2005 das menschenverachtende Geschäftsgebaren von Private-Equity- und Hedgefonds kritisierte, diente da nur als soziale Beruhigungspille einer SPD-Spitze, die ansonsten den Schulterschluss mit dem neoliberalen Zeitgeist probte.

Neoliberalismus ist einer der Begriffe, der durch inflationären Gebrauch zur Typisierung jeder Art von unsozialer Politik in Gefahr ist, wertlos zu werden. In diesem Buch bezeichnet Neoliberalismus eine politische Ideologie, die auf einer einzelwirtschaftlichen Betrachtung der Volkswirtschaft wie auch von immer mehr Bereichen des sozialen Lebens fußt. Märkte und Wettbewerb sind in dieser Ideologie die effektivsten wirtschaftlichen und gesellschaftlichen Handlungsfelder und Instrumente. Das beste Resultat für das gesellschaftliche Ganze entstehe, wenn jeder eigennützig handle. Daher könne niemand für das Gesamtresultat verantwortlich gemacht werden. »So etwas wie eine Gesellschaft gibt es nicht. Es gibt nur Individuen«, dozierte Großbritanniens Eiserne Lady Margaret Thatcher bereits in den 1980er Jahren.

Ungleichheit ist die quasi natürliche Folge. Soziale Gerechtigkeit bezeichnete der neoliberale Vordenker Friedrich Hayek als »Unsinn«. Politik und Staat haben sich in der neoliberalen Ideologie darauf zu beschränken, die Freiheit der Märkte zu garantieren. Die politischen

Folgen sind die Deregulierung von rechtlichen, wirtschaftlichen, sozialen und ökologischen Rahmenbedingungen, die Privatisierung von Einrichtungen der öffentlichen Daseinsvorsorge, besonders der sozialen Sicherungssysteme und daraus folgend die Kürzung von sozialstaatlichen Leistungen auf das reine Existenzminimum. Arbeitsrecht und Tarifverträge stören nur im freien Spiel der Kräfte des Marktes. Sie sollen entweder ihrer Schutzfunktion beraubt oder ganz abgeschafft werden.

Damit die Bevölkerungsmehrheit die sozialen Konsequenzen dieses Raubbaus schluckt, wird Verzicht gepredigt. »Wir müssen wieder zu der alten Wahrheit zurückfinden, dass nur der den Weg zur Freiheit erfolgreich beschreitet, der bereit ist, sich unterzuordnen, Verzicht zu üben und allmählich zu Selbstdisziplin und zu sich selbst zu finden.« Das schreibt Bernhard Bueb. Doch gehört der Pädagoge nicht zu denen, die Verzicht am eigenen Leib erfahren. Bueb leitete lange Jahre das Eliteinternat Schloss Salem am Bodensee, das rund 30.000 Euro Schulgebühren im Jahr kostet – nichts für Leute, die Verzicht üben müssen. Zitiert wird Bueb ausgerechnet in einem Arbeitspapier, das das arbeitgebernahe Institut der deutschen Wirtschaft Köln gemeinsam mit der Bundesarbeitsgemeinschaft Schule Wirtschaft zum Thema Soziale Marktwirtschaft herausgegeben hat. Verzicht soll Jugendlichen schon in der Schule eingetrichtert werden.[1]

In Deutschland haben alle Parteien außer der Linken neoliberales Gedankengut ganz oder teilweise in ihre Programmatik und Politik integriert und beten die gleichen Dogmen herunter: »Wir« leben über unsere Verhältnisse und auf Kosten der kommenden Generation; der Sozialstaat ist zu teuer; wenn es »der« Wirtschaft gut geht, geht es auch »uns« gut; die Unternehmenssteuern müssen gesenkt werden, damit der Standort Deutschland wettbewerbsfähig bleibt; Löhne und Lohnnebenkosten müssen gesenkt werden, damit die Unternehmen Arbeitsplätze schaffen. Allenfalls von der SPD-Linken kommen noch vernehmbar Widerworte.

In den neoliberalen Mainstream gehört auch der Vorwurf, wer die ungleiche Verteilung des gesellschaftlichen Wohlstands zum Thema mache, schüre den »Sozialneid«. Schon der Begriff ist Unsinn. Neid ist, wenn ich etwas haben will, was ein anderer besitzt. Das verstößt gegen eines der zehn Gebote: Du sollst nicht begehren deines Nächsten Haus, Weib, Knecht, Magd, Rind, Esel... Aber was soll in diesem

Zusammenhang der Begriff »sozial«? Weder »sozialer Neid« noch »Neid aufs Soziale« ergeben irgendeinen Sinn. Sozialneid ist nichts anderes als eine Worthülse, mit der die Diskussion über Verteilungsgerechtigkeit mit einem Tabu belegt werden soll.

Neoliberale Dogmen stehen in teilweise groteskem Widerspruch zur Realität: Deutschland ist seit Jahren Exportweltmeister und liegt beim Standort-Ranking der Unternehmensberatung Ernst & Young auf dem dritten Platz weltweit. Die Unternehmenssteuern sind niedrig wie in kaum einem anderen westlichen Industrieland, die Realeinkommen stagnieren. Dennoch verharrt die Massenarbeitslosigkeit auf hohem Niveau. Trotz der offensichtlichen Wirkungslosigkeit stellen politischer Mainstream, Wirtschaftsvertreter und viele Medien in unheiliger Allianz die Dogmen mit Verweis auf »den Aufschwung« als alternativlos und erfolgreich dar.

Doch was passiert, wenn der Misserfolg dieser scheinbar alternativlosen Rosskur nicht mehr zu vertuschen ist? Die Folgen lassen sich in den Zugewinnen neonazistischer Parteien ablesen, die die Verniedlichung als »Protest« längst hinter sich gelassen haben und in manchen Gegenden im Nordosten der Republik das gesellschaftliche Leben beherrschen. Die Folgen zeigen sich aber vor allem in einer sozial abgehängten Schicht, die in verfestigter Armut lebt und jegliche Chance auf Aufstieg verloren hat.

»Wasserprediger und Weintrinker« hieß unser erstes Buch darüber, »wie Reichtum vertuscht und Armut verdrängt wird«. Der Dichter Heinrich Heine hat damit in seinem *Wintermärchen* die Doppelzüngigkeit der Herrschenden des Jahres 1844 in Deutschland gebrandmarkt:

> Ich kenne die Weise, ich kenne den Text
> Ich kenn' auch die Herren Verfasser;
> Ich weiß, sie tranken heimlich Wein
> Und predigten öffentlich Wasser.

Zehn Jahre und eine rot-grüne Koalition nach Erscheinen der »Wasserprediger« sind unsere pessimistischen Prognosen noch übertroffen, die Hoffnung vieler Menschen auf eine sozial gerechtere Politik bitter enttäuscht worden. Reichtum wird zwar immer noch vertuscht, Armut aber längst nicht mehr verdrängt, sondern legitimiert. Die Reichen sind reicher und zahlreicher. Die Armen sind ärmer und zahlreicher. Dazwischen lebt eine Mittelschicht, von der nur eine Minderheit auf einen dauerhaft gesicherten Lebensstandard oder sogar auf Aufstieg hoffen darf, während die Mehrheit sich von der näher rückenden Armut bedroht fühlt.

Wer die »Wasserprediger« gelesen hat, dem ist die Struktur des vorliegenden Buches bekannt. Dennoch ist es mehr als eine aktualisierte Neuauflage. Zu sehr hat sich dieses Land mit Hartz IV und anderen Repressalien verändert. Erneut werfen wir einen Blick in die Taschen der Reichen und Superreichen. Erneut schildern Menschen ihre Lebenssituation. Die Beschreibungen sind Momentaufnahmen, zu unterschiedlichen Zeitpunkten protokolliert. Das Leben dieser Menschen ist in der Zwischenzeit weitergegangen. Dennoch bleiben die Schilderungen beispielhaft für eine gesellschaftliche Entwicklung, die wir nicht hinnehmen wollen, weil sie eben nicht alternativlos und naturgegeben ist.

Berlin: Sozialwohnungen für Superreiche

Das Recht in seiner majestätischen Gleichheit verbiete Armen wie Reichen, unter Brücken zu schlafen, schrieb der französische Literaturnobelpreisträger Anatol France. Nicht nur unter Brücken, auch in der Altstadt von Berlin-Spandau sind »Lagern, Nächtigen und Alkoholverzehr verboten. Zuwiderhandlungen werden mit Bußgeld bis zu 10.000 Euro bestraft.« 10.000 Euro! Wer so viel Geld übrig hat, schläft nicht auf der Parkbank. Und wer unter Brücken nächtigt, hat keine 10.000 Euro für ein Bußgeld, sondern sitzt die Buße im Gefängnis ab. Da hat er dann wenigstens ein Dach über dem Kopf.

»Die Zahl der Wohnungslosen in Berlin wird weiter steigen«, sagt Christian Linde. Er muss es wissen. Linde ist Chefredakteur der *motz*, der Obdachlosenzeitung der Hauptstadt. Als Gründe nennt er zunehmende Armut, Mietschulden und Änderungen im Mietrecht, die es Vermietern erleichtern, jemanden auf die Straße zu setzen.

10.000 Euro – nicht einmal die Präsidentensuite im Berliner Luxushotel Adlon kostet so viel wie das Sternenhimmelbett in einer Fußgängerzone der Hauptstadt. Für die Zimmerflucht mit Wohn-, Ess- und zwei Schlafzimmern inklusive je einem Bad, mit Büro, Privatsauna und Blick aufs Brandenburger Tor muss man pro Nacht 8.500 Euro berappen – ohne Frühstück. Für ein Zimmer in der einfachsten »Executive«-Kategorie, 35 Quadratmeter mit Wireless-LAN, Highspeed-Internet und Flachbildschirm, werden »nur« 380 Euro berechnet, egal ob allein oder zu zweit. Mit 10.000 Euro lassen sich 23 Nächte inklusive Frühstück finanzieren. Wer aufs Frühstück vom Feinschmeckerbüfett für 32 Euro verzichtet, darf 26-mal im Adlon schlafen.

Einen 15-minütigen Spaziergang weiter östlich befindet sich am August-Bebel-Platz das nicht minder luxuriöse Hotel de Rome mit seiner Bebel Bar, benannt nach dem Gründer der ersten sozialdemokratischen Partei in Deutschland. Die Hauptstadt liebt derlei Ironien. Am Alexanderplatz residiert die Zentrale der in Landesbank Berlin Holding umbenannten Bankgesellschaft Berlin (BGB). – Ausgerechnet in dem Geschäftshaus, das den Namen des Schriftstellers Alfred Döblin trägt. Döblin erzählt in seinem Großstadtroman »Berlin Alexanderplatz«, wie es dem »kleinen Mann« Franz Biberkopf misslingt, in der schillernden 20er-Jahre-Metropole »sauber« zu bleiben. 60 Jahre später macht sich am anderen Ende der Gesellschaft das Management der Bankgesellschaft die Hände schmutzig. Traumhafte Renditegarantien für Immobilienfonds und andere unseriöse und riskante Kredit- und Immobiliengeschäfte bringen die landeseigene Bank 2001 an den Rand des Ruins und lösen den größten Bankenskandal der Republik aus.

Andernorts in Berlin lässt die soziale Kälte den ironischen Witz der Gegensätze einfrieren. In der Oranienstraße in Kreuzberg blockiert eine schwarze Stretchlimousine mit rotem Blumenbouquet auf der Kühlerhaube den Verkehr – eine türkische Hochzeit. Die Oranienstraße sei *die* Armutsstraße der Hauptstadt, sagt Christian Linde. Auf dem Kiez lebten 40 Prozent der Menschen von Stütze, 60 Prozent der ausländischen Jugendlichen hätten keinen Schulabschluss.

In Kreuzberg und einigen anderen Stadtteilen ballen sich die sozialen Probleme Berlins. Die Perspektivlosigkeit von Arbeitslosen, Jugendlichen ohne Ausbildungsplatz, Migrantinnen und Migranten ist an jeder Straßenecke greifbar. In diesen Quartieren leben ein Viertel der BerlinerInnen, aber ein Drittel der Arbeitslosen, annähernd die Hälfte der Menschen ohne deutschen Pass und mehr als die Hälfte der arbeitslosen AusländerInnen; und obendrein die meisten Kinder in der ansonsten kinderarmen Hauptstadt.[1]

Berlin driftet sozial auseinander: In Kreuzberg sind 28,1 Prozent der Bevölkerung arm, in Zehlendorf vier Prozent.[2] In Neukölln sind 23,8 Prozent arbeitslos, in Treptow-Köpenick 13,3 Prozent. In Kreuzberg und Neukölln wohnen Menschen in heruntergekommenen Sozialwohnungen aus den 70er Jahren. In Zehlendorf und Steglitz leben diejenigen, die an deren Finanzierung verdient haben – nicht immer legal, wie die stets wiederkehrenden Bauskandale belegen.

Der jüngste Fall ist der Berliner Bankenskandal. Die Immobilien- und Baumanagement GmbH, eine Tochter der Bankgesellschaft Berlin, hatte mit geschlossenen Immobilienfonds gedealt und traumhafte Konditionen zugesichert. Die ZeichnerInnen erhielten eine 25-jährige Miet- und damit Renditegarantie – branchenüblich sind fünf Jahre – und können am Ende der Laufzeit des Fonds ihre Anteile zum Nominalwert zurückgeben.[3] Für Schrottimmobilien, wie das ZDF-Magazin *Frontal 21* aufdeckte. Für die Risiken stand das Land Berlin als Haupteigentümer der Bank gerade. Weil die Fonds bis heute die garantierten Mieten oft nicht realisieren konnten und Kredite für weitere Immobiliengeschäfte faul wurden, rutschte die BGB immer tiefer in die Krise. Im Jahr 2001 musste der Senat 1,8 Milliarden Euro nachschießen, um die Insolvenz zu verhindern. Damit war der Skandal nicht mehr zu vertuschen.

Rund 70.000 FondszeichnerInnen profitieren noch heute von den sagenhaften Garantien, während in Berlin die Bildungs-, Sozial- und Kulturinfrastruktur rasiert wird. Unter den Anteilseignern der Fonds fanden sich prominente Namen aus Politik, Wirtschaft und Gesellschaft. Einige packte das schlechte Gewissen, sie gaben ihre Anteile zurück. Die meisten konnten sich dazu nicht aufraffen und bestehen auf der Einhaltung der Verträge oder verhandeln mit dem Berliner Senat über eine Abfindung. Benedict Ugarte Chacón von der Initiative Berliner Bankenskandal bringt die Problematik des anonymen Geldscheffelns auf den Punkt: »Warum sollte ein Arzt in Stuttgart auf seine Rendite verzichten, bloß weil in Berlin das Sozialticket der Verkehrsgesellschaft teurer wird?«

Zwar stürzte der Chef der BGB-Tochter Berlin Hyp und CDU-Politiker Klaus Landowsky über den Skandal. Auch der Vorstandsvorsitzende der Bankgesellschaft Wolfgang Rupf und weitere Manager mussten ihre Posten räumen und wurden wegen Betrugs angeklagt. Doch kamen am Ende alle glimpflich davon. Landowsky wurde im März 2007 wegen Untreue zu 16 Monaten auf Bewährung verurteilt, hat aber Revision eingelegt. Vier Angeklagte erhielten ebenfalls Bewährungsstrafen. Acht wurden freigesprochen. Bereits im Februar 2005 waren Ulf-Wilhelm Decken zu 90.000 Euro und Jochem Zeelen zu 59.400 Euro Schadenersatz verurteilt worden. Mit ihrer Jahrespension von 228.000 beziehungsweise 184.000 Euro können beide die Strafe locker abstottern.[4] Ein weiterer Manager, Christian Neuling, war zwar wegen Depressionen für verhandlungsunfähig erklärt worden, schaffte aber den Berlin-Marathon 2006 in vier Stunden 26 Minuten.

Während 4.000 BerlinerInnen ihren Job bei der BGB verloren, können sich ihre ehemaligen Chefs ein ruhiges Leben machen. Jeder der Herren erhält eine Pension zwischen 184.000 und 420.000 Euro im Jahr.[5] Schon in ihren aktiven Zeiten hatten sich die Manager einen kräftigen Schluck aus der Gehaltspulle gegönnt. Der Untersuchungsausschuss des Berliner Abgeordnetenhauses hielt fest, dass die Vorstandsgehälter der Bankgesellschaft von 1998 auf 1999 um 67,5 Prozent gestiegen waren und die Dienstvillen weit unter Marktpreis vermietet wurden.

Das Land Berlin wird bis zum Jahr 2032 bis zu 21,6 Milliarden Euro in dem Skandal gelassen haben. Das ist der Betrag, den der Senat 2002 per Gesetz zur »Risikoabschirmung« übernommen hat, um die Bankgesellschaft vor der Pleite zu bewahren. Dabei ist die Hauptstadt selbst pleite und scheiterte 2006 vor dem Verfassungsgericht mit dem Versuch, den Bund zur Übernahme eines Teils ihrer Schulden von 61 Milliarden Euro zu zwingen.

Gleichwohl ist der Bankenskandal nicht die Hauptursache der Pleite-Bilanz Berlins, sondern nur ein besonders drastisches Beispiel für die im Filz der Westberliner Politik und der Baumafia Jahrzehnte alte Anleitung zum Ausplündern einer Stadt.

Anleitung zum Ausplündern einer Stadt

Man nehme:
1. einen Bauunternehmer, der ein förderungswürdiges Bauprojekt plant, am besten im sozialen Wohnungsbau, zur Finanzierung einen Immobilienfonds auflegt und Kredite aufnimmt,
2. eine öffentliche Bank, die das Vorhaben subventioniert,
3. solvente FondszeichnerInnen, die sechsstellige Vermögen gewinnbringend und steuersparend anlegen wollen und mit ihren Anteilen das Eigenkapital für das Projekt zur Verfügung stellen,
4. PolitikerInnen, die die öffentliche Bank kontrollieren und die Mieten der Sozialwohnungen festlegen.
Und so funktioniert es: Der Bauunternehmer beantragt Subventionen bei der öffentlichen Bank. Sie werden pauschal nach dem umbauten Raum berechnet. Genehmigt werden sie zunächst für 15 Jahre mit einer Anschlussförderung von weiteren 15 Jahren. Auf eine Überprüfung der ordnungsgemäßen Verwendung verzichtet die Bank – unter den Augen der Kontrolleure aus der Politik. Wenn es dem Bauträger gelingt, billiger zu bauen als geplant,

---

macht er schon damit einen Schnitt. Er kann mit den überhöhten Subventionen Kredite zurückzahlen, die Eigenkapitalrendite der FondszeichnerInnen finanzieren und die
Bewirtschaftungskosten aufbringen. Das Objekt trägt sich
selbst.[6]
Die Mieten im sozialen Wohnungsbau decken in der
Regel nicht mehr als 20 Prozent der tatsächlichen Kosten.
Den Rest übernimmt die öffentliche Bank. Das Ganze ist
völlig risikolos für den Bauunternehmer und FondszeichnerInnen, die sich über eine Renditegarantie (und bis vor
wenigen Jahren über steuersparende Verlustzuweisungen)
freuen können.

Zu kompliziert? Genau das ist der Trick!

Diese Umverteilungsmaschine für öffentliche Gelder ist absolut legal,
zumindest solange sich nicht nachweisen lässt, dass die großzügigen
Parteispenden der Berliner Baulöwen etwas mit diesen Deals zu tun
haben. Manchmal kommt doch etwas heraus. Das ist dann Korruption, und einer muss zurücktreten, wie der ehemalige Baustadtrat von
Berlin-Charlottenburg, Wolfgang Antes (CDU), dessen Gönner ihn
1985 nachdrücklich an eine 200.000 Mark schwere Abmachung
erinnerte, wonach Antes ihm das Erbbaurecht und die Baugenehmi-
gung für ein Berliner Filetstück besorgen sollte. Oder wie der Chef
der Berlin Hyp, Klaus Landowsky, der einräumen musste, dass seine
Partei von der Immobiliengesellschaft Aubis Spenden angenommen
hatte, die wiederum Kredite von seiner Bank erhalten hatte.
Der Berliner Bankenskandal repräsentiert die modernisierte Variante dieser Umverteilungsmaschinerie. Der öffentlich geförderte Wohnungsbau ist zwar zum Erliegen gekommen. Dafür wurde mit riskan-
ten Immobiliengeschäften über die BGB landeseigenes Kapital für
private Profite in Haftung genommen. Unternehmensberatungen und
Wirtschaftskanzleien traten als Mitspieler neu auf die Bühne und verdienen noch immer mit. Sie hatten die Geschäftsberichte der Bankgesellschaft noch wohlwollend testiert, als die Krise bereits unabweisbar
war, und sich dafür einen Rüffel der Bankenaufsicht eingehandelt.[7]

Eine besondere Rolle spielt die internationale Wirtschaftskanzlei Freshfields Bruckhaus Deringer, die den Berliner Senat schon bei der Risikoabschirmung beraten hatte. Auch als die EU-Kommission die Subventionen an die Bankgesellschaft überprüfte und nur unter Auflagen genehmigte, saß Freshfields an der Seite Berlins. Die Kommission hat dem Senat auferlegt, seine Anteile an der BGB zu verkaufen. Ob das den Verkauf der Berliner Sparkasse einschließt, die ebenfalls zur BGB gehört, war umstritten. Auf jeden Fall erhoffte sich der Senat von der Veräußerung des einzig profitablen Teils der Bankgesellschaft einen satten Gewinn und änderte dafür das Sparkassengesetz. Federführend war die Kanzlei Freshfields Bruckhaus Deringer. Pikant an der Konstellation ist obendrein, dass Freshfields auch den Bundesverband deutscher Banken und einige Großbanken berät. Denen sind die öffentlich-rechtlichen Sparkassen schon lange ein Dorn im Auge.[8] Im Juni 2007 erhielt der Deutsche Sparkassen- und Giroverband den Zuschlag für insgesamt 5,35 Milliarden Euro, »ein politischer Preis«, kommentierte die *Frankfurter Rundschau*. Denn damit kann der rot-rote Senat ein soziales Image pflegen und die Berliner Sparkasse als öffentlich rechtliche Bank mit besonderer Verpflichtung für »den kleinen Mann« erhalten. »Die Linke hält Wort«, frohlockten daraufhin deren Vormänner Gregor Gysi und Oskar Lafontaine: »Sparkasse bleibt Sparkasse.«

Die Berliner Spielart der Umleitung öffentlicher Gelder in private Kanäle fiel nicht weiter auf, solange sich der Schaden auf Millionen westdeutscher SteuerzahlerInnen aufteilte, die den Berliner Haushalt großenteils finanzierten. Dann fiel die Mauer. Berlin hatte als »Leuchtturm der Freiheit« und »Schaufenster des Westens« ausgedient. Der Bund fuhr die Berlin-Förderung innerhalb von fünf Jahren auf null zurück. Der Stadtstaat reihte sich in den normalen Länderfinanzausgleich ein.

Die Berliner Baumafia ließ sich davon nicht stoppen. Sie hatte die neue alte Hauptstadt als Metropole in der Mitte Europas entdeckt. In Erwartung von Millionen von Neubürgern wurde gebaut und gefördert, was das Zeug hielt. Nun allerdings auf Pump.

NeubürgerInnen und Metropolen-Aufschwung blieben aus. Als dem schwarz-roten Senat unter Eberhard Diepgen (CDU) die Schulden über den Kopf wuchsen, griff Finanzsenatorin Annette Fugmann-Heesing (SPD) zunächst zum üblichen Instrumentarium: Sie verkaufte kommunale Wohnungsbaugesellschaften an Hedgefonds, die Berliner Gaswerke, die Berliner Elektrizitätswerke und schließlich 49,9 Prozent der Berliner Wasserbetriebe an die Konzerne RWE und Veolia. Eine Renditegarantie in Höhe von acht Prozent auf das betriebsnotwendige Kapital zu Lasten der EinwohnerInnen Berlins gab es als Mitgift obendrauf. Deswegen steigen seitdem die Wasserpreise drastisch.[9]

Am Berliner Bankenskandal zerbrach die große Koalition. Nach einem rot-grünen Zwischenspiel machte sich Klaus Wowereit (SPD) mit seinen Koalitionspartnern von der PDS ans Regieren und erfand das »Sparen, bis es quietscht«. Kita-Gebühren wurden erhöht, Stellen an Schulen gestrichen, das Sozialticket für die Verkehrsbetriebe verteuert, die Förderung von Beratungsstellen und kulturellen Einrichtungen zurückgefahren – die ganze Palette. Schließlich wollte Wowereit noch Geld vom Bund erzwingen, doch das Verfassungsgericht wies die Klage ab. Die BerlinerInnen bleiben in Haftung für die Raffgier der Baumafia.

Zwar versicherte Wowereit nach dem Karlsruher Urteil, das »Quietschen« sei nicht zu steigern. Doch so richtig glaubwürdig ist das nicht. Benedict Ugarte Chacón von der Bankenskandal-Initiative zählt auf, mit welchen Einschnitten nicht nur er in den kommenden Jahren rechnet: Verkehrsgesellschaft und Stadtreinigung werden privatisiert, weitere Wohnungsbaugesellschaften verkauft, Studiengebühren eingeführt, eine Uni geschlossen, das Sozialticket abgeschafft, die Unterbringungskosten beim Arbeitslosengeld II (Alg II) gekappt.

In Kreuzberg erzählt der Chefredakteur der *motz*, Christian Linde, wie Bauunternehmen sogar von dieser Sozialleistung profitieren, zum Beispiel im Neuen Kreuzberger Zentrum. Das NKZ ist eines dieser in den 1970er Jahren erbauten tristen Millionengräber mit 300 Wohnungen und vielen leer stehenden Einkaufspassagen am Kottbusser Tor, dort, wo sich eine offene Drogenszene trifft. Hinter schmutzig graugelben Betonfassaden leben fast nur Langzeitarbeitslose, sagt Linde. Deren Miete übernimmt die Stadt Berlin. Ende 2004 lief die öffentliche Förderung aus. Bis dahin waren 52 Millionen Euro in das NKZ geflossen,[10] dessen Verkehrswert mit 13 Millionen Euro angegeben ist. Dennoch lasteten etwa 45 Millionen Euro Schulden auf dem Haus. Es scheint, als sei seit Mitte der 70er Jahre nichts getilgt worden.[11] Die Insolvenz des Bauträgers verhinderte der Senat 2004 mit einer erneuten Millionen-Spritze.

Jetzt steigen die Mieten. Es ist eine Frage der Zeit, bis das Jobcenter Friedrichshain-Kreuzberg die ersten Bescheide mit der Drohung verschickt, die Unterbringungskosten seien zu hoch, die Warmmiete werde nur noch befristet übernommen, die »Alg-II-Bedarfsgemeinschaft« solle sich eine billigere Bleibe suchen. Dann werden die Ersten auf der Straße landen und in einem der öffentlich geförderten Wohnungslosen-Projekte Hilfe suchen. Und Christian Linde wird Recht behalten: »Die Zahl der Wohnungslosen in Berlin wird weiter steigen!«

Milliardäre: Ein Blick in 100 Taschen

Wer kennt schon Ingeburg Herz, Reinhold Würth oder die Familie Haub? Heinz Bauer, Reinhard Mohn und Susanne Klatten, so könnten unsere Nachbarn heißen. Dass sie zu den 100 deutschen Milliardärinnen und Milliardären gehören, weiß kaum jemand. Mit Bosch assoziiert man Schlagbohrer und Autoelektronik. Dr. Oetker schätzen wir wegen des Schokoladenpuddings. Und Henkel ist immer noch »Persil bleibt doch Persil«. Der Name Baron August von Finck zeugt von altem deutschem Adel. Dass sein Träger Milliardär ist und die Mövenpick-Restaurant-Kette kontrolliert, wissen nur Insider.

Während die Einkommensverhältnisse von Deutsche-Bank-Chef Josef Ackermann, Ex-Ferrari-Pilot Michael Schumacher und Ex-Kanzler Gerhard Schröder die Schlagzeilen füllen, haben es die wirklich Reichen und Mächtigen in Deutschland bis auf wenige Ausnahmen geschafft, zurückgezogen zu leben und anonym zu verdienen. PolitikerInnen der großen Parteien proklamieren einen Sparappell nach dem anderen, aber nur ans gemeine Volk. Die Superreichen haben sich derweil klammheimlich aus der Verantwortung für das Gemeinwohl und aus der Solidarität mit den Arbeitslosen und Armen verabschiedet. Wer nicht in Erscheinung tritt, braucht nicht zu bezahlen. Auch in den beiden Armuts- und Reichtumsberichten in der Phase der rot-grünen Bundesregierung erfährt man kaum etwas darüber, wo Deutschlands privater Reichtum logiert. Die aufreißende Kluft zwischen Arm und Reich findet sich allenfalls in drögen, seelenlosen Tabellen.

Wie viele Millionäre gibt es in Deutschland? Wie viele Milliardäre? Wie heißen sie? Woher haben sie ihr Geld? Was tun sie damit? Diese Fragen stellen sich angesichts der Löcher in den Kassen der öffentlichen Haushalte und Sozialversicherungen. Antworten darauf werfen ein Licht auf die Verteilungspolitik in Deutschland und verweisen auf die entscheidende Frage: Was verstehen wir unter sozialer Gerechtigkeit?

Wer also ist Millionär und wie viele Millionäre gibt es in Deutschland? Die Umstellung von D-Mark auf Euro hat die Zahl der Millionäre schrumpfen lassen. Denn ein kleiner »D-Mark-Millionär« hat zu Euro-Zeiten »lediglich« ein Vermögen von gut einer halben Million. Vergleiche mit der Vergangenheit müssen das berücksichtigen. Außerdem ist zu unterscheiden zwischen Einkommens- und Vermögensmillionären. Einkommensmillionäre sind diejenigen, die pro Jahr mehr als eine Million Euro an Einkommen versteuern, Vermögensmillionäre diejenigen, die mehr als eine Million Euro auf der hohen Kante haben. In Deutschland gibt es knapp 10.000 Einkommensmillionäre und etwa 700.000 Vermögensmillionäre. Auf einen Vermögensmillionär kommen mehr als fünf registrierte Arbeitslose. Auch das ist Realität im Deutschland des Jahres 2007, einem der reichsten Länder der Welt.

Eine Million oder gar eine Milliarde Euro – für »Normalos« eine schwer vorstellbare Menge Geld. Legt man 100 Scheine im Wert von 100 Euro aufeinander, so ist der Stapel einen Zentimeter hoch und stellt einen Wert von 10.000 Euro dar. Ein 100-Euro-Scheine-Stapel von einem Meter entspricht ungefähr einer Million Euro. Eine Milliarde stapelt sich in 100-Euro-Scheinen auf etwa 1000 Meter, also von Meereshöhe bis etwa zur Spitze des Brocken im Harz. Und damit ist das Vermögen der reichsten Männer und Frauen längst nicht erreicht.

Verlässliche Daten und Fakten über die reichsten deutschen Personen und Familien zu finden, ist extrem schwierig. Eine Studie beleuchtet diesen Sachverhalt jedes Jahr von Neuem; interessanterweise geschieht dies jedoch nicht, um die zunehmende Kluft zwischen Arm und Reich zu belegen, sondern zur Information von Leuten, die mit dem Geld der Reichen Geschäfte machen und sich ein Stück vom Kuchen sichern wollen. Es gibt eine Reihe von Vermögensberatungen, die sich auf die Top-Reichen der Welt spezialisiert haben. Für sie veröffentlicht das amerikanische Bankhaus Merrill Lynch gemeinsam mit der Unternehmensberatung Capgemini jedes Jahr den sogenannten Weltreichtumsbericht (World Wealth Report). Der Bericht aus dem Jahr 2007 schätzt die Zahl der Personen in Deutschland, die mehr als eine Million Dollar besitzen, auf stolze 798.000. Bei einem Euro-Kurs von 1,30 Dollar ist das ein Vermögen von etwa 770.000 Euro. Laut Weltreichtumsbericht 2003 besaßen 7.000 Personen in Deutschland ein Vermögen von mehr als 23 Millionen Euro (mehr als 30 Millionen Dollar).[1] Ihre Zahl hat sich seit 1997 nahezu verdoppelt. In Deutschland nimmt die Zahl der Reichen zu.

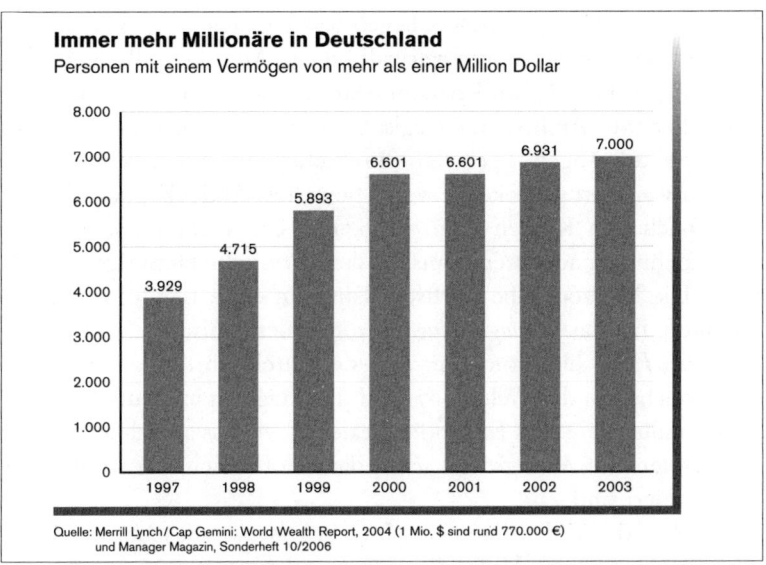

Immer mehr Millionäre in Deutschland
Personen mit einem Vermögen von mehr als einer Million Dollar

8.000

7.000   6.601   6.601   6.931   7.000

6.000   5.893

5.000   4.715

4.000   3.929

3.000

2.000

1.000

0

     1997   1998   1999   2000   2001   2002   2003

Quelle: Merrill Lynch/Cap Gemini: World Wealth Report, 2004 (1 Mio. $ sind rund 770.000 €)
und Manager Magazin, Sonderheft 10/2006

Unter diesen 7.000 Personen gibt es 300, die nach den sorgfältigen Analysen des *Manager Magazins*[2] ein Vermögen von mehr als 250 Millionen Euro haben; darunter sind 100 Milliardäre.

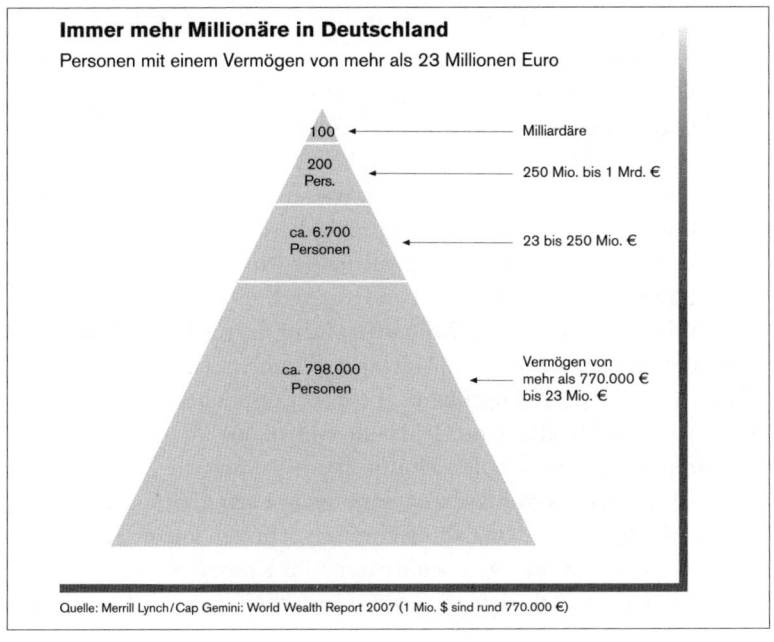

Immer mehr Millionäre in Deutschland
Personen mit einem Vermögen von mehr als 23 Millionen Euro

100   ←——————— Milliardäre

200
Pers.   ←——————— 250 Mio. bis 1 Mrd. €

ca. 6.700
Personen   ←——————— 23 bis 250 Mio. €

ca. 798.000
Personen   ←——— Vermögen von mehr als 770.000 € bis 23 Mio. €

Quelle: Merrill Lynch/Cap Gemini: World Wealth Report 2007 (1 Mio. $ sind rund 770.000 €)

23

Der Liste im *Manager Magazin* liegen Schätzungen zugrunde, die auf Recherchen bei Vermögensverwaltungen, Anwälten, Banken und Insidern der Hochfinanz beruhen. Darüber hinaus hat die Redaktion Presseberichte, Archive und Register ausgewertet und Gespräche mit prominenten Angehörigen der 300 reichsten Familien geführt. Vermögenswerte wurden konservativ bewertet. Aktienkapital schätzte man nach den Kursen vom 31.08.2006 ein, nicht börsennotierte Unternehmen nach ihrem Umsatz, ihrer Profitabilität und Marktstellung. Die Methode, die reichsten Familien eines Landes zu durchleuchten, hat das *Manager Magazin* vom amerikanischen Wirtschaftsmagazin *Forbes* übernommen. *Forbes* ermittelt jährlich die Zahl der Superreichen in der Welt. 2007 fand das Magazin in Deutschland 54 Dollarmilliardäre.[3] Im Folgenden beziehen wir uns ausschließlich auf die Zahlen des *Manager Magazins*, da sie offensichtlich sorgfältiger recherchiert sind.

Die Zahl der Milliardäre steigt: Im Jahr 2001 wies das *Manager Magazin* lediglich 54 Euro-Milliardäre aus,[4] im Jahr 2006 waren es bereits 100. Die Zahl der Superreichen steigt generell: Im Jahr 2001 identifizierte das *Manager Magazin* 100 Personen mit einem Vermögen von mehr als 400 Milliarden Euro. Fünf Jahre später waren es bereits 237.

Die 100 deutschen Milliardäre haben zusammen ein Vermögen von 286 Milliarden Euro. Damit könnten sie den Bundeshaushalt 2007 finanzieren und hätten sogar noch mehrere Milliarden übrig. Oder sie könnten eine Säule aus 100-Euro-Scheinen stapeln, so hoch wie zwei Drittel des Weges zur Raumstation ISS.

Die Hitliste des *Manager Magazins* wie auch die von *Forbes* führen zwei Brüder an, die fast alle LeserInnen dieses Buches schon einmal besucht haben, bei denen auch regelmäßig Arbeitslose und SozialhilfeempfängerInnen verkehren. Die Brüder Karl und Theo Albrecht sind mit jeweils mehr als 16 Milliarden Euro die reichsten Deutschen. Karl Albrecht besitzt die Aldi-Märkte in Süddeutschland, sein Bruder Theo die in Norddeutschland. In 100-Euro-Scheinen gerechnet, nennt jeder von beiden eine Geldsäule von 16.000 Metern sein Eigen, fast doppelt so hoch wie der Mount Everest. Auch die Nummer drei unter Deutschlands Milliardären empfängt in seinen Räumlichkeiten häufig Arbeitslose und SozialhilfeempfängerInnen. Dieter Schwarz ist Eigentümer von Lidl, dem schärfsten Aldi-Konkurrenten. Es ist so bitter wie absurd: Die drei reichsten Deutschen haben ihr Vermögen mit Discount-Märkten gemacht, in denen normalverdienende und arme Menschen regelmäßig nach Schnäppchen suchen, um über die Runden zu kommen.

Susanne Klatten, die Tochter des legendären Industriellen Herbert Quandt und seiner Ehefrau Johanna, ist mit einem geschätzten Vermögen von 7,75 Milliarden Euro die reichste Frau Deutschlands. Sie hält mehr als 50 Prozent der Aktien des Chemie-Unternehmens Altana AG und 12,5 Prozent der Aktien des Automobilherstellers BMW. Sie findet sich auf Platz vier, ihre Mutter belegt Rang 14 der Liste der Milliardärinnen und Milliardäre, ihr Bruder Stefan Rang 15. Die Familien Albrecht und Quandt sind die beiden reichsten Familien in Deutschland.

24 der deutschen Milliardäre besitzen jeweils ein Vermögen von mehr als vier Milliarden Euro.

Von den Top 24 der reichsten Deutschen tritt kaum jemand öffentlich in Erscheinung. Umgekehrt taucht kaum einer der bekannten deutschen Unternehmerpersönlichkeiten in der Liste auf. Hier waltet der diskrete Charme der Bourgeoisie. Allenfalls Ludwig Georg Braun (Platz 19) macht in der Öffentlichkeit von sich reden. Er ist Chef des Medizintechnik-Unternehmens Braun Melsungen AG, Vorsitzender des Deutschen Industrie- und Handelskammertages und profiliert sich regelmäßig mit Sparappellen, zum Beispiel an Auszubildende. In der Tageszeitung *Die Welt* sagte Braun: »Eine Ausbildungsvergütung von bis zu 800 Euro ist für viele Betriebe einfach zu hoch. Mein Vorschlag ist, eine bundesweite Basisvergütung von 270 Euro einzuführen.« Dem Mann ist angesichts eines Vermögens von 4,15 Milliarden Euro offensichtlich jedes Vorstellungsvermögen dafür verloren gegangen, was ein Jugendlicher zum Leben braucht.

Braun ist der einzige Sprecher der Unternehmerverbände in Deutschland in der Liste der Superreichen. Der Präsident des Bundesverbandes der Deutschen Industrie Jürgen Thumann und sein Kollege von der Bundesvereinigung der Arbeitgeberverbände Dieter Hundt kommen nicht mehr vor. 2005 lag Thumann mit 450 Millionen Euro noch auf Platz 175, 2004 brachte es Hundt nur auf Platz 245.

Die Top 24 haben ihr Geld aus völlig verschiedenen Quellen und legen es mit unterschiedlichen Strategien an.

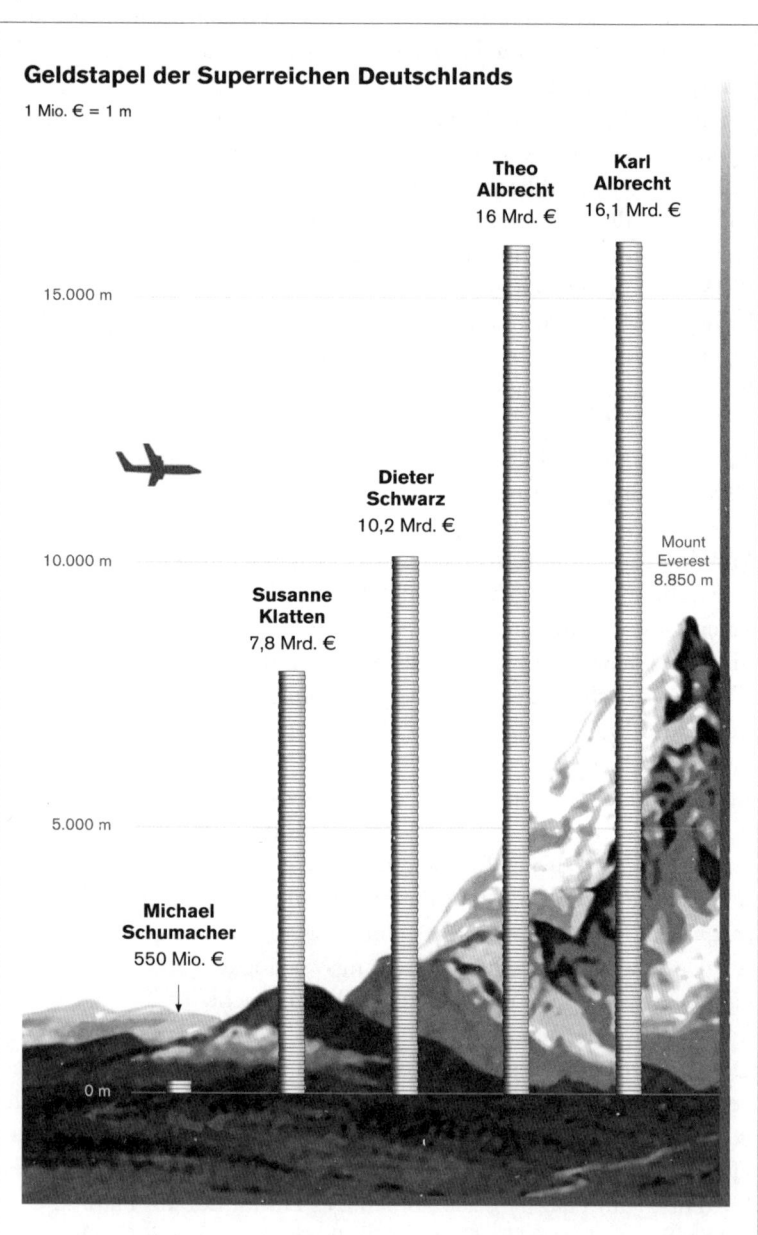

Geldstapel der Superreichen Deutschlands

1 Mio. € = 1 m

Theo Albrecht 16 Mrd. €

Karl Albrecht 16,1 Mrd. €

15.000 m

Dieter Schwarz 10,2 Mrd. €

10.000 m

Mount Everest 8.850 m

Susanne Klatten 7,8 Mrd. €

5.000 m

Michael Schumacher 550 Mio. €

0 m

Die 24 reichsten Milliardäre in Deutschland (Angaben in Milliarden Euro)

Nr.	Nachname	Vorname/Familie	Vermögen	Hintergrund
1.	Albrecht	Karl u. Familie	16,1	Aldi-Süd
2.	Albrecht	Theodor u. Familie	16,05	Aldi-Nord
3.	Schwarz	Dieter	10,25	Lidl-Konzern und Kaufland
4.	Klatten	Susanne	7,75	Altana AG, BMW AG
5.	Otto	Familie	5,4	Otto-Versand
6.	Hopp	Dietmar	5,3	SAP AG
7.	Würth	Reinhold	5,15	A. Würth GmbH & Co. KG
8.	Porsche	Familie	5,1	Porsche AG, Stuttgart; Porsche-Holding OHG, Salzburg
8.	Herz	Günter und Daniela	5,1	ehemals: Tchibo, Puma
10.	Reimann	Familie	5,05	Reckitt-Benckiser-Konzern
11.	Mohn	Reinhard u. Familie	5,0	Bertelsmann AG
11.	Herz	Ingeburg u. Familie	5,0	Tchibo AG, Beiersdorf AG
11.	Plattner	Hasso	5,0	SAP AG
14.	Tschira	Klaus	4,9	SAP AG
15.	Quandt	Stefan	4,5	BMW AG, Delton AG
16.	Henkel	Familie	4,45	Henkel-Werke
17.	Oetker	August u. Familie	4,35	Dr. August Oetker KG
18.	Haub	Familie	4,2	Kaiser's, Plus, OBI
19.	Beisheim	Otto	4,15	Metro AG, Kaufhof, u. a.
19.	Braun	Familie	4,15	B. Braun Melsungen AG
21.	Quandt	Johanna	4,1	BMW AG
21.	Schaeffler	Maria-Elisabeth u. Georg	4,1	INA-Wälzlager, FAG-Kugellager
23.	Flick	Erben von Friedrich Karl	4,0	ehemals: Mercedes, Dynamit Nobel u. a.
23.	Knauf	Familie	4,0	Knauf Gipswerke

Die Macht des Handelskapitals

Neun der Top 24 sind durch Handel und Großhandel zu ihrem Reichtum gelangt. Neben den beiden Albrecht-Brüdern, die ihr Vermögen mit den Aldi-Discount-Ketten stetig vermehren, gehört ihr schärfster Konkurrent dazu: Dieter Schwarz, Besitzer von 2.400 Lidl-Filialen. Werner und Michael Otto schafften den Sprung auf Platz fünf der Top 20 durch den Otto-Versand, Reinhold Würth (Platz acht) durch einen profitablen Schraubengroßhandel. Die Familie Herz ist wegen Familienstreitigkeiten gleich zweimal vertreten. Ingeburg Herz kontrolliert die Tchibo AG, hat relevante Anteile an der Beiersdorf AG (Nivea u. a.) und schaffte es auf Platz elf. Ihre Kinder Günter und Daniela Herz ließen sich auszahlen und hatten ihr Geld kurzfristig beim Sportartikelkonzern Puma angelegt. Sie rangieren auf Platz acht. Familie Haub (Platz 18) kontrolliert Kaiser's, Plus und OBI. Otto Beisheim ist Gründer des Metro-Konzerns, ein allumfassender Handelskonzern in Deutschland und Europa. Neben den Metro-Märkten gehören dazu die Kaufhauskette Kaufhof und die Märkte Real, Saturn und Media-Markt, um nur die wichtigsten zu nennen. Otto Beisheim besitzt ein Sechstel der Anteile. Der 82-Jährige steht auf Rang 19 der Hitliste der Superreichen. Bei der Gründung seines Imperiums gewann er als Finanziers die Brüder Michael und Reiner Schmidt-Ruthenbeck (Platz 31) sowie die Haniel-Familie. Diese Familie wird vom *Manager Magazin* separat geführt, weil sie zu den reichen deutschen »Familienclans« gehört. Ihr Vermögen verteilt sich auf 930 Familienmitglieder, von denen etwa 500 GesellschafterInnen der Haniel und Cie. Holding sind.

Alte Industriellenfamilien

In der Nachkriegszeit galten die großen Industriellenfamilien Quandt und Flick als *die* Repräsentanten des Reichtums in Deutschland. Günter Quandt und Friedrich Flick standen auch symbolisch für *den* reichen und mächtigen deutschen Industrie-Unternehmer. Familie Quandt engagiert sich unternehmerisch in Deutschland, während die Nachkommen von Friedrich Flick ihr Vermögen mehr oder weniger verwalten oder verprassen.

Der Industrielle Günter Quandt konnte in Hitlers Angriffskriegen seine Millionen kräftig mehren. Er leitete in den 20er Jahren des vergangenen Jahrhunderts gemeinsam mit August Rosterg den Wintershall-Konzern, der in der Kaliindustrie tätig war und heute zu BASF gehört. Anfang Februar 1931 zählte Quandt zu dem Kreis jener Industriellen, die Hitler im Berliner Kaiserhof geheim empfing, um mit ihrer Unterstützung seine Wahlkämpfe und Propagandafeldzüge zu finanzieren. Auch Quandt spendete kräftig. Am 20.02.1933 initiierten er, Rosterg und andere Unternehmer die »Adolf-Hitler-Spende der deutschen Wirtschaft«. Rosterg vertrat Wintershall im »Freundeskreis des Reichsführers SS Heinrich Himmler«. Quandt wurde Aufsichtsratsmitglied bei der Deutschen Bank und der Daimler Benz AG. Für seine Funktion als »Wehrwirtschaftsführer« ab 1937 musste er sich 1948 vor der Spruchkammer Starnberg verantworten. Allerdings wurde er als Mitläufer eingestuft und freigesprochen. So konnte er nach dem Zweiten Weltkrieg eines der größten Wirtschaftsimperien Deutschlands aufbauen, das nach seinem Tod 1954 an seine Söhne Herbert und Harald überging. Günter Quandt war in zweiter Ehe mit der späteren Frau von Joseph Goebbels, Magda, verheiratet. Sein aus dieser Ehe hervorgegangener Sohn Harald wuchs in der Goebbels-Familie auf.

Günter Quandts Sohn Herbert wurde zu *dem* Industriemagnaten der Nachkriegszeit. Die Teilung seines Vermögens ließ die Nachkommen aus Herbert Quandts dritter Ehe mit Johanna Quandt durch unternehmerisches Engagement ständig reicher werden. Mit Johanna Quandt, ihrem Sohn Stefan und ihrer Tochter Susanne Klatten finden sich gleich drei Mitglieder des Familienzweiges in den Top 24 der deutschen Milliardäre. Herberts Kinder aus zweiter Ehe (»die armen Quandts«) haben sich nach vorübergehendem erfolglosem Engagement bei der Varta AG aus industriellen Aktivitäten zurückgezogen und verwalten ihr Vermögen gewinnbringend.[5] Sie belegen Platz 65.

Die Nachkommen Herbert Quandts und die von ihnen kontrollierten Unternehmen gehören seit Jahren zu den größten Parteispendern von CDU und CSU. Allein im Jahr 2005 spendeten die Familien Quandt und Klatten über 500.000 Euro an CDU und CSU. Hinzu kommen üppige Spenden der von Quandt und Klatten kontrollierten Firmen BMW und Altana.[6]

Friedrich Flick musste nach der Befreiung vom Faschismus knapp fünf Jahre für seine Unterstützung der Nationalsozialisten absitzen.

Er hatte nicht nur etwa 7,5 Millionen Reichsmark an die NSDAP gespendet, sondern auch den Besitz der jüdischen Familie Betschek aus der Tschechoslowakei und damit die Kontrolle über ein Drittel der deutschen Braunkohlevorräte übernommen. Außerdem ließ er seinen Konzern in großem Umfang mit KZ-Häftlingen und Zwangsarbeitern versorgen. Schon Ende der 1950er Jahre war Flick wieder einer der deutschen Großindustriellen.

1982 geriet der Name Flick erneut in die Schlagzeilen. Der Sohn von Friedrich Flick, Friedrich Karl, verkaufte seine Daimler-Aktien, erzielte einen Buchgewinn von 1,8 Milliarden Mark (gut 900 Millionen Euro) und kaufte Anteile am amerikanischen Chemiekonzern Grace. Damit die Transaktion ohne allzu große Beteiligung des Fiskus vonstatten gehen konnte, half Flicks Generalbevollmächtigter Eberhard von Brauchitsch bei Bonner Spitzenpolitikern mit Geld nach, um für die Rochade das Prädikat »volkswirtschaftlich förderungswürdig« zu kaufen. Die Steuerersparnis lag bei etwa 450 Millionen Mark (gut 225 Millionen Euro).

Der Flick-Skandal brachte auch ans Licht, dass der Konzern seit Jahren über Geldwaschanlagen CDU/CSU, FDP und SPD mit großzügigen Spenden bedacht und diese illegal steuermindernd verbucht hatte, wobei dem Staat Millionenbeträge entgingen. Dem damaligen Wirtschaftsminister Otto Graf Lambsdorff und seinem Vorgänger Hans Friderichs (beide FDP) konnte zwar keine Bestechlichkeit nachgewiesen werden. Sie wurden jedoch wie Eberhard von Brauchitsch wegen Steuerhinterziehung rechtskräftig verurteilt.

Der eigentliche Skandal liegt darin, dass Friedrich Karl Flick ungeschoren davonkam. Er verkaufte seine Industriebeteiligungen und zog sich ins Steuerparadies Österreich zurück, wo er 2006 im Alter von 79 Jahren verstarb. Seine Erben belegen Platz 23 in der Liste der Milliardäre. Haupterben sind die beiden Töchter aus seiner zweiten Ehe, Alexandra (39) und Elisabeth (33), sowie die achtjährigen Zwillinge aus dritter Ehe: Karl Friedrich und Victoria-Katharina.

Die Neffen von Friedrich Karl Flick, Friedrich Christian Flick und Gert-Rudolf Flick, die einen Teil des Erbes der Flick-Familie erhielten, finden sich auf der Liste der 300 reichsten Familien auf Platz 237 mit jeweils 400 Millionen Euro. Beide sind nicht industriell aktiv, sondern verwalten ihr Vermögen und investieren im internationalen Kunsthandel.

Die Familien Porsche, Henkel, Oetker, Schaeffler, Braun und Knauf gehören ebenfalls zu den Top 24, deren Vermögen sich auf industrielle Aktivitäten begründen.

Die deutschen Bill Gates

Bill Gates, der Gründer des Softwarekonzerns Microsoft, ist mit 56 Milliarden Dollar nach wie vor der reichste Mann der Welt. Er machte sein Vermögen quasi aus dem Nichts. In weniger als 20 Jahren errang sein Unternehmen schrittweise eine Monopolstellung bei Betriebssystemen und Office-Anwendungen für Personalcomputer. In Deutschland gibt es eine ähnliche Erfolgsstory, wenn auch eine Nummer kleiner. 1972 stiegen fünf Manager aus dem damals größten Computerkonzern IBM aus, um in eigener Regie standardisierte und integrierte Software für Unternehmen zu entwickeln: Hasso Plattner, Dietmar Hopp, Klaus Tschira, Hans-Werner Hector und Claus Wellenreuter gründeten in Walldorf bei Heidelberg die SAP AG. Wellenreuter verließ das Unternehmen bald wieder und verpasste den Höhenflug. Seit Beginn der 80er Jahre hat sich die badische Software-Schmiede zum Weltmarktführer entwickelt. Die SAP-Programmierer-Innen eilen von Erfolg zu Erfolg und zählen selbst renommierte Computerfirmen wie Microsoft, IBM, Hewlett-Packard und Apple zu ihren Kunden. Kaum ein großes Industrieunternehmen, das für seine Administration nicht integrierte SAP-Software benutzt. Der Clou ist das modulare System: Firmen können einzelne Programme kaufen, etwa zur Finanzbuchhaltung, zur Entgeltabrechnung und zur Warenwirtschaft, und später weitere Module erwerben. Kritiker-Innen werfen SAP allerdings vor, unverschämt hohe Monopolgewinne abzukassieren und die Kundschaft quasi von SAP-Produkten abhängig zu machen. An der Börse ist SAP inzwischen mehr wert als manches traditionelle Industrieunternehmen wie BMW, Volkswagen oder die Lufthansa. Hasso Plattner, Dietmar Hopp und Klaus Tschira haben sich aus der operativen Führung verabschiedet. Hans-Werner Hector hat sich gänzlich aus dem Unternehmen zurückgezogen. Ihre Familien besitzen über ein Geflecht von Stiftungen heute 38 Prozent der SAP-Aktien. Dietmar Hopp brachte es mit 5,3 Milliarden Euro auf Platz sechs der Milliardärsliste, Hasso Plattner und Klaus

Tschira auf die Plätze elf und 14 (5,0 und 4,9 Milliarden Euro), Hans Werner Hector liegt mit 1,65 Milliarden auf Platz 62.

Neben den SAP-Gründern gehört nur Andreas von Bechtolsheim, der Gründer des Konzerns Sun Microsystems, zu den wenigen Newcomern unter Deutschlands Milliardären. Bechtolsheim verkaufte sein Unternehmen vor einigen Jahren und rangiert heute mit einem Vermögen von 1,15 Milliarden Euro auf Platz 53 der Milliardärsliste.

Die Macht der Medien

Unter den 24 reichsten Familien findet sich nur eine aus dem Medienbereich: die Mohns von Bertelsmann. Aber die Familie Holtzbrinck und Heinz Bauer von den gleichnamigen Verlagsgruppen folgen auf den Plätzen 34 und 36. Folgende weitere Medienmogule zählen zu den 100 deutschen Milliardären: Friede Springer (Springer Verlag, Platz 38), Familie Jahr (Gruner+Jahr, Platz 42) und Heinz Burda (Burda Verlag, Platz 44). Mit Fernsehprogrammen, Büchern, DVDs und Zeitungen lässt sich nicht nur Meinung, sondern auch Geld machen.

An der Spitze der deutschen Medienbranche stehen Bertelsmann und Springer. Bertelsmann hat sich seit dem Zweiten Weltkrieg vom Buchclub zu einem der größten Medienkonzerne der Welt entwickelt. Die Kombination von Printmedien und Fernsehprogrammen ist eines der Erfolgsrezepte. Hauptgesellschafterin des Springer Verlages ist Friede Springer, Witwe des legendären Axel Cäsar Springer, der in den 1960er Jahren insbesondere über die *Bild*-Zeitung politische Kampagnen führte und für seine stramm konservative Haltung und CDU-Nähe bekannt war. Friedes politische Aktivitäten sind weniger spektakulär. Doch soll sie sich häufig mit Liz Mohn von der Bertelsmann-Stiftung und mit Bundeskanzlerin Angela Merkel treffen. Deren Vorvorgänger Helmut Kohl hielt übrigens engen Kontakt zu Leo Kirch. Dieser galt noch 1997 als *der* deutsche Medienmogul und rangierte damals mit einem geschätzten Vermögen von 2,38 Milliarden Euro auf Platz 20 der Liste der deutschen Milliardäre. Nach seiner Insolvenz muss er heute mit einem Vermögen von 300 Millionen Euro auskommen und liegt abgeschlagen auf Platz 285 der reichsten Deutschen.

1. Karl Albrecht, Jg. 1920, Mülheim
Vermögen: 16,1 Milliarden Euro
Die Aldi-Gruppe wurde 1961 in eine Nord- und eine Südkette geteilt. Karl Albrecht ist geschäftsführender Gesellschafter von Aldi-Süd, sein Bruder Theo (Platz zwei) von Aldi-Nord. Die Gesamtgruppe erzielte 2005 einen Umsatz von 35 Milliarden Euro. Über den Gewinn wird absolutes Stillschweigen gewahrt. Der Konzern wird in Form einer Personengesellschaft geführt, die nicht verpflichtet ist, ihre Gewinne offenzulegen. In der gesamten Aldi-Gruppe arbeiten 190.000 Beschäftigte in 4.200 Filialen in Deutschland und 2.800 im Ausland. Karl Albrecht und seine Frau Maria kontrollieren über die Siepmann-Stiftung und die Markus-Stiftung das Vermögen von Aldi-Süd.

2. Theo Albrecht, Jg. 1922, Essen
Vermögen: 16,05 Milliarden Euro
Theo Albrecht ist geschäftsführender Gesellschafter von Aldi-Nord, das von der Südkette seines Bruders Karl Albrecht (Platz eins) organisatorisch getrennt ist. Die Geschäfte führen inzwischen Theos Söhne Theo Albrecht jun. und Berthold. Die Gebrüder Albrecht haben in den vergangenen zehn Jahren ihr Vermögen fast verdreifacht. Berücksichtigt man die Währungsumrechnung Dollar – D-Mark – Euro, ergibt sich nach Angaben von *Forbes* folgendes Bild: 1997 besaßen Theo und Karl Albrecht ein Vermögen von etwa zehn Milliarden Euro, im Jahr 2006 nach Angaben von Forbes zusammen fast 27 Milliarden Euro. Eine ähnliche Steigerung weist das *Manager Magazin* seit 2001 aus: Damals betrug das Vermögen der beiden Albrecht-Brüder fast 21 Milliarden Euro, 2006 lag es bei über 32 Milliarden Euro.

3. Dieter Schwarz, Jg. 1939, Neckarsulm
Vermögen: 10,25 Milliarden Euro
Dieter Schwarz regiert über ein Geflecht von Stiftungen ein Imperium von Discountmärkten. Allein in Deutschland gibt es 2.800 Lidl-Filialen, in Europa insgesamt 6.800. Dazu kommen 690 Kaufland-Filialen. Der Umsatz in beiden Bereichen betrug 2005 rund 40 Milliarden Euro. Zum Gewinn werden keine Angaben gemacht. Ins-

gesamt sind bei Lidl und Kaufland 170.000 Menschen beschäftigt, viele davon in Teilzeit- und Minijobs. Ihnen verweigert Schwarz grundlegende demokratische Rechte. Fast auf jede Initiative zur Gründung eines Betriebsrates reagiert das Unternehmen mit Kündigungen oder Filial-Schließungen, und an einen paritätisch besetzten Aufsichtsrat ist gar nicht zu denken. Zahlreiche Beispiele dazu finden sich im *Schwarz-Buch Lidl* der Dienstleistungsgewerkschaft ver.di.

4. Susanne Klatten, Jg. 1962, Bad Homburg
Vermögen: 7,75 Milliarden Euro
Klatten ist die Tochter des verstorbenen Industriellen Herbert Quandt und seiner Frau Johanna (Platz 16) und die Schwester von Stefan Quandt (Platz elf). Sie besitzt 50,1 Prozent der Aktien des Chemiekonzerns Altana AG und ist dort stellvertretende Aufsichtsratsvorsitzende. Der Verlauf der Pharma-Sparte des Konzerns bescherte Klatten im Mai 2007 eine Rekord-Dividende von 2,3 Milliarden Euro. Außerdem hält Klatten 12,5 Prozent der BMW-Aktien und sitzt dort im Aufsichtsrat. Sie tritt in der Öffentlichkeit wenig in Erscheinung. Ihr Name findet sich jedoch regelmäßig auf den Spendenlisten von CDU und FDP.

5. Werner Otto, Jg. 1909, und Michael Otto, Jg. 1943, Hamburg
Vermögen: 5,4 Milliarden Euro
Werner Otto und sein Sohn Michael kontrollieren 50 Prozent des Otto-Versand-Handels in Hamburg. Michael Otto ist Vorsitzender des Vorstandes, sein Vater Werner Ehrenvorsitzender des Aufsichtsrates. Das im In- und Ausland tätige Versandhaus erzielte 2005/2006 mit fast 55.000 Beschäftigten einen Umsatz von 14,6 Milliarden Euro und einen Gewinn von 296 Millionen Euro. Neben dem Branchenprimus Otto Versand hält der Konzern zahlreiche in- und ausländische Beteiligungen. Dazu gehören die Versandhäuser Schwab, Witt und Heine, die Boutiquenkette Zara und der Sportartikelanbieter Sport-Scheck.

6. Dietmar Hopp, Jg. 1940, Walldorf
Vermögen: 5,3 Milliarden Euro
Mitbegründer des Software-Unternehmens SAP. Heute besitzt er 10,2 Prozent der SAP-Aktien, und zwar über die Dietmar Hopp Stiftung GmbH (8,7 Prozent) und die Golf Club St. Leon-Rot GmbH &

Co. Betriebs OHG (1,3 Prozent). SAP erzielte 2005 einen Umsatz von 8,5 Milliarden Euro und einen Gewinn von fast 1,5 Milliarden Euro. Das Unternehmen beschäftigt 35.000 Menschen.

7. Reinhold Würth, Jg. 1935, Künzelsau
Vermögen: 5,15 Milliarden Euro
Würth besitzt das weltgrößte Handelsunternehmen für Montage- und Befestigungssysteme, also für Schrauben. Reinhold Würth ist Beiratsvorsitzender der Adolf Würth GmbH & Co. KG, die 2005 mit über 50.000 Beschäftigten einen Umsatz von 6,9 Milliarden Euro und einen Gewinn von 331 Millionen Euro erzielte. Das Eigentum wird über vier Stiftungen von ihm, seiner Frau und seinen Kindern gehalten. Stiftungszweck: Versorgung der Familie. Reinhold Würth ist leidenschaftlicher Kunstsammler.

8. Familie Porsche, Stuttgart/Salzburg
Vermögen: 5,1 Milliarden Euro
Die Familie Porsche hält gemeinsam mit der Familie Piëch die Mehrheit an zwei Gesellschaften, dem Sportwagenhersteller Porsche AG in Stuttgart und der Salzburger Porsche Holding OHG. Die Porsche AG erzielte 2004/2005 mit Sportwagen einen Umsatz von 6,6 Milliarden Euro, was ihr den stolzen Gewinn von 612 Millionen Euro einbrachte. Die Porsche Holding OHG ist das größte österreichische Handelsunternehmen und hat die Exklusivrechte für den Import aller VW-Produkte. Die heutige Generation der Porsches, Ferdinand Alexander, Gerd, Peter und Wolfgang, sind Söhne von Ferry Porsche und Enkel von Ferdinand Porsche, dem Entwickler des VW-Käfers. Wolfgang Porsche ist Aufsichtsratsvorsitzender der Porsche AG. Die Familienlinie Piëch geht auf die Tochter von Ferdinand Porsche, Luise Piëch, zurück, deren Sohn Ferdinand Aufsichtsratsvorsitzender bei VW ist. Durch die Übernahme von 30,97 Prozent der Aktien der Volkswagen AG entwickelt sich die Gruppe dynamisch. Über die VW-Beteiligungen bei MAN und Scania ist sie auf den Weg zum größten europäischen Automobil-Imperium.

9. Günter und Daniela Herz, Hamburg
Vermögen: 5,1 Milliarden Euro
Günter Herz (Jg. 1940) und seine Schwester Daniela Herz-Schnoeckl

(Jg. 1954) überließen nach heftigen Familienstreitigkeiten die Tchibo-Frisch-Röst-Kaffee GmbH ihrer Mutter Ingeburg Herz und ihren drei Brüdern (Platz elf). Ihr Vermögen liegt in der Hamburger Mayfair Holding. Kurzfristig legten sie ihr Geld bei Puma an, zogen sich dann aber wieder zurück.

10. Familie Reimann
Vermögen: 5,05 Milliarden Euro
Die Familie Reimann ist nicht mehr unternehmerisch tätig und tritt in der Öffentlichkeit nicht in Erscheinung. Auch die beiden Konzerne, die sie besitzt, sind weitgehend unbekannt: Reckitt Benckiser mit der Firmenzentrale in England und zahlreichen Produktionswerken in der Region Ludwigshafen/Mannheim sowie Coty in den USA. Im Jahr 2005 betrug der Umsatz von Reckitt Benckiser 6,1 Milliarden Euro. Fast jeder Bundesbürger hat schon einmal Produkte dieser Konzerne in die Hand genommen. Benckiser produziert Haushaltsreiniger wie etwa Calgon und Calgonit, Hoffmann-Stärke, Sagrotan, Clearasil und Kukident. Der Teilkonzern Coty produziert Parfüms, zum Beispiel Davidoff, Lancaster, Jil Sander und Joop. Die Anteile liegen beim »Nachlass Dr. Albert Reimann und Frau Paula Reimann«, den fünf Adoptivkindern und mehreren Nichten und Neffen.

11. Reinhard Mohn, Jg. 1921, Gütersloh
Vermögen: 5,0 Milliarden Euro   .
Der Gründer und Besitzer der Bertelsmann AG legte 1981 seinen Posten als Vorstandsvorsitzender nieder und übertrug zwei Drittel seines Vermögens auf die Bertelsmann-Stiftung. Heute hält die Stiftung 76,9 Prozent, die Familie Mohn 23,1 Prozent. Reinhard Mohn ist nicht mehr unternehmerisch aktiv. Seine Frau Liz (Jg. 1941) sitzt im Aufsichtsrat der Bertelsmann AG und ist stellvertretende Präsidiumsvorsitzende der Bertelsmann-Stiftung, einer einflussreichen, weitgehend neoliberalen Denkfabrik, die auf zahlreichen Politikfeldern Konzeptionen für Parteien und Regierungen entwickelt. Die Bertelsmann AG erzielte 2005 einen Umsatz von 17,8 Milliarden Euro und einen Gewinn von einer Milliarde Euro. Die Aktiengesellschaft beschäftigt 88.000 Menschen. Das Stammhaus, der Bertelsmann Verlag, hat sich zu einem weltumspannenden Medienkonzern entwi-

ckelt. Er hält unter anderem Anteile an RTL, n-tv und den Verlagen Random House und Gruner+Jahr.

12. Ingeburg Herz, Jg. 1922, und ihre Kinder, Hamburg
Vermögen: 5,0 Milliarden Euro
Die Witwe des Tchibo-Gründers Max Herz kontrolliert mit dreien ihrer Kinder die Tchibo-Holding-AG: Ingeburg hält 15 Prozent, Michael 34 Prozent, Wolfgang 34 Prozent und Joachim 15 Prozent. Die beiden Kinder Günter und Daniela ließen sich auszahlen (Platz acht). Die Tchibo-Frisch-Röst-Kaffee GmbH ist mit einem Marktanteil von 27 Prozent führend am deutschen Kaffeemarkt und der fünftgrößte Kaffeeproduzent Europas. Allerdings resultieren unter dem Motto »Jede Woche eine neue Welt« mehr als die Hälfte des Konzernbereichs Kaffee aus dem Geschäft mit allem außer Kaffee: Mode und Schmuck, Sportartikel, Wohnaccessoires, Küchengeräte, Unterhaltungselektronik und Büroartikel, meistens über die Eigenmarke TCM.
Tchibo erzielte im Jahr 2005 mit fast 30 000 Beschäftigten einen Umsatz von 8,8 Milliarden Euro und einen Gewinn von 511 Millionen Euro. Die Tchibo Holding AG hält 50,46 Prozent an der Beiersdorf AG, einem großen Produzenten von Körperpflegemitteln, Klinikbedarf und Klebebändern (Nivea, Labello, Hansaplast und Tesafilm). 2005 betrug der Umsatz 4,8 Milliarden Euro.

13. Hasso Plattner, Jg. 1944, Walldorf
Vermögen: 5,0 Milliarden Euro
Mitbegründer des Software-Unternehmens SAP. Heute ist er Aufsichtsratsvorsitzender und kontrolliert über die Hasso Plattner GmbH & Co. Beteiligungs KG 9,9 Prozent und über die Hasso Plattner Förderstiftung 1,9 Prozent der SAP-Aktien. In Potsdam gründete er das Hasso-Plattner-Institut für Informatik. Plattner polemisierte im Jahr 2006 massiv gegen die von IG-Metall-Mitgliedern bei SAP initiierte Betriebsratswahl, musste dann aber doch klein beigeben.

14. Klaus Tschira, Jg. 1940, Walldorf
Vermögen: 4,9 Milliarden Euro
Mitbegründer von SAP. Heute hält er 10,6 Prozent der SAP-Aktien, und zwar über die Klaus Tschira Stiftung GmbH (5,6 Prozent) und die Dr. h.c. Klaus Tschira Beteiligungs GmbH & Co KG (fünf Prozent).

37

15. Stefan Quandt, Jg. 1966, Bad Homburg
Vermögen: 4,5 Milliarden Euro
Der Diplom-Wirtschaftsingenieur hält 17,4 Prozent der Aktien der
BMW AG und ist stellvertretender Aufsichtsratsvorsitzender. BMW
erzielte 2005 einen Umsatz von 46,7 Milliarden Euro und einen
Gewinn von fast 2,2 Milliarden Euro. Der Konzern beschäftigt über
105.000 Menschen. Der Bruder der reichsten Frau Deutschlands,
Susanne Klatten (Platz vier), und Sohn des legendären Industriellen
Herbert Quandt und seiner Frau Johanna (Platz 21) kontrolliert über
die Delton AG Holding diverse Industrie- und Logistikunternehmen
und ist dort Aufsichtsratsvorsitzender. Gemeinsam besitzen Stefan
Quandt, seine Mutter Johanna und seine Schwester Susanne 46,6
Prozent der BMW-Anteile.

16. Familie Henkel, Düsseldorf
Vermögen: 4,45 Milliarden Euro
Die Henkel KGaA ist ein traditionsreicher Konzern für Wasch- und
Reinigungsmittel, für Kosmetik und Körperpflege sowie für Klebstof-
fe. Die Marken Persil, Pril, Spee, Fa, Schauma, Taft, Pattex und Pritt
sind jedem geläufig. Der Umsatz betrug 2005 rund 11,9 Milliarden
Euro, der Gewinn 770 Millionen Euro. Henkel beschäftigt über 50.000
ArbeitnehmerInnen. Der Konzern liegt in den Händen mehrerer
Zweige der Familie Henkel. Die Nachkommen des Firmengründers
Fritz Henkel halten 51,5 Prozent der Anteile. Die verschiedenen Fami-
lienstämme haben einen Aktienbindungsvertrag geschlossen, der
sicherstellt, dass bis 2016 über 50 Prozent der Konzernanteile im Familienbesitz bleiben. Der 1999 verstorbene Konrad Henkel prägte über
Jahrzehnte die Unternehmenspolitik, während sich seine Frau Gabrie-
le Henkel als Kunstmäzenin und »Grande Dame« der Düsseldorfer
Gesellschaft profilierte. Heute üben die Urenkel von Fritz Henkel entscheidenden Einfluss aus. Christoph Henkel hält 5,8 Prozent der
Anteile und sitzt im Aufsichtsrat. Albrecht Woeste, ebenfalls ein Urenkel, ist Vorsitzender des Aufsichtsrates.

17. Familie Oetker, Bielefeld
Vermögen: 4,35 Milliarden Euro
Der Familie gehört der Dr.-Oetker-Konzern mit zahlreichen Tochterge-
sellschaften und 21.000 Beschäftigten. Der Umsatz im Jahr 2005 lag bei

sieben Millionen Euro. Der Gewinn wird nicht veröffentlicht. Am bekanntesten sind die Aktivitäten im Nahrungsmittelbereich: Back- und Puddingpulver, Tiefkühlpizza und Langnese-Honig. Auch mit der zweiten Sparte haben die meisten LeserInnen schon zu tun gehabt: Zu Oetker gehört eine ganze Palette von Bier-, Sekt- und Spirituosen-Marken, darunter Radeberger, Binding, Jever, Schultheiss, Henkel Trocken, Deinhard, Söhnlein, Fürst Metternich und Wodka Gorbatschow. Hingegen weiß kaum jemand, dass die umsatzstärkste Sparte des Oetker-Konzerns die Schifffahrt ist. Zur Reederei gehören unter anderem 140 Schiffe und 188.000 Container. Daneben hält Oetker eine Beteiligung von 12,23 Prozent an der Parfümeriekette Douglas und besitzt zahlreiche Luxushotels in Europa, etwa Brenner's Parkhotel in Baden-Baden. August Oetker führt die operativen Geschäfte des Konzerns.

18. Familie Haub, Mühlheim
Vermögen: 4,2 Milliarden Euro
Die Familie Haub kontrolliert über Tengelmann ein Imperium von Lebensmittel- und Spezialmärkten: Dazu gehören Kaiser's, Plus, OBI und andere. Der Umsatz betrug 2004/2005 über 26 Milliarden Euro. Der Gewinn wird nicht veröffentlicht. Weltweit beschäftigt der Konzern fast 184.000 Menschen. Erivan Haub (Jg. 1932) ist Beiratsvorsitzender, seine Söhne Karl-Erivan (Jg. 1960), Georg (Jg. 1963) und Christian (Jg. 1965) leiten den Konzern.

19. Otto Beisheim, Jg. 1924, Rottach-Egern
Vermögen: 4,15 Milliarden Euro
Der Metro-Gründer besitzt ein Drittel der Metro Vermögensverwaltungs GmbH und Co. KG in Düsseldorf, die wiederum 55,7 Prozent der Aktien der Metro AG kontrolliert. Neben den Abholgroßmärkten gehören zum Metro-Konzern die Warenhauskette Kaufhof, Media-Markt und Saturn sowie die Real-Lebensmittelmärkte. Metro erzielte 2005 mit 250.000 Beschäftigten einen Umsatz von 55,7 Milliarden Euro und einen Gewinn von 618 Millionen Euro.

20. Familie Braun, Melsungen
Vermögen: 4,15 Milliarden Euro
Firmenchef Ludwig Georg Braun (Jg. 1943) leitet das Medizintechnik-Unternehmen B. Braun mit fast 30.000 Beschäftigten. Der Umsatz lag

2005 bei drei Milliarden Euro, der Gewinn bei 155 Millionen Euro. Ludwig Georg Braun (FDP) ist Präsident des Deutschen Industrie- und Handelskammertages (DIHK).

21. Johanna Quandt, Jg. 1926, Bad Homburg
Vermögen: 4,1 Milliarden Euro
Die Frau des verstorbenen Industriellen Herbert Quandt hält 16,7 Prozent der Anteile an der BMW AG. Sie hat ihr Vermögen schritt- weise an ihre Tochter Susanne Klatten (Platz vier) und an ihren Sohn Stefan Quandt (Platz 15) übertragen.

22. Maria-Elisabeth und Georg Schaeffler, Herzogenaurach
Vermögen: 4,1 Milliarden Euro
Maria-Elisabeth Schaeffler (Jg. 1941) und ihr Sohn Georg sind Gesellschafter der Schaeffler KG. Im Jahr 2002 übernahm die INA- Schaeffler-Gruppe das Unternehmen FAG Kugelfischer und produ- ziert heute unter den drei Marken INA, FAG und LuK Wälz- und Gleitlager sowie Kupplungssysteme. Der Umsatz betrug im Jahr 2005 rund acht Milliarden Euro. Der Gewinn wird nicht veröffentlicht. Die Gruppe beschäftigt 80.000 ArbeitnehmerInnen.

23. Erben von Friedrich Karl Flick
Vermögen: 4,0 Milliarden Euro
Friedrich Karl Flick jun. war der Sohn des legendären Friedrich Flick, der auf dem Höhepunkt seiner Macht das größte deutsche Industrieim- perium besaß (Mercedes, Buderus, Dynamit Nobel u. a.). Nach dessen Tod führte Sohn Friedrich Karl den Konzern gemeinsam mit seinen Neffen Friedrich Christian und Gerd Rudolf (»Mick und Muck«). In den 1980er Jahren war er in den Flick-Skandal zur Steuerhinterziehung und Bestechung hoher deutscher Politiker verwickelt. Nachdem bereits seine Neffen und deren Schwester Dagmar Gräfin Vitzham mit jeweils dreistelligen Millionenbeträgen ausgezahlt worden waren, verkaufte Flick die Reste des Imperiums an die Deutsche Bank, die sie später weiterveräußerte. Flick lebte danach in Österreich und übertrug sein Vermögen steuersparend auf die »Dr. Flicksche Privatstiftung Rotten- mann«. Er war in dritter Ehe mit Ingrid Flick verheiratet und verstarb im Oktober 2006. Haupterben sind seine vier Kinder Alexandra (39), Elisabeth (33), Karl Friedrich (acht) und Victoria-Katharina (acht).

24. Familie Knauf, Iphofen
Vermögen: 4,0 Milliarden Euro
Die Knauf Gips KG ist ein Konzern, der mit Dämmstoffen, Putzen, Spritzguss und Produkten für den Trockenbau einen Umsatz von vier Milliarden Euro erzielt und 18.500 Menschen beschäftigt. Zum Gewinn werden keine Angaben gemacht. Das Unternehmen wurde 1932 von den Brüdern Alfons und Karl Knauf gegründet. Heute befindet sich die Gruppe im Besitz der beiden Familienstämme und wird nach wie vor in Form einer Familiengesellschaft von den beiden Vettern Baldwin (Jg. 1940) und Nikolaus (Jg. 1937) geführt. Die anderen stillen GesellschafterInnen entstammen ebenfalls der Familie und arbeiten teilweise in Tochterunternehmen der Knauf Gips KG.

Joker: Adolf Merckle, Jg. 1934, und Familie
Vermögen: etwa 9,85 Milliarden Euro
Merkwürdigerweise fehlt Adolf Merckle auf der Liste des *Manager Magazins*. In der *Forbes*-Liste nimmt er mit 9,85 Milliarden Euro Platz vier ein.[8] Adolf Merckle, sein Sohn Ludwig und die Familie besitzen einen Mischkonzern, bestehend aus der Phoenix Pharmahandel Aktiengesellschaft & Co. KG und der Ratiopharm GmbH, dem Hersteller von preiswerten Arzneimitteln. Außerdem hält die Familie über die Spohn Cement GmbH fast 78 Prozent von HeidelbergCement. Gemeinsam mit dem Haus Hohenzollern-Sigmaringen betreiben die Merckles die Fürstlichen Hohenzollischen Werke Laucherthal GmbH & Co. KG in Sigmaringen, zu der zahlreiche mittlere Metallbetriebe gehören, zum Beispiel Zollern BHW und VEM Motors.

Neben den vorgestellten 24 reichsten Milliardären gibt es weitere 76 Personen und Familien mit einem Vermögen von mindestens einer Milliarde Euro.

Milliardäre Nr. 25 bis 100 in Deutschland (Angaben in Milliarden Euro)

Nr.	Nachname	Vorname/Familie	Vermögen	Hintergrund
25.	Liebherr	Familie	3,85	Liebherr-Konzern
26.	von Finck	August u. Familie	3,50	Mischkonzern, u. a. Mövenpick; ca. 5 % der Allianz AG
26.	Kühne	Klaus-Michael	3,50	Kühne + Nagel (Logistik)
28.	von Oppenheim	Familie	3,35	Bankhaus Sal. Oppenheim
28.	von Ullmann	Karin	3,35	Bankhaus Sal. Oppenheim
30.	Wirtz	Familie	3,25	Mischkonzern (Waschmittel, Pharma)
31.	Schmidt-Ruthenbeck	Michael u. Reinhard	3,20	Metro AG, Kaufhof u. a.
31.	Engelhorn	Curt	3,20	ehemals: Boehringer Mannheim
33.	Baus	Heinz	3,10	Bauhaus-Baumärkte
34.	von Holtzbrinck	Familie	3,00	Holtzbrinck Verlag
34.	Bosch	Familie	3,00	Robert Bosch GmbH
36.	Bauer	Heinz	2,95	Bauer Verlag
37.	Kipp	Karl-Heinz	2,90	ehemals: Massa Handelskette
38.	Springer	Friede	2,75	Springer Verlag
39.	Schörghuber	Stefan	2,60	Mischkonzern (Brauereien, Hotels)
40.	Strüngmann	Andreas	2,50	ehemals: Hexal AG
40.	Strüngmann	Thomas	2,50	ehemals: Hexal AG
42.	Jahr	Familie	2,45	Gruner+Jahr Verlag
43.	Jacobs	Klaus J.	2,35	Adecco AG (Leiharbeit)
44.	Burda	Hubert	2,30	Burda-Verlag
44.	Schwarz-Schütte	Familie	2,30	ehemals: Schwarz (Pharma-Konzern)
46.	Voith	Familie	2,25	Voith-Konzern (Anlagenbau)
47.	Schickedanz	Madeleine	2,20	Karstadt Quelle AG
48.	Haindl	Familie	2,15	ehemals: Haindl Papierfabrik
48.	Schleicher	Familie	2,15	Schwenk Zement KG
50.	Wacker	Familie	2,10	Wacker Chemie AG
51.	Happel	Otto	2,00	GEA Group AG
51.	Engelhorn	Christoph	2,00	ehemals: Boehringer Mannheim
53.	v. Bechtholsheim	Andreas	1,95	ehemals: Sun Microsystems

54.	Thiele	Heinz Hermann	1,90	Knorr-Bremse AG
55.	Stihl	Familie	1,85	Stihl AG & Co.
55.	Rethmann	Familie	1,85	Entsorgung, Recycling
57.	Riegel	Hans u. Paul	1,80	Haribo GmbH & Co. KG
58.	Broermann	Bernard	1,75	Asklepios Kliniken
58.	Mann	Familie	1,75	ehemals: Wertkauf-SB-Märkte
60.	Pohl	Reinfried	1,70	Deutsche Vermögensberatung AG
60.	Merck und Langmann	Familien	1,70	Merck KGaA
62.	Leibinger	Berthold	1,65	Trumpf AG (Laser-Schneidtechnik)
62.	Wilhelm von Finck jr.	Familie	1,65	ehemals: Bankhaus Merck, Finck & Co
62.	Hector	Hans-Werner	1,65	ehemals: SAP AG
65.	Zinkann	Familie	1,50	Miele & Cie. KG
65.	Miele	Familie	1,50	Miele & Cie. KG
65.	Schlecker	Familie	1,50	Drogerie-Konzern
65.	Herz	Joachim	1,50	Tchibo, Beiersdorf
65.	Quandt	Geschwister	1,50	ehemals: Varta AG
70.	Dachser	Familie	1,45	Dachser-Gruppe (Logistik)
70.	Simon	Familie	1,45	Bitburger Brauerei
72.	Fuchs	Familie	1,40	Mischkonzern (u. a. Schmieden, Schüco-Fenster)
73.	Benteler	Familie	1,35	Benteler AG (Autozulieferer)
73.	Deichmann	Heinz-Horst	1,35	Deichmann-Schuhe
75.	Fielmann	Familie	1,30	Fielmann AG (Brillen)
75.	Kärcher	Familie	1,30	Reinigungsmaschinen
77.	Bruch	Thomas	1,25	Globus (Bau- u. Fachmärkte)
77.	Unger	Peter	1,25	ehemals: Auto-Teile-Unger
77.	Ströther	Sylvia	1,25	ehemals: Wella AG
77.	Werner	Götz	1,25	DM Drogeriemarkt GmbH
77.	Helmig	Lutz Mario	1,25	Aton Beteiligungsgesellschaft
82.	Wobben	Aloys	1,20	Enercon (Windkraftanlagen)
82.	Claas	Helmut	1,20	Fa. Claas, Landmaschinen
82.	Holy	Jochen u. Uwe	1,20	ehemals: Hugo Boss
85.	Dommermuth	Ralph	1,10	United Internet (z. B. GMX, WEB.DE)
85.	Pohl	Erika	1,15	ehemals: Wella AG
85.	Müller	Theo	1,15	Molkerei
85.	Oberwelland	Familie	1,15	August Storck (Süßwaren)
89.	Dohle	Familie	1,10	Dohle-Gruppe (Lebensmittelmärkte)

89.	Diehl	Familie	1,10	Diehl-Stiftung (Rüstungskonzern)
89.	Mittelsten Scheid	Familie	1,10	Vorwerk & Co. (Teppichböden, Staubsauger)
89.	Schaub	Dieter	1,10	Medien Union Verlag (u.a. Rheinpfalz)
89.	Viessmann	Martin	1,10	Viessmann Werke
89.	Loh	Friedhelm	1,10	Loh-Gruppe (u.a. Rittal Schaltschränke)
89.	Claussen	Familie	1,10	Beiersdorf AG
89.	Blickle	Reinhard u. Jürgen	1,10	SEW Eurodrive (Getriebe)
97.	Roth	Rafael	1,05	Bau GmbH Roth
97.	Hornbach	Familie	1,05	Hornbach Baumarkt-AG
97.	Behr	Familie	1,05	Behr (Autozulieferindustrie)
100.	Boquoi	Josef	1,00	Bofrost-Gruppe

Neben den reichsten Personen und Familien gibt es bei den Superreichen mehrere Großfamilien, von denen einige über 100 Mitglieder umfassen. Das *Manager Magazin* nennt 2006 neun Clans mit einem Vermögen von einer Milliarde Euro und mehr.

Familie	Vermögen	Hintergrund
Haniel	9,1	Metro AG, Haniel-Gruppe
Brenninkmeyer	5,0	C&A-Konzern (Bekleidung)
Siemens	3,7	Siemens AG, München
Freudenberg	3,6	Autozulieferer, Textil
Heraeus	3,2	Metallverarbeitung
Werhahn	2,5	Werhahn-Gruppe, Neuss
Vaillant	1,8	Heizgeräte
Röchling	1,0	Rheinmetall (Rüstungskonzern)
von Langen	0,9	Nahrungsmittel

Angaben in Milliarden Euro

Nur wenige der deutschen Milliardäre leiten selbst die Unternehmen, die ihnen gehören. Dazu haben sie Manager, die auch nicht gerade spärlich für ihre Dienste entlohnt werden.

Manager: Hochlohnland Führungsetage

Deutschland ist in der Tat ein Hochlohnland. Es werden tatsächlich astronomisch hohe Gehälter gezahlt, und zwar in den Vorstandsetagen der großen Konzerne, dort, wo man besonders beredt über das nicht wettbewerbsfähige Lohnniveau hierzulande klagt. »Angesichts der Globalisierung sollen sich offensichtlich die Managergehälter an den USA, die Einkommen der Arbeitnehmer an China orientieren«, wetterte Uwe Hück, der Betriebsratsvorsitzende von Porsche. Von einem Gewerkschafter erwartet man eine solche Aussage. Doch die Kritik zog in den vergangenen Jahren immer weitere Kreise. Rücksichtslosigkeit und Gier warf Helmut Maucher, einst Chef des Nestlé-Konzerns, seinen heutigen Kollegen vor.[1] »Nichts ist schlimmer, als wenn Leistung und Belohnung in einem entkoppelten Verhältnis stehen«, assistierte Linde-Chef Wolfgang Reitzle.[2] Utz Claassen, mehrere Jahre Vorstandsvorsitzender des Energieversorgers EnBW forderte die »konsequente Umsetzung des Leistungsprinzips bei deutschen Spitzenmanagern«.[3] Laut einer Umfrage der *Financial Times Deutschland* halten sogar mehr als die Hälfte der Führungskräfte die Vorstandsgehälter für zu hoch. Auch Bundeskanzlerin Angela Merkel urteilte: »Manche gewaltige Gehaltssteigerungen sind unangemessen.«[4] »Jetzt sind die Manager dran. Die neuen Prügelknaben«, titelte selbst das *Manager Magazin* und stellte fest: »Hohe Verluste, hohe Gehälter, hoher Handlungsbedarf«.

Schließlich handelte die Regierung. Zunächst erarbeitete eine Regierungskommission unter der Leitung des Aufsichtsratsvorsitzenden von ThyssenKrupp, Dr. Gerhard Cromme, den Corporate Governance Kodex für deutsche Aktiengesellschaften. Corporate Governance heißt »Unternehmensführung« und ist zum Synonym für eine Art Ehrenkodex des Managements geworden. Der Kodex, der die individualisierte Veröffentlichung der Vorstandsbezüge empfiehlt, wurde im Aktiengesetz verankert. Doch zu einer Pflicht zur Veröffentlichung konnte sich die Politik zunächst nicht durchringen. Deswegen kam nur ein Teil der im Deutschen Aktienindex (DAX) gelisteten Unternehmen der Empfehlung nach. Kurz bevor der Bundestag im Sommer 2005 vorzeitig aufgelöst wurde, verpflichtete die rot-grüne Bundesregierung schließlich die börsennotierten Aktiengesellschaften per Gesetz, ab 2007 die Einkommen ihrer Vorstandsmitglieder rückwirkend für das abgelaufene Geschäftsjahr individualisiert zu veröffentlichen. Fast verschämt argumentierte Bundesjustizministerin Brigitte Zypries: »Es geht hier um Transparenz für Markt und Investoren, um Kontrollmöglichkeiten für Aktionäre als ›Eigentümer‹ und nicht zuletzt um die gesellschaftliche Verantwortung der Manager.«[5] Sozialneid, so versicherte die SPD-Politikerin mehrfach, solle nicht geschürt werden. Das sahen einige hartnäckige Schweiger in den DAX-Unternehmen ganz anders. Tausende redliche Vorstandsmitglieder deutscher Unternehmen würden diffamiert, jammerte der damalige BMW-Chef Helmut Panke.[6] Der Vorstandsvorsitzende des Versicherungskonzerns Münchener Rück, Nikolaus von Bomhard, beklagte sogar eine steigende Gefahr von Entführungen, wenn die Bezüge bekannt würden.[7]

In naher Zukunft ist auf mehr Transparenz beim Einkommen im Hochlohnland Führungsetage zu hoffen. Bislang war es in vielen Fällen schwierig, die Vorstandsvergütungen des Vorstandsvorsitzenden und des Vorstands der großen Unternehmen zu ermitteln. Schon seit langer Zeit sind börsennotierte Aktiengesellschaften verpflichtet, die Gesamtvergütung des Vorstands im jährlichen Geschäftsbericht auszuweisen. Häufig wurde die Information auf einer der letzten Seiten quasi im Kleingedruckten versteckt. Heute werden die Vergütungen meist individualisiert veröffentlicht.

Bisher mussten wissenschaftliche Analysen und Veröffentlichungen in Wirtschaftspublikationen weiterhelfen. Für das *Manager Magazin* hat Reinhart Schmidt, Wirtschaftsprofessor in Halle, die Vorstandsgehälter des Geschäftsjahres 2006 untersucht.[8] Im Schnitt erhalten die Vorstände der DAX-Unternehmen ein Drittel Fixgehalt sowie zwei Drittel erfolgsabhängige Gehaltsbestandteile und Aktienoptionen.

Spitzenverdiener ist wie schon seit Jahren Josef Ackermann, der Chef der Deutschen Bank. Als Angeklagter im Prozess wegen hoher Abfindungszahlungen an Ex-Mannesmann-Chef Klaus Esser reckte er wartenden Journalistinnen und Journalisten das Victory-Zeichen entgegen und erfand das »Smartsourcing«, den Stellenabbau bei gleichzeitig explodierenden Vorstandsgehältern. Ackermann ließ sich 2006 insgesamt 13,06 Millionen Euro überweisen und lag mit dieser

Summe deutlich vor dem Chef des Software-Unternehmens SAP, Henning Kagermann. Dieser erreichte mit über neun Millionen Platz zwei der DAX-Unternehmensvorstände.

Der große Unbekannte ist Porsche-Chef Wendelin Wiedeking. Er nutzt eine gesetzliche Ausnahmeklausel und weigert sich beharrlichen, sein Gehalt zu veröffentlichen. Porsche zahlte im Geschäftsjahr 2005/2006 seinen fünf Vorstandsmitgliedern insgesamt 45,2 Millionen Euro. In der Regel verdienen Vorstandschefs mindestens 1,75-mal so viel wie ein normales Vorstandsmitglied. Damit käme Wiedeking auf ein Jahresgehalt von mindestens 13,7 Millionen Euro und läge auf der Pole-Position vor Josef Ackermann.

Im Durchschnitt verdienen die Vorstandsvorsitzenden der 30 DAX-Unternehmen 4,29 Millionen Euro pro Jahr. Das entspricht rund 357.000 Euro pro Monat oder bei einer 60-Stunden-Woche fast 1.370 Euro pro Stunde. Josef Ackermann kommt als Spitzenreiter auf einen Stundensatz von 4.168 Euro pro Stunde. Zum Vergleich: Ein Facharbeiter in der niedersächsischen Metallindustrie erhielt 2006 nach Tarif 14,22 Euro pro Stunde. Die Gewerkschaften fordern einen Mindestlohn von 7,50 Euro pro Stunde. Josef Ackermann kassiert pro Stunde etwa so viel wie ein Diplom-Ingenieur im Monat.

Laut Statistischem Bundesamt brachten abhängig Beschäftigte 2006 im Schnitt 26.657 Euro pro Jahr nach Hause. Die Vorstandsvorsitzenden der dreißig DAX-Unternehmen bekamen 160-mal so viel. Geradezu astronomisch wirkt der Vergleich mit dem Chef der Deutschen Bank, Josef Ackermann. Für dessen Jahressalär müssten Otto Normalverdiener und Monika Mustermann 490 Jahre lang arbeiten.

Dabei sind die Vorstände der DAX-Unternehmen nicht einmal die Spitzenverdiener im Management. Josef Ackermann fand bei der Deutschen Bank 13 Leute, die noch mehr Geld bekommen als er,[9] allesamt InvestmentbankerInnen. Im Schnitt verdienten die Börsen-Jongleure nach Angaben des Nachrichtenmagazins *Der Spiegel* im Jahr 2005 zwar »nur« 417.729 Euro. Doch in diese Berechnung flossen alle Beschäftigten der in London ansässigen Investmentsparte des größten deutschen Bankhauses ein, also auch die Büroangestellten. Einige ManagerInnen kassierten aufgrund üppiger Boni bis zu zweistellige Millionensummen. Insgesamt prasselte 2005 ein Geldregen von 7,5 Milliarden Pfund (rund 10 Milliarden Euro) an Boni auf die Börsia-

Die Einkommen deutscher Spitzenmanager

Nr.	Unternehmen	Vorsitzender	€ / Jahr	€ / Monat	€ / Stunde	Verhältnis Vorstand / Beschäftigte
1.	Deutsche Bank	Josef Ackermann	13.055.000	1.087.917	4.168	490
2.	SAP	Henning Kagermann	9.013.000	751.083	2.878	338
3.	DaimlerChrysler	Jürgen E. Schrempp (heute: Dieter Zetsche)	7.502.000	625.167	2.395	281
4.	Linde	Wolfgang Reitzle	7.352.000	612.667	2.347	276
5.	RWE	Harry Roels (heute: Jürgen Großmann)	6.874.000	572.833	2.195	258
6.	Allianz	Michael Diekmann	5.260.000	438.333	1.679	197
7.	E.on	Wulf H. Bernotat	4.868.000	405.667	1.554	183
8.	Metro	Hans-Joachim Körber	4.664.000	388.667	1.489	175
9.	Fresenius MC	Ben J. Lipps	4.242.000	353.500	1.354	159
10.	Münchener Rück	Nikolaus von Bomhard	4.133.000	344.417	1.320	155
11.	Deutsche Post	Klaus Zumwinkel	4.132.000	344.333	1.319	155
12.	BASF	Jürgen Hambrecht	3.991.000	332.583	1.274	150
13.	BMW	Helmut Panke (heute: Norbert Reithofer)	3.778.000	314.833	1.206	142
14.	Commerzbank	Klaus-Peter Müller	3.671.000	305.917	1.172	138
15.	Siemens	Klaus Kleinfeld (heute: Peter Löscher)	3.590.000	299.167	1.146	135
16.	Continental	Manfred Wennemer	3.499.000	291.583	1.117	131
17.	Adidas-Salomon	Herbert Hainer	3.420.000	285.000	1.092	128
18.	ThyssenKrupp	Ekkehard D. Schulz	3.344.000	278.667	1.068	125
19.	MAN	Hakan Samuelsson	3.282.000	273.500	1.048	123
20.	Volkswagen	Bernd Pischetsrieder (heute: Martin Winterkorn)	3.135.000	261.250	1.001	118
21.	Henkel	Ulrich Lehner	3.026.000	252.167	966	114
22.	Hypo Real Estate	Georg Funke	3.014.000	251.167	962	113
23.	Deutsche Börse	Reto Francioni	2.877.000	239.750	919	108
24.	Bayer	Werner Wenning	2.867.000	238.917	915	108
25.	Deutsche Telekom	Kai-Uwe Ricke (heute: Rene Obermann)	2.677.000	223.083	855	100
26.	Lufthansa	Wolfgang Mayrhuber	2.561.000	213.417	818	96
27.	Altana	Nikolaus Schweickart	2.490.000	207.500	795	93
28.	Infineon	Wolfgang Ziebart	2.210.000	184.167	706	83
29.	Postbank	Wulf H. von Schimmelmann (heute: Wolfgang Klein)	2.095.000	174.583	669	79
30.	TUI	Michael Frenzel	1.997.000	166.417	638	75
	Durchschnitt:		4.287.000	357.250	1.369	161

Jahreseinkommen inkl. Aktienoptionen u.Ä.; Stundenentgelt bei einer 60-Stunden-Woche; Verhältnis Vorstand/Beschäftigte: Durchschnittseinkommen von 26.657 Euro/Jahr. Quelle: Manager Magazin, 7/2007, S. 43 und eigene Berechnungen

48

nerInnen der Investmentmetropole London. Der Betrag entspreche in etwa dem Bruttosozialprodukt von Mazedonien, einem Staat mit mehr als zwei Millionen Einwohnern, rechnete das *Manager Magazin* vor. Rund 3.000 BörsianerInnen konnten sich in London über einen zusätzlichen Scheck von einer Million Pfund und mehr freuen. In der Folge seien in Südfrankreich die Immobilienpreise gestiegen, berichtete das Magazin.

Auch die DAX-Vorstände erhalten jedes Jahr ein erkleckliches Sümmchen zusätzlich. Nach einer Umfrage der Personalberatung Aden Beyer & Company unter 661 Führungskräften sind die Zulagen von 2004 auf 2005 gestiegen, bei knapp zehn Prozent der Befragten sogar um mehr als 50 Prozent. Lediglich 15,5 Prozent der Manager mussten einen Rückgang ihrer Boni akzeptieren. Je höher in der Hierarchie und je höher das Einkommen, desto höher ist der Anteil der flexiblen Gehaltsbestandteile und desto höher ist der absolute Betrag. Die Faustformel lautet: Wer hat, dem wird gegeben!

Übrigens ist es durchaus berechtigt, hier nur von Managern und nicht von Managerinnen zu sprechen. Die Zahl der Frauen in den DAX-Vorständen lässt sich an den Fingern einer Hand abzählen.

Die Deals der Direktoren

Die Fusion von Daimler und Chrysler 1998 spülte dem damaligen Chrysler-Chef Robert Eaton 100 Millionen Dollar als Übernahmeprämie in Form von Aktienoptionen in die Schatulle.[10] In der Folge kamen Aktienoptionen auch bei deutschen Unternehmen in Mode. Derzeit gehört diese variable Komponente zum festen Gehaltsbestandteil in der obersten Führungsetage von über 80 Prozent der DAX-Unternehmen.

Das Prinzip ist relativ einfach: Die Option besteht darin, Aktien zu einem bestimmten Zeitpunkt oder beim Überschreiten eines sogenannten Ausübungskurses zu einem zuvor festgelegten Bezugspreis zu kaufen. Wenn die Manager dann ihre Aktien wieder verkaufen, können sie den Spekulationsgewinn einstreichen. Die Aktien stammen entweder aus einer bedingten Kapitalerhöhung oder einem Aktienrückkaufprogramm. Beides muss zuvor von der Hauptversammlung abgesegnet werden. Im letzten Fall kauft das Unternehmen die Aktien selbst am Markt und gibt sie zum Bezugspreis der Optionen an den Manager ab. Die Differenz zum Marktpreis trägt das Unternehmen. Die börsennotierten Aktiengesellschaften müssen diese »directors' dealings« seit 2002 nach dem Wertpapiergesetz der Bundesanstalt für Finanzdienstleistungsaufsicht melden. Auf der Internetseite www.insiderdaten.de lassen sich diese Insidergeschäfte nachvollziehen.

Kasse gemacht haben mehrere DaimlerChrysler-Manager. Im Juli 2005 trat Vorstandschef Jürgen Schrempp überraschend zurück. Ein Kurssprung der DaimlerChrysler-Aktie war abzusehen, da Schrempp bei Analystinnen und Analysten seinen Ruf verspielt hatte und die Kapitalmärkte auf einen unverbrauchten Nachfolger hofften. Benannt wurde Dr. Dieter Zetsche. Dessen firmeninterner Konkurrent Eckard Cordes, der sich ebenfalls Hoffnungen auf die Nachfolge von Schrempp gemacht hatte, bot daraufhin dem Aufsichtsrat seinen Rücktritt an und löste einen Tag später seine Aktienoptionen ein. Er kaufte 92.500 Aktien zum Kurs von 34,40 Euro pro Stück, also für insgesamt über drei Millionen Euro, und verkaufte sie am gleichen Tag, nachdem der Aktienkurs auf 39,58 Euro gesprungen war. Schon das brachte ihm einen Kursgewinn von fast 480.000 Euro. Da Cordes selbst nicht den Ausübungskurs von 34,40 Euro, sondern nur den Bezugspreis von 28,67 Euro bezahlen musste, betrug sein Spekulationsgewinn tatsächlich sogar über eine Million Euro. Den gleichen Deal machten weitere Daimler-Manager: unter anderem Einkaufschef Thomas Sidlik, Smart-Chef Ulrich Walker, Wolfgang Dietz, der Chef der japanischen Nutzfahrzeugtochter Fuso, und der Leiter des Konzerncontrollings, Herbert Kaufmann.

Absurderweise könnte sogar Jürgen Schrempp aus seinem nicht ganz freiwilligen Abgang noch Gewinn schlagen. Nach seinem Rücktritt und dem Verkauf von Chrysler schoss der Daimler-Aktienkurs wieder in die Höhe. Der Wert von Schrempps Aktienoptionen stieg auf 50 Millionen Euro, die er jederzeit einlösen könnte.[11]

Kasse machen könnte auch Josef Ackermann. Er kaufte Anfang 2005 für 2,73 Millionen Euro 57.420 Aktien seines Unternehmens zum Preis von 47,53 Euro und verdoppelte damit seinen Besitz auf 114.000 Stück.[12] Ein knappes Jahr später verkaufte er davon 67.711 Aktien zum Kurs von 87,27 Euro. Im August 2006 stand der Kurs der Aktie bei 88,45 Euro. Damit war Ackermanns »Restpaket« mehr als vier Millionen Euro wert. Anshu Jain, Chef des Bereichs Global Market bei der Deutschen Bank und angeblich der Spitzenverdiener des Geldhauses, realisierte mit Aktienoptionen 14 Millionen Euro, der Chef des Bereichs Global Banking, Michael Cohrs, 8,9 Millionen.[13]

Nach Schätzungen der Deutschen Bank halten Beschäftigte des Unternehmens rund acht Prozent der Aktien. Nach anderen Angaben gehörten der Führungsetage zehn Prozent des Geldhauses, wenn das Management all seine Optionen einlösen würde.[14]

Lohnerhöhung um 60 Prozent

Die Managergehälter sind in den vergangenen zehn Jahren rasant gestiegen. 1997 verdienten die Vorstandsmitglieder der Bertelsmann AG Spitzengehälter von im Durchschnitt vier Millionen D-Mark, 2004 war es der gleiche Betrag in Euro. Da bekommt das Wort »Teuro« eine ganz eigenartige Bedeutung.

Die Frage, wie viel Topmanager verdienen sollten, wird heiß diskutiert: Braucht Ackermann tatsächlich zwölf Millionen Euro, um motiviert Leistung zu bringen? Völlig unstrittig ist, dass Manager-Gehälter angesichts von Kompetenz und Verantwortung deutlich über denen ihrer Beschäftigten liegen müssen. Doch was ist deutlich? Was ist gerecht? Was ist angemessen? Das Zwanzigfache, das Dreißigfache, das Fünfzigfache? Das Zwanzigfache des Durchschnittsverdienstes von 26.657 Euro pro Jahr sind 533.140 Euro, das Dreißigfache sind 799.710 Euro, das Fünfzigfache sind gut 1,33 Millionen Euro. In diesen Relationen bewegten sich bis Mitte der 1990er Jahre die Einkommen der deutschen Topmanager. Doch dann explodierten die Gehälter in einem kaum vorstellbaren Ausmaß. Das Hamburger Welt-Wirtschafts-Institut ermittelte, dass die durchschnittlichen Vorstandsbezüge 1995 das Durchschnittseinkommen der ArbeitnehmerInnen um das 36-Fache überstiegen. 21 Jahre später lagen sie 160-mal so hoch.

In einigen DAX-Unternehmen realisierten die Vorstände geradezu traumhafte Steigerungen. Spitzenreiter ist wieder einmal die Deutsche Bank mit einer Steigerungsrate von 600 Prozent in zehn Jahren, durchschnittlich 60 Prozent jährlich. Man stelle sich vor, die IG Metall oder ver.di verlangten 60 Prozent mehr Entgelt für ihre Mit-

glieder. Die Öffentlichkeit würde am Verstand der GewerkschafterIn-
nen zweifeln.

Erhöhung der Vorstandsvergütungen

Unternehmen	Vergütung 1995*	Vergütung 2005*	Erhöhung absolut*	Erhöhung in Prozent
Deutsche Bank	1.004.000	7.030.000	+ 6.026.000	+ 600
DaimlerChrysler	1.019.000	4.970.000	+ 3.951.000	+ 388
ThyssenKrupp	870.000	2.350.000	+ 1.480.000	+ 170
Bayer	842.000	2.100.000	+ 1.258.000	+ 149
BMW	826.000	2.030.000	+ 1.204.000	+ 145
Continental	831.000	1.870.000	+ 1.039.000	+ 125
BASF	967.000	2.090.000	+ 1.123.000	+ 116
Volkswagen	903.000	1.940.000	+ 1.037.000	+ 115
Adidas	1.409.000	2.070.000	+ 661.000	+ 47

Niedersächsische Metallindustrie: Lohngruppe 7, 13 % Leistungszulage

	22.856	27.852	+ 4.996	+ 22

Quelle: Geschäftsberichte der Unternehmen, * Angaben in Euro

Im Geschäftsjahr 2005 ergab sich im Durchschnitt aller DAX-Unternehmen eine Erhöhung von knapp elf Prozent gegenüber dem Vorjahr. Während Gesamtmetall-Chef Martin Kannegiesser damals die
Forderung der IG Metall nach fünf Prozent plus als »vollkommen
überzogen« diffamierte, titelte *Die Welt* am 01.04.2006: »Moderate
Gehaltserhöhung für Top-Manager«. Im Hochlohnland Führungsetage scheinen andere Gesetze zu gelten als in den Niederungen der
deutschen Tarifpolitik.

Zu befürchten ist, dass mit den 13 Millionen Euro für Josef Ackermann das Ende der Fahnenstange noch nicht erreicht ist. Denn im
internationalen Vergleich liegen deutsche Topmanager eher im Mittelfeld. In Europa nimmt Ackermann »nur« Platz sechs ein. Spitzenreiter ist der Chef des Schweizer Pharma-Unternehmens Novartis,

Daniel Vasella. Er verdiente 2006 genau 22,26 Millionen Euro im Jahr. Auf Platz zwei liegt BP-Chef Lord Browne of Maddingley mit 20,47 Millionen Euro pro Jahr. Im Durchschnitt verdienen die Topmanager der europäischen Konzerne, die im STOXX gelistet sind, 7,17 Millionen Euro.

Von amerikanischen Verhältnissen können deutsche Topmanager nur träumen. In den USA liegen die Bezüge um das Zehnfache über dem europäischen Niveau. Der bestbezahlte Manager ist Steven P. Jobs von Apple. Er bekam 2006 unvorstellbare 646,6 Millionen Dollar. Jeder der acht Spitzenverdiener auf der Liste des amerikanischen Wirtschaftsmagazins *Forbes* kassierte mehr als 100 Millionen Dollar. Mit seinen 13 Millionen Euro läge Josef Ackermann bei *Forbes* gerade mal auf Platz 107, knapp hinter IBM-Chef Samuel Palmisano. In den USA machen nicht nur die Topmanager der großen Konzerne große Kasse. Auch die Chefs der großen Hedge-Fonds spielen vorne mit. Der Chef von Blackstone Stephen Schwarzmann verdiente 2006 exakt 398,3 Millionen Dollar. Blackstone, einer der größten Hedge-Fonds weltweit, ist Anteilseigner der Deutschen Telekom. Und dort tobte im Frühjahr 2006 ein harter Arbeitskampf gegen Entgeltkürzungen und Arbeitszeitverlängerungen.

Ihre astronomischen Gehälter rechtfertigen DAX-Manager gern mit dem Hinweis auf ihre Leistung. »Mündige Bürger sind nicht neidisch auf die Leistungen anderer. Sie wissen, Höchstleistungen entstehen als Folge von Talent und harter Arbeit. Das bestätigt jeder, der Höchstleistungen erbringt«, fabulierte Michael Rogowski in seinem Buch »Für ein neues Wirtschaftswunder«. Der ehemalige Präsident des Bundesverbandes der Deutschen Industrie stellt den Begriff »Leistung« geradezu auf den Kopf: Wer viel verdient, der muss wohl auch viel leisten. Dass das ein Irrglauben ist, hat eine Studie über den Zusammenhang von Aktienrenditen und dem Gehalt der Konzernvorstände offengelegt. Den gibt es nämlich so gut wie gar nicht. Die jährliche Gehaltszahlung sei nicht geeignet, die Leistung der Vorstandschefs zu beurteilen, sagen die beiden Autoren, die für eine Schweizer und eine US-Unternehmensberatung arbeiten.

Eine amerikanische Studie fand gar heraus, dass entlassungsfreudige Manager mit überdurchschnittlich kräftigen Gehaltserhöhungen rechnen können. Prof. Craig Rennie von der Universität Arkansas untersuchte die Vorstandsgehälter von 229 amerikanischen

Unternehmen, die 1993 bis 1999 in großem Stil Leute auf die Straße setzten. Insbesondere im Jahr danach konnten sich die Manager über 22,8 Prozent höhere Boni freuen als die Manager, die nur in geringem Umfang entließen.

Auch in Deutschland gibt es Tendenzen in diese Richtung. Der damalige Siemens-Aufsichtsratschef Heinrich von Pierer wollte 2006 »nach sorgfältiger Prüfung« die Vorstandsgehälter bei Siemens um 30 Prozent erhöhen. Schon allein das handelte ihm Kritik in der Öffentlichkeit ein. Als wenige Tage später der Neueigentümer der ehemaligen Siemens-Handysparte, die taiwanesische Firma BenQ, Insolvenz anmeldete und 2.000 Beschäftigte entließ, kam es zu einem Proteststurm. Der damalige Siemens-Vorstandschef Klaus Kleinfeld stammelte Rechtfertigungen in die Mikrofone von *Heute* und *Tagesthemen*, konnte die Situation aber nicht retten. Schließlich kündigte Kleinfeld an, der Siemens-Vorstand wolle auf die geplante Gehaltserhöhung verzichten und das Geld einer Auffanggesellschaft für die Beschäftigten von BenQ zukommen lassen. Doch das ist nur die halbe Wahrheit: Die Siemens-Vorstände erhielten wie geplant eine Gehaltserhöhung von 30 Prozent und spendeten einmalig den Erhöhungsbetrag für 2006. Ab 2007 wird wieder fröhlich kassiert.[15] Wenige Monate später kam der Korruptionsskandal bei Siemens ans Tageslicht. Kleinfeld und von Pierer mussten ihre Posten räumen.

Die Vorstände der 30 DAX-Unternehmen stehen mittlerweile quasi unter öffentlicher Beobachtung und sehen sich – wenn auch zähneknirschend – genötigt, ihre Bezüge transparent zu machen. Doch in manchen Unternehmen, die nicht im DAX gelistet sind, verdienen Topmanager erheblich mehr als der Durchschnitt der DAX-Unternehmen, ganz ungestört von einer allzu wachsamen Öffentlichkeit.

Im Windschatten der Großen

Auch die Vorstandsvergütungen der im M-DAX gelisteten mittleren Aktiengesellschaften nahm das Manager-Magazin unter die Lupe. An der Spitze steht Jochen Zeitz, der Chef des Sportartikel- und Modekonzerns PUMA: Er verdient mit 12,35 Millionen Euro pro Jahr mehr als die meisten DAX-Vorstände. Ihm folgt Bernd Scheifele, der Chef von HeidelbergCement, mit 6,09 Millionen Euro pro Jahr.

Auf Platz drei liegt mit Gerhard Bruckermann der Meister im Wettbewerb der stillen Top-Verdiener. Er verdiente 2006 rund 4,67 Millionen Euro, im Vorjahr sogar 10,72 Millionen. Bruckermann ist Chef der Depfa-Bank mit Sitz in Dublin und einer großen Niederlassung in Frankfurt. Das Institut ist aus der Deutschen Pfandbriefanstalt hervorgegangen und finanziert weltweit ausschließlich Institutionen des öffentlichen Sektors. Bruckermann besitzt heute als Privatperson mehr als acht Millionen Depfa-Aktien im Wert von über 110 Millionen Euro.

Die Bezahlung von Bruckermann und seinen Kollegen liegt weit über den Vorstandsvergütungen größerer Bankhäuser wie der Deutschen Bank oder der Commerzbank. Dagegen rebellierte am Ende sogar ein belgischer Fonds.[16]

Einkommen der Vorstandsvorsitzenden ausgewählter M-DAX-Unternehmen

Name	Unternehmen	Jahreseinkommen
Jochen Zeitz	PUMA	12.347.000
Bernd Scheifele	HeidelbergCement	6.087.000
Gerhard Bruckermann	Depfa-Bank	4.670.000
Michael Römer	Merck	3.884.000
Patrick Schwarz-Schütte	Schwarz-Pharma	3.659.000

Quelle: Manager Magazin 7/2007, S. 49, Angaben in Euro

Die Einkommen der Vorstandsmitglieder der vielen kleinen Aktiengesellschaften und der Geschäftsführer von Unternehmen mit weniger als 100 Beschäftigten sind nicht zugänglich. Die Unternehmensberatung Kienbaum veröffentlicht dazu regelmäßig Zahlen. Die Jahreseinkünfte liegen zwischen 250.000 und 350.000 Euro. Allerdings müssen sich auch diese Herren (und wenigen Damen) nicht über zu wenig Geld beklagen. Einer weiteren Kienbaum-Studie zufolge liegen im europäischen Vergleich die Geschäftsführer deutscher Unternehmen in Firmen mit bis zu 100 Beschäftigten mit 274.000 Euro an der Spitze.[17]

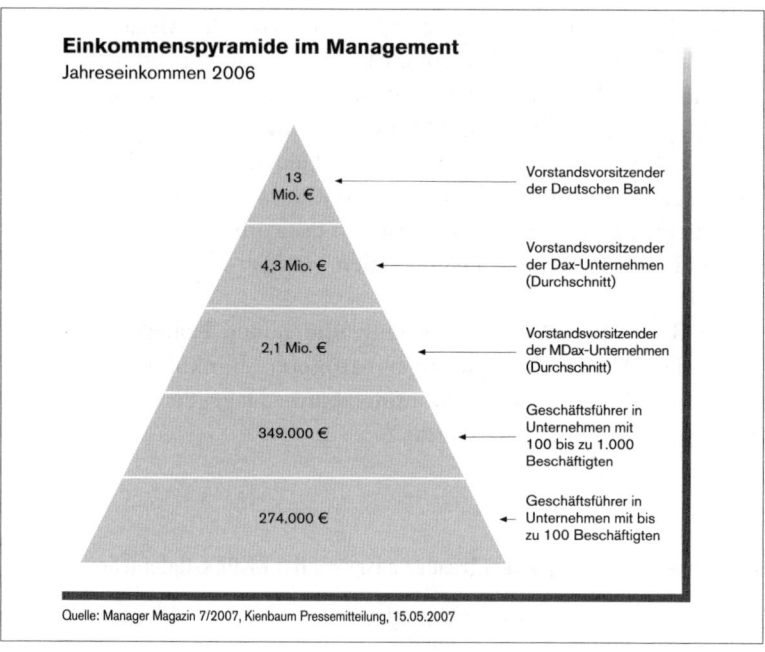

Einkommenspyramide im Management
Jahreseinkommen 2006

13 Mio. €	Vorstandsvorsitzender der Deutschen Bank
4,3 Mio. €	Vorstandsvorsitzender der Dax-Unternehmen (Durchschnitt)
2,1 Mio. €	Vorstandsvorsitzender der MDax-Unternehmen (Durchschnitt)
349.000 €	Geschäftsführer in Unternehmen mit 100 bis zu 1.000 Beschäftigten
274.000 €	Geschäftsführer in Unternehmen mit bis zu 100 Beschäftigten

Quelle: Manager Magazin 7/2007, Kienbaum Pressemitteilung, 15.05.2007

Die wahren Abkassierer

Die Debatte über die hohen Managergehälter, die in den vergangenen Jahren in Deutschland geführt wurde, war überfällig. Sie darf jedoch nicht den Blick auf die wahren Abkassierer verstellen. Denn die Eigentümer der großen Firmen lassen sich jedes Jahr ungleich höhere Summen auszahlen als die bestbezahlten Topmanager. Das lässt sich zwar bei Unternehmen, deren Aktienbesitz breit gestreut ist oder von Fonds gehalten wird, nur schwer nachverfolgen. In Aktiengesellschaften mit einem oder wenigen Großaktionären lassen sich die Relationen hingegen leicht ausrechnen. Beispiel Altana: 2006 erhielt der Vorstandsvorsitzende Nikolaus Schweickart ein Jahressalär von 2,49 Millionen Euro. Doch Mehrheitsaktionärin Susanne Klatten, die reichste Frau Deutschlands, strich in diesem Jahr das Tausendfache an Dividende ein: 2,5 Milliarden Euro. Zugegeben, das war ein Sonderfall nach dem lukrativen Verkauf der Pharma-Sparte von Altana. Doch auch in normalen Jahren muss Klatten nicht darben. Rund 78,5 Millionen Euro Dividende bezog sie 2005, etwa 35-mal so viel wie »ihr« Topmanager. Die Darmstädter Pharma-Familie Merck ließ sich

160,4 Millionen Euro ausschütten, 41-mal so viel wie das Gehalt ihres Vorstandsvorsitzenden Michael Römer. Otto Beisheim, Mehrheitsaktionär von Metro, machte 2006 über 67,1 Millionen Euro Gewinn, während »sein« Vorstandsvorsitzender Hans-Joachim Körber sich mit 4,66 Millionen Euro begnügen musste.

Das verdienen Deutschlands Großaktionäre

	Unternehmen	Dividende 2006
1. Susanne Klatten	Altana, BMW	2.502,0
2. Familie Merck	Merck	160,4
3. Familie Merckle	HeidelbergCement, Kässbohrer	128,1
4. Familie Haniel	Metro, Celesio, u.a.	110,0
5. Familie Wacker	Wacker Chemie	86,7
6. Michael Herz u. Familie	Beiersdorf	76,3
7. Familie Siemens	Siemens	72,5
8. Stefan Quandt	BMW	70,1
9. Otto Beisheim	Metro	67,1
9. Johanna Quandt	BMW	67,1
11. Familien Henkel u. Woeste	Henkel	64,2
12. Klaus Michael Kühne	Kühne u. Nagel	61,3
13. Hasso Plattner	SAP	59,5
13. Klaus Tschira	SAP	59,5
15. Friede Springer	Springer-Verlag	55,9
16. Dietmar Hopp	SAP	54,2
17. Fam. Schmidt-Rutenbeck	Metro	47,9
18. Familie Piech	Porsche	39,1
19. Familie Porsche	Porsche	39,1
20. Familie Fielmann	Fielmann-Brillen	31,9
21. Familie Ahlers	Ahlers-Moden	29,8
22. Familie Mohn	Bertelsmann	27,7
23. Siegfried Meister	Rational-Küchen	27,4
24. Friedrich Wilhelm Werner	Bijou Brigitte	26,3
25. Familie von Ullmann	Sal. Oppenheim Bank	21,0

Quelle: Capital 12/2007, Angaben in Millionen Euro

Aufsichtsratstantiemen: Nur ein Zubrot?

Eine Putzfrau in Deutschland verdient mehr als 100.000 Euro im Jahr. Glauben Sie nicht? Muss aber so sein! Denn die Schutzvereinigung für Wertpapierbesitz ließ verlauten, dass man sich über die miserable Arbeit der Aufsichtsräte nicht wundern dürfe, wenn diese gerade einmal das Jahresgehalt einer Putzfrau erhielten.

Konzerne werden von Vorständen geführt und diese von Aufsichtsräten kontrolliert. Je nach Größe bestehen die Aufsichtsratsgremien aus zwölf bis 20 Personen, die sich in der Regel viermal im Jahr zu einer Sitzung treffen. In Unternehmen ab 2.000 Beschäftigten, die dem Mitbestimmungsgesetz unterliegen, werden sie je zur Hälfte von Kapitaleignern und den Beschäftigten bestellt. In Unternehmen von 500 bis 2.000 Beschäftigten halten die ArbeitnehmerInnen ein Drittel der Sitze.

Zwar sind die Zeiten der »Deutschland AG« vorbei, in der die führenden deutschen Konzerne durch zahlreiche Überkreuzmitgliedschaften ihrer Vorstände und Aufsichtsräte unüberschaubar eng miteinander verflochten waren. Doch immer noch sitzen auf der Kapitalseite häufig Topmanager, die neben der Führung ihres eigenen Unternehmens auch noch die Kontrolle über eines oder mehrere andere ausüben sollen. Zahlreiche Vorstandsmitglieder von großen Aktiengesellschaften wechseln nach ihrem Ausscheiden für fünf bis zehn Jahre in den Aufsichtsrat des eigenen Unternehmens. Nach einer Studie der Hans-Böckler-Stiftung (HBS) kontrollieren derzeit ehemalige Vorstandsmitglieder in 17 der 30 DAX-Unternehmen ihre Nachfolger. Insgesamt sind mehr als ein Drittel der Aufsichtsratssitze von ehemaligen Unternehmenslenkern besetzt. Laut Aufsichtsrats-Ranking 2006 der Schutzvereinigung für Wertpapierbesitz (DSW) wechselten neun der zehn führenden Chef-Kontrolleure direkt vom Vorstands- auf den Aufsichtsratsvorsitz. Ein klarer Verstoß gegen den Corporate Governance Kodex. »Eine solche Erbfolge-Regelung verhindert geradezu eine kritische Überprüfung der Unternehmens-Aktivitäten«, bilanziert Dr. Roland Köstler, der Autor der HBS-Studie.

Die drei laut DSW »führenden« deutschen Aufsichtsräte Manfred Schneider (Bayer), Gerhard Cromme (ThyssenKrupp) und Ulrich Hartmann (E.on) kontrollieren 14 der 30 DAX-Konzerne. Die ersten zehn des DSW-Rankings bringen es zusammen auf 22 DAX-Unternehmen. Mindestens drei von ihnen treffen sich in unterschiedlicher

Zusammensetzung in den Kontrollsitzungen von acht Konzernen. Die »Deutschland AG« mag zwar aufgelöst sein, doch über ihre Aufsichtsräte sind die deutschen Konzerne immer noch hinreichend vernetzt. Und da eine Krähe der anderen kein Auge aushackt, ist kaum zu erwarten, dass diese Herrn sich wechselseitig die üppigen Bezüge beschneiden.

Unter den führenden deutschen Unternehmenskontrolleuren gibt es auf der Kapitalseite übrigens nur zwei Frauen, Renate Köcher, Geschäftsführerin des Allensbach-Instituts und Aufsichtsrätin bei der Allianz, bei BASF, Infineon und MAN auf Platz 17, und Susanne Klatten, Quandt-Erbin und Aufsichtsrätin bei Altana und BMW, auf Platz 41. Nur wenige Frauen stören die männliche Übermacht in den Aufsichtsräten der DAX- und M-DAX-Unternehmen. Die Kapitalseite schaffte es auf gerade 25 Frauen (3,73 Prozent) bei 670 Mandaten. Auf der Arbeitnehmerseite sieht es besser aus: Knapp 21 Prozent der 501 zu vergebenen Sitze sind von Frauen besetzt.[18]

Die Tatsache, dass viele aktuelle und ehemalige Vorstände in den Aufsichtsräten sitzen, wirft nicht nur die Frage nach funktionierender Kontrolle auf, sondern birgt auch finanzielle Brisanz. Denn die großen Unternehmen vergüten ihre Aufsichtsräte fürstlich. Danach erhält ein Aufsichtsratsvorsitzender durchschnittlich 245.000 Euro pro Jahr. Spitzenverdiener ist Jürgen Strube, der bei der Firma BASF für seine Tätigkeit als Aufsichtsratsvorsitzender 469.000 Euro pro Jahr erhält. Wie gesagt, es geht um vier Sitzungen pro Jahr und deren Vor- und Nachbereitung. Der Aufsichtsratsvorsitzende hat zwar mehr zu tun, übt aber beileibe keinen Fulltimejob aus.

Zahlreiche Vorstandsvorsitzende großer Unternehmen gehören zusätzlich zu ihrem Hauptjob dem Aufsichtsrat anderer Unternehmen an, teilweise auch mehreren, und erhalten damit ein Zubrot von mehreren 100.000 Euro. Josef Ackermann besserte 2006 sein Jahreseinkommen von über 13 Millionen Euro als Vorstands-Chef der Deutschen Bank mit den Tantiemen aus den Aufsichtsratsmandaten bei Siemens und Bayer auf. Dies scheint aber noch nicht alles zu sein. Nach Ackermanns eigenen Angaben bei der Neuauflage des Mannesmann-Prozesses hat er weit höhere »Nebeneinnahmen« aus Aufsichtsräten und Aktiengeschäften. Er komme auf insgesamt »15 bis 20 Millionen Euro«, erklärte er dem Gericht. Auf fünf Millionen scheint es nicht anzukommen. Man verliert halt leicht den Überblick.

Top-Verdiener unter den Aufsichtsräten

Nr.	Aufsichtsratsvorsitzender	Unternehmen	Vergütung
1.	Jürgen Strube	BASF	469.000
2.	Ulrich Hartmann	E.on	408.000
3.	Gerhard Cromme	ThyssenKrupp	396.000
4.	Hubertus von Grünberg	Continental	377.000
5.	Thomas R. Fischer	RWE	350.000
6.	Clemens Börsig	Deutsche Bank	324.000
7.	Joachim Milberg	BMW	315.000
8.	Ekkehard D. Schulz	MAN	298.000
9.	Ferdinand Piëch	Volkswagen	295.000
10.	Henning Schulte-Noelle	Allianz	294.000
11.	Manfred Schneider	Linde	275.000
12.	Manfred Schneider	Bayer	270.000
13.	Justus Mische	Altana	257.000
14.	Hillmar Kopper, heute: Manfred Bischoff	DaimlerChrysler	244.000
15.	Martin Kohlhausen	Commerzbank	242.000
16.	Jürgen Weber	Lufthansa	228.000
17.	Hans-Jürgen Schinzler	Münchener Rück	225.000
18.	Hasso Plattner	SAP	215.000
19.	Heinrich v. Pierer, heute: Gerhard Cromme	Siemens	211.000
20.	Jürgen Krumnow	TUI	200.000
21.	Kurt F. Viermetz	Hypo Real Estate	195.000
22.	Kurt F. Viermetz	Deutsche Börse	188.000
23.	Eckhard Cordes	Metro	183.000
24.	Gerd Krick	Fresenius MC	146.000
25.	Albrecht Woeste	Henkel	131.000
26.	Klaus Zumwinkel	Postbank	100.000
27.	Klaus Zumwinkel	Deutsche Telekom	99.000
28.	Jürgen Weber	Deutsche Post	86.000
29.	Max Dietrich Kley	Infineon	60.000
30.	Henri Filho	Adidas	42.000
	Durchschnitt:		237.433

Quelle: Handelsblatt, 17.04.2007, Angaben in Euro

Der Mannesmann-Prozess endete im November 2006 überraschend mit einem Vergleich. Ackermann konnte sich mit einem Bußgeld von 3,2 Millionen Euro quasi freikaufen. Noch im Gerichtssaal betonte er, dass er den Betrag natürlich aus eigener Tasche bezahlen werde. Was für das gemeine Volk als Selbstverständlichkeit gilt, scheint im Management die absolute Ausnahme zu sein. Ackermanns Anwalt Klaus Volk erklärte jedenfalls: »In 99,9 Prozent der Fälle zahlt das betreffende Unternehmen die Geldauflage in einem Strafverfahren.«[19]

Manfred Schneider, nach DSW-Angaben »führender« deutscher Unternehmenskontrolleur, bringt es nach seinem Ausscheiden als Vorstandsvorsitzender der Bayer AG auf sieben Aufsichtsratssitze in den DAX-Unternehmen, darunter zwei Vorsitze. Der Multi-Aufsichtsrat verdient zusätzlich zu seiner Altersvorsorge von Bayer über eine Million Euro.

Die Aufsichtsratsmandate des Manfred Schneider

Unternehmen	Funktion	Vergütung
Allianz	Mitglied	139.584
Bayer	Vorsitzender	270.000
DaimlerChrysler	Mitglied	106.300
Linde	Vorsitzender	275.000
Metro	Mitglied	52.000
RWE	Mitglied	175.000
TUI	Mitglied	72.800
Summe:		1.091.184

Angaben in Euro für 2006

In den großen Unternehmen sind die Aufsichtsräte paritätisch besetzt. Allerdings hat der Vorsitzende, der von der Kapitalseite gestellt wird, in Pattsituationen ein doppeltes Stimmrecht. Die VertreterInnen der Arbeitnehmerseite werden von den Beschäftigten gewählt. Sie erhalten die gleichen Tantiemen wie die Vertreter der Kapitalseite. Allerdings müssen sie die Vergütung als Mitglied einer DGB-Gewerkschaft größtenteils an die gewerkschaftsnahe Hans-Böckler-Stiftung abführen und dürfen lediglich etwa zehn Prozent behalten. Die Abführungen an die Hans-Böckler-Stiftung werden akribisch kontrolliert. Die IG Metall veröffentlicht jedes Jahr die

Namen aller gewerkschaftlichen Aufsichtsratsmitglieder aus der Metallindustrie und weist aus, ob sie ihre Tantiemen pflichtgemäß weitergeleitet haben. Begründet wird die rigorose Handhabe mit dem Hinweis darauf, dass die Aufsichtsratsmitglieder in den Gremien eine gewerkschaftliche Funktion wahrnehmen und sich durch hohe Vergütungen nicht korrumpieren lassen sollen.

Dieses Argument stünde auch der Kapitalseite gut zu Gesicht. Wie wäre es, wenn auch die Kapitalvertreter ihre Tantiemen an eine gemeinnützige Stiftung abführen würden, die sich zum Beispiel für die Schaffung zukunftsträchtiger Arbeitsplätze engagieren könnte?

Das soziale Netz des Managements

Der Präsident der Bundesvereinigung der deutschen Arbeitgeberverbände (BDA), Dieter Hundt, will die Zuzahlungen in der gesetzlichen Krankenversicherung erhöhen und lobt die Einführung der Rente mit 67 als »unverzichtbar«, um die Beiträge zu deckeln. Jürgen Thumann, sein Kollege vom Bundesverband der Deutschen Industrie (BDI), beklagt den »überbordenden Sozialstaat«, »eine besorgniserregende demografische Entwicklung« und »wankende Sozialsysteme«. Der frühere BDI-Geschäftsführer Ludolf von Wartenberg sieht ein »gewaltiges Sparpotenzial innerhalb des Gesundheitssektors, der Pflegeversicherung, der Rentenversicherung«. Die BDA schlägt vor, mit der Sozialversicherung nicht mehr den Lebensstandard, sondern nur noch die Grundversorgung abzusichern. Wie wäre es, wenn die Herren bei sich selbst anfingen?

Volker Kauder hat das einmal ins Gespräch gebracht. Auch arbeitslose Manager müssten zum Spargelstechen antreten, wenn das körperlich oder psychisch zumutbar sei, findet der Fraktionsvorsitzende der Union im Bundestag. Im Plauderstündchen bei Maybrit Illner in »Berlin Mitte« am 01.06.2006 bekräftigte er seine Meinung. Das Thema der Runde: »Jahrhundert-Reform oder Milliarden-Grab. Ist Hartz IV gescheitert?« Arbeitgeberpräsident Dieter Hundt indes wand sich, presste dann aber zwischen den Zähnen heraus: »Wenn dieser Manager Grundsicherung erhält und unter diese Kategorie fällt, dann ja.« Sogar Ludwig Stiegler schien über diese Aussicht für

Deutschlands Wirtschaftskapitäne wenig erbaut: »So ist leider die Rechtslage«, bedauerte der stellvertretende Fraktionsvorsitzende der SPD im Bundestag.

Dass arbeitslose Topmanager aufs Spargelfeld müssen, ist indes recht unwahrscheinlich. Stichwort Kündigungsschutz: Seit Jahren versuchen neoliberale PolitikerInnen im Chor mit Wirtschaftsvertretern, den Kündigungsschutz aufzuweichen oder sogar ganz abzuschaffen. Im Koalitionsvertrag der großen Koalition steht eine Art Kompromiss: Beschäftigte sollen zwei Jahre lang warten müssen, bevor der gesetzliche Kündigungsschutz greift. Der gilt ohnehin nur für jene, die einen unbefristeten Vertrag haben. Doch so etwas ist heutzutage fast wie ein Sechser im Lotto. Auch während der Laufzeit der befristeten Verträge können Beschäftigte jederzeit nach den tariflichen und gesetzlichen Fristen vorzeitig gekündigt werden.

Da müsste man Manager sein. Diese erhalten zwar in der Regel auch nur einen befristeten Vertrag, meist für fünf Jahre. Doch wenn die Topmanager vorzeitig aus dem Unternehmen ausscheiden, können sie auf der Einhaltung ihres Vertrages bestehen und sich die ausstehenden Gehälter bis Vertragsende auszahlen lassen.

Zum Beispiel Bernhard Scheuble: Die Eigentümerfamilie des Darmstädter Pharma-Konzerns Merck verlängerte Mitte 2005 ihrem Vorstandschef zunächst den Vertrag, feuerte ihn dann aber Ende November, angeblich wegen interner Querelen. Wenn Scheuble auf der Erfüllung seines Vertrags besteht, kostet das Merck mehr als 14 Millionen Euro.[20]

Zum Beispiel Werner Seifert: Der ehemalige Chef der Deutschen Börse wollte Anfang 2005 die Londoner Konkurrenz übernehmen, legte sich dafür mit mächtigen Hedgefonds unter »seinen« Anteilseignern an und verlor, allerdings kaum Geld. Seifert nahm bei seinem Abgang knapp zehn Millionen Euro mit.

Zum Beispiel Igor Landau: Für den Chef des deutschen Pharma-Konzerns Aventis hat sich der Übernahmekampf im Jahr 2004 mit der französischen Sanofi Synthélabo gelohnt. 38 Monatsgehälter zuzüglich einer Kündigungsfrist von sechs Monaten summierten sich auf zwölf Millionen Euro.[21]

Zum Beispiel Thomas Holtrop: Der ehemalige Finanzchef von T-Online zog 2004 beim Kampf um den Chefposten bei der Internet-

Tochter der Telekom den Kürzeren und ging. Mit sieben Millionen Euro wurden nicht nur die Restlaufzeit seines Vertrags, sondern auch alle Pensionsansprüche abgegolten.[22]

Zum Beispiel Klaus Esser: Der Mannesmann-Chef verlor im Jahr 2000 den Übernahmekampf gegen Vodafone, ließ sich seinen Abgang mit insgesamt 15 Millionen Euro versüßen, doppelt so viel, wie die Restlaufzeit seines Vertrags »wert« gewesen wäre. Deswegen musste sich Esser vor Gericht wegen »Beihilfe zur Untreue« verantworten, kam aber mit einem Vergleich und einem Bußgeld von 1,5 Millionen Euro davon.

Der Mannesmann-Prozess hat die Vorstandsetagen nachhaltig verunsichert. Seither sind sogenannte Change-of-Control-Klauseln in den Verträgen in Mode gekommen. Sie besagen, dass die Topmanager bei einem Eigentümerwechsel auf jeden Fall eine Abfindung erhalten, und zwar zusätzlich zur Restlaufzeit ihres Vertrags, oder aber eine Bleibeprämie für den Fall, dass sie weiter gebraucht werden.[23] Egal was passiert, Geld fließt auf jeden Fall! Von dieser Klausel profitierten Stefan Jentzsch und Christine Novakovic (früher Licci), beide bis zur Übernahme durch die italienische Unicredit Mitglied im Vorstand der HypoVereinsbank. Jentzsch war im November 2005 nur ein paar Tage arbeitslos und wechselte dann in den Vorstand der Dresdner Bank, wo er fürs Investmentbanking zuständig ist.[24]

Den »goldenen Handschlag« gibt es übrigens unabhängig vom Grund des Ausscheidens, also auch dann, wenn nach Missmanagement Tausende Arbeitsplätze verloren gehen.

Beispiel KarstadtQuelle: Nachdem der Vorstand den Handelskonzern fast in die Pleite gewirtschaftet hatte, wurden die sechs Herren und eine Dame vom Aufsichtsrat abberufen. Das kostete Mitte 2005 insgesamt elf Millionen Euro: Versandhandelschef Arwed Fischer nahm mit 2,8 Millionen die höchste Summe mit, Konzernchef Christoph Achenbach musste sich wegen der kürzeren Restlaufzeit seines Vertrags mit 1,5 Millionen begnügen. Aus dem gleichen Grund erhielt Karstadt-Warenhaus-Chef Benedikt Best »nur« eine Million. Georg Zupancic (Finanzen), Nathalie Balla (Ausland), Peter Wahle (Textil) und Gebhard Stammler (Vertrieb) brachten es zusammen auf 5,7 Millionen.[25]

Nicht mehr benötigten Managern, die noch nicht ganz so hoch gestiegen sind, hilft das bisherige Unternehmen mit einer »Outplacementberatung« und zahlt Abfindungen, von denen Tarifbeschäftigte nur träumen können, bei DaimlerChrysler zum Beispiel zwei Monatsgehälter pro Beschäftigungsjahr. Normale Beschäftigte setzen vor dem Arbeitsgericht in der Regel höchstens ein Gehalt durch.[26]

Beispiel Volkswagen: Beim VW-Skandal von 2005 ging es zwar nicht um den goldenen Handschlag. Doch die VW-Manager Helmuth Schuster und Klaus Joachim Gebauer hatten über Jahre ein Netz von Tarnfirmen aufgebaut, die mit Volkswagen lukrative Geschäfte machen sollten. Mitte 2005 wurde bekannt, dass an einer der Tarnfirmen vorübergehend auch der Wolfsburger Betriebsratsvorsitzende Klaus Volkert beteiligt war. Zug um Zug kamen weitere Unregelmäßigkeiten ans Tageslicht, die Volkert und den VW-Arbeitsdirektor Peter Hartz zum Rücktritt zwangen und ihnen Strafverfahren unter anderem wegen Untreue einbrachten. Volkert hatte offensichtlich ein Gehalt mit exorbitanten Bonuszahlungen erhalten, zeitweilig fast 700.000 Euro pro Jahr.[27] Gebauer ließ auch Volkerts Rechnungen für Prostituierte begleichen. Außerdem soll dessen brasilianische Geliebte Scheinaufträge von Volkswagen erhalten haben, denen keine adäquate Leistung gegenüberstand. Der Fall fand nicht nur wegen des »sex and crime« breites öffentliches Interesse, sondern auch, weil sich erstmals ein führender Betriebsratsvorsitzender die Selbstbedienungsmentalität mancher Manager angeeignet hatte. Das lud geradezu dazu ein, mit dieser Affäre die starke Stellung der Betriebsräte und der IG Metall (nicht nur) bei Volkswagen anzugreifen. Die neue Betriebsratsspitze setzte jedoch von Anfang an auf Aufklärung und Transparenz und verhinderte damit größeren Schaden für die Mitbestimmung in Deutschland.

Beispiel Siemens: Im Zuge des Korruptionsskandals bei dem einstigen deutschen Vorzeige-Konzern flog 2007 der Vorsitzende der Arbeitsgemeinschaft unabhängiger Betriebsräte (AUB) Wilhelm Schelsky auf. Mit Wissen von zahlreichen Siemens Topmanagern hatte er über Jahre mit der AUB eine Gegenorganisation zur IG Metall aufgebaut, die auch bei Betriebsrats- und Aufsichtsratswahlen antrat. Die AUB zeichnete sich durch unternehmensnahe Stellungnahmen aus und polemisierte gegen die konsequente Interessenvertretung der IG Metall-Betriebsräte. Die Geldquellen für die aufwendigen Wahlkampf-Broschüren blieben jahrelang im Dunkeln. Mittlerweile scheint es sicher, dass Schelsky von Siemens mehr 40 Millionen Euro erhalten hat, die er überwiegend an die AUB weiterleitete, damit aber auch einen aufwendigen Lebensstil finanzieren konnte. Mittlerweile sitzt er in Untersuchungshaft und wartet auf sein Verfahren.

Stichwort Entgeltfortzahlung bei Krankheit: Die Kohl-Regierung plante 1996 eine Kürzung dieser Leistung und erntete wütenden Protest. Die IG Metall konnte schließlich mit einem Tarifvertrag die sechswöchige Entgeltfortzahlung absichern. Rot-Grün führte 1998 das Geld wieder für die vollen sechs Wochen ein, kürzte aber an anderer Stelle. Seit 2005 müssen gesetzlich Versicherte den Kassenbeitrag fürs Krankengeld allein bezahlen. In Vorstandsetagen sind solche Kleinigkeiten kein Thema: Der Vorstand von DaimlerChrysler hat sich die hundertprozentige Gehaltsfortzahlung für ein volles Jahr spendiert. Die meisten anderen Manager haben sich mindestens sechs Wochen Gehaltsfortzahlung einzelvertraglich gesichert. Danach erhalten sie sieben bis zwölf Monate lang, manche sogar 24 Monate, einen Zuschuss, der das Krankengeld auf 100 Prozent des Nettogehalts aufstockt. Begründung: Das Krankengeld reiche nicht aus, um den gewohnten Lebensstandard aufrechtzuerhalten.

Stichwort Altersvorsorge: Norbert Walter, Chefvolkswirt der Deutschen Bank, hält Anpassungen bei der Altersvorsorge für überfällig. Der Staat habe im Sozialbereich lange über seine Verhältnisse gelebt. Die private Vorsorge sei unterentwickelt. Walter will den Deutschen mehr Eigenverantwortung bei der Alterssicherung verordnen.[28] Seine Chefs im Vorstand des mächtigen Geldhauses verfolgen Walters Mahnungen sicher mit Wohlwollen, zumal sie selbst damit gar nicht gemeint sind. Deutschlands Topmanager lassen sich geradezu beamtenähnlich alimentieren. Die Deutsche Bank zahlte 2006 fast 27,5 Millionen Euro Pensionen an ehemalige Vorstandsmitglieder, eine Steigerung um 58 Prozent innerhalb eines Jahres. Insgesamt waren dafür 193,4 Millionen Euro zurückgestellt. Die Pensionszusage für die Manager bemisst sich zumeist nicht nach dem Lebenseinkommen wie in der gesetzlichen Rentenversicherung, sondern nach dem letzten Grundgehalt. Davon gibt es 50 bis 75 Prozent. So kommen schnell sechsstellige Beträge im oberen Bereich zusammen. Während Chefvolkswirt Walter davor warnt, dass in weniger als einem halben Jahrhundert ein Erwerbstätiger einen Rentner aushalten muss, leisten sich Konzernlenker, ohne eigene Beiträge zu bezahlen, hohe Pensionen, von denen mehr als 100 DurchschnittsrentnerInnen finanziert werden können.

Wenig Instinkt zeigte zum Beispiel der Commerzbank-Vorstand Anfang 2004, als er nach einem Abbau von Tausenden Stellen den verbliebenen 25.000 Beschäftigten die Betriebsrenten-Regelung kündigte, den Vorstand aber verschonte. Nach Informationen der Gewerkschaft ver.di war ein Jahr zuvor ein Teil der Vorstandspensionen sogar noch vor einer möglichen Insolvenz gesichert worden. Bei den Beschäftigten wollte das Bankhaus indes 25 bis 30 Millionen Euro sparen. Dabei kam es weniger auf den Betrag als auf die Signalwirkung für Investoren an. Nach zähen Verhandlungen bekommen die CommerzbankerInnen zwar weiter ihre Betriebsrente, müssen aber einen Eigenbeitrag leisten. Bei den Vorständen ist das nicht der Fall.[29]

Alle 30 DAX-Konzerne weisen Pensionszahlungen und Pensionsrückstellungen für ehemalige Vorstandsmitglieder aus. Nur zehn dieser Firmen nennen die Pensionsrückstellungen für aktive Vorstandsmitglieder.

Das Wirtschaftsmagazin *Capital* dokumentiert typische Altersvorsorge-Klauseln in Manager-Verträgen:

»1. Der Manager hat Anspruch auf lebenslanges Ruhegeld, wenn er zum Zeitpunkt des Pensionsfalls fünf Jahre als Vorstandsmitglied tätig war. Das gilt auch, wenn sein Vertrag vor dem vereinbarten Termin wegen dauernder Arbeitsunfähigkeit aufgelöst wird oder die vorzeitige Beendigung sowie eine Nichtverlängerung auf einem wichtigen Grund beruht, den der Manager nicht verschuldet hat.

2. Das Ruhegeld beträgt 30 Prozent der zuletzt erhaltenen fixen Bezüge. Es steigt mit jedem Jahr der Zugehörigkeit zum Vorstand um 1,5 Prozent. Maximal kann es 60 Prozent betragen.

3. Das Witwengeld beträgt 60 Prozent des Ruhegeldes. Es entfällt bei Wiederheirat.

4. Jedes eheliche Kind hat bis zum 27. Lebensjahr Anspruch auf Kindergeld, wenn es seine Schul- und Berufsausbildung noch nicht beendet und keinen Beruf ergriffen hat. Das Kindergeld beträgt 15 Prozent des Ruhegeldes.«[30]

Manche Manager verlieren jeglichen Bezug zur Realität: Walter Deuss, 33 Jahre lang im Vorstand von KarstadtQuelle, davon 18 Jahre an dessen Spitze, darf im Ruhestand weiter seinen Dienstwagen nutzen, einen 7er-BMW in Langversion inklusive Chauffeur. Doch das genügt dem Pensionär nicht. Der Mann hat offensichtlich

Pensionen für Vorstandsmitglieder in ausgewählten DAX-Unternehmen

Unternehmen	Pensionszahlungen	Rückstellungen für aktive Vorstandsmitglieder	Rückstellungen für ehemalige Vorstandsmitglieder
Adidas Salomon	1,40	33,4	7,0
Allianz	4,20	36,5	25,8
Altana	0,60	6,9	4,4
Bayer	9,99	109,2	keine Angaben
Commerzbank	0,65	12,3	4,6
DaimlerChrysler	17,40	203,8	keine Angaben
Deutsche Bank	17,90	171,1	keine Angaben
Deutsche Börse	0,30	11,1	9,1
Lufthansa	3,20	42,2	9,5
RWE	13,60	111,1	18,1
Siemens	13,50	102,2	46,3
ThyssenKrupp	14,40	129,9	keine Angaben
TUI	3,30	36,0	10,8
Volkswagen	9,80	84,1	18,2

Quelle: Capital 2/2006, Angaben für 2005 in Millionen Euro

so viel zu tun, dass sein Fahrer andauernd Überstunden machen muss. Dafür war zwar eine Pauschale vorgesehen. Doch die reichte wohl nicht. Deuss verlangte, dass KarstadtQuelle auch die darüber hinausgehenden Überstunden seines Fahrers bezahlt. Der Vorstand weigerte sich und hatte dabei die sozialen und finanziellen Einschnitte im Blick, die er wegen der existenzbedrohenden Krise des Handelshauses von den Beschäftigten abgefordert hatte. Deuss prozessierte vor dem Landgericht Essen und gewann. Der *Bild*-Zeitung sagte er: »Ich habe Ansprüche, die sind verbrieft und können nicht einseitig beschnitten werden.« Das verstand selbst Thomas Middelhoff nicht, der gut bezahlte Chef von KarstadtQuelle: »Juristisch ist seine Haltung vielleicht korrekt. Moralisch ist sie nicht nachvollziehbar.«[31]

Anonymer Reichtum: Wem gehört die Deutsche Bank?

Frankfurt, Zentrale der Deutschen Bank, Hermann-Josef-Abs-Saal, 01.02.2007. Der Vorstandsvorsitzende Josef Ackermann erläutert in dürren Worten die Bilanz des Jahres 2006, ein weiteres Rekordjahr, wie er eher nüchtern als enthusiastisch feststellt. Keine Spur von der Chuzpe, mit der er drei Jahre zuvor während des Mannesmann-Prozesses wartenden Foto-Journalisten das Victory-Zeichen entgegengereckt hatte. Ackermann war wegen Untreue zum Nachteil der Aktionäre angeklagt, weil er als Aufsichtsratsmitglied zweifelhafte Boni für den Mannesmann-Vorstand bei der Übernahme durch Vodafone abgesegnet hatte. Keine Spur auch von dem menschenverachtenden Neusprech, mit dem er zwei Jahre zuvor an gleicher Stelle in einem Atemzug mit dem Selbstlob für einen weiteren Rekordgewinn den Abbau von 6.400 Stellen als »Smartsourcing« verniedlicht hatte. Zudem war sein eigenes Jahressalär in zweistelliger Millionenhöhe publik geworden.

Ackermann ist vorsichtiger geworden. Mit dem öffentlichen Aufschrei angesichts der Kombination von Raffgier und Zynismus den eigenen Beschäftigten gegenüber hatte er wohl nicht gerechnet. Geschadet hatte der Kommunikationsgau jedoch weder dem Banker noch seinem Geldhaus.

Mit Blick auf die Bürotürme der Deutschen Bank sitzt im 13. Stock des IG-Metall-Hochhauses Babette Fröhlich an ihrem Schreibtisch und fragt: »Wer ist schon Josef Ackermann?« Die Antwort gibt die erfolgreiche Analystin, die vor wenigen Jahren die Seiten wechselte und jetzt für die IG Metall arbeitet, gleich selbst: »Josef Ackermann tut nur so, als sei er wichtig. Eigentlich sitzt er im Big-Brother-Container. Alle gucken ihm zu und heben oder senken am Ende den Daumen.« Ackermann sei auch nicht mehr als ein Rädchen im System des Finanzkapitals.

Der Chef des mächtigsten deutschen Geldhauses, einer der ganz Großen auf dem internationalen Börsenparkett, nicht mehr als ein geltungsbedürftiges Würstchen, über dessen Schicksal andere entscheiden? Wer wenn nicht er und sein »Group Executive Committee« üben die Macht der Deutschen Bank aus? Und wem gehört das Geldhaus überhaupt?

Rund 348.000 Aktionäre teilen sich die Anteilsscheine der Deutschen Bank. Ab drei Prozent beginnt nach dem Wertpapiergesetz die Meldepflicht. Nur zwei Anleger, die Schweizer UBS Bank (3,12 Prozent) und die britische Barclays (3,1 Prozent), besitzen so viele Papiere des größten deutschen Bankhauses. Bekannt ist auch der Anteil des staatlichen Finanzzentrums von Dubai (DIFC) in Höhe von 2,2 Prozent. Der Löwenanteil gehört mit 75 Prozent Unternehmen und sonstigen institutionellen Anlegern, zum Beispiel betrieblichen Pensionskassen. Versicherungen und Investmentfonds besitzen elf Prozent. Sieben Prozent der Papiere halten die Beschäftigten und das Management der Bank, weitere sieben Prozent liegen bei anderen Privatpersonen. Mehr wird nicht verraten. Die Deutsche Bank gibt sogenannte Namensaktien aus. Jeder Anleger muss sich dem Bankhaus gegenüber »outen«. Veröffentlicht wird das Aktienregister jedoch nicht.[1]

Die Kapitaleigner von Aktiengesellschaften sind anonym. Zumindest bis zu einem Anteil von drei Prozent minus einer Aktie müssen keine Namen genannt werden. So können auch große Vermögen anonym verwaltet werden. Die Konsequenz ist, dass Konzerne heute im Schnitt nur noch 60 Prozent ihrer Eigentümer kennen. Die Eigentumsstruktur analysiert der Wirtschaftsjournalist Rüdiger Liedtke jedes Jahr bei den hundert größten deutschen Konzernen. Diese lassen sich grob in sechs Gruppen einteilen.

Börsenboom hin oder her, viele deutsche Konzerne befinden sich nach wie vor ganz oder teilweise in Familienbesitz. Die 23 Familienunternehmen sind die zahlenmäßig stärkste Gruppe unter den 100 größten deutschen Unternehmen. Dazu gehören der Discounter Aldi, die Porsche AG, die Drogeriekette Schlecker und die Supermarktkette Tengelmann.

Zu ausländischen Konzernen gehören 17 große Namen. Es sind entweder traditionsreiche deutsche Unternehmen, wie der Rüsselsheimer Autobauer Opel, der von General Motors übernommen worden war, oder die deutsche Vodafone, früher Mannesmann Mobilfunk. Oder es sind die deutschen Niederlassungen ausländischer Unternehmen, wie etwa die Deutsche BP oder Ford.

Wenn eine große Anzahl von Kapitaleignern einer Aktiengesellschaft jeweils nur wenige Anteilsscheine besitzt, spricht man von Streubesitz. Das ist bei 13 Konzernen der Fall, darunter die Allianz, die Lufthansa, die Münchener Rück und SAP.

Bei anderen wiederum haben vor allem institutionelle Anleger größere Pakete gekauft. In diesem Fall sind die Kapitaleigner zumindest teilweise identifizierbar. Überwiegend institutionelle Kapitaleigner haben zwölf Konzerne, darunter BASF, Commerzbank, Daimler, der Energiekonzern RWE und Volkswagen.

Neun Unternehmen werden von Stiftungen kontrolliert. Die Eigner, in der Regel Einzelpersonen oder Familien, haben das Kapital in Familienstiftungen eingebracht, die für den Unterhalt der Nachkommen sorgen und Steuern sparen sollen. Bekannte Namen sind Bertelsmann, Bosch, Schörghuber und Würth.

Und obwohl die Bundesregierung einen großen Teil ihres Tafelsilbers verscherbelt hat, gibt es noch immer einige wenige Unternehmen in staatlichem oder halbstaatlichem Besitz, nämlich die Deutsche Bahn, die Bayern LB, die Landesbank Baden-Württemberg und die West LB.[2]

Die Eigentümerstruktur der anderen 22 Unternehmen unter den 100 Größten ist gemischt. So gehört BMW zu 46,6 Prozent der Familie Quandt. Der Rest ist Streubesitz. Bei den ehemaligen Familienunternehmen Altana, KarstadtQuelle, Henkel und Otto sieht es ähnlich aus.

Bei Familienunternehmen, Familienstiftungen und einigen Mischformen ist die Eigentümeradresse erkennbar: Auf dem Türschild steht der Name eines der 100 reichsten Deutschen. Aber auch hinter den institutionellen Anlegern verbergen sich die Vermögen von Deutschlands Milliardären und Millionären. Denn nach dem Verkauf großer Anteile an ihren Unternehmen legten etwa Metro-Besitzer Otto Beisheim oder die Versandhandels-Könige Werner und Michael Otto den Gewinn sicherlich nicht unters Kopfkissen oder auf ein Sparbuch, sondern investierten in Vermögensbeteiligungen. In den Wertpapierdepots der zehn Prozent Reichsten in Deutschland befindet sich rund die Hälfte des gesamten Geldvermögens.

Freilich ist auch für Normalverdiener das Sparbuch out und der Investmentfonds in. Wer privat fürs Alter vorsorgt, landet ebenfalls direkt oder über seine Versicherung in einem Investmentfonds. Damit nehmen auch die Spargroschen teil am großen Börsenmonopoly. Doch Normalverdiener haben kaum das finanzielle Polster, das Geschäftsgebaren »ihrer« Fonds und Versicherungen zu beeinflussen, die wiederum die großen Aktienpakete halten.

Wem also gehört die Deutsche Bank, wenn nur zwei Anteilseigner mehr als drei Prozent besitzen? Allen und keinem? Oder ist die Frage vielleicht gar nicht so wichtig, weil sie nichts aussagt über die Macht in der Bank. Babette Fröhlich gibt zu bedenken, dass nach Ackermanns Smartsourcing-Ausrutscher trotz vereinzelter Boykottaufrufe kaum jemand sein Geld von der Deutschen Bank abgezogen hat. »Wären 50.000 oder 100.000 Konten gekündigt und Depots aufgelöst worden, dann hätte Ackermann diese Politik nicht durchsetzen können.« Das Vermögen der Bank seien nicht etwa die Aktien, sondern die Einlagen, die vielen Tausend Giro- und Sparkonten und Wertpapierdepots. »Das macht das Kapital der Bank aus, damit arbeitet sie und vergibt Kredite.«

In den 1990er Jahren hatte das Geldhaus seine vielen kleinen privaten Kundinnen und Kunden vor die Tür und in die Deutsche Bank 24 gesetzt, um an Beratung und Service zu sparen. Doch die Verjagten machten das nicht mit und kehrten der Bank den Rücken. Das Geldhaus musste die DB 24 zurückholen.

Wir sind die Deutsche Bank! Ist das die Antwort? Zumindest ist es ein Hinweis darauf, dass »wir alle« – in diesem Fall jeder Mensch mit einem Bankkonto – zumindest als Kundin oder Kunde Einfluss nehmen könnten.

Abgesehen davon kann die Riege der Manager, nicht nur in der Deutschen Bank, relativ ungestört agieren. Und das heißt in der Regel im Interesse des Shareholder-Value, der Philosophie des »Werts für Aktionäre«. Ziel ist es, die Renditeinteressen der AnteilseignerInnen zu befriedigen, auch kurzfristig. Alfred Rappaport, ein amerikanischer Wirtschaftsprofessor, gilt als Entwickler des Shareholder-Value-Konzeptes. Als er 1986 seine Thesen veröffentlichte, war sich die Fachwelt einig, dass er im Grunde genommen nichts Neues erdacht, sondern lediglich das kapitalistische Prinzip der Gewinnmaximierung nachdrücklich ins Blickfeld gerückt hatte. Wegen der vielen bilanztechnischen Manipulationsmöglichkeiten machte Rappaport nicht die Größe des Bilanzgewinns zum Maßstab der Entscheidungen, sondern den Cashflow, der den Nettozugang an flüssigen Mitteln und damit die Innenfinanzierungskraft eines Unternehmens angibt. Von dieser Größe werden unter anderem Zins und

Tilgung für Kredite abgezogen. Übrig bleibt der Betrag, der zur Verteilung an die Aktionäre zur Verfügung steht, der free Cashflow. Er ist das zentrale Entscheidungskriterium für das Management.

Es wird ausschließlich so investiert, dass das Kapital schnell zurückfließt und möglichst hohe Gewinne abwirft. Das führt zu einer kurzatmigen Geschäftspolitik, bei der verlustbringende Betriebe, die nicht in die Gewinnzone gehievt werden können, verkauft oder geschlossen werden. So kommt es auch zu dem zynischen Effekt, dass der Aktienkurs steigt, wenn das Management Massenentlassungen ankündigt.

Diese Strategie verfolgt auch die Deutsche Bank. Der Erfolg ist die Macht des Josef Ackermann. Dafür bekommt er 13,06 Millionen Euro im Jahr inklusive Tausender Aktienoptionen. Sobald er die Aktionäre nicht mehr befriedigen kann, hat er ausgedient und kann gehen.

Um kurzfristig die Rendite zu erhöhen, hat ein Unternehmen im Wesentlichen drei Stellschrauben. Es kann renditeschwache Unternehmensteile abstoßen, es kann rationalisieren und Kosten, vor allem beim Personal, einsparen. Und es kann das eingesetzte Kapital reduzieren. Das geschieht, indem Schulden zurückgezahlt werden und auf Investitionen verzichtet wird. Alle drei Varianten sind in der deutschen wie auch in der internationalen Wirtschaft zu beobachten. Outsourcing und Lohndruck haben fast alle Beschäftigten schon selbst oder im persönlichen Umfeld erlebt. Jahrelang gingen die Investitionen zurück. Erst seit 2006 wird wieder mehr investiert.[3] Der Grund für die jahrelange Zurückhaltung waren vor allem überzogene Erwartungen an die Rendite der Investitionen. Das Management begründet dies in der Regel mit »dem Markt« oder »dem Wettbewerb«. Die Substanz solcher Floskeln darf mit Fug und Recht bezweifelt werden. Auf jeden Fall führen sie dazu, dass Beschäftigte, um ihre Arbeitsplätze zu sichern, eine Produktivität bringen müssen, die den auf internationalen Finanzmärkten erzielbaren Renditen vergleichbar ist. Das ist mit realer Wertschöpfung nicht möglich.

Zu beobachten ist ein solches Geschäftsgebaren bei der Deutschen Telekom. Für den rosaroten Riesen ist auch das Geschäftsjahr 2006 gut gelaufen. Rasant steigende Umsätze im Ausland machten die Rückgänge im Inland mehr als wett. Der Umsatz stieg um 2,9 Prozent auf 61,3 Milliarden Euro; das Ergebnis vor Zinsen, Steuern und Abschreibungen (EBITDA) ging zwar zurück, blieb aber mit 19,4 Milliarden Euro »im Rahmen der Prognose«. Der Konzernüberschuss betrug 3,9 Milliarden Euro. Deswegen sollten, wie schon im Rekordjahr 2005, 72 Cent Dividende pro Aktie ausgeschüttet werden, zehn Cent mehr als 2004 und der höchste Betrag in der zehnjährigen Unternehmensgeschichte.

Dennoch will das Management nicht nur an dem 2005 verkündeten Abbau von 32.000 Stellen festhalten, sondern hat die Festnetzsparte in drei eigenständige Gesellschaften ausgegründet. Das Ansinnen, die Löhne und Gehälter der 50.000 betroffenen MitarbeiterInnen zu kürzen und ihre Arbeitszeiten zu verlängern, löste im Mai 2007 den härtesten Streik der Telekom-Geschichte aus. Am Ende blieb es bei der Ausgründung, allerdings mit weitreichenden Zugeständnissen beim Entgelt und bei der Arbeitszeit.

Rekorddividende und Kahlschlag bei den Beschäftigten gleichzeitig? Dass beides nichts miteinander zu tun habe, hatte der Telekom-Vorstand bereits ein Jahr zuvor behauptet. Doch das stimmt nicht.

Wirtschaftlich gesehen ist es völlig gleichgültig, ob Gewinne an Aktionäre oder an die Beschäftigten ausgeschüttet werden. Das Geld steht in beiden Fällen nicht für Investitionen zur Verfügung. Allerdings hat die Ausschüttung an die Beschäftigten einen großen Vorteil: Sie werden am Unternehmenserfolg beteiligt, was die Motivation stärkt, und sie bekommen Geld in die Hand, was den Binnenmarkt, auf dem ja auch die Telekom agiert, auf Trab bringt.

Überdies stelle der Erhalt der Stellen eine Investition in die Zukunft der Telekom dar, argumentiert die Gewerkschaft ver.di. Rund 588.000 Festnetzanschlüsse wurden nach Telekom-Angaben im ersten Quartal 2007 gekündigt. Die Personaldecke sei aber inzwischen so dünn, dass Kapazitäten für hochwertigen Service, Kundenbindung und Rückholaktionen fehlen, so ver.di. Die Servicewüste Telekom ist fast sprichwörtlich.

Doch an all dem ist dem Telekom-Vorstand nicht gelegen. Die Beschäftigten werden nicht als Sozialpartner, nicht mal mehr als »Human Resources« betrachtet, die Mehrwert erwirtschaften, sondern als Kostenfaktor, der zu minimieren ist.

Geschäftspolitik ist Ergebnis von Entscheidungen und führt auch bei der Telekom zu der Frage: Wem gehört das Unternehmen? Sie ist leichter zu beantworten als bei der Deutschen Bank: Zwar befinden sich auch hier gut zwei Drittel der Aktien im Streubesitz. Denn die T-Aktie war Mitte der 1990er Jahre als Volksaktie propagiert worden, um die konservativen deutschen KleinanlegerInnen an Börsenpapiere zu gewöhnen. Doch 15 Prozent hält nach wie vor der Bund, weitere 17 Prozent die Kreditanstalt für Wiederaufbau, die wiederum zu 80 Prozent dem Bund und zu 20 Prozent den Ländern gehört. Mit knapp 32 Prozent Beteiligung an der Telekom könnte die Politik entscheidenden Einfluss auf das Geschäftsgebaren nehmen. Doch das ist nicht gewollt. Vielmehr sollen die restlichen Anteile des Bundes auch noch verscherbelt werden.

Der Wandel in der Unternehmenskultur ist frappierend. Früher stellten Unternehmen Leute ein, wenn sie sich von diesen mehr Wert als Kosten versprachen und wenn dieser Mehrwert über dem nationalen Kapitalzinssatz lag. Das Personal der Global Players hingegen muss nicht nur mit Niedriglohnländern, sondern im Prinzip mit den Börsen dieser Welt konkurrieren.

Die meisten Global Players haben sich wirtschaftlich vom deutschen Binnenmarkt abgekoppelt und erzielen den Löwenanteil ihrer Gewinne auf internationalen Märkten. Dennoch profitieren sie vom Versuch aller Bundesregierungen der vergangenen Jahrzehnte, mit Steuersenkungen die Unternehmen zu mehr Investitionen im Inland zu verleiten. Die Gewinne stiegen auch in wirtschaftlichen Krisenzeiten, die Investitionen ziehen jedoch erst seit 2006 wieder an.

Egal ob Deutsche Bank, Telekom, Commerzbank oder Siemens, die Ankündigung von Jobabbau und Rationalisierungsprogrammen zieht regelmäßig Kurssteigerungen nach sich. Die Anleger erhoffen einen höheren Cashflow und legen sich Aktien zu.

Unternehmen können den Börsenkurs auch direkt manipulieren, indem sie die eigenen Aktien kaufen, wenn auch nur nach Anzeige beim Bundesaufsichtsamt für Finanzwirtschaft und nur in begrenztem Rahmen. Das Angebot am Aktienmarkt sinkt, der Preis steigt. Die Folge ist eine Art steuerbefreiter Kapitalausschüttung an Aktionäre. Diese müssen zwar ihre Dividenden versteuern, vom höheren Aktienwert profitieren sie hingegen ohne Beteiligung des Fiskus, wenn sie beim Verkauf die Spekulationsfrist von zwölf Monaten einhalten. Außerdem bindet das Unternehmen auf diese Weise Eigenkapital, was wiederum die Eigenkapitalrendite steigen lässt. Das ist zwar nur ein buchhalterischer Taschenspielertrick, aber wer merkt das schon.

Eine weitere Möglichkeit, den Aktienkurs nach oben zu treiben, sind Übernahmen.

Zum Beispiel Schering: Am 13.03.2006 ließ Merck die Katze aus dem Sack. Für insgesamt 14,6 Milliarden Euro wollte der Pharma-Konzern die Berliner Schering AG übernehmen. Pro Aktie boten die Darmstädter 77 Euro. Einen Tag vor der Ankündigung hatte das Schering-Papier noch mit 67 Euro notiert. Jetzt schoss der Kurs im Handel auf 85 Euro hoch. Zudem rief Schering die Leverkusener Bayer AG als »weißen Ritter« herbei. So wird im Börsendeutsch ein Unternehmen genannt, das einem anderen gegen eine feindliche Übernahme beispringt. Bayer bot 86 Euro pro Aktie, was sich auf einen Transaktionswert von 16,5 Milliarden Euro summierte. Schering schlug ein, konnte damit seine Unabhängigkeit zwar auch nicht retten, verkaufte sich aber zu einem erheblich höheren Preis. Merck blies zum Gegenangriff und hortete Schering-Aktien, nur um sie am Ende für 89 Euro pro Stück ebenfalls an Bayer abzugeben, was die Übernahme noch einmal verteuerte.

Der Kurs der Schering-Aktie hatte von dem Aufschwung nach dem Börsen-Crash im Jahr 2000 praktisch nicht profitiert. Die Aktie kam jahrelang kaum über 55 Euro hinaus. Jeder Aktionär, der das bis Mitte Juni 2006 befristete Bayer-Angebot annahm, konnte nun seinen Einsatz mit über 55 Prozent verzinsen. Als einer der ersten machte das übrigens der Marketing- und Vertriebsvorstand von Schering, Ulrich Köstlin. Der Verkauf brachte ihm fast 740.000 Euro.[4]

Der Übernahmepoker geriet regelrecht zum Befreiungsschlag für Schering. Nachdem Anfang bis Mitte der 1990er Jahre noch Dividenden in Höhe von zweistelligen D-Mark-Beträgen ausgeschüttet worden waren, mussten sich die Aktionäre ab 1995 mit kaum einem Euro pro Jahr und Aktie begnügen. Einsparungen im Gesundheitssystem in Deutschland, der schwächelnde Dollar-Kurs und Umsatzeinbrüche bei einem Hormonpräparat für Frauen in den Wechseljahren, das von einer US-Studie nachhaltig in Misskredit gebracht worden war, drückten auf den Gewinn. Im Sommer 2003 musste der Schering-Vorstand eine Gewinnwarnung herausgeben, also die Erwartungen weit nach unten korrigieren. Doch auch Jobabbau, Restrukturierung und Konzentration auf die Wachstumsbereiche brachten nicht den gewünschten Erfolg. 2003 konnte Schering eine operative Rendite von »nur« 13 Prozent vorweisen, gerade mal gut halb so viel wie in der Branche üblich. Das hatte das Berliner Traditionsunternehmen zum potenziellen Übernahmekandidaten werden lassen.

Kapital sucht Rendite

Trotz jahrelangen schwachen Wirtschaftswachstums ist der deutsche Aktienindex Dax seit seinem historischen Tiefstand im Jahr 2003 von nur noch 2.200 Punkten stetig nach oben auf dauerhaft weit über 7.000 Punkte geklettert. Im Frühjahr 2007 bewegte er sich in Regionen, höher als jene, von denen er beim Börsen-Crash im Jahr 2000 abgestürzt war. Damals war die Blase der New Economy geplatzt und hatte auch die anderen Märkte mit in die Tiefe gerissen. Heute klettern die Kurse erneut in ungeahnte Höhen, obwohl auch Zinsen, Ölpreis und der Euro steigen, was traditionell auf die Kurse drückt. Dennoch warnen nur wenige vor den möglichen Folgen, so wie die IG-Metall-Analystin Babette Fröhlich. »Die reale Wirtschaft und die Aktienkurse haben nichts mehr miteinander zu tun«, sagt sie. In der Tat sind nur zwei bis fünf Prozent des weltweiten Devisenumsatzes bedingt durch reale Wirtschaft, der Rest ist das Ergebnis von Spekulationen. Deswegen müsse das nur virtuelle Kapital, dem kein realer Gegenwert entspricht, über kurz oder lang vernichtet werden, meint die Analystin. Ein neuer Aktien-Crash sei früher oder später unausweichlich.

Die Politik des Shareholder-Value führt dazu, dass auf der Suche nach den höchsten Renditen immer mehr Kapital in die internationalen Finanzmärkte gepumpt wird. Im Jahr 2005 vagabundierten 1,9 Billionen US-Dollar täglich um die Welt und auf der Suche nach Anlagemöglichkeiten. Der Welthandel mit Gütern und Dienstleistungen betrug laut Welthandelsbericht im gleichen Jahr elf Billionen US-Dollar. An sechs Tagen wird somit das Handelsvolumen eines gesamten Jahres beim Zocken an den internationalen Börsen eingesetzt, oder 85 Prozent des deutschen Bruttoinlandsprodukts für das gesamte Jahr.[5] Immer neue Märkte müssen erschlossen und der Philosophie des Shareholder-Value unterworfen werden, um all das Kapital mit Gewinn unterzubringen.

Die Folgen sind derzeit in der deutschen Wohnungswirtschaft zu beobachten. Anfang 2006 sorgte die Stadt Dresden für Aufsehen, weil sie für 1,7 Milliarden Euro die städtische Wohnungsbaugesellschaft mit 48.000 Wohnungen an den US-amerikanischen Hedgefonds Fortress verscherbelte. Dresden war der spektakulärste Fall, weil es der tief in den roten Zahlen steckenden Kommune gelang, sich auf einen Schlag zu entschulden. Das wollen jetzt andere Kommunen nachmachen. Bereits seit einigen Jahren kaufen US-amerikanische und britische Immobilienfonds öffentliche Wohnungsbaugesellschaften auf. Einen der ersten großen Deals tätigte allerdings 2000 die Deutsche Annington Immobilien GmbH in Düsseldorf, die für 4,1 Milliarden Mark 64.000 Eisenbahnerwohnungen vom Bund übernahm.[6]

Mehr als 600.000 Wohnungen sind bisher verkauft. Weitere 3,3 Millionen könnten folgen. Denn die Sache ist ein fast risikoloses und hoch profitables Investment. Den Kaufpreis finanzieren die Fonds zu höchstens 30 Prozent selbst, der Rest läuft über Kredite. Das rechnet sich, wenn die Mieteinnahmen über den Kreditzinsen liegen. Spielraum für Mieterhöhungen ist vorhanden. Denn öffentlich geförderter Wohnraum in Deutschland bietet bisher jenen eine Bleibe, die die Mieten auf dem freien Wohnungsmarkt nicht zahlen können. Die Mieten liegen teilweise weit unter dem örtlichen Mietspiegel und sollen in möglichst großen Schritten erhöht werden.

Mieteinnahmen sind nicht die einzige Geldquelle und auch nicht das Hauptziel der Fonds. Die Wohnungen sollen saniert und an die bisherigen MieterInnen oder andere Interessierte verkauft werden. Das ist schon deswegen äußerst lukrativ, weil die Wohnungen im Einzelverkauf erheblich teurer sind als der Preis, den die Fonds für ein riesiges Paket bezahlen müssen. Als branchenüblich gilt eine Rendite von 20 Prozent für das Gesamtprojekt.

Wo der Verkauf nicht möglich ist, soll zumindest die Mieterstruktur verändert werden, um die Mieten weiter zu steigern. »A-Mieter« nennen Wohnungseigentümer jene, die sie möglichst loswerden wollen: Arbeitslose, Alte, AusländerInnen und AlkoholikerInnen.

Immobilienfonds werden für ein bestimmtes Projekt aufgelegt. Und wenn am Ende der Laufzeit nicht alle Wohnungen verkauft sind? Die Fonds möchten diese Restbestände an die Börse bringen. Deswegen hat die große Koalition im Mai 2007 rückwirkend zum 01.01. Real Estate Investment Trusts, kurz REITS, per Gesetz zugelassen, wenn auch nicht für Wohnimmobilien, die bis 2006 erbaut wurden. REITS können anders als Immobilienfonds frei an der Börse gehandelt werden und zahlen keine Unternehmensteuer. Stattdessen müssen die AnlegerInnen ihre Renditen versteuern.[7] Der Haken: Wenn die im Ausland sitzen, geht der Finanzminister leer aus.

Der Mietwohnungsmarkt in Deutschland war bisher sozial reguliert, weil »eine Wohnung nicht nur Wirtschaftsgut, sondern auch Sozialgut ist«, wie der Präsident des Deutschen Mieterbundes, Franz-Georg Risps, sagt.[8] Doch das ändert sich im Zuge der herrschenden Deregulierungspolitik. Obendrein bieten sich gewählte und ehemalige Politiker an, um die Fonds-Manager durch den Dschungel des deutschen Rechts zum Ziel zu geleiten: Für den Investor Appellas arbeitet der CDU-Politiker Friedrich Merz mit seiner Wirtschaftskanzlei. Bei Fortress hat der ehemalige Chef der Bundesagentur für Arbeit und vormalige Sozialminister in Rheinland-Pfalz, Florian Gerster (SPD), als »Vorsitzender des Investitionsbeirats« angeheuert.[9]

Wer sein Geld vor der Börsenkrise im Jahr 2000 in Sicherheit bringen konnte, legte es in Immobilienfonds an, die jetzt im Geld schwimmen. In Deutschland läuft das wider besseren Wissens. Denn bereits Mitte der 1990er Jahre brach in Ostdeutschland der von Westmanagern forcierte Bauboom zusammen. Da die Landschaften einfach nicht zu blühen anfangen wollten, brauchte auch niemand die vielen Büro- und Geschäftszentren, die in den ersten Jahren nach der Vereinigung hochgezogen worden waren.

Dennoch fließt weiter Geld in die Immobilienmärkte. Seit 2004 kriselt es. Immer mehr Fachleute warnen vor einem drohenden Crash. In Deutschland stehen mehr als zehn Millionen Quadratmeter Büroraum leer. Allein in der Bankenmetropole Frankfurt sind es 2,1 Millionen Quadratmeter. Das sind 38 Türme von der Größe des Commerzbank-Hochhauses. Die Leerstandsquote von 17,4 Prozent in Frankfurt wird nur noch von Leipzig mit 22,3 Prozent übertroffen. Allerdings stehen dort »nur« 750.000 Quadratmeter leer.[10] Frankfurt und die Rhein-Main-Region bilden das Zentrum der Immobilienspekulationen in Deutschland. Ende 2002 wurde Büroraum im Umfang von etwa 10,2 Prozent des Bestandes neu hochgezogen. Mehr als die Hälfte waren Bauprojekte aus rein spekulativen Investitionen.[11]

Fonds und andere Zocker

Die Deutschland AG, wie die undurchschaubaren Überkreuzbeteiligungen und personellen Verflechtungen deutscher Konzerne genannt wurden, passte nicht so recht zur Ideologie des Shareholder-Value und wurde daher in den vergangenen Jahren entflochten. Großbanken und Versicherungen haben ihre direkten Unternehmensbeteiligungen weitgehend verkauft, unterstützt von einer rot-grünen Bundesregierung, die die Veräußerung dieser Beteiligungen steuerfrei stellte. Daraufhin stieg der Streubesitz bei großen Kapitalgesellschaften auf 80 Prozent. Zwei Fünftel der Eigentümer der 30 im Dax gelisteten Konzerne kommen inzwischen aus dem Ausland. Doch wer von der Entflechtung mehr Transparenz erhoffte, wurde enttäuscht. »Das Bankenkartell wurde ersetzt durch ein Regime der Vermögensbesitzer«, bilanziert Dierk Hirschel, der Chefökonom des DGB. Das sei kein Stück demokratischer als die alte Deutschland AG.

Das Sagen haben vielerorts inzwischen Investment- und Kapitalbeteiligungsgesellschaften. Doch es sind die gleichen Leute. Denn viele dieser Gesellschaften sind Töchter von Banken. Die DWS Investments (Deutsche Gesellschaft für Wertpapiersparen) gehört zur Deutschen Bank, Activest zur HypoVereinsbank, dit (Deutscher Investment-Trust) zur Allianz-Tochter Dresdner Bank, die ADIG (Allgemeine Deutsche Investmentgesellschaft) zur Commerzbank, die Deka (Deutsche Kapitalanlagegesellschaft) zu den Sparkassen und die Union Investment zu den Volks- und Raiffeisenbanken. Die Deutsche Bank gilt auch in diesem Geschäft als einer der Global Players.

Ihre Aktien und Kapitalbeteiligungen sammeln und verwalten diese Gesellschaften größtenteils in Fonds unterschiedlichen Typs.

Als besonders aggressiv und rücksichtslos gelten Private-Equity-Gesellschaften und Hedgefonds. Letztere verwalteten im Jahr 2005 weltweit 1,4 Billionen US-Dollar.[12] Sie unterliegen so gut wie keinen Anlagerichtlinien und keiner Aufsicht. Das bekam auch die Deutsche Börse AG zu spüren. Diese wollte 2005 die Londoner Stock Exchange übernehmen. Das passte einer Gruppe von Investmentfonds nicht, die zusammen 30 Prozent der Anteile an dem Frankfurter Börsenbetreiber hielten. Unter der Führung des Hedgefonds The Children's Investment Fund (TCI) setzten sie den Vorstand so lange unter Druck, bis Vorstandschef Werner Seifert und Aufsichtsratschef Rolf E. Breuer auf die Übernahme verzichteten und entnervt das Handtuch warfen. Wenige Tage später lag der Aktienkurs um 30 Prozent höher als zu Jahresbeginn 2005. Die US-Investorengemeinschaft The Capital Group, ein Großinvestor aus der Rebellen-Gruppe, machte die Kursgewinne sofort zu Geld und fuhr seinen Aktienbesitz an der Deutschen Börse von mehr als zehn Prozent auf gut fünf Prozent herunter.[13]

Bei der folgenden Jahreshauptversammlung kündigte der Vorstand der Deutschen Börse an, die Ausschüttungsquote auf mindestens 50 Prozent anzuheben, in den kommenden 24 Monaten 1,5 Milliarden Euro an die Aktionäre auszuschütten und ein fortlaufendes Aktienrückkaufprogramm im Umfang von 448 Millionen Euro aufzulegen.[14] TCI lockt potenzielle AnlegerInnen übrigens mit einem angesichts des Geschäftsgebarens höchst fragwürdigen Bonbon: Der Fonds sichert zu, einen Teil des Vermögens in eine eigens gegründete Stiftung für Kinder in der Dritten Welt einzuzahlen, sobald TCI mehr als elf Prozent Rendite erzielt. 2004 bekam die Stiftung mehr als 18 Millionen Dollar.[15]

Deutscher Rechtsberater dieses in London ansässigen Fonds ist der CDU-Politiker Friedrich Merz mit seiner Wirtschaftskanzlei. Nach Breuers Rücktritt als Aufsichtsratsvorsitzender der Deutschen Börse wurde er für kurze Zeit als dessen Nachfolger gehandelt. Das erschien den Rebellen dann offensichtlich doch zu dreist. Merz fungiert heute als einfaches Aufsichtsratsmitglied.

Ironie des Schicksals: Es waren Breuer, Seifert und Konsorten, die sich drei Jahre zuvor vehement dafür eingesetzt hatten, dass Hedgefonds in Deutschland überhaupt zugelassen wurden. Mit dem Investmentmodernisierungsgesetz hatte die rot-grüne Bundesregierung eine EU-Richtlinie zur Harmonisierung der EU-Finanzmärkte umgesetzt.

In Folge des Machtkampfs innerhalb der Deutschen Börse trat der damalige SPD-Vorsitzende Franz Müntefering die sogenannte Heuschrecken-Debatte los. Von den Gewerkschaften und Verbraucherverbänden über den damaligen Kanzler Gerhard Schröder und die rot-grünen Koalitionäre bis hinein in Unternehmenskreise wurde gefordert, die Macht der Investoren zu beschneiden und die Fonds stärker zu kontrollieren. Doch so schnell wie sie aufflammte, ebbte die Debatte wieder ab. Geschehen ist zwischenzeitlich nichts.

Welche Fonds gibt es?

Immobilienfonds: Das Kapital wird zum Erwerb von Immobilien eingesetzt.

Aktienfonds: Der Fonds erwirbt Unternehmensbeteiligungen, die in Form von Aktien am Markt gehandelt werden.

Rentenfonds: Der Fonds legt Kapital in Rentenpapieren, auch Anleihen genannt, an. Aufgelegt werden diese Papiere von der öffentlichen Hand, von Kreditinstituten oder von Unternehmen. Banken übernehmen den Verkauf. Die durch die Anleihe verbrieften Rechte sind gesetzlich festgeschrieben.

Private-Equity-Fonds: Private Investoren geben das Kapital in geschlossene Fonds, um Unternehmensbeteiligungen zu erwerben.

Hedgefonds: Der Fonds unterliegt keinen Anlagerichtlinien und damit auch nicht der Anlageaufsicht. Er kann verschiedenste Anlageinstrumente und Hilfsmittel anwenden, um das Ziel – eine möglichst hohe Rendite – zu erreichen. Damit können sich Hedgefonds vom Auf und Ab der Kapitalmärkte abkoppeln und auch in fallenden Märkten Gewinne machen.

All diese Fonds lassen sich folgenden Typen zuordnen:
Offene Fonds oder Publikumsfonds: Diese Zertifikate werden gehandelt.
Geschlossene Fonds: Diese Fonds haben einen exklusiven Kreis an Anteilseignern und sind nicht handelbar.[16]

Abziehen, filetieren, verkaufen

Ganz anders als Hedgefonds agieren Private-Equity-Gesellschaften. Sie beteiligen sich an Unternehmen oder kaufen sie gleich ganz auf. Rund 51 Milliarden Euro bekamen die Gesellschaften dafür im Jahr 2005 von ihren Anlegern in Deutschland. Im gleichen Jahr kontrollierten sie in Deutschland 5.723 Unternehmen mit 758.000 Beschäftigten.[17]

Getreu der Shareholder-Value-Philosophie konzentrieren sich viele Unternehmen auf das Kerngeschäft und stoßen andere Unternehmensteile – verlustträchtige, aber auch profitable – ab. Zudem privatisieren die öffentlichen Hände immer mehr Betriebe. Private-Equity-Gesellschaften greifen zu. Sie legen einen Fonds auf und schließen ihn, sobald sie die Investitionssumme zusammenhaben. Für das Jahr 2006 gibt der Bundesverband Deutscher Kapitalbeteiligungsgesellschaften folgende Anlegerstruktur der Private-Equity-Gesellschaften an: 19,1 Prozent Dachfonds[18], 17,9 Prozent private Anleger, 13,4 Prozent Kreditinstitute, 12,5 Prozent Versicherungen, 10,5 Prozent öffentlicher Sektor, 8,5 Prozent Kapitalerträge, 7,9 Prozent Kapitalmarkt, 5,3 Prozent Pensionsfonds und 4,9 Prozent sonstige. Doch dieses Kapital deckt nur einen kleinen Teil des Kaufpreises. Zu bis zu 80 Prozent wird der Deal über Kredite finanziert, die das Übernahmeopfer hinterher bedienen muss. Lässt sich das gekaufte Unternehmen zergliedern, werden profitable Unternehmensteile sofort versilbert. Die anderen werden mit allen Mitteln auf Profit getrimmt und dann abgestoßen. Drei bis vier Jahre dauert diese Strategie.[19]

Eines der bekanntesten Opfer ist der westfälische Armaturen-Hersteller Grohe. 1999 verkaufte die Eigentümer-Familie das hochprofitable Unternehmen mit einer Eigenkapitalquote von 50 Prozent für 900 Millionen Euro zunächst an den Finanzinvestor BC Partners. Die Kredite, die BC Partners für den Deal aufgenommen hatte, musste Grohe nach dem Prinzip »wenig Investitionen, hoher Cashflow« selbst erwirtschaften. Nach fünf Jahren war aus dem Star unter den Armaturen-Herstellern ein Sanierungsfall mit 760 Millionen Euro Schulden geworden. BC Partners verkaufte Grohe für 1,5 Milliarden Euro weiter an die heutigen Eigentümer Texas Pacific Group und Credit Suisse First Boston. Diese führten die Strategie der Finanzierung auf Kosten des Hauses fort und setzten einen Sanierer ein. Der muss nun zusehen, wie er das Geld für die Kredite aufbringt und Grohe in vier bis fünf Jahren fit für die Börse macht. Dazu wurden knapp 1.100 Jobs gestrichen (ein Viertel der Stellen in Deutschland),[20] Teile der Produktion ins billigere Ausland verlagert und jährlich 150 Millionen Euro eingespart. Der Standort im brandenburgischen Herzberg wird geschlossen, obwohl dort die Beschäftigten nach Angaben des Betriebsrats rund 20 Prozent Rendite erwirtschaften und zu harten Einschnitten bereit gewesen wären.[21]

Die 20 größten Fonds in Deutschland

Fonds	Unternehmen	Volumen
Fidelity Funds-European Growth A	Fondsgesellschaft Fidelity	21,0
Templeton Growth Fund, Inc; Class A Shares	Fondsgesellschaft Templeton Growth	18,3
Pioneer Funds Euro Bond E	Fondsgesellschaft Pioneer Funds	13,4
Natexis Securite Jour	Fondsgesellschaft der französischen Volksbank	
	Banque Populaire	9,4
hausInvest europa	Immobiliengesellschaft der Commerzbank	8,1
Robeco	Fondsgesellschaft der niederländischen Rabobank	7,0
Deka-ImmobilienEuropa	Fondsgesellschaft der Sparkassen	6,9
DWS Vermögensbildungsfonds I	Fondsgesellschaft der Deutschen Bank	6,5
Fidelity European Acc	Fondsgesellschaft Fidelity	6,5
Pioneer Funds Euro Short-Term E	Fondsgesellschaft Pioneer Funds	6,1
Activest TotalReturn D	Fondsgesellschaft der Hypovereinsbank	6,0
Templeton Growth Euro A Acc	Fondsgesellschaft Templeton Growth	5,5
JPM Europe Strategic Value A (dist) EUR	Investmentbank JP Morgan	5,5
DIFA-Fonds Nr. 1	Immobilienfondsgesellschaft DIFA	5,5
UBS (Lux) Money Market Fund - USD	Schweizer Investmentbank UBS	5,4
AXA Eonia	Investmentgesellschaft der AXA-Versicherung	5,4
DWS Geldmarkt Plus	Fondsgesellschaft der Deutschen Bank	5,4
DIFA-GRUND	Immobilienfondsgesellschaft DIFA	5,4
SEB ImmoInvest	Immobiliengesellschaft der SEB Bank	5,2
Credit Suisse Euroreal A EUR	Investmentgesellschaft der Schweizer Bank Credit Suisse	5,2
Summe		157,7

Quelle: Lipper Fund Market Insight Reports, 31. 08.2006, Angaben in Milliarden Euro

An den Börsen in New York und London kontrollieren Fonds bereits ein Viertel des Handels.[22] Doch wer steckt dahinter? Es sind nicht nur große Unternehmen oder die Reichen und Superreichen, die den Fondsmanagern ihr Geld anvertrauen. Texas Pacific, einer der beiden Totengräber der Firma Grohe, gehört zu 25 Prozent dem US-amerikanische Gewerkschaftsverband CIO. Andere Fonds verwalten die Altersvorsorge von kleinen Angestellten oder sammeln die Spargroschen eines Massenpublikums ein. Die Pensionsfonds in den USA verwalten inzwischen knapp 6,3 Billionen Euro, in Großbritannien 1,17

Billionen.[23] Es darf getrost davon ausgegangen werden, dass die Gefrä-
ßigkeit der Fonds einer der Hauptgründe ist, warum hierzulande wie in
vielen anderen westlichen Ländern Politiker wie Friedrich Merz mit
Vehemenz die Privatisierung der gesetzlichen Altersvorsorge betreiben.

Die Globalisierung der Finanzmärkte und damit die Anonymisie-
rung des Reichtums hat eine ganz neue Gemengelage hervorgebracht.
Da sind die Reichen und Superreichen dieser Welt, die mit ihren riesi-
gen Vermögen das internationale Finanzmonopoly überhaupt erst
antreiben. Da sind die Fondsmanager und Investmentbanker, die das
Monopoly organisieren und selbst mit sechs- oder siebenstelligen Boni
und Tantiemen davon profitieren, und da sind die Millionen normaler
Menschen, die freiwillig oder gezwungenermaßen mit ihren Spareinlagen und Altersrücklagen für das nötige Kleingeld beim Zocken sorgen. Sie können nur hoffen, dass die anderen die richtige Entscheidung treffen. Tun diese das nicht oder platzt die nächste Kapitalblase,
werden wieder Tausende oder gar Millionen ihre Altersvorsorge verlieren. Die anonymen Reichen und Superreichen hingegen können für
solche Krisen vorbauen. Große Vermögen bleiben groß!

Politik I: Sorgenfreier Lebensabend

Eckpunkte für ein Gesetz zur Einlösung eines Versprechens des Deutschen Bundestags (»Versprechens-Einlösungsgesetz«, VerEinG)

Problem

Der Deutsche Bundestag hat mit einer Rentenreform 2001 die gesetzliche Rente gekürzt und eine privat finanzierte Säule der Altersversorgung eingeführt (»Riester-Rente«). 2004 beschloss der Bundestag mit dem sogenannten Nachhaltigkeitsfaktor eine weitere Absenkung der gesetzlichen Rente. Gleichzeitig bekundeten die Abgeordneten, »ihre Altersversorgung im Lichte der Rentenreform überprüfen und anpassen zu wollen«.[1] Dies ist jedoch nicht geschehen.

Lösung

Da die Mitglieder des Bundestags die eigene Versorgung nicht entsprechend der gesetzlichen Rentenversicherung reformieren wollen, wird die gesetzliche Rentenversicherung an die Altersversorgung der Abgeordneten angepasst.

Eckpunkte

1. Die Beitragspflicht in der gesetzlichen Rentenversicherung (GRV) wird abgeschafft. Der Anspruch auf eine gesetzliche Altersrente entsteht ohne die Zahlung von Beiträgen.
2. Nach acht Jahren Erwerbstätigkeit entsteht der Rentenanspruch ab dem 65. Lebensjahr. Mit jedem weiteren Jahr Erwerbstätigkeit entsteht der Anspruch ein Jahr früher. Frühester Zeitpunkt des Renteneintritts ist das vollendete 55. Lebensjahr.
3. Die gesetzliche Altersrente beträgt künftig mindestens 22 Prozent des letzten Bruttoentgelts und unterliegt der Einkommensteuer. Sie steigt mit jedem Jahr Erwerbstätigkeit um drei Prozent auf maximal 67 Prozent des letzten Bruttoentgelts.
4. Bei Arbeitnehmerinnen und Arbeitnehmern, die ab Oktober 2006 eine Erwerbstätigkeit aufnehmen, werden weitere Einkünfte auf den Rentenanspruch vor Vollendung des 65. Lebensjahres angerechnet.

Schön wär's! Obwohl der Bundestag eigentlich bei jeder Reformrunde für die GRV ankündigt, auch die üppigen eigenen Pensionen zu beschneiden, geschieht noch immer fast nichts.

In den 1990er Jahren schreckten mehrere Skandale um die Einkommen in der Politik die Republik auf: Es ging um das bedenkenlose Entscheiden in Sachen eigener Diäten, während den »Menschen draußen im Lande« Lohnverzicht gepredigt wurde. Es ging um phantastische Altersbezüge ohne eigene Beiträge, während den gesetzlich Rentenversicherten eine dritte – private – Säule der gesetzlichen Rentenversicherung nahezu aufgezwungen wurde. Es ging um üppige Übergangsgelder, während die Arbeitslosenversicherung zusammengestrichen wurde. Und es ging um völlig undurchsichtige Nebenverdienste, die bei manchen Abgeordneten die Diät zum Zubrot schrumpfen ließen, sodass sich die WählerInnen eigentlich fragen müssten, wessen Interessen der Herr oder die Frau Abgeordnete eigentlich vertritt.

Öffentlicher Druck bescherte den Abgeordneten in Bund und Ländern und den Regierungen mehrere Nullrunden. Bei den Übergangsgeldern wurden die Anrechnungsregeln verschärft. Doch bei der Altersversorgung gab es kaum mehr als Kosmetik.

Zum wiederholten Mal scheiterte im Frühjahr 2006 der Versuch, die üppige Altersversorgung der Bundestagsabgeordneten zurechtzustutzen. Eine grundlegende Reform ließ die große Koalition erneut in einer Arbeitsgruppe verschleppen. Zwei Jahre zuvor hatte die rotgrüne Vorgängerregierung behauptet, mit der Korrektur einiger Eckwerte die Rentenreformen von 2001 und 2004 »eins zu eins« auf die Abgeordneten übertragen zu haben. Im direkten Vergleich erweist sich diese Aussage nachgerade als zynisch: Mitglieder der gesetzlichen Rentenversicherung können sich in der Regel erst mit 65 Jahren aus dem Arbeitsleben zurückziehen. Wer früher geht, muss dauerhaft Abschläge in Kauf nehmen. Die große Koalition hat sogar beschlossen, die gesetzliche Altersgrenze auf 67 Jahre anzuheben. ParlamentarierInnen hingegen können sich unter bestimmten Voraussetzungen bereits mit 55 Jahren aufs Altenteil setzen. Zwar erwerben sie nach acht Jahren im Bundestag zunächst nur einen Versorgungsanspruch ab dem 65. Lebensjahr. Doch für jedes weitere Jahr im Parlament sinkt die Altersgrenze um ein Jahr bis zum 55. Lebensjahr. Zeiten als Abgeordnete in einem Landesparlament können mitgezählt werden.

Die Standardeckrente, die Vollzeitbeschäftigte mit Durchschnittsverdienst erhalten, reduziert sich hingegen bis zum Jahr 2030 nach und nach von 70 auf 64 Prozent. Zudem ist sie erst nach 45 Beitragsjahren erreichbar, und das auch nur theoretisch. Praktisch wird das durchschnittliche Rentenniveau von 53 auf 43 Prozent des Lebenseinkommens gedrückt. Die Abgeordneten erhielten bisher maximal 69 Prozent ihrer letzten Diät, die in der Regel erheblich höher ist als ihr Lebenseinkommen, und zwar bereits nach 23 Jahren. Seit 2004 müssen sie sich nun mit 67 Prozent zufrieden geben. Nach zwei Wahlperioden im Parlament können sie sich mit 22 Prozent (bisher 24 Prozent) aufs Altenteil setzen. Verkürzte Perioden wie die vergangene, die schon nach drei Jahren mit einer vorgezogenen Bundestagswahl endete, zählen voll.

Für die Altersversorgung, die den Bundestagsabgeordneten bereits nach acht Jahren winkt, müsste ein durchschnittlicher Beitragszahler im Westen 59 Jahre und im Osten 67 Jahre lang arbeiten. Den Abgeordneten-Höchstsatz würde er nach 180 Jahren (West) oder mehr als 204 Jahren (Ost) erreichen. Dennoch jammerte der frühere Parlamentarische SPD-Geschäftsführer Wilhelm Schmidt, viele Abgeordnete müssten nach den Änderungen ihre Lebensplanung umstellen.[2] Die Umstellung blieb Schmidt erspart. Der 62-Jährige schied bei der Wahl 2005 nach 18 Jahren aus dem Bundestag aus, profitierte von zwei verkürzten Perioden und kann sich jetzt über rund 4.205 Euro Abgeordneten-Pension pro Monat freuen.

Bei der Reform der Altersversorgung der Abgeordneten steht auch das sogenannte Düsseldorfer Modell zur Debatte. Der Landtag in Nordrhein-Westfalen hat Anfang 2005 die Abgeordnetenentschädigung grundlegend reformiert. Die Diäten wurden von 4.800 auf 9.500 Euro fast verdoppelt. Im Gegenzug wurde die steuerfreie Aufwandspauschale abgeschafft. Die ParlamentarierInnen müssen ihre Aufwendungen nun als Werbungskosten bei der Steuererklärung geltend machen, wie andere Steuerpflichtige auch. Außerdem zahlen sie für ihre Altersvorsorge 1.500 Euro pro Monat in das eigens geschaffene »Versorgungswerk der Mitglieder das Landtags Nordrhein-Westfalen« ein. Allerdings mussten die PolitikerInnen quasi zum Jagen getragen werden. Während die SPD sich hinter den von einer unabhängigen Kommission erarbeiteten Entwurf stellte, fürchtete die CDU vordergründig eine Kampagne der *Bild*-Zeitung wie die, die ein ähnliches Vorhaben im Landtag von Schleswig-Holstein zwei Jahre zuvor zum Scheitern brachte. Die Gehaltsaffären der CDU-Politiker Laurenz Meyer und Hermann-Josef Arentz (siehe nächstes Kapitel) förderten dann aber die Bereitschaft, noch kurz vor der Landtagswahl 2005 mitzuziehen.

Der Landtag von Kiel verabschiedete erst Mitte 2006 ein ähnliches Modell. Die Diäten wurden Anfang 2007 auf 6.700 Euro angehoben, die Kostenpauschale abgeschafft und ein Beitrag für die Versorgung eingeführt. Funktionszulagen gibt es nur noch für den Landtagspräsidenten oder die -präsidentin, die Fraktionsvorsitzenden, die parlamentarischen GeschäftsführerInnen und den oder die Vorsitzende des Südschleswigschen Wählerverbandes. Das Tagegeld ist abgeschafft. Reisekosten werden »spitz«, also nur mit Nachweis, abgerechnet.

Im Bundestag regte sich Widerstand gegen einen Umbau der Abgeordnetenentschädigung à la Düsseldorf, vor allem in der Unionsfraktion. Das System der Altersversorgung habe sich im Grundsatz bewährt, meinte CDU/CSU-Fraktionsvorsitzender Volker Kauder.[3] Seine Fraktionskolleginnen und -kollegen fürchten geringere Pensionen und kritisieren die Abschaffung der steuerfreien Kostenpauschale. Es widerspreche der Freiheit des Mandats, wenn Abgeordnete die Ausstattung ihres Wahlkreisbüros vor einem Finanzbeamten rechtfertigen müssten. Der wissenschaftliche Dienst des Bundestags hingegen hält die Kostenpauschale für möglicherweise verfassungswidrig, weil sie gegen den Gleichheitsgrundsatz verstoße.

Sicherlich hat das Düsseldorfer Modell einen gewissen Charme. Es macht die Entschädigung und Altersversorgung der Abgeordneten transparenter und langfristig wohl auch weniger teuer. Gleichwohl bleiben die Abgeordneten dem Wahlvolk gegenüber privilegiert. Denn in Düsseldorf wurde der Beitrag fürs Versorgungswerk auf die Diät aufgeschlagen. Von gesetzlich Rentenversicherten wird hingegen verlangt, dass sie auch bei real stagnierenden oder sinkenden Einkommen selbst vorsorgen.

Die gesetzliche Rente werde zur Erhaltung des Lebensstandards künftig nicht mehr ausreichen. Die Bürger müssten für ihren Wohlstand zusätzlich vorsorgen, erklärte Bundesarbeitsminister Franz Müntefering bei der Vorstellung des Rentenberichts am 08.03.2006: »Da kann man Verschiedenes versuchen: Balalaika spielen oder Lotto spielen, Riester-Rente oder betriebliche Versicherung machen, und dann muss man sehen, ob man auf die Art und Weise etwas zusammenbekommt«, schwadronierte der 66-Jährige, der selbst nicht Balalaika oder Lotto spielen muss, um sich mit über 10.000 Euro Pension am Ende der laufenden Wahlperiode zur Ruhe setzen zu können.

Auch zur komfortablen Altersversorgung der Regierung gab es bis Ende 2006 nicht mehr als die Ankündigung des Regierungssprechers, sie mit erheblichen Abstrichen neu regeln zu wollen. Bisher erhalten Regierungsmitglieder nach vier Jahren Amtszeit ab dem 55. Lebensjahr 27,74 Prozent ihrer letzten Amtsbezüge als Pension. Dieser Satz steigert sich in jährlichen Schritten auf 71,75 Prozent nach weiteren 18 Jahren. Zeiten der Mitgliedschaft in einer Landesregierung können als Dienstzeit berücksichtigt werden. Andere Altersbezüge werden nicht gegengerechnet. Anfang 2007 beschloss das Kabinett eine einheitliche Altersgrenze von 65 Jahren, die wie in der GRV schrittweise auf 67 Jahre angehoben wird. Andere Einkommen werden angerechnet.

Da sich die Koalitionäre im Bund auch nicht auf eine Reform der Abgeordnetenbezüge einigen konnten, blieb es 2006 bei einer monatlichen Diät von 7.009 Euro. Auch das Übergangsgeld wurde einstweilen nicht angetastet. Ausscheidende Abgeordnete erhalten diese Unterstützung, obwohl das Abgeordnetengesetz ihnen die Rückkehr auf ihren früheren Arbeitsplatz sowohl im öffentlichen Dienst als auch in der privaten Wirtschaft – soweit die Firma noch besteht – garantiert. Für jedes Jahr im Bundestag winkt eine Monatsdiät, höchstens 18 Monate lang. Ab dem zweiten Monat nach Ausscheiden aus dem Bundestag müssen sich die ehemaligen ParlamtentarierInnen allerdings andere Einkünfte anrechnen lassen.

Bei den Regierenden in Bund und Ländern folgt das Übergangsgeld meist einem einheitlichen Muster: Drei Monate lang gibt es das volle Gehalt, danach die Hälfte für einen Zeitraum, der sich nach der Dauer der Regierungstätigkeit richtet. In der Regel liegt er zwischen sechs Monaten und zwei Jahren in den Ländern und seit 2007 auch im Bund. Nach den öffentlichen Debatten über die Absahner der Nation an den Schalthebeln der Macht müssen sich die Ex-Regierenden allerdings ihre neuen Einkünfte anrechnen lassen.

Einkommen in der Politik

Zugegeben, PolitikerInnen in Bund und Ländern verdienen gut, aber
nicht übermäßig, zumindest wenn nur die offiziellen Einkünfte aus
der politischen Tätigkeit betrachtet werden.

So viel verdienen unsere Abgeordneten

Parlament	Diät	Steuerfreie Aufwandspauschale	Summe
Bundestag	7.009	3.720	10.729
Europaparlament	7.009	3.785****	10.794
Nordrhein-Westfalen***	9.500	–	9.500
Bayern*	6.247	2.950*	9.197
Hessen	6.628	525	7.153
Schleswig-Holstein***	6.700	–	6.700
Niedersachsen	5.485	1.027	6.512
Rheinland-Pfalz	5.198,11	1.124,84	6.322,96
Baden-Württemberg**	4.806	926	5.732
Saarland	4.624	1.088	5.712
Mecklenburg-Vorpommern	4.464,65	1.140	5.604,65
Thüringen	4.461,89	1.124,91	5.586,80
Sachsen-Anhalt	4.487	997	5.484
Sachsen	4.284	1.161	5.445
Brandenburg	4.390,20	586,30	4.976,50
Berlin**	2.951	911	3.862
Bremen**	2.485	421	2.906
Hamburg**	2.326	350	2.676

Angaben in Euro

* einschließlich Reisekosten; ** Teilzeitparlament; *** einschließlich Aufwandspauschale und Altersversorgung; **** nur für Sachausgaben, Personalausgaben max. 14.865 Euro

Daneben erhalten Abgeordnete einiger Landtage und des Europaparlaments Reisekosten und Tagegelder in unterschiedlicher Höhe und nach unterschiedlichen Regelungen.

Quellen: www.landtag-niedersachsen.de/Abgeordnete/diaeten2.htm, 01.06.2007; Europaparlament: www.europa-digital.de/text/aktuell/dossier/mep-geld/verdienst.shtml

So viel verdienen unsere SpitzenpolitikerInnen

Funktion	Name	Vergütung	Steuerfreie Aufwandspauschale
Bundespräsident[****]	Horst Köhler	19.173,26[**]	6.500,00
Bundeskanzlerin	Angela Merkel	17.255,93[*]/[**]	12.270,96
BundesministerInnen		13.804,75[*]/[**]	3.681,29
Parlamentarische Staatssekretärinnen und -sekretäre		10.353,56[*]/[**]	2.760,97
Bundestagspräsident	Norbert Lammert	14.018	1.023,00; plus Pauschale als MdB: 3.720
Bundestagsvizepräsidentinnen und -präsidenten		10.513,50	307; plus Pauschale als MdB: 3.720
Präsident des Bundesverfassungsgerichts[*****]	Hans-Jürgen Papier	13.804,75[**]	
EU-Kommissar	Günter Verheugen	18.233,38[***]	

Angaben in Euro

* Plus die halbe Abgeordnetendiät bei einem Teil der Regierungsmitglieder

** Plus Familienzuschlag: Verheiratete: 105,28 Euro (West), 97,38 Euro (Ost); ein Kind: 195,33 Euro (West), 180,68 Euro (Ost); zwei Kinder: 284,49 Euro (West), 263,15 Euro (Ost); für jedes weitere Kind zusätzlich 228,30 Euro (West), 211,18 Euro (Ost)

*** Plus Ortszuschlag von 2.735 Euro, plus gegebenenfalls Familien-, Erziehungs-, Kindergarten- und Repräsentationszuschlag

**** Laut Bt.-Drs. 13/6637 zehn Neuntel der Amtsbezüge des Bundeskanzlers

***** Richtet sich laut Bt.-Drs. 13/6637 nach den Bezügen der Bundesminister

Quellen: Bundesministergesetz, Gesetz über die Rechtsverhältnisse der Parlamentarischen Staatssekretäre, Abgeordnetengesetz, Bt-Drs. 13/6637; Auskunft der EU-Vertretung in Berlin

Eine Abgeordnetendiät von 7.009 Euro plus steuerfreie Kostenpauschale von monatlich 3.720 Euro für ein Bundestagsmandat, das klingt nicht nach übermäßig viel. Allerdings kommen noch einige Vergünstigungen hinzu.

Bis zu 13.660 Euro dürfen Bundestagsabgeordnete sich jeden Monat ihre MitarbeiterInnen kosten lassen. Diese bekommen ihr Gehalt direkt von der Bundestagsverwaltung.

Das Büro in Berlin samt Ausstattung inklusive Computer und Telekommunikation wird kostenlos zur Verfügung gestellt.

Für Telekommunikation im Wahlkreis sowie für Büro- und Geschäftsbedarf können 6.300 Euro jährlich abgerechnet werden.
Abgeordnete können kostenlos Bahn fahren. Für Inlandsreisen können sie darüber hinaus Übernachtung und anderweitige Fahrtkosten (Flug, Schlafwagen) nach dem Bundesreisekostengesetz abrechnen. In Berlin steht der Fahrdienst des Bundestags bereit. Für Auslandsreisen gibt es zusätzlich ein Tagegeld.

Als Zuschuss zu den Krankheitskosten wird entweder der Arbeitgeberanteil zur Kranken- und Pflegeversicherung oder Beihilfe nach den Regelungen für Bundesbeamtinnen und -beamte gezahlt.[4]

In der Diskussion um die Höhe der Politikereinkommen wird gerne darauf verwiesen, dass diese viel zu gering seien, um wirklich gute Leute zu gewinnen. Auch Deutsche-Bank-Chef Josef Ackermann meint, dass mehr Menschen aus der Wirtschaft ihre Kompetenz in der Politik einbringen würden, wenn es dort mehr Geld zu verdienen gäbe.[5]

Diese Argumentation ist in mehrerlei Hinsicht entlarvend. Erstens unterstellt sie, dass wir nur von der zweiten Garde regiert werden, die nicht viel taugt. Jeder möge selbst entscheiden, ob das stimmt. Unsere PolitikerInnen würden sich auf jeden Fall gegen diese Unterstellung verwahren. Zweitens geht sie davon aus, dass in der Wirtschaft die klügsten Köpfe sitzen. Diese Voraussetzung darf mit Fug und Recht bezweifelt werden. Und drittens sollten wir unser Gemeinwesen tunlichst vor Leuten schützen, die den Job nur wegen des Geldes machen. Diese Spezies richtet schon in der Wirtschaft großes Unheil an, wie der Wirtschaftsprofessor Fredmund Malik bemängelt. Malik, Chef des nach ihm benannten Managementzentrums St. Gallen in der Schweiz und »einer der international renommiertesten Management-Consultants und -Lehrer« (Manager Magazin) warnt, wenn höhere Positionen automatisch mit mehr Geld gemessen würden, sei es nicht zu vermeiden, »dass sich unter den an die Spitze drängenden Personen immer mehr vorwiegend geldgetriebene Leute finden«.[6] Warum sollte das in der Politik anders sein?

Nachdem Mitte der 1990er Jahre die skandalöse Selbstbedienung der politischen Klasse ins Gerede gekommen war, verordneten sich die PolitikerInnen in Bund und Ländern medienwirksam mehrere Nullrunden. Den Vogel schoss die rot-grüne Bundesregierung im Herbst 2004 mit dem »Anpassungsausschlussgesetz« ab, mit dem sie sich von der Besoldungserhöhung der Beamtinnen und Beamten der Jahre 2003 und 2004 dauerhaft abkoppelte.

So viel verdienen die Länderchefs

Land	Name	Amtsgehalt*	Steuerfreie Aufwandspauschale
Bayern	Edmund Stoiber	16.286,00	3.193,00
Nordrhein-Westfalen	Jürgen Rüttgers	14.420,20	1.100,00
Hamburg	Ole von Beust	13.302,63	639,11
Baden-Württemberg	Günther Oettinger	12.978,18	1.023,00
Berlin	Klaus Wowereit	12.978,18	Nach Haushaltsplan
Niedersachsen	Christian Wulff	12.769,03	750,00
Hessen	Roland Koch	12.320,74	357,90
Sachsen	Georg Milbradt	12.004,81	1.022,58
Thüringen	Dieter Althaus	12.004,81	778,83
Rheinland-Pfalz	Kurt Beck	11.896,67	766,94
Saarland	Peter Müller	11.896,67	716,00
Schleswig-Holstein	Peter-Harry Carstensen	11.820,96	265,87
Mecklenburg-Vorpommern	Harald Ringstorff	11.004,41	500,00
Sachsen-Anhalt	Wolfgang Böhmer	11.004,41	562,42
Brandenburg	Mathias Platzeck	10.904,37	613,55
Bremen	Jens Böhrnsen	10.815,15	664,68

Angaben in Euro

* plus Familienzuschlag: Verheiratete: 105,28 Euro (West), 97,38 Euro (Ost); ein Kind: 195,33 Euro (West), 180,68 Euro (Ost); zwei Kinder: 284,49 Euro (West), 263,15 Euro (Ost); für jedes weitere Kind zusätzlich 228,30 Euro (West), 211,18 Euro (Ost)

Quelle: Minister- oder Senatorengesetze jedes Landes; eigene Berechnung

Doch so richtig weh tut der Verzicht nicht, zumal die meisten Regierungsmitglieder über mindestens zwei Geldquellen verfügen: Bundeskanzlerin Angela Merkel (CDU) und zehn der 15 Minister-Innen sitzen auch im Bundestag und kassieren zusätzlich zu ihren Regierungsbezügen die Hälfte der Diät und der steuerfreien Aufwandspauschale: Sigmar Gabriel (SPD, Umwelt), Michael Glos

(CSU, Wirtschaft), Franz Josef Jung (CDU, Verteidigung), Franz Müntefering (SPD, Arbeit und Soziales), Wolfgang Schäuble (CDU, Inneres), Annette Schavan (CDU, Bildung und Forschung) Ulla Schmidt (SPD, Gesundheit), Horst Seehofer (CSU, Verbraucherschutz und Landwirtschaft), Heidemarie Wieczorek-Zeul (SPD, Entwicklung) und Brigitte Zypries (SPD, Justiz). Auch die 27 Parlamentarischen Staatssekretärinnen und -sekretäre und drei StaatsministerInnen verdienen doppelt.

Dies ist schon wegen der Arbeitsbelastung fragwürdig. Eine Kanzlerin kann ihr Abgeordnetenmandat, zumal als direkt gewählte Wahlkreisabgeordnete, überhaupt nicht ausfüllen. Doch schwerer wiegen strukturelle Bedenken. Demokratie lebt von der Gewaltenteilung, von der kann jedoch nicht die Rede sein, wenn zwei Drittel der Regierung als Exekutive gleichzeitig dem Parlament als Legislative angehört.

Problematisch ist nicht die Höhe der offiziellen Vergütungen, sondern die mangelnde Transparenz der ineinandergreifenden gesetzlichen Grundlagen und der doppelten Absicherungen wie auch das bedenkenlose Entscheiden in eigener Sache, während beim Wahlvolk der Gürtel immer enger gezogen wird.

Eigenverantwortung Fehlanzeige

Quer durch alle Fraktionen im Bundestag tönt es Eigenvorsorge, Eigenverantwortung, Eigenleistung. Von der FDP erwartet man nichts anderes: Deutschland brauche einen politischen Neuanfang, der in allen Bereichen auf mehr Eigenverantwortung und Leistungsbereitschaft der Bürger setze, proklamiert Parteichef Guido Westerwelle.[7] Auch Angela Merkel redet den Bürgerinnen und Bürgern ins Gewissen, dass es kein Leben ohne Risiko gebe.[8] Selbst die Parteien »links von der Mitte« sind inzwischen auf diesen Diskurs eingeschwenkt. »Wir werden Leistungen des Staates kürzen, Eigenverantwortung fördern und mehr Eigenleistung von jedem Einzelnen abfordern müssen«, hatte Gerhard Schröder in seiner Regierungserklärung zur Agenda 2010 im März 2003 angekündigt. Die Finanzpolitikerin der Grünen Christine Scheel hatte sich bereits im Vorfeld der Riester-Rentenreform 2001 festgelegt: »Unser Ziel ist es, den Bürgerinnen und Bürgern möglichst rasch eine klare, transparente und einfache Förderung der privaten Altersvorsorge zu bieten. Mit mehr Eigenverantwortung und mehr Entscheidungsfreiheit des Einzelnen.«[9] Doch davon kann man bei der politischen Klasse nicht reden.

Ebenfalls eine Konsequenz der Selbstbedienungsskandale in den 1990er Jahren sind die Regeln zur Verrechnung verschiedener Einnahmequellen. Dadurch sind zwar die Pensionen gesunken. Transparenter ist die Altersversorgung aber nicht geworden. Denn was da nach welchen Paragrafen in welcher Höhe und unter welchen Voraussetzungen womit verrechnet wird, ist für einen Normalsterblichen kaum nachzuvollziehen. Davon profitieren die Mitglieder der ehemaligen rot-grünen Bundesregierung. Von der Pension, die der ehemaligen rot-grünen Mannschaft nach der Abwahl im September 2005 zusteht, trauen sich durchschnittlich verdienende Menschen nicht einmal zu träumen.

Die Ansprüche der rot-grünen Pensionäre

Name	Pensionsanspruch	Eckrente
Hans Eichel	11.500	440 Jahre
Joschka Fischer	10.700	409 Jahre
Manfred Stolpe	9.130	243 Jahre
Wolfgang Clement	8.770	335 Jahre
Otto Schily	7.950	304 Jahre
Gerhard Schröder	7.750	269 Jahre
Renate Schmidt	7.250	277 Jahre

Quelle: Bund der Steuerzahler, Angaben in Euro

Unterstellt wird, dass die Personen verheiratet sind und keine Kinder haben; länderspezifische Anrechnungsvorschriften sind berücksichtigt. Aufgeführt ist die Pension unter der Voraussetzung, dass die Personen sich nach ihrer Abwahl tatsächlich aus der Politik zurückgezogen haben. Hans Eichel, Joschka Fischer, Otto Schily und Renate Schmidt sitzen aber weiterhin im Bundestag und bekommen ihre Diät von der Pension abgezogen. Gleichzeitig erhöhen sich aber ihre Ansprüche weiter.

Spitzenverdiener in der rot-grünen Rentnerriege ist der knauserige ehemalige Kassenwart Hans Eichel. Er profitiert von den gnädigen hessischen Anrechnungsbestimmungen genauso wie Ex-Außenminister Joschka Fischer. Altkanzler Gerhard Schröder muss hingegen auf seine Pension als Ministerpräsident von Niedersachsen verzichten.

Übergangsgeld und Pension gibt es übrigens unabhängig vom Grund des Ausscheidens. Selbst ein handfester Skandal ändert nichts am sanften Ruhegehaltskissen. Einige Beispiele:

Walter Döring (FDP, Jahrgang 1954) musste im Juni 2004 als Wirtschaftsminister und stellvertretender Ministerpräsident von Baden-Württemberg zurücktreten, weil er sich vom skandalträchtigen Politikberater und PR-Mann Moritz Hunzinger eine Umfrage hatte bezahlen lassen und darüber im Landtagsuntersuchungsausschuss uneidlich falsch ausgesagt hatte. Er nahm über 32.000 Euro Übergangsgeld mit, verdingte sich drei Monate später als Vorstandsmitglied der Unternehmensberatung REM AG,[10] behielt aber sein Landtagsmandat inklusive Abgeordnetendiät und steuerfreier Kostenpauschale. Daneben erhält er rund 4.300 Euro Pension aus seinem Regierungsamt. Eine Anrechnungsklausel gibt es im Ministergesetz von Baden-Württemberg nicht.

Christoph Palmer (CDU, Jahrgang 1962), Ex-Staatsminister in Baden-Württemberg, musste 2004 zurücktreten, nachdem er einen Parteikollegen geohrfeigt hatte. Die Ohrfeige brachte ihm sofort eine Pension von 4.300 Euro, die er aber nach öffentlicher Kritik der Stuttgarter Vesperkirche spendete, die unter anderem einen Mittagstisch für Bedürftige organisiert. Seit April 2005 arbeitet Palmer bei der Unternehmensberatung Roland Berger. Berger hatte für die Landesregierung ein umfangreiches Gutachten zu Privatisierungserlösen erarbeitet. Auftraggeber war Christoph Palmer.[11] Im März 2006 zog er wieder in den Landtag ein, inklusive Diät in Höhe von 4.806 Euro und Kostenpauschale (926 Euro).

Ronald Schill (Jahrgang 1958), Hamburgs ehemaliger Innensenator und bekannt als »Richter Gnadenlos«, wurde 2003 nach nur zwei Jahren entlassen, weil er versuchte, Bürgermeister Ole von Beust mit dessen Homosexualität zu erpressen, kassierte 175.000 Euro Übergangsgeld und bezieht bereits heute eine Rente von 1.000 Euro. O-Ton: »Für 1.000 Euro kann man ja eigentlich schlecht in den Ruhestand gehen.«

Gerhard Glogowski (SPD, Jahrgang 1943), ehemaliger Ministerpräsident von Niedersachsen, ließ sich seine Hochzeit von einer Brauerei sponsern und musste deswegen 1999 zurücktreten. Heute kassiert er 7.600 Euro Ruhegehalt.

Agnes Hürland-Büning (CDU, Jahrgang 1926), ehemalige Vereidigungsstaatssekretärin, musste zwar nicht zurücktreten, ihre politische Karriere endete aber im Zuge der CDU-Parteispendenaffäre, weil sie kurz nach ihrer Zeit im Verteidigungsministerium millionenschwere Beraterverträge mit Rüstungsunternehmen abschloss. Sie erhielt 140.000 Euro Übergangsgeld und bezieht eine Pension von 6.500 Euro. Jetzt steht sie allerdings wegen Steuerhinterziehung vor Gericht.

Günther Krause (CDU, Jahrgang 1953), ehemaliger Bundesverkehrsminister und vormaliger Chefunterhändler der DDR bei der deutschen Vereinigung, musste 1993 nach mehreren unappetitlichen Bereicherungsaffären seinen Hut nehmen. Er ließ sich das allerdings mit rund 100.000 Euro Übergangsgeld versilbern und freut sich heute schon auf über 5.000 Euro Pension ab seinem 55. Geburtstag.[12]

Keine Frage, dass auch Helmut Kohl mehr als 12.800 Euro Pension bekommt,[13] obwohl er bis heute verschweigt, von wem er in den 1990er Jahren seine Spenden-Millionen bekommen hat. Daneben verdiente er rund 300.000 Euro im Jahr als Berater der Kirch-Gruppe bis zu deren Insolvenz. Die Schweizer Großbank Credit Suisse soll Kohl rund 69.000 Euro jährlich überwiesen haben.[14]

Während gescheiterte PolitikerInnen in der Regel weich fallen, wurde die Bezugsdauer des Arbeitslosengeldes I mit dem Hartz-IV-Gesetz 2004 auf maximal zwölf Monate begrenzt. Gezahlt werden in dieser Zeit 67 Prozent des letzten Nettoentgelts. Um die Unterstützung zu erhalten, leisten sozialversicherungspflichtig Beschäftigte und ihr Arbeitgeber jeden Monat je 3,25 Prozent des Bruttoentgelts an Beitrag für die Arbeitslosenversicherung. Wer selbst kündigt, fängt sich bei der Arbeitslosenversicherung eine Sperrzeit ein. Ein Politiker, der zurücktritt, braucht sich hingegen um seine Existenz keine Sorgen zu machen.

Beharrlich versucht der Bundespräsident den Deutschen das Ziel gleichwertiger Lebensverhältnisse in ganz Deutschland auszureden: Es gebe nun einmal große Unterschiede. »Wer sie einebnen will, zementiert den Subventionsstaat und legt der jungen Generation eine untragbare Schuldenlast auf«, sagte Horst Köhler dem Nachrichtenmagazin *Focus*. Für seine eigenen Lebensverhältnisse hat der gelernte Ökonom indes gut gesorgt. Köhler erhält monatlich 19.173,26 Euro Amtsbezüge plus Familienzuschlag und 6.500 Euro Aufwandsentgelt pro Monat.

Nach seiner aktiven Amtszeit geht es mit den Subventionen erst richtig los. Jeder Altbundespräsident erhält seine letzten Amtsbezüge in vollem Umfang als »Ehrensold« – so der offizielle Begriff auch im 21. Jahrhundert –, und zwar ein Leben lang. Die Witwen können sich über 60 Prozent freuen. Das macht bei drei noch lebenden Ehemaligen und zwei Witwen knapp eine Million Euro pro Jahr. Daneben werden ein Büro, drei MitarbeiterInnen und ein Dienstwagen samt Fahrer aus dem Staatssäckel finanziert.[15] Als Begründung wird genannt, ein Altbundespräsident nehme weiterhin öffentliche Aufgaben wahr.

Das stimmt nur teilweise. Köhlers Vorvorgänger Roman Herzog brach mit der Tradition, nicht mehr in die Parteipolitik zurückzukehren, und leitete eine CDU-Kommission zur Reform der sozialen Sicherungssysteme. Insofern könnte man seinen »Ehrensold« in dieser Zeit als indirekte Parteienfinanzierung deklarieren. In dem Bericht mahnte Herzog zu mehr Bereitschaft des Einzelnen, künftig stärker selbst für die finanziellen Folgen kleinerer Risiken einzustehen. Neben der Sozialversicherungspflicht müsse fortan mehr Raum vorhanden sein für eigenverantwortliche Vorsorge.[16] Der Mann kann eigentlich nicht wissen, wovon er spricht. Denn er selbst hat zu seiner eigenen Absicherung als Landesminister in Baden-Württemberg, als Verfassungsrichter und zuletzt als Bundespräsident niemals auch nur einen Cent beigetragen.

Pech hatte Ingo Wolf. Der FDP-Politiker wurde in Nordrhein-Westfalen als »Florida-Wolf« berühmt, weil sich seine Einnahmen aus mehreren öffentlichen Quellen auf mehr als 226.000 Euro im Jahr summierten und sich das trefflich mit jenem »Florida-Rolf« aus der *Bild*-Zeitung vergleichen ließ, der es sich angeblich mit seiner Sozialhilfe in Florida gut gehen ließ. Als FDP-Fraktionschef im Landtag erhielt Wolf bis Mai 2005 die dreifache Abgeordnetendiät. Eine weitere Aufwandsentschädigung bezog er als Vorsitzender der FDP-Kreistagsfraktion in Euskirchen. Außerdem überwies der Landkreis seinem ehemaligen Oberkreisdirektor eine Pension von rund 5.000 Euro. Als Innenminister des Landes seit 2005 darf Wolf keine lukrativen Nebenjobs annehmen und muss sich sein Amtsgehalt auf die Pension anrechnen lassen.[17]

Politik II: Wem gehört Gerhard Schröder?

»Jeder Sparkassendirektor verdient mehr als ein Bundesminister«, meckert Finanzminister Peer Steinbrück (SPD), und rechnet vor, dass er bei einer 70- bis 80-Stunden-Woche auf einen Stundenlohn von 38 Euro komme, weniger als so mancher Handwerker.[1] Richtig ist: Steinbrück bekommt knapp 180.000 Euro im Jahr, ein Sparkassendirektor je nach Umsatz 220.000 bis 330.000 Euro. Aber wo ist das Problem?

Volker Kauder, Fraktionschef von CDU/CSU im Bundestag, lamentiert, viele Abgeordnete müssten die Brücken zu ihrem bisherigen Berufsleben abbrechen.[2] Davon ist jedoch nicht viel zu spüren. Im Gegenteil: Friedrich Merz, früherer Shootingstar der CDU, klagte sogar vor dem Bundesverfassungsgericht in Karlsruhe gegen den seit der laufenden Wahlperiode geltenden Verhaltenskodex für Bundestagsabgeordnete, wonach die Abgeordnetentätigkeit im Mittelpunkt der Arbeit eines Parlamentariers stehen müsse.

Merz hat allen Grund zur Klage: Als Partner und Leiter des Berliner Büros der internationalen Wirtschaftskanzlei Mayer, Brown, Rowe & Maw sowie als Mitglied mehrerer Aufsichtsräte bleibt ihm kaum Zeit, sich um seinen Wahlkreis im Hochsauerland zu kümmern, wo er ein Direktmandat gewonnen hatte. Für seinen Arbeitgeber tritt er als Berater der Ruhrkohle AG (Chef: Ex-Wirtschaftsminister Werner Müller) und der Berliner Immobilienfirma Appellas Property Management auf, die beim Verkauf der Dresdener Wohnungsbaugenossenschaft Anfang 2006 mitbot. In den Aufsichtsrat der Deutschen Börse brachte Merz der britische Hedgefonds TCI (The Children's Fund), für den seine Kanzlei tätig ist und der 2005 erfolgreich verhinderte, dass die Deutsche Börse die Londoner Stock Exchange übernahm.

Der Sauerländer sitzt in den Kontrollgremien der AXA-Versicherungen, der BASF Belgien, der Commerzbank, des Versicherungskonzerns DBV-Winterthur, der Deutschen Börse, der Interseroh, des Schweizer Schienenfahrzeugbauers Stadler und des Bonner Immobilienkonzerns IVG. Insgesamt 13 Nebenjobs weist der Bundestag aus.

Über die Höhe von Merz' Jahreseinkommen lässt sich nur phantasieren. Allein seine Tantiemen aus Unternehmen, die die Aufsichtsratsvergütung veröffentlichen, belaufen sich auf 215.000 Euro. Das *Manager Magazin* hält Merz gar für einen Einkommensmillionär. Die Abgeordnetendiät spielt da nur eine untergeordnete Rolle. Merz hat inzwischen so viele Nebentätigkeiten, dass er bisweilen seine Fraktionskolleginnen und -kollegen darüber aufklären muss, wessen Hut er gerade aufhat, zum Beispiel als RAG-Chef Müller ihn bei einem Besuch in der CDU-Landesgruppe NRW als »unseren Anwalt« vorstellte. Merz daraufhin: »Ich spreche jetzt nicht als Abgeordneter und Mitglied der Landesgruppe, sondern als Rechtsvertreter der RAG.«[3]

Dass der Rechtsanwalt nicht nur wegen seiner juristischen Fachkompetenz in so viele Kontrollgremien geholt wird, liegt auf der Hand. Die RAG will an die Börse. Die Deutsche Börse mischt bei der Umstrukturierung der europäischen Börsenlandschaft kräftig mit. Der europäische Schienenverkehr wird liberalisiert. Solche Projekte wollen politisch abgesichert sein. Merz steht zu Diensten und behauptet dreist, dass er sich als gewählter Volksvertreter stets »hyperkorrekt« verhalte. Das glauben ihm indes nicht einmal seine Parteifreunde. »Da ist eine Grenze überschritten worden«, heißt es in der Fraktion.[4]

Friedrich Merz hat inzwischen Heinz Riesenhuber (ebenfalls CDU) den Rang als Abgeordneter mit dem höchsten Einkommen aus Nebentätigkeiten abgelaufen. Riesenhuber sitzt in elf Aufsichtsräten oder vergleichbaren Gremien, in drei davon ist er Vorsitzender oder Stellvertreter. Allein aus den fünf Unternehmen, die die Aufsichtsratsbezüge veröffentlichen, bezieht er mindestens 260.000 Euro Tantiemen. Daneben sammelt er bei Vorträgen und Beratungen satte Honorare ein.

Die beiden sind nicht die Einzigen mit Nebenjobs. Ende 2004 sorgten gleich drei Politikerskandale für Schlagzeilen.

Der damalige Generalsekretär der CDU, Laurenz Meyer, musste seinen Hut nehmen, nachdem ans Licht gekommen war, dass er von seinem früheren Arbeitgeber, der Dortmunder VEW, sechsstellige D-Mark-Beträge ohne Gegenleistung erhalten hatte. Zur »Abgeltung ausstehender Bezüge« und »zur Erleichterung des Übergangs« in die Politik zahlte die VEW, eine Tochter des Essener Energie-Konzerns REW, in den Jahren 1999 und 2000 insgesamt 250.000 D-Mark an den damaligen CDU-Fraktionsvorsitzenden im Düsseldorfer Landtag. 160.000 D-Mark waren für den Fall gedacht, dass Meyer seine Rückkehroption ins Unternehmen nicht wahrnimmt. Das aber tat der Politiker, nachdem es seiner Partei 2000 nicht gelungen war, die rot-grüne Landesregierung abzulösen. Von Juni 2000 bis April 2001 zahlte ihm die VEW zusätzlich Gehalt und Tantiemen in Höhe von rund 60.000 Euro, obwohl er ab November 2000 als CDU-Generalsekretär fungierte.[5]

Die Konzernmutter RWE sprach von einem »Kommunikationsfehler«, als der Skandal herauskam, Meyer versprach, 80.000 Euro an die SOS-Kinderdörfer zu spenden.[6] Als CDU-General war er trotzdem nicht mehr haltbar, bekam den Rausschmiss allerdings mit 50.000 Euro Abfindung versüßt.[7] Mit der Bundestagswahl 2005 organisierte Meyer sein politisches Comeback und ist heute wirtschaftspolitischer Sprecher der CDU/CSU-Fraktion.

Meyers Parteifreund und damaliger Vorsitzender der CDU-Sozialausschüsse, Hermann-Josef Arentz, musste wegen des gleichen Vergehens sein Landtagsmandat aufgeben und von allen politischen Ämtern zurücktreten, anders als Meyer, der Bundestagsabgeordneter blieb. Arentz war seit 1992 offiziell bei der RWE Power AG angestellt, zunehmend allerdings ohne reale Arbeitsleistung. Dennoch erhielt er 60.000 Euro im Jahr und freien Strom.[8]

Bezahlte Nebentätigkeiten sind problematisch genug, Geld fürs Nichtstun einzustreichen ist noch etwas ganz anderes. Parteienrechtler Hans Herbert von Arnim sieht denn auch die Fälle Meyer und Arentz »im Dunstkreis der Korruption«.[9]

Gleicher Tatbestand, anderes Unternehmen, andere Partei, anderer Landtag: Am 17. November 2005 vergatterte das Verwaltungsgericht Braunschweig die beiden niedersächsischen SPD-Abgeordneten Ingolf Viereck und Hans-Hermann Wendhausen dazu, das VW-Gehalt, das sie von Juni 1995 bis Ende 2004 erhalten hatten, als Strafe an das Land zu zahlen. Viereck, der bis zu seinem Rücktritt auch noch Bürgermeister von Wolfsburg war, muss gut 343.000 Euro berappen, Wendhausen sogar gut 422.000 Euro. Nach dem Abgeordnetengesetz des Landes waren die Gehaltszahlungen eine »verbotene Zuwendung«, auch wenn eine VW-interne Richtlinie, die erst Anfang 2005 abgeschafft wurde, genau das vorsah: Beschäftigte sollten nach der Wahl in ein Parlament weiter Bezüge erhalten, aber weitgehend von ihrer VW-Tätigkeit freigestellt werden. Gegen das Urteil haben die beiden SPD-Politiker Berufung eingelegt.[10]

Im Zuge dieser Affären kamen weitere Fälle von Politikerinnen und Politikern ans Licht, die noch auf der Gehaltsliste ihres ehemaligen Unternehmens standen, ohne etwas dafür zu tun: Die FDP-Bundestagsabgeordnete Ulrike Flach bekam Geld von Siemens, trat von ihren politischen Ämtern zurück, blieb aber Bundestagsabgeordnete. Jann-Peter Janssen (SPD) legte auch dieses Mandat nieder, als seine Gehaltszahlungen von VW bekannt wurden.

Reinhard Schultz (SPD) sitzt im Aufsichtsrat von Vattenfall Europe Mining und hat einen Beratervertrag mit dem Unternehmen. Auch im Bundestag ist Energiepolitik sein Schwerpunkt. An der Interessenkollision stören sich nicht mal seine Parteifreunde. Der stellvertretende Fraktionsvorsitzende Ludwig Stiegler sagt: »Wir wissen, wo der herkommt.« Jedes Argument werde entsprechend gewürdigt.[11]

Zeit für Nebenjobs?

Genau 161 der 613 Abgeordneten im derzeitigen Bundestag, mehr als ein Viertel, geben bezahlte Nebentätigkeit an. Bei einigen ist es nur ein Buchhonorar oder der eine oder andere Vortrag. Einige verdienen aber deutlich mehr als die Abgeordnetendiät von 7.009 Euro im Monat hinzu.

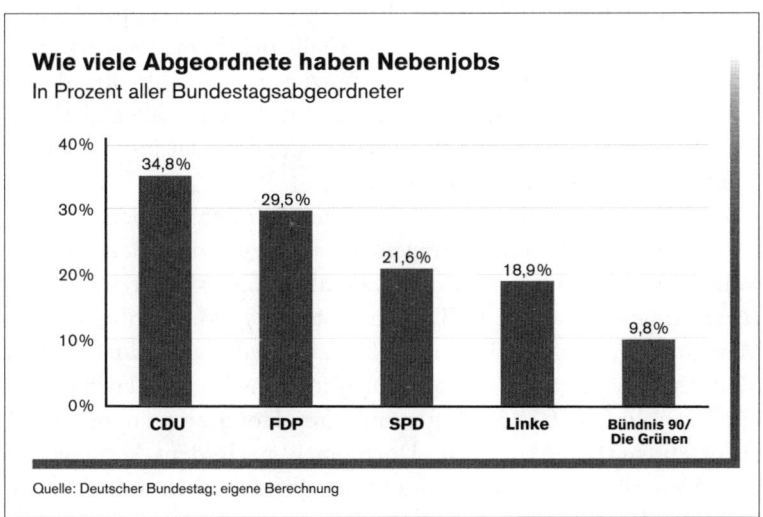

Wie viele Abgeordnete haben Nebenjobs
In Prozent aller Bundestagsabgeordneter

- CDU: 34,8%
- FDP: 29,5%
- SPD: 21,6%
- Linke: 18,9%
- Bündnis 90/Die Grünen: 9,8%

Quelle: Deutscher Bundestag; eigene Berechnung

Interessenkollisionen sind bisweilen unübersehbar. So berät die CDU-Abgeordnete Annette Widmann-Mauz die Hallesche Krankenversicherung, ihr SPD-Kollege Eike Maria Hovermann sitzt im Beirat der Barmenia Krankenversicherung. Beide arbeiten im Gesundheitsausschuss des Parlaments. Reinhard Göhner (CDU), bis zu seinem Rücktritt Mitglied im Wirtschaftsausschuss, ist seit 1996 sogar Hauptgeschäftsführer der Bundesvereinigung der Deutschen Arbeitgeberverbände, gab sein Bundestagsmandat aber erst im Juli 2007 zurück.

Als im Frühjahr 2006 bekannt wurde, dass sein Fraktionskollege Norbert Röttgen den gleichen Posten beim Bundesverband der Deutschen Industrie bekommen sollte, sein Abgeordnetenmandat aber ebenfalls behalten wollte, schlugen die Wellen so hoch, dass sich Röttgen am Ende zwischen beiden Jobs entscheiden musste: Er blieb im Bundestag.

82 Bundestagsabgeordnete praktizieren nebenher als Rechtsanwalt oder Rechtsanwältin, ein Beruf, hinter dem sich fragwürdige Beratertätigkeiten und illegale Lobbyarbeit besonders gut verstecken lassen, perfekt verborgen durch den gesetzlichen Mandantenschutz. Das sahen auch jene vier VerfassungsrichterInnen so, welche die Klage von Merz und Co. im Juli 2007 ablehnten: »Sowohl Angestelltenverhältnisse im Bereich der freien Berufe als auch die freien Berufe selbst bieten vielfältige Möglichkeiten, politischen Einfluss durch ein Bundestagsmandat für die außerhalb des Mandats ausgeübte Berufstätigkeit gewinnbringend zu nutzen, und gerade von dieser Möglichkeit gehen besondere Gefahren für die Unabhängigkeit der Mandatsausübung und die Bereitschaft, das Mandat in den Mittelpunkt der Tätigkeit zu stellen, aus.«[12]

Bei einigen Anwältinnen und Anwälten ist offensichtlich, dass sie nur mit ein oder zwei Aufträgen den Kontakt zum Beruf halten wollen. Andere müssen beruflich ziemlich eingespannt sein, allen voran Annette Kramme (SPD), die 2006 mit 73 Mandantinnen und Mandanten weit mehr als 200.000 Euro verdient haben dürfte. Auch Mathias Miersch (SPD), Otto Bernhardt, Hans-Joachim Fuchtel und Ute Granold (alle CDU) dürften mit ihren Honoraren an ihre Abgeordnetendiät herankommen. Doch auch nach dem Verfassungsgerichtsurteil zu den Nebentätigkeiten weigern sich einige nebentätige Rechtsanwältinnen und Rechtsanwälte mit Verweis auf den Mandantenschutz, ihre Einkünfte zu veröffentlichen.

Bei einigen Abgeordneten stellt sich nicht nur die Frage, wes Lied sie singen, sondern auch, was nun eigentlich der Nebenjob ist, das Mandat oder die anderen Jobs. Der Chef-Lobbyist im Parlament, Friedrich Merz, sagt das in dankenswerter Offenheit: »Ich lasse mir meinen Beruf nicht zur Nebentätigkeit herabwürdigen.«[13] Ob er das vor der letzten Bundestagswahl auch den WählerInnen im Hochsauerlandkreis verraten hat? Der Mann kassiert eine Abgeordnetendiät, fast dreimal so hoch wie ein Durchschnittsverdienst, will dafür aber offensichtlich nicht allzu viel tun. Ob Merz wohl im Bundestag gegen das Hartz-IV-Gesetz gestimmt hat, mit dem Menschen ohne Arbeit gezwungen werden, von 345 Euro im Monat zu leben und für einen oder zwei Euro zusätzlich pro Stunde ihren Arbeitswillen zu demonstrieren?

Zu den Spitzenverdienern im Bundestag gehört übrigens auch der gescheiterte Bundesverkehrsminister Kurt Bodewig (SPD). Er versilbert seine politischen Insider-Kenntnisse als »Senior Adviser« bei der Unternehmensberatung KPMG und beim Verkehrsunternehmen Abellio in Essen für 84.000 bis 168.000 Euro im Jahr. Klaus-Peter Willsch (CDU) hat mit seinem Rheingau-Taunus-Monatsanzeiger Hohenstein 2006 mindestens 71.500 bis 189.000 Euro umgesetzt. Und auch Ex-Arbeitsminister Walter Riester (SPD) muss sich nicht mit seiner Abgeordnetendiät bescheiden. Mindestens 79.000 bis 105.000 Euro sammelte er 2006 mit Vorträgen ein.

Nach einer Studie der Universität Jena wenden Abgeordnete in den Parlamenten von Bund, Ländern und der EU, die eine Nebentätigkeit ausüben, pro Woche durchschnittlich neun Stunden weniger für ihr Mandat auf als PolitikerInnen ohne Zusatzjobs.

Das ARD-Magazin *Kontraste* ging der Frage nach, wie Abgeordnete ihre Zeit auf Mandat und Nebenjobs aufteilen, und sorgte mit einer Anfrage für einen Maulkorb der CDU-Fraktion: »Einige von Ihnen sind ... gefragt worden, wie hoch Ihr Arbeitsaufwand ... für die neben dem Mandat ausgeübte Tätigkeit ist ... Wir sollten uns derzeit an derartigen Umfragen nicht beteiligen.« Also klapperte das Kontraste-Team die Arbeit- und Auftraggeber für alle im Handbuch des Bundestags angegebenen zehn Nebentätigkeiten des Abgeordneten Dr. Rolf Bietmann ab. Ergebnis: Bietmann war neben seinem Mandat etwa 187 Tage im Jahr mit seinen Nebenjobs beschäftigt. Bei 220 Arbeitstagen bleiben 33 fürs Mandat. Das reicht nicht einmal für die

Sitzungswochen. Legt man die gerne beklagte Sieben-Tage-Woche eines Mandatsträgers zugrunde, war Bietmann immer noch mehr als 50 Prozent seiner Zeit mit seinen Nebenjobs befasst. Das war wohl auch der Grund, warum der Professor und Rechtsanwalt dem aktuellen Bundestag nicht mehr angehört.[14]

Veröffentlichen und verschleiern

Zu Beginn einer Wahlperiode gibt sich der Bundestag eine neue Geschäftsordnung, die auch den Umgang mit Nebentätigkeiten regelt. Das war im Oktober 2005 der Anlass, die Veröffentlichungspflicht zu verschärfen, allerdings recht moderat. Danach müssen die Abgeordneten dem Bundestagspräsidenten sämtliche Einkünfte aus Nebentätigkeiten exakt mitteilen, veröffentlicht werden sie jedoch nur pauschal in drei Einkommensgruppen: monatlich 1.000 bis 3.500 Euro, bis 7.000 Euro und darüber.

Doch selbst daraus wurde erst mal nichts. Sechs Abgeordnete klagten vor dem Verfassungsgericht gegen die Veröffentlichungspflicht: Friedrich Merz (Rechtsanwalt, CDU), Max Straubinger (Versicherungsvertreter, CSU), Peter Danckert (Rechtsanwalt, SPD), Sybille Laurischk (Rechtsanwältin, FDP), Heinrich Kolb (Unternehmer, FDP) und Hans-Joachim Otto (Rechtsanwalt, FDP). Die FDP-Fraktion stand geschlossen hinter der Klage.

Das Bundesverfassungsgericht tat sich schwer mit einer Entscheidung und wies die Klage erst am 04.07.2007 ab, jedoch mit dem denkbar knappsten Stimmenverhältnis von vier zu vier. Zwei Tage später stellte der Bundestag die Nebentätigkeiten und Einkünfte der Abgeordneten ins Internet. Ab da konnte sich das Wahlvolk wenigstens darüber informieren, welcher ihrer VertreterInnen nebenher noch in anderen Diensten stand. Das wäre schon früher bitter notwendig gewesen, bei der Gesundheits- oder Unternehmenssteuerreform, bei der Rente mit 67 oder bei so mancher Entscheidung über den Energiesektor.

Mit der Pattsituation versuchten GegnerInnen der Offenlegungspflicht die Verbindlichkeit des Verfassungsgerichtsurteils zu relativieren und die ohnehin schon moderate Veröffentlichungspflicht weiter aufzuweichen, bisher allerdings ohne Erfolg. Doch eigentlich könnten Merz und Co. mit der Regelung relativ gut leben. Den Angaben entsprechend verdienen mindestens 55 Abgeordnete mehr als ihre Diät hinzu. Die vermutlichen Spitzenverdiener des Parlaments Merz und Riesenhuber finden sich gar nicht in dieser offiziellen Spitzengruppe. Die beiden können ihre Aufsichtsrats-Tantiemen und Honorare hervorragend hinter der Angabe »mindestens 7.000 Euro pro Jahr« verstecken.

Die »mindestens 7.000 Euro«, die Merz von der Deutschen Börse erhält, sind tatsächlich 100.000. Auch von AXA gibt es nicht 7.000, sondern 62.000 Euro. Bei IVG sind es 34.000 Euro und bei Stadler 25.000 Euro. Die Bezüge aus seiner Tätigkeit als Partner der Wirtschaftskanzlei Mayer, Brown, Rowe & Maw weigert sich Merz weiter beharrlich offenzulegen. Er beruft sich dabei auf eine Regelung des Bundestagspräsidiums vom März 2005, wonach Gewinne aus Gesellschaftsbeteiligungen von weniger als 25 Prozent von der Veröffentlichungspflicht befreit sind.[15] Vermutlich aus dem gleichen Grund ist die Zahl der FDP-Abgeordneten mit Nebentätigkeiten geringer, als ihr Ruf als Wirtschaftspartei denken lässt. Umstritten ist derzeit, ob das Verfassungsgerichtsurteil diese Regel außer Kraft setzt.

Auch bei anderen verschleiert die Offenlegungspflicht mehr, als sie offen legt. Zum Beispiel die Geschäftsführer: Die ersten Angestellten der Parteien geben relativ genau an, wie viel sie aus diesem politischen Nebenjob jeden Monat erhalten: Bei Ronald Pofalla (CDU) und Hubertus Heil sind es mindestens 7.000 Euro, bei Dirk Niebel (FDP) 3.500 bis 7.000 Euro, bei Dietmar Bartsch (Linke) 1.000 bis 3.400 Euro. Reinhard Göhner dagegen, bis Ende Juni 2006 Bundestagsabgeordneter, behauptete, als BDA-Hauptgeschäftsführer überhaupt kein Monatsgehalt, sondern nur jährlich »mehr als 7.000 Euro« zu erhalten.

Auf jeden Fall scheint Bundestagspräsident Norbert Lammert (CDU) nicht gewillt, die Veröffentlichungspflicht in diesem Punkt durchzusetzen. Er selbst gibt zwei Vortragshonorare als Nebentätigkeit an und sitzt im Aufsichtsrat der RAG, leitet aber die 25.000 Euro Tantiemen angeblich an die gemeinnützige Norbert-Lammert-Stiftung weiter[16] (die wiederum von der Konrad-Adenauer-Stiftung verwaltet wird; aber wer wird gleich an illegale Parteispenden denken!). Er hatte die Veröffentlichungspflicht schon bis zur Entscheidung des Bundesverfassungsgerichts ausgesetzt und sich den Vorwurf des »offenen Rechtsbruchs« von Parteienrechtler Hans Herbert von Arnim eingehandelt. Abgeordnetengesetz und Geschäftsordnung verlangten die Offenlegung. Lammert sei gar nicht befugt gewesen, die Anwendung des Gesetzes auszusetzen. »Das könnte allenfalls das Bundesverfassungsgericht.«[17]

Einige Parlamentarierinnen lassen freiwillig mehr Transparenz walten: *Spiegel Online* hat nachgezählt: 109 der 614 Abgeordneten legen ihr Einkommen auf ihren Internetseiten freiwillig offen, wenn auch unterschiedlich detailliert. Bei der Linksfraktion machen 50 von 53 mit. Bei der SPD sind es 47, bei der Union wie auch bei den Grünen nur sechs. Die FDP-Fraktion weigert sich geschlossen, Nebeneinkünfte detaillierter als unbedingt gefordert zu offenbaren.

Politik zu Geld machen

Gerhard Schröder hatte in seiner Zeit als Bundeskanzler Nebenjobverbot. Dafür griff er hinterher um so beherzter zu. Kaum als Regierungschef abgewählt, ließ er sich von seinem Männerfreund und russischen Ex-Kollegen Wladimir Putin einen lukrativen Job andienen: Schröder übernahm für 250.000 Euro im Jahr den Aufsichtsratsvorsitz des Betreiberkonsortiums für die geplante Ostseepipeline von Russland nach Deutschland. Ein Projekt, für das er sich als Kanzler ins Zeug gelegt hatte. Zum Konsortium gehören der russische Konzern Gasprom und die Energie-Versorger Wintershall und E.on. Schröder stieg damit zu den Top-Verdienern unter den Aufsichtsräten auf.[18]

Das war an sich schon ziemlich dreist. Ein besonderes Gschmäckle bekam die Sache, als bekannt wurde, dass die bereits abgewählte rotgrüne Bundesregierung im Oktober 2006 mit einer Bürgschaft über 900 Millionen Euro einen Milliarden-Kredit der Deutschen Bank und der Kreditanstalt für den Wiederaufbau an Gasprom absicherte. Schröder will davon nichts gewusst haben. Die Verantwortung übernahm sein Kumpel Wolfgang Clement. Unterschrieben hatte die Bürgschaft übrigens Staatssekretär Kajo Koch-Weser, der sich danach ausgerechnet ins Management der Deutschen Bank absetzte.

Der Aufschrei in der politischen Klasse über Schröders Coup war groß. Jene PolitikerInnen, die sich wegen ihrer Nebentätigkeiten nicht in ihre Taschen gucken lassen wollten, waren jetzt »konsterniert« (Bundestagspräsident Lammert, ein Aufsichtsratsmandat)[19] oder bezeichneten Schröder als »heuchlerisch und selbstgerecht« (FDP-Fraktionschef Guido Westerwelle, mindestens 60.000 Euro Nebeneinkünfte).[20]

Ob Schröders neuer Job den Straftatbestand der Vorteilsnahme im Amt erfüllt oder lediglich die Frage nach dem politischen Anstand aufwirft, hängt davon ab, ob der Ex-Kanzler den Aufsichtsratsvorsitz noch in seiner Regierungszeit oder erst später angeboten bekam. Nachvollziehen lässt sich das kaum noch. Der Frankfurter Kriminologe Peter-Alexis Albrecht sagt jedenfalls: »Das sind Dinge, die werden vorher abgesprochen oder im Hinterzimmer vereinbart und verhandelt, und jeder weiß, was verboten und was erlaubt ist. Und ein Staatsanwalt hat einfach nicht die Möglichkeit und die Methoden, den Nachweis zu führen, dass es vorher abgesprochen war.«[21] Das ist übrigens die gleiche Sachlage wie bei dem Beratervertrag, den Altkanzler Helmut Kohl für rund 300.000 Euro beim Medien-Unternehmer Leo Kirch unterschrieb, dem er schon in seiner Amtszeit freundschaftlich verbunden war.

Auf jeden Fall entflammte eine Diskussion darüber, ob es einen Ehrenkodex für ausscheidende PolitikerInnen geben müsse. Verlangt wurde eine Sperrfrist für Tätigkeiten, für die ein Politiker oder eine Politikerin bereits in ihrer Amtszeit zuständig war. In der EU-Kommission und im Land Nordrhein-Westfalen gibt es solche Verhaltensregeln. Aus diesem Grund musste Martin Bangemann nach seinem Rücktritt als EU-Kommissar für Telekommunikation 1999 eine Schamfrist einhalten, bevor er Anfang 2000 in den Vorstand der spanischen Telefonica wechseln durfte.

Der Aufsichtsratsvorsitz für die Ostsee-Pipeline war Schröder übrigens nicht genug. Bereits zwei Tage nach seinem Abgang verkündete das Schweizer Medienhaus Ringier, dass es den Neualtkanzler unter Vertrag genommen habe. In den Europäischen Beirat der Investmentbank Rothschild wurde Schröder ebenfalls berufen. Über die New Yorker Prominentenagentur Harry Walker sahnt er im Vortragsgeschäft ab. Und mit seiner Autobiografie dürfte er noch ein hübsches Sümmchen hinzuverdienen.

Auch Ex-Wirtschaftsminister Wolfgang Clement muss sich nicht mit seiner Pension von 8.770 Euro bescheiden. Er wurde inzwischen in die Aufsichtsräte der RWE, des Dienstleistungsunternehmens Dussmann, des Verlags Dumont Schauberg und der Berliner Landau Media AG (Medienbeobachtung und Resonanz-Analysen) berufen. Außerdem leitet er das Institut zur Erforschung der Arbeit der Zeitarbeitsfirma Adecco und schreibt als gelernter Journalist in der *Welt am Sonntag* – garantiert nicht nur für Zeilenhonorar. Und schließlich ist er Mitglied in dem neoliberalen Beratergremium »Konvent für Deutschland«, dessen Vorsitz der frühere Bundespräsident Roman Herzog führt.[22]

Otto Schily (SPD), zuvor Bundesinnenminister und zum strammen Law-and-Order-Mann mutierter RAF-Anwalt, nutzt seine alten Kontakte für neue Brötchengeber. Als Regierungsmitglied setzte er sich für Pässe mit biometrischen Merkmalen, wie Fingerabdruck, Gesichtsmerkmale oder Netzhaut, ein. Jetzt sitzt er in den Aufsichtsräten zweier Anbieter der entsprechenden Technik, bei der Münchner Safe ID Solutions AG und der Biometric Systems AG in Niederstotzingen.

Es fällt auf, dass bereits mehrere Ex-Genossen in der Energie-Branche untergekommen sind. Der frühere Wirtschaftsminister Werner Müller (parteilos, aber auf SPD-Ticket) ist Chef der Ruhrkohle AG, sein ehemaliger Wirtschaftsstaatssekretär Alfred Tacke folgte ihm zwei Jahre später und wechselte in den Vorstand der RAG-Tochter STEAG. Die beiden haben schon zuvor gut zusammengearbeitet. Als das Bundeskartellamt 2002 die Übernahme der Ruhrgas AG durch den Energiekonzern E.on stoppte, überließ der damalige Wirtschaftsminister Müller die Entscheidung über die beantragte Ministererlaubnis seinem Staatssekretär Tacke. Begründung: Als ehemaliger Manager des E.on-Vorgängers Veba sei er gegen Interessenkollisionen nicht gefeit. Tacke erteilte die Erlaubnis. Später gab E.on einige Geschäfte an die Ruhrkohle AG ab. Chef war dort inzwischen Werner Müller.[23]

Axel Horstmann (SPD), zu rot-grünen Zeiten Energieminister in Nordrhein-Westfalen und nach wie vor Landtagsabgeordneter, ist mittlerweile Bevollmächtigter des Energiekonzerns EnBW in Nordrhein-Westfalen.[24] Ein Schelm, wer Böses dabei denkt!

Der Dom: Überirdisch weiß leuchtend, rund, sonnendurchflutet. In der Mitte, in unwirklich gleißendes Licht getaucht, die Ikone: rot, schlank, windschnittig.

Ein Ferrari, inszeniert für die Ausstellung »The Face of Pace. La Scuderia Ferrari: Fotografiert von Michel Comte« in der Pinakothek der Moderne in München. »Mythische Vehikel« nennt die *Frankfurter Allgemeine Zeitung* diese Rennwagen. Der sie fährt – ein Gott?

Zumindest verdient er göttlich, auch wenn der Spanier Fernando Alonso Michael Schumacher im Jahr 2005 vom Olymp der Formel 1 stieß und dieser ein Jahr später seinen Abschied vom Rennzirkus nahm. Doch Schumacher bleibt Spitzenverdiener. Im Jahr seiner Entthronung zahlte Schumachers Arbeitgeber Ferrari 40 Millionen Euro. Rund 25 Millionen steuerten Werbepartner bei. Mit seiner Fan-Kollektion und dem Verkauf von Lizenzen verdiente Schumacher 15 Millionen. Das Kartcenter im rheinischen Kerpen warf drei Millionen Euro Gewinn ab. Und weil Geld mehr Geld macht, konnte Schumi sich über geschätzte 25 Millionen Euro Zinsen aus Vermögensanlagen freuen. Macht alles in allem 108 Millionen Euro. Das entspricht einem Rennstundenlohn von rund 3,8 Millionen Euro oder 16.000 Euro für jeden im Rennen gerasten Kilometer. Da könnte selbst Deutschlands bestbezahlter Manager, der Vorstandschef der Deutschen Bank Josef Ackermann, neidisch werden. Er verdient nur 12,1 Prozent dieser Summe.

Für 2006 hat Schumachers Manager Willi Weber 75 Millionen Euro bei Ferrari herausgeschlagen.[1] 20 Prozent behält er selbst.

Auf rund 715 Millionen Euro werden die Karriereeinnahmen des siebenmaligen Weltmeisters geschätzt. Seit elf Jahren führt er die Geldrangliste der Formel 1 an. »Michael ist jeden Cent wert, den wir investieren«, jubelte Ferrari-Präsident Luca di Montezemolo im Jahr 2005. Und Formel-1-Chef Bernie Ecclestone, der laut *Manager Magazin* selbst mehr als drei Milliarden Euro angehäuft hat, bezeichnet Schumacher als Superstar der Formel 1, »der entsprechend bezahlt werden muss«.[2]

Schumachers Werbepartner

Unternehmen	Einnahmen
Vodafone	3 Mio.
Shell	3 Mio.
Deutsche Vermögensberatung	2,5 Mio.
Bridgestone	2 Mio.
L'Oreal	2 Mio.
Mattel Spielwaren	2 Mio.
Omega Uhren	2 Mio.
Red Bull	2 Mio.
Sting Brillen	1,5 Mio.
Weitere Verträge	5 Mio.
Summe	25 Mio.

Quelle: Focus Online; Angaben in Euro für 2005

Doch wofür eigentlich? Auch in den guten alten Zeiten als unangefochtener Spitzenreiter der Formel 1 vollbrachte er nicht mehr, als halsbrecherisch schnell um die Kurven zu brettern, dabei sein Leben zu riskieren und mit kostbarem Sprit die Luft zu verpesten. Alles was er damit bewirkte, war, dass junge und nicht mehr ganz so junge Männer auf dem Heimweg vom Rennen die Autobahn mit dem Nürburgring verwechselten und dabei sich und andere in Gefahr brachten.

Auch andere Männer und Frauen rasen in roten Autos über die Straßen. Sie haben jedoch Schlauch, Löschmittel und Atemgerät dabei und schneiden die Möchtegern-Schumis nach dem Crash aus ihren Schrottautos heraus oder retten Menschen aus brennenden Häusern. Für diese, teils ebenfalls lebensgefährliche, aber erheblich segensreichere Tätigkeit erhalten Feuerwehrleute gerade mal 0,05 Prozent von Schumis Salär, nämlich rund 28.000 Euro im Jahr.

Im internationalen Sportler-Ranking der US-amerikanischen Wirtschaftszeitschrift *Forbes* blieb Schumacher auch nach seinem Karriereknick mit 58 Millionen Dollar auf Rang zwei. *Forbes* zählt Zinsen und Gewinne aus eigenen Unternehmungen nicht mit und kommt für 2006 zu folgendem Ergebnis: Auf Platz eins steht unangefochten der Profi-Golfer Tiger Woods, der rund 90 Millionen Dollar verdiente. Bronze ging mit 55 Millionen Dollar an Box-Legende Muhammad Ali, der in den vergangenen Jahren wieder ins Geschäft kam. Rang vier belegte der Golfer Phil Mickelson mit 47 Millionen. Einen Platz dahinter landete Basketball-Rentner Michael Jordan mit 32 Millionen.

Die bestbezahlten Sportlerinnen weltweit sind die Russin Maria Sharapova mit einem Jahreseinkommen von 19 Millionen Dollar, die US-Golferin Michelle Wie mit 17 Millionen Dollar und die Tennis-Schwestern Serena (zehn Millionen) und Venus Williams (sieben Millionen), ebenfalls aus den USA. Dort werden die höchsten Sportlergehälter gezahlt, und zwar im Golf und im Basketball. Hier mischt auch ein Deutscher mit: Dirk Nowitzki, der als einer der weltbesten Basketballer gilt und dem sein Verein, die Dallas Mavericks, seine Drei-Punkte-Würfe in der Saison 2006/2007 mit 15,1 Millionen Dollar honoriert,[3] jährliche Steigerung um etwa 12,5 Prozent bis 2010/2011 vertraglich garantiert.[4] Werbeeinnahmen, unter anderem aus Verträgen mit dem Sportartikelhersteller Nike, der Diba-Direktbank und Sprite, kommen hinzu.

Einige deutsche SportlerInnen können mit dem in den Chefetagen großer Konzerne gezahlten Salär locker mithalten. Michael Schumachers Bruder Ralf verdient gut 17 Millionen Euro pro Jahr, der Torhüter vom 1. FC Bayern München, Oliver Kahn, rund sechs Millionen, sein schärfster Konkurrent, Nationaltorhüter Jens Lehmann rund fünf Millionen.[5] Dabei hängt der Verdienst nicht unbedingt von der sportlichen Leistung ab.

Beispiel Hannah Stockbauer: Hannah wer? Die 25-jährige Schwimmerin wurde zwar 2001 und 2003 zur Sportlerin des Jahres gekürt und gab einer Schwimmhalle in ihrer Heimatstadt Erlangen ihren Namen. Doch darüber hinaus ist die fünffache Welt- und dreifache Europameisterin nur ausgewiesenen Schwimmfans ein Begriff. Ihr Marketingberater Bernhard Schmittenbecher weiß das: »Sie wird keine van Almsick. Das ist eine ruhige Fränkin.«[6] Will sagen: So viel Umsatz wie Franzi kann sie, und damit auch er mit ihr, nicht machen. Van Almsick hat Schätzungen zufolge im Laufe ihrer Karriere zehn Millionen Euro verdient und erhielt 2002 ebenfalls das Prädikat »Sportlerin des Jahres«, zum zweiten Mal nach 1993.

Warum scheffelt Franziska van Almsick Millionen, Hannah Stockbauer aber nicht? Franzi setzt sich als Mischung aus frecher Göre und Vamp in Szene und sorgte in ihrer aktiven Zeit für Spannung, weil sie zwar Weltklasse schwamm, aber sportliche Höchstleistungen nicht am Fließband produzierte und auch beim Training nicht immer die disziplinierte Leistungssportlerin gab. So etwas liebt die Yellow Press und macht sich gut in Talkshows.

Oder Birgit Fischer: Wer weiß schon, dass die 45-Jährige aus Brandenburg an der Havel die erfolgreichste deutsche Olympionikin aller Zeiten ist. Bei sechs Olympischen Spielen seit Moskau 1980 (damals noch für die DDR) gewann sie acht Gold- und vier Silbermedaillen. Im Jahr 2000 trat sie vom Wettkampfsport zurück, legte aber zu den Olympischen Spielen in Athen 2004 ein fulminantes Comeback hin und wurde dafür zur Sportlerin des Jahres gewählt. Die 27-malige Weltmeisterin Fischer finanzierte ihre Teilnahme in Athen nach eigenem Bekunden aus ihren Ersparnissen,[7] während der Sportler des Jahres 2006, Michael Schumacher, mit seinen lediglich sechs Weltmeistertiteln zweistellige Millionenbeträge von Sponsoren überwiesen bekam.

Ein Jahr zuvor erhielt der Radrennfahrer Jan Ullrich das Prädikat Sportler des Jahres. Ullrich verdiente zuletzt vier Millionen im Jahr, trat aber 2006 dopingbelastet vom Profiradsport zurück.[8] 2001 wurde sein Kollege Erik Zabel, immerhin geständiger Doping-Sünder, gekürt. Der Radprofi mit den meisten Siegen weltweit stand jahrelang in Ullrichs medialem Schatten, wechselte 2005 für sieben Millionen Euro im Jahr vom Team T-Mobile zum Team Milram und zog auch finanziell gesehen an Jan Ullrich vorbei.[9]

Im Jahr 2002 wurde der Skispringer Sven Hannawald zum Sportler des Jahres gewählt. Er hatte als Erster überhaupt alle vier Skispringen der Vier-Schanzen-Tournee gewonnen und versilberte diesen Coup mit 1,5 Millionen Euro. Später konnte er aber nicht mehr an seine Leistungen anknüpfen.[10] Auch die legendären »Ski-Adler« wurden erst interessant, als nicht mehr nur die Leistung stimmte. Die brachte zwar schon der Oberhofer Skispringer Jens Weißflog in den 8oer und 9oer Jahren, doch hing ihm ein biederes Image an. Erst als die deutsche Nationalmannschaft mit den Teenie-Idolen Martin Schmitt und Sven Hannawald zur Boygroup mutierte, winkten Einladungen zu Talkshows und lukrative Werbeverträge.

Bei manchen Sportlerinnen ist die Leistung sogar Nebensache. Als Paradebeispiel gilt die russische Tennisspielerin Anna Kournikova, die noch nie ein Turnier gewonnen hat, es hingegen verstand, sich als Glamourgirl in Szene zu setzen, womit sie in ihrer Karriere geschätzte 50 Millionen Euro Umsatz machte.[11]

Woher kommen die Millionen?

Sportlerinnen und Sportler spielen souverän mit den Gesetzen der Mediengesellschaft und bieten sich als attraktive WerbepartnerInnen an. Michael Schumacher etwa verdient nicht deswegen so viel Geld, weil er tolle Leistungen bringt, sondern weil er Unternehmen, für die er selbst, sein ehemaliger Rennstall Ferrari und der gesamte Formel-1-Zirkus werben, als Projektionsfläche für die Wünsche ihrer (potenziellen) Kunden gilt. Nach einer repräsentativen Umfrage hatte Michael Schumacher 2004 die beste Werbewirkung, gefolgt von den Box-Brüdern Wladimir und Vitali Klitschko, dem Fußballer Michael Ballack, Fußball-»Kaiser« Franz Beckenbauer und dem Torhüter Oliver Kahn.[12]

Die großen Marken wollen sich im möglichst positiven Image und der Bekanntheit »ihrer« SportlerInnen sonnen und Geld damit machen. Aus diesem Grund gibt der US-amerikanische Sportartikel-Hersteller Nike rund zehn Prozent des Verkaufspreises seiner Produkte für Werbung und Marketing aus, während der Lohnkostenanteil eines Nike-Sweatshirts gerade mal acht US-Cent beträgt und sich die Näherinnen in Mittelamerika mit 70 US-Cent Stundenlohn bescheiden müssen.[13] Die Basketball-Stiefel von Nike, die, so die Werbung, auch Dirk Nowitzki trägt, kosten zwischen 65 und 100 Euro. Zehn Prozent davon sind 6,50 bis zehn Euro, an denen auch der Basketballer verdient. Damit streicht er einen Teil des Lohnes ein, der eigentlich den Produzentinnen in den Sweatshops der Billiglohnländer zusteht. An dieser Umverteilung ändert auch die gemeinnützige Stiftung nichts, mit der Nowitzki Projekte unterstützt, um ehemaligen Kindersoldaten, behinderten und benachteiligten Kindern Bildung und Zukunft zu geben.

Bei der Fußballweltmeisterschaft der Männer 2006 trugen die »Klinsmänner« Schuhe von Adidas. Bereits 2002 in Japan kickte sich die deutsche Mannschaft mit dieser Schuhmarke ins Finale. Kosten: 100 Euro pro Paar. Der Lohnanteil der teils in Indonesien genähten

Schuhe betrug 40 Cent. Rund 30 Euro flossen in die Werbung. Warum Adidas nicht ein halbes Prozent Werbung für höhere Löhne abknapsen könne, wurde William Anderson gefragt, der damals bei Adidas für Umwelt und Soziales in Asien zuständig war. Antwort: »Das sind zwei Welten. Die Werbung passiert hier, die Arbeit in der Dritten Welt.«[14]

Fürs Sponsoring gaben deutsche Unternehmen 2006 rund 4,3 Milliarden Euro aus, 700 Millionen mehr als noch ein Jahr zuvor. Der Löwenanteil mit rund 2,7 Milliarden Euro floss in den Sport, in Lizenzgebühren, Sponsoringrechte, Anzeigen, TV-Spots und Veranstaltungen.

Für besonders erfolgversprechend halten Marketingexperten die Investitionen in den Fußball. Als Aufsteiger-Sportart gilt das Segeln. Hoch im Kurs stehen auch Beachvolleyball, Golf, Marathon und Triathlon. Bei den nordischen Skisportarten, Eishockey, Snowboarding und Basketball sei hingegen das Ende der Fahnenstange erreicht. Ein Trend nach unten zeichne sich bei der Formel 1 und beim Boxen ab.[15]

FIFA GmbH & Co KG

In einer nie gekannten Konsequenz hatte sich der Weltfußballverband FIFA alle Vermarktungsrechte an der Fußball-WM der Männer 2006 gesichert und trieb damit sogar jeden Bäcker, der »WM-Brötchen« verkaufen wollte, in eine rechtliche Grauzone. Bei 15 internationalen Konzernen, die zu offiziellen Partnern erhoben wurden, und sechs nationalen Förderern sammelte der Verband mehr als 750 Millionen Euro ein. Für sie wurden mit rigiden Verträgen und einem peniblen »Pflichtenheft« die zwölf Austragungsorte von lästiger Werbekonkurrenz freigeräumt. Eine Bannmeile um die Spielstätten musste »werbefrei« übergeben werden. Die Stadien, deren Namensrechte bereits an Sponsoren verkauft waren, firmierten für die Dauer des Spektakels unter dem Namen »FIFA WM-Stadion«. Der Hamburger Sportverein HSV entschädigte die Internet-Firma AOL, die bis zum Juni 2007 15 Millionen Euro für die Namensrechte am ehemaligen Volksparkstadion gezahlt hatte, mit 500.000 Euro. Sogar das Recht, heimisches Bier zu verkaufen, wollte die FIFA rund um die Stadien verbieten, um dem Werbe-Partner Budweiser das Monopol zu sichern. Doch diese

Rechnung scheiterte glücklicherweise am sturen »Mir san mir« der Bayern.

»Die Welt zu Gast bei Freunden« lautete das Motto der Männer-WM 06 in Deutschland. Dafür, dass alles wie geschmiert läuft und sich Fans, Promis, Journalistinnen und Journalisten wohl fühlten, sorgten auch 15.000 Freiwillige. Als Teil der Organisation eine solche Veranstaltung quasi von innen miterleben zu können, ist sicherlich grandios. Und so sangen die Organisatoren auch ein Loblied auf das Ehrenamt. Allerdings ist die WM der Männer schon lange kein Fußballfest mehr, sondern eine hochprofitable Wirtschaftsunternehmung. Die Freiwilligen wurden auch dazu missbraucht, um – so stand es im Internet – »die Werberechte von insgesamt 15 offiziellen Partnern und sechs nationalen Förderern der FIFA WM 2006 umzusetzen und zu schützen«. Sie hatten zu kontrollieren, dass niemand unerlaubt Werbung trieb. Wenn unbezahlte Freiwillige die Profitinteressen großer Konzerne schützen sollen, ist das nicht nur ein Missbrauch des Freiwilligen-Gedankens, sondern Ausbeutung pur.

Freiwillige, das waren nicht nur fußballbegeisterte Youngsters, die etwas erleben wollten. Auch Menschen mit IT-Kenntnissen und Erfahrung im Projektmanagement wurden gesucht, Leute deren Spezialwissen eigentlich angemessen hätte bezahlt werden müssen. Stattdessen erhielten alle Freiwilligen adidas-Kleidung, wurden in Volunteer-Centern verpflegt, konnten die öffentlichen Verkehrsmittel am Einsatzort kostenlos benutzen und bekamen weitere Überraschungen in Aussicht gestellt. »Kohle verdienen kann man später noch«, schwadronierte Entertainer Thomas Gottschalk bei einer Kick-off-Veranstaltung für Freiwillige. Er nahm seinen Auftritt garantiert nicht ehrenamtlich wahr.[16]

Die Fernsehübertragungsrechte an der WM hatte sich die Schweizer Sportrechteagentur Infront gesichert und der FIFA dafür knapp eine Milliarde Euro als Zahlung garantiert. Geschäftsführender Gesellschafter der Infront ist übrigens die Fußballlegende Günter Netzer. In den vergangenen 16 Jahren sind die Preise für die Rechte förmlich explodiert. 1990 nahm die FIFA damit umgerechnet rund 57 Millionen Euro ein. 1998 waren es schon 101 Millionen Euro, 2002 dann 944 Millionen plus Gewinnbeteiligung. Für die nächste WM 2010 in Südafrika vertreibt die FIFA die Rechte selbst. Über eine

Milliarde ist ihr von europäischen Fernsehsendern sicher. Die Deutschen sind schon mit 350 Millionen Euro dabei.[17]

Nicht nur für die FIFA, auch für die Fußballer selbst hat sich die WM gelohnt. Für den Titel hätte jeder Kicker der deutschen Nationalmannschaft 300.000 Euro bekommen, für den Einzug ins Endspiel immerhin noch 150.000 Euro. Die Teilnahme am Halbfinale brachte jedem Spieler 100.000 Euro.[18] Die deutschen Fußballdamen hingegen, immerhin die amtierenden Weltmeisterinnen, erhielten für den Titelgewinn von der Deutschen Sporthilfe je 6.000 Euro und vom Deutschen Fußballbund je 9.000 Euro.[19]

Fußball der Männer hat sich von der beliebtesten Sportart der Deutschen zum umsatzstarken Wirtschaftszweig gewandelt. Inzwischen verkaufen Erst- und Zweitligavereine sogar die Namensrechte an ihren Stadien und verhökern damit ganz nebenbei traditionsreiche Namen und ein Stück Fußballgeschichte.

Bei der Fußball WM im eigenen Land konnten deutsche Kicker zwar an vergangene glorreiche Zeiten anknüpfen und lösten eine bisher nicht gekannte Fetenstimmung in »Public Viewing Areas« und Kneipenvierteln aus. Doch vom Einkommen eines Ronaldinho kann Oliver Kahn mit seinen sechs Millionen Euro pro Jahr nur träumen. Der Nationaltorhüter bekennt freimütig: »Als Profi verdient man sein Geld woanders.«[20] Nicht mit spektakulären Paraden, sondern mit Werbeverträgen. Und da haben andere ein glücklicheres Händchen: Eben der Brasilianer Ronaldinho vom FC Barcelona mit 23 Millionen Euro an Gehalt und Werbeverträgen oder der Engländer David Beckham bis zur Saison 2006/2007 bei Real Madrid mit 18 Millionen.[21] Der Kapitän der deutschen Nationalmannschaft, Michael Ballack, erhält von seinem neuen Verein FC Chelsea London 40 Millionen Euro in vier Jahren. Finanziert wird dieser Deal übrigens vom russischen Öl-Milliardär Roman Abramowitsch, der den FC Chelsea kaufte.

Doch der Kaiser steckt sie alle in die Tasche. Mit »Kraft in den Teller – Knorr auf den Tisch« begründete Jungstar Franz Beckenbauer Mitte der 1960er Jahre sein Image als Werbe-Ikone. Auch zwanzig Jahre nach dem Ende seiner Spielerkarriere ist er als einziger deutscher Sportler immer noch im Werbegeschäft. Auf vier Millionen Euro werden seine jährlichen Einnahmen geschätzt, sein Vermögen auf 40 bis 50 Millionen. Mit elf Firmen ist er derzeit verbandelt und

Umgerubelte Stadien

Verein	Sponsor	Alter Name	Neuer Name	Laufzeit	Millionen
FC Bayern München/ TSV 1860 München	Allianz AG	–	Allianz Arena	2005 – 2020	92
Schalke 04[22]	Veltins Brauerei	Auf Schalke	Veltins Arena	2005 – 2015	40 – 60
Bayer 04 Leverkusen	Bayer AG	Ludwig-Haberland-Stadion	BayArena	seit 1998 unbegrenzt	30*
Eintracht Frankfurt[23]	Commerzbank AG	Waldstadion	Commerzbank Arena	2005–2015	20
Borussia Dortmund[24]	Signal Iduna Versicherung	Westfalen Stadion	Signal-Iduna-Park	bis 2010/2011	bis zu 20
Hamburger SV[25]	HSH Nordbank	Volksparkstadion	HSH Nordbank Arena	2007–2013	25
1. FC Köln	GEW RheinEnergie AG	Müngersdorfer Stadion	RheinEnergieStadion	2002–2009	15
1. FC Nürnberg[26]	Norisbank	Franken Stadion	EasyCredit Stadion	2006–2012	6 – 10
SC Freiburg	Badenova AG	Dreisam Stadion	Badenova Stadion	2004–2009	4,5**
VfB Stuttgart	DaimlerChrysler AG	Neckar Station	Gottlieb-Daimler-Stadion	seit 1993 unbegrenzt	3,6
Hannover 96[27]	AWD Holding	Niedersachsen Stadion	AWD Arena	ab 2002	2 pro Saison
Arminia Bielefeld	Schüco AG	Bielefelder Alm	Schüco Arena	2004–2006/7	1,75
Fortuna Düsseldorf	LTU GmbH	Rheinstadion	LTU Arena	2004–2007	1,5
VfL Osnabrück	Osnatel GmbH	Stadion Bremer Brücke	Osnatel Arena	2004–2009	1,3
SpVgg Unterhaching	Generali Versicherung AG	Sportpark Unterhaching	Generali Sportpark	2004–2009	k.A:
VfL Wolfsburg	Volkswagen AG	VfL Stadion	Volkswagen Arena	ab 2002	k.A.
Greuther Fürth	Geobra Brandstätter	Sportplatz am Ronhof	Playmobil Stadion	seit 1998 unbegrenzt	k.A.

* Die Bayer AG überließ dem Verein die Namensrechte kostenlos und kaufte sie für 30 Millionen Euro wieder zurück.[28]
** Der Verkauf der Namensrechte ist verknüpft mit einem Investitionsprogramm für Solardächer rund um das Station.
Quellen: WGZ-Bank, KPMG Deutsche Treuhand-Gesellschaft (Hrsg.): FC Euro AG. Fußball und Finanzen. Analyse der Finanzsituation in der Fußballbranche - Neue Wege der Finanzierung. Düsseldorf/München 2004

hat Exklusiv-Verträge mit der *Bild-Zeitung*, dem ZDF und dem Bezahlfernsehen Premiere. Die Rechte am Namen Beckenbauer vermarktet die SKK-Rofa AG im schweizerischen Maloja.

Der Werbe-Kaiser kann sich viele Extravaganzen leisten, die bei anderen mindestens eine Vertragsstrafe nach sich zögen. Als der FC Bayern München einen Deal mit der Deutschen Telekom über 20 Millionen Euro abschloss, wechselte dessen Präsident zu O2. Die Bayern-Kicker schwören auf Paulaner-Weißbier, Chef Beckenbauer trinkt ungerührt Erdinger. Die Spieler fahren Opel, Beckenbauer sitzt bei Mitsubishi und Mercedes hinterm Steuer. Der Verein steht bei der Hypovereinsbank unter Vertrag, sein Aushängeschild bei der Postbank.

Für die Organisation der Fußball-WM der Männer erhielt Beckenbauer das Bundesverdienstkreuz. Auch Formel-1-Pilot Michael Schumacher bekam zum Abschied höchstes politisches Lob. Bundeskanzlerin Angela Merkel stellte ihn in eine Reihe mit den Sportlerlegenden Max Schmeling und Fritz Walter, mit den Tennisprofis Boris Becker und Steffi Graf – und natürlich mit Franz Beckenbauer. Schumacher habe es durch deutsche Tugenden an die Spitze gebracht, durch Fleiß, akribische Vorbereitung und vor allem durch den unbedingten Willen, es schaffen zu wollen.[29] Was Merkel geflissentlich verschwieg: Vier der Gewürdigten sind Steuerflüchtlinge: Beckenbauer (Österreich), Becker und Schumacher (Schweiz) sowie Graf (USA). Ist Steuerflucht also auch eine deutsche Tugend?

Luxus: Mit Millionen shoppen gehen

Wie sagen Sie Ihren Kindern, dass sie nie in ihrem Leben arbeiten müssen? Und wie verhindern Sie anschließend, dass sie vor lauter Langeweile den letzten Kick im Drogenkonsum suchen? (Zum Beispiel durch wöchentliche Urintests im Schweizer Elite-Internat.) Wie behalten Sie den Überblick über vier Residenzen, jede mit Koch, Fahrer, Haushälterin und Kindermädchen? Mit welchen edlen Tropfen sollten Sie Ihren Weinkeller bestücken? Wer bekommt welchen Platz in der Familiengruft? Der schnöde Mammon langweilt Sie? Sie suchen nach höheren Werten? Dann lassen Sie sich doch ein Familienleitbild entwickeln, mit Zielen für die nächsten 100 Jahre.

Auf solche Probleme der Luxusklasse hat sich eine ganze Beraterbranche spezialisiert, in den USA, wo die Zahl der Milliardäre von 1982 bis 2006 von 13 auf 371 explodiert ist, aber auch in Deutschland, dem Land mit der nach den USA und Japan größten Millionärsdichte weltweit. »Family Office« nennt sich der Exklusiv-Service, den Vermögensberatungen und Privatbanken anbieten. Die Hamburger Berenberg Bank beginnt damit bei einem Vermögen von 25 Millionen Euro. Ein eigenes Büro lohnt sich ab 100 Millionen. Doch wenn es dafür nicht ganz reicht, tut es auch ein »Multi Family Office«.[1]

Auch wenn das gemeine Volk von solchen Problemen nur träumen kann, sitzen wir dennoch eigentlich alle in einem Boot: Mehr Geld gibt es nur, wenn das Bruttoinlandsprodukt (BIP) steigt. Das gilt für Millionäre genauso wie für den Rest der Bevölkerung, schreiben die Unternehmensberatungen Capgemini und Merrill Lynch in ihrem jährlichen World Wealth Report (Weltreichtumsbericht). Auch die Superreichen leiden unter der Inflation, und zwar noch viel stärker als wir Normalos. Denn der Clewi legte 2006 um sieben Prozent zu, alle anderen Preise hierzulande um nicht mal zwei Prozent. Der Clewi ist der »cost of living extremely well index«, der Preisindex für ein extrem gutes Leben. In den vergangenen dreißig Jahren stiegen die allgemeinen Lebenshaltungskosten in den USA um 357 Prozent. Wer in dieser Zeit extrem gut leben wollte, musste mit 727 Prozent eine doppelt so hohe Teuerungsrate akzeptieren. Die armen Reichen!

Genau 41 Positionen enthält der Warenkorb für die Superreichen, dessen Kosten die Zeitschrift *Forbes* jedes Jahr zusammenrechnet. Luxus wird immer teurer. Für einen Hubschrauber des Typs Sikorsky S-76 C++ samt VIP-Ausstattung musste man 2006 elf Millionen US-Dollar hinlegen. Ein Jahr zuvor waren es noch zehn Millionen gewesen. Auch der Learjet 40XR stieg im Preis. Wer sich mit einer Standardausstattung zufrieden gab, bezahlte 2006 rund 8,75 Millionen Dollar. Wer im gleichen Jahr ein Paar Gewehre der britischen Marke Purdey & Sons erstehen wollte, musste für den Import wegen des schwachen Dollars eine Preissteigerung um elf Prozent auf 185.655 Dollar akzeptieren.

Russischer Nerz, Designer-Klamotten, Schuhe und Accessoires, Internats- und Studiengebühren für den Nachwuchs, Kaviar, Champagner, exklusives Dinner im Restaurant oder mit Catering zu Hause, Tafelsilber, Jahresabonnement für eine Loge in der New Yorker Metropolitan-Oper, Steinway-Flügel, Schönheitsoperation, Motor- oder Segeljacht, Reitpferd, Swimmingpool und Tennisplatz, Rolls Royce – das sind die Insignien des Reichtums, deren Kosten in den Clewi einfließen.

Zwar wird der Index nur für die USA errechnet. Aber die Preise sind so international wie der Jetset selbst. Da geht niemand zum Juwelier auf der Flaniermeile, um einen Brilli auszusuchen. Der Brilli reist den Schönen und Reichen hinterher – im Winter nach St. Moritz oder Aspen, im Sommer nach Saint-Tropez, Marbella oder Palm Beach. Ob Formel 1 in Monaco, Pferderenntag in Ascot, Biennale in Venedig oder Salzburger Festspiele, die Juweliere sind dabei und bahnen diskret ihre Geschäfte an. Da kann man bei einem leichten Snack mit iranischem Beluga-Kaviar, 100 Gramm für 700 Euro, oder weißen Alba-Trüffeln für 450 Euro die neueste Kreation anlegen. Der Herr des Hauses genießt derweil eine Zigarre der Marke Partagas Lusitanias 109, von denen drei Stück knapp 4.800 Euro kosten. Gekauft werden die Edelsteine natürlich nicht bei der Show vor aller Augen, sondern diskret im heimischen Salon oder beim »personal appointment« in der Boutique des Juweliers, in die man sich in der Maybach-Limousine chauffieren lässt. Leider sind 24-Karat-Goldauflage auf den Chromteilen, Goldlack für die Felgen und Leisten im Kofferraum oder das in Leder geprägte Familienwappen nicht im Grundpreis von 423.000 Euro enthalten. Aber was soll's![2]

Wer wirklich nicht mehr weiß, was er mit seinem Geld anfangen soll, kauft sich eine Stadt. Das tat im Sommer 2006 der britische Multimillionär Scott Alexander. Dem Objekt der Begierde, ein Küstenstädtchen in Bulgarien, will er nun seinen Nachnamen geben, weil er den bulgarischen Namen ohnehin nicht aussprechen kann. Gekostet hat das Städtchen mit 1000 Einwohnern rund 4,6 Millionen Euro. Alexander will daraus ein Lifestyle-Urlaubsparadies für Briten machen.[3]

Wohin im Urlaub? Auf den Hamptons, von Manhattan aus mit dem Heli in 45 Minuten zu erreichen, machen sich die schrillen und ordinären BörsianerInnen breit. Sylt ist auch nicht mehr, was es einmal war, selbst wenn Grundstückspreise von über 12.000 Euro pro Quadratmeter dafür sorgen, dass das gemeine Volks sich dort nicht dauerhaft festsetzen kann. An der Côte d'Azur müssen sich die Reichen und Schönen von Zäunen, Metalldetektoren, Infrarotkameras und Wachen vor neugierigen Gaffern schützen lassen, zum Beispiel in der Promi-Siedlung »Terre Branche«, die SAP-Gründer Dietmar Hopp für 250 Millionen Euro ins mediterrane Hinterland gesetzt hat.[4] Effektiver geschützt ist man auf einer künstlichen Insel vor den arabischen Emiraten: »Die Palme«, »Die Perle« oder eine Insellandschaft in Form einer Weltkarte (»Deutschland« steht angeblich noch zum Verkauf).[5] Eine eigene Insel gibt es schon ab 50.000 Dollar – in einem kanadischen See. Die Blockhütte kostet extra. Ein Seychellen-Eiland kommt natürlich wesentlich teurer. Wem die eigene Insel noch zu nah am normalen Leben ist, der reist ins Weltall. Zehn Tage in der Internationalen Raumstation ISS inklusive Flug, Vollpension und wissenschaftlichem Begleitprogramm können für rund 16 Millionen Dollar gebucht werden.

In Deutschland gibt es keinen Clewi, sondern den Sozialneid – was dieses Kapitel einmal mehr beweist. Ein gestörtes Verhältnis zum Luxus attestiert der Modeschöpfer Wolfgang Joop seinen Landsleuten.[6] Er steht nicht allein mit diesem vernichtenden Urteil: »Wenn ich in Offenbach mit einem Bentley herumfahren würde, müsste ich doch Angst haben, dass jemand mit dem Finger auf mich zeigt und mich einen ›Bonzen‹ nennt«, beschwerte sich Hans-Jörg Seeberger, der Chef des Luxusgüterkonzerns Egana Goldpfeil mit Sitz in der Lederstadt am Main, im *Handelsblatt*. Michael Schramm, Geschäftsführer der Privatbank Berenberg in Hamburg, klagt, »dass Vermögende noch stärker im Verborgenen leben und ihre Erfolge verstecken werden, weil sie Angst vor den Konsequenzen haben – seien es nun Repressalien durch die Öffentlichkeit oder die Steuerbehörden«.[7] Wegen der »Neidkultur« in Deutschland trauten sich »Menschen hierzulande« nicht, »zu ihrem Erfolg und ihrem Vermögen zu stehen«.

Was Vermögen, Erfolg und »Neidkultur« miteinander zu tun haben, zeigte kurz nach seinem Amtsantritt der frühere Siemens-Chef Klaus Kleinfeld. Einen klitzekleinen Teil seines Vermögens hatte er in eine mehrere tausend Euro teure goldene Armbanduhr der Marke Rolex investiert, die auf seinem offiziellen Pressefoto lässig am rechten Handgelenk baumelte. Kleinfelds Erfolge waren der Abbau tausender Arbeitsplätze sowie Gehaltsverzicht und längere Arbeitszeiten der Beschäftigten beim Siemens-Dienstleister SBS, und das, obwohl der Konzern Rekordgewinne einfuhr. Da passt die Rolex vielleicht doch nicht so gut! Also ließ sie Kleinfeld lieber wieder wegretuschieren. Peinlich nur, dass das Foto zu diesem Zeitpunkt bereits veröffentlicht war.[8] Geld spielt keine Rolex? Solches Protz-Gehabe ist etwas für Emporkömmlinge, für jene BörsianerInnen, die ihr Geld so schnell verprassen, wie sie es im Börsen-Monopoly erzockt haben. Wenn in der Londoner City und an der Wall Street Zahltag ist, knallen nicht nur die Champagner-Korken in den umliegenden Szene-Bistros und Edel-Restaurants. Dann füllen sich bei Porsche die Auftragsbücher, dann steigen die Immobilienpreise in der Provence und die Gebote bei den großen Kunstauktionen. Eine Junggesellenbude für eine Million Dollar, ein Maserati für 100.000, Fifis Behandlung im Hundesalon für über 1.000 Dollar und die eigene beim Starfriseur für 600, danach ein Dinner für 1.000 Dollar und Schampus für 1.200. »Excess ist wieder ›in‹«, stellt *Spiegel Online* fest.

Die Show für den Boulevard und die Geschichten für die Gazetten liefern die nicht ganz so Reichen. Und während die Lebensverhältnisse von Langzeitarbeitslosen bis in deren Bett und Zahnputzbecher hinein akribisch ausgeschnüffelt werden, versteht es der Geldadel, diskret zu leben und zu genießen. »Millionäre geben sich oftmals nicht als solche zu erkennen, sondern tarnen sich mit Jeans und einfacher Baumwolljacke«, plaudert ein Uhren-Auktionator aus.[9] Beim Goldschmiede-Haus Wellendorff in Pforzheim wird eine Schmuckkordel aus dünnem Golddraht so lange poliert, bis der »schrille Glanz« einem »unauffällig stillen Strahlen« gewichen ist, an dem auch das japanische Kaiserhaus seine Freude haben könne.[10]

Über »Massenluxusartikel«, mit denen Angehörige der Elite nicht identifiziert werden wollten, schimpft Wolfgang Joop. »Wenn Sie in Mailand mit einer dieser sogenannten Luxushandtaschen durch die Straßen rasen, dann denken die Leute, Sie kämen vom Lande.«[11] Bauerntrampel eben! Weil das Tuch von Hermès und der Koffer von Louis Vuitton zum Fetisch für die nur Besserverdienenden geworden sind, sucht die Geldelite nach exklusiven Unterscheidungsmerkmalen, zum Beispiel dem VIP-Aufzug zu separaten Verkaufsräumen bei Prada in Los Angeles oder individuellem Service an den VIP-Terminals bei der Lufthansa in Frankfurt und München.

Auch die Butler-Agenturen müssen unterscheiden können. Haben sie einen Neureichen vor sich, dem man erst mal Manieren beibringen und die richtige Hose zum richtigen Anlass bereitlegen muss? Oder befindet man sich beim alten Adel. »Der Adel schwört absolut auf Pünktlichkeit«, verrät ein Butler dem *Manager Magazin*. Und: »Der Tisch ist die Visitenkarte des Butlers.« Da müsse das Gedeck auch mal mit dem Zollstock an den korrekten Platz gerückt werden, damit die Dame des Hauses gnädig nickt. Dafür verdienen Spitzenbutler auch bis zu 10.000 Euro im Monat und haben Kost und Logis frei, während sich normale Servicekräfte selbst in Luxushotels mit 1.800 Euro bescheiden müssen.

(Sozial-)Neidisch? Völlig unnötig! Wir sollten uns mit den Reichen über ihre Allüren und Annehmlichkeiten freuen. Denn Luxus dient allen, nicht nur jenen, die ihn sich leisten können. Deswegen meckert Trendforscher Andreas Steinle, dass der Bertelsmann-Eigner und Milliardär Reinhard Mohn mit dem Rad zur Firmenzentrale in Gütersloh gefahren sei und dass Ex-Kanzler Gerhard Schröder im Reihenendhaus wohnt und privat einen VW-Touran fährt. »Wie kann bei solchen Vorbildern die Lust am Konsumieren entstehen?«, fragt Steinle. Da loben wir uns Arnold Schwarzenegger. Der Ex-Terminator und aktuelle Gouverneur von Kalifornien hat sich ein Häuschen in der Nähe seines Amtssitzes gekauft – für rund zwölf Millionen Dollar. »Wenn selbst die Reichen ihre Lebensmittel bei Aldi und die Möbel bei Ikea kaufen, darf sich keiner wundern, wenn die Vielfalt im Handel verloren geht.«[12] Wie gut, dass Schröder sich wenigstens im Brioni-Anzug und mit Cohiba-Zigarre hat ablichten lassen.

Denn wir sitzen doch alle in einem Boot!

Normalverdienende: Was ist mir mein Arbeitsplatz wert?

»Nur wer Gewinne erwirtschaftet, kann den Fortbestand seines Unternehmens durch Investitionen sichern, seine Mitarbeiter weiterbeschäftigen und zusätzliche Arbeitsplätze schaffen.«[1] Mit dieser Feststellung hat Horst Köhler, Bundespräsident und promovierter Ökonom, zweifellos Recht. Doch leider scheren sich immer weniger Unternehmen darum. Zwar investieren sie nach Jahren der Verweigerung wieder. Die Anlageinvestitionen stiegen 2006 um 5,6 Prozent. Die Gewinne überflügelten diesen Wert mit 7,3 Prozent jedoch noch. Und das gemeine Volk musste sich mit 1,4 Prozent mehr bescheiden. Otto Normalverdiener und Lieschen Müller sollen weiterhin Lohnzurückhaltung üben.

Der Altana-Konzern steigerte seinen Umsatz 2006 um 18 Prozent. Das Ergebnis vor Abschreibungen, Zinsen und Steuern (EBITDA) lag mit 940 Millionen Euro um 15 Prozent über dem Vorjahreswert. Doch trotz hervorragender Zahlen sollen in der Pharma-Sparte nach deren Verkauf für 4,7 Milliarden Euro an den dänischen Konkurrenten Nycomed 1.250 Stellen abgebaut werden, 930 davon in Deutschland. Das hinderte den Fachbereich Wirtschaftswissenschaften der Uni Frankfurt am Main jedoch nicht daran, dem Konzern-Chef Nikolaus Schweickart eine Honorarprofessur für Unternehmensethik anzudienen.[2] Auch Konkurrent Bayer Schering Pharma konnte sich 2006 über einen satten Gewinn freuen. Obwohl der Bayer-Konzern die Berliner Schering für am Ende knapp 17 Milliarden Euro übernommen hatte, zeichnete der neue Pharma-Riese noch im gleichen Jahr ein Ergebnis vor Steuern von 1,2 Milliarden Euro und einen Gewinn von 783 Milliarden Euro. Dennoch sollen weltweit 6.100 Arbeitsplätze wegfallen, 1.500 davon im Inland.[3]

Die Entwicklung bei der Deutschen Bank sucht ihresgleichen. Chef-Banker Josef Ackermann verkündete bei der Bilanzpressekonferenz 2007 einen erneuten Gewinnsprung vor Steuern um 33 Prozent auf 8,1 Milliarden Euro, nach 58 Prozent 2005 und 87 Prozent 2004. Trotz einer Eigenkapitalrendite von 30 Prozent sieht Ackermann das Geldhaus international hinterherhinken. Schwachstelle seien die Personalkosten, die 2006 um 15 Prozent nach oben geklettert waren. Als Ursache gelten die phantastischen Boni der Investmentbanker.[4] Dass die jedoch gekappt werden, ist eher unwahrscheinlich. Das Investmentbanking liefert den Löwenanteil am Gewinn der Deutschen Bank. Eher muss wieder das gemeine Volk bluten.

Auch bei der Commerzbank reichte »das beste Jahr in der Geschichte« nicht, um neue Arbeitsplätze zu schaffen. Konzernchef Klaus-Peter Müller freute sich über einen Konzernüberschuss von knapp 1,6 Milliarden Euro, 35 Prozent mehr als 2005. Die Aktionäre bekommen 500 Millionen Euro. Die Dividende je Aktie wird um 50 Prozent auf 75 Cent angehoben. Der Rest geht in eine Gewinnrücklage. Zwar soll auch an die MitarbeiterInnen drei Viertel der Monatsgrundgehälter ausgeschüttet werden, und zwar »individuell und leistungsbezogen«. Tarifangestellte könnten »in der Spitze« zwei Monatsgehälter zusätzlich erhalten, versicherte Müller. Das wären 16,7 Prozent mehr, ein Drittel des Plus bei den Aktionären. Doch neue Jobs gibt es vorerst nicht. »Die werden erst geschaffen, wenn die Rendite weiter steigt«, verkündete der Vorstand.[5]

Besonders skrupellos zeigte sich die Telekom. Im ersten Quartal 2007 fuhr der rosa Riese einen Gewinn von 459 Millionen Euro ein. Dennoch hielt der Vorstand an dem Plan fest, 50.000 MitarbeiterInnen der Festnetzsparte in drei Service-Gesellschaften abzuschieben, die Arbeitszeit von 34 auf 40 Stunden pro Woche zu verlängern und das Entgelt um zwölf Prozent zu kürzen. Das provozierte einen fünfwöchigen Streik, an dessen Ende vier Stunden Mehrarbeit pro Woche und eine über drei Jahre gestreckte Gehaltskürzung um 6,5 Prozent stand.[6]

Electrolux: Gewinne sind nicht entscheidend

Der schwedische Konzern Electrolux hat investiert, auch in das AEG-Werk in Nürnberg. Mit 30 Millionen Mark war der Traditionsbetrieb Ende der 1990er Jahre auf Vordermann gebracht worden. Die Beschäftigten wähnten sich in Sicherheit. »Das war bis vor Kurzem das weltbeste Waschmaschinen-Werk«, sagte der Nürnberger IG-Metall-Bevollmächtigte Gerd Lobodda. Ende Oktober 2005 verkündete der Konzern noch einen Gewinnsprung vor Steuern von 18 Prozent im Vergleich zum Vorjahr. Genutzt hat es nichts. Wenige Wochen später kündigte die schwedische Konzernmutter die Schließung des Werks zum Jahresende 2007 an. Der Grund: Preisverfall am deutschen Hausgerätemarkt. Angesichts stagnierender Masseneinkommen haben heimische Traditionsmarken gegen Billiggeräte, vor allem aus Südostasien, keine Chance. »Geiz ist geil«, so lockt der Elektronik-Filialist Saturn die wenig kauflaunige Kundschaft.

Mit einem 46-tägigen Streik setzten die MetallerInnen im Februar 2006 zwar einen Sozialtarifvertrag mit überdurchschnittlichen Abfindungen, einer Beschäftigungsgesellschaft und günstigen Pensionsregelungen durch.[7] Doch die Motivation, an den nur noch befristeten Arbeitsplatz zurückzukehren, war weg. Der Krankenstand stieg, und Electrolux zog die Schließung des Werks auf das Frühjahr 2007 vor. Mit den Verlagerungen, die nicht nur Nürnberg und Herborn trafen, strich Electrolux einen satten Gewinn ein und kündigte Ende Oktober 2006 eine Sonderdividende für die Aktionäre an.

Dass Electrolux die Effizienz eines Werks im Zweifelsfall egal ist, hätten die Nürnberger Beschäftigten wissen müssen. Schon drei Jahre zuvor hatte Konzern-Sprecher Ulrich Gartner kundgetan: »Die Frage, ob ein einzelnes Werk Gewinne macht, ist nicht unbedingt die entscheidende Frage.«[8] Damals ging es um die Electrolux-Niederlassung im hessischen Herborn, wo noch Ende der 1990er Jahre ein europäisches Zentrum für die Herstellung von Herden entstehen sollte. Das Aus kam 2002.

Drei Jahre später waren immer noch etwa drei Viertel der 370 Beschäftigten in Herborn arbeitslos. Wer einen Job ergatterte, musste sich zumeist mit einer Befristung abfinden. »Viele von denen sind heute schon wieder arbeitslos, einigen droht bereits Arbeitslosengeld II«, weiß die frühere Betriebsrätin Barbara Passauer. Nur einzelne Angestellte und Facharbeiter haben einen neuen unbefristeten Job.

Von den fünf Betriebsratsmitgliedern, die sich in einer Transfergesellschaft für neue Beschäftigungschancen engagiert hatten, teilen vier das Schicksal ihrer Kolleginnen und Kollegen. Johann Welsch würde inzwischen auch »auf dem Bauhof Papierchen aufsammeln«. Der Werkzeugmacher, der früher mal leichte Lkws mit dem alten Führerschein Klasse 3 gefahren hat, erinnert sich an einen Vorschlag seines Beraters in der Arbeitsagentur: Er solle einen Spediteur suchen, der ihm den Lkw-Führerschein bezahlt. »Welcher Spediteur wartet auf einen 53-Jährigen ohne Führerschein!« Auch Karlheinz Frey, der Elektroinstallateur gelernt und bei Electrolux fast alle Stationen von der Montage über das Emaillewerk bis zum Anlagenführer durchlaufen hat, weiß: »Meine Chancen tendieren gegen null.« Doch der 50-Jährige hat Glück im Unglück, denn seine Frau arbeitet als Verwaltungsangestellte im öffentlichen Dienst. »Bisher hatten wir zwei Standbeine. Jetzt haben wir nur noch eines.«

Barbara Passauer macht sich ebenso wenig Illusionen: »Wer will schon eine 55-jährige Schwerbehinderte, die 35 Jahre lang als Sachbearbeiterin beim Betriebsrat gearbeitet hat.« Käthe Sellner (49): »Ich bin mir für keine Arbeit zu schade.« Sie würde auch Putzstellen annehmen, »aber nur legal. Ich lebe allein und brauche eine feste Stelle wegen meiner Rente.«

Der ehemalige Betriebsratsvorsitzende Harald Serth ist der Einzige, dem das Engagement in der Transfergesellschaft beruflich genützt hat. Doch dafür musste der 48-Jährige zeitweilig jeden Tag ins 100 Kilometer entfernte Frankfurt pendeln. Ein Umzug kam wegen der Familie und dem eigenen Häuschen nicht in Frage.

Nach Frankfurt? Käthe Sellner, die als gelernte Verkäuferin in der Rhein-Main-Metropole vielleicht etwas finden würde, flachst: »Damit sich das lohnt, müsste ich das Fahrgeld wohl woanders verdienen.« Bei einem Tariflohn von rund 1.500 Euro bräuchte sie einen Zweitjob, der wegen Ladenöffnung bis in den Abend und wegen langer Anfahrt nicht zu organisieren wäre. Auch Sellner wohnt im eigenen Haus und will nicht in den teuren Ballungsraum umziehen. Das Idyll am Waldrand ist ihr ganzer Stolz. Nach der Scheidung hat sie es 20 Jahre lang selbst finanziert. Die Raten kratzt sie vom Arbeitslosengeld zusammen. Heizkosten, Instandhaltung und Reparaturen könnten hingegen zum Problem werden.

Und wenn Arbeitslosengeld II droht? Käthe Sellner glaubt nicht, dass sie gezwungen werden kann, das Häuschen zu verkaufen. »Schließlich habe ich es auch nicht geschenkt bekommen.« Doch inzwischen plagen die optimistische Frau Zukunftsängste. Gut 2.200 Euro hatte sie bei Electrolux verdient, mehr als 14 Euro pro Stunde. Ihre Ex-Kolleginnen und Kollegen müssen sich heute mit zehn Euro begnügen. »Ich glaube nicht, dass ich da wieder rankommen werde«, befürchtet sie. – Vorausgesetzt sie findet überhaupt etwas.

Die früheren Beschäftigten bei Electrolux in Herborn sieht Harald Serth gleich mehrfach bestraft: In den 1990er Jahren haben sie den Strukturwandel im Werk mitgestaltet, um ihre Arbeitsplätze zu sichern. Dicht gemacht wurde trotzdem. Dann haben sie sich in einer Transfergesellschaft um neue Beschäftigung am Standort bemüht und sich qualifiziert – ohne Erfolg. Schließlich zerstörten die Hartz-Gesetze auch noch die Existenz, die sich viele über Jahrzehnte aufgebaut hatten.

Lohndruck I: Nur ein bisschen weniger?

»Wir werden künftig alle ein bisschen weniger verdienen. Von denen, die ihren Job verlieren, werden einige auf einen höher qualifizierten Arbeitsplatz wechseln können, aber für die meisten werden einfachere Tätigkeiten übrig bleiben – die gehen dann Kellnern oder zu einem Wachdienst.«[9] Der das sagt, lehrt als Wirtschaftsprofessor mit einem Gehalt von nicht unter 5.000 Euro, vermutlich einer Leistungszulage und einigen attraktiv dotierten Berater- und Gutachteraufträgen an der Humboldt-Universität in Berlin. Michael Burda läuft garantiert nicht Gefahr, für 1.700 Euro kellnern oder für 1.200 Euro Wachdienst schieben zu müssen. Wen also meint er mit »wir alle«?

Zum Beispiel SoftwareentwicklerInnen. Burda lobt die ProgrammiererInnen in den USA. Viele nähmen das »Angebot« ihrer Firma an, für 60 Prozent ihres bisherigen Gehalts zu arbeiten, damit ihr Arbeitsplatz nicht ins Ausland verlagert werde. Ganz so dreist sind deutsche Arbeitgeber (noch?) nicht. Aber wenn die niedrigsten Lohnkosten tatsächlich das entscheidende Kriterium sind, dann haben Beschäftigte hierzulande einen schweren Stand. Eine Programmiererin in Indien verdiente im Jahr 2003 rund 13.580 US-Dollar. Ihr Kollege in China konnte mit 15.120 US-Dollar rechnen. Ein Softwareentwickler in Deutschland kam laut IG-Metall-Gehaltserhebung auf durchschnittlich 55.840 Dollar. Kaum zu erwarten, dass sich an diesen Unterschieden zwischenzeitlich viel geändert hat.

Eine Näherin in Rumänien bringt 150 Euro im Monat nach Hause. Ihre Kollegin in Moldawien arbeitet für 30 Cent die Stunde und hat am Monatsende 80 Euro. Der Tariflohn in Westdeutschland liegt bei gut 1.800 Euro brutto.

Auch die Rolltreppenbauer der Otis GmbH im niedersächsischen Stadthagen mussten dem Abzug ihrer Arbeitsplätze ins billigere Tschechien zusehen. Otis teilt sich den Weltmarkt für Fahrstühle, Rolltreppen und Travelator, wie die Laufbänder in Flughäfen heißen, im Wesentlichen mit Schindler, Kone und Thyssen. Im Jahr 2002 erzielte Otis 16,3 Prozent Umsatzrendite. Der Branchendurchschnitt lag im einstelligen Bereich. Dennoch verkündete Otis-Chef Ari Bousbib im Februar 2003 das Ziel, diese Marge pro Jahr um ein Prozent zu steigern.[10]

Bei einem weltweiten Umsatz von sieben Milliarden Dollar macht jedes Prozent rund 70 Millionen aus. David George, der Chef des US-amerikanischen Mutterkonzerns United Technologies (UTC), verdiente allein im Jahr 2003 den gleichen Betrag. Nach Angaben der US-amerikanischen Wirtschaftszeitung *Forbes* erhielt er rund vier Millionen Dollar fixe und variable Vergütung sowie gut 66 Millionen Dollar Aktienoptionen. Otis-Chef Bousbib kam auf 1,2 Millionen Dollar Vergütung und 19 Millionen in Optionen.

Doch an sich und seinen obersten Boss dachte Bousbib nicht, als er ankündigte, Produktionsstätten in kostenintensiven Regionen zu schließen. Er hatte vielmehr staatliche und EU-Vergünstigungen fest im Blick: Zehn Jahre lang verzichtet der östliche Nachbar auf Unternehmenssteuern. Pro Arbeitsplatz schießt die EU 2.500 Euro zu und übernimmt einmalig die Kosten für die Qualifizierung. Obendrein lässt sich bei den Personalkosten sparen: Bei Otis in Deutschland verdient ein Schlosser durchschnittlich 2.651 Euro, in Tschechien 381 Euro. Die Arbeitszeit ist länger, es gibt weniger Jahresurlaub und kaum Weihnachtsgeld.

Diesen Verlockungen wurde das Werk in Stadthagen geopfert, was den meisten der 360 Beschäftigten an die Existenz geht. »Im Schaumburger Land gibt es keine Arbeitsplätze. Wer einen Job findet, fährt bis zu 200 Kilometer oder zieht um«, weiß der ehemalige Betriebsratsvorsitzende Ali Naghi. Und die anderen? »Gehen Sie mal morgens um zehn Uhr in die Fußgängerzone und fragen die Leute, die bei Tchibo Kaffee trinken.«

Tschechien ist vermutlich nur eine Durchgangsstation: Auch einem Teil der Otis-Beschäftigten in Breclav droht der Verlust ihrer

Arbeitsplätze, weil ihr Arbeitgeber Rolltreppen noch billiger produzieren will – in der Ukraine.

Offshoring: Drohen ist besser als verlagern

Zwar sorgen Beispiele wie AEG in Nürnberg und Otis in Stadthagen für öffentliches Aufsehen. Dennoch erreicht das Outsourcing weitaus geringere Dimensionen, als öffentlich verbreitete Horrorszenarien glauben machen wollen. »Es gibt keinen Trend zu steigenden Investitionen im Ausland«, bestätigt Michael Hüther, der Direktor des arbeitgebernahen Instituts der Deutschen Wirtschaft (iw) in Köln.[11]

Beliebter und lukrativer als das Offshoring, die Verlagerung von Jobs ins Ausland, ist die bloße Drohung damit. Gerhard Bosch vom Institut für Arbeit und Qualifikation in Gelsenkirchen sagt: »In der Vergangenheit haben sich Gewerkschaften, Arbeitgeber und Betriebsräte zusammengesetzt und bei Unternehmenskrisen eine Lösung gefunden. Heute wird das öffentlich ausgehandelt. Die Unternehmen gehen an die Presse und drohen mit Verlagerungen. Es wird den Beschäftigten Angst eingejagt, die Belegschaften werden weichgekocht.«[12] Standortverlagerungen hält Bosch für ein vorübergehendes Problem: »Derzeit sind die Osteuropäer die großen Lohndrücker auf dem deutschen Arbeitsmarkt. Das wird sich ändern, wenn dort der Lebensstandard steigt. Deshalb ist die Konkurrenz von dort ein temporäres Problem, das bald überwunden sein wird.«[13]

Doch derzeit werden aus Angst um den Arbeitsplatz als »Besitzstände« verunglimpfte Lohnbestandteile geopfert: Tarifkürzung zwischen 13 und 19 Prozent beim Siemens-Transformatorenwerk in Nürnberg.[14] Urlaubs- und Weihnachtsgeld stehen branchenübergreifend auf der Streichliste, werden entweder einmalig oder dauerhaft gekürzt oder komplett kassiert. Wer glaubt, diese Zahlungen seien ohnehin nur eine »Extraportion Geld«, ein »Bonus« oder eine »Gratifikation«, auf jeden Fall etwas Zusätzliches, der verschließt die Augen vor den Realitäten. Viele Familien haben die Einmalzahlungen fest im Haushaltsbudget eingeplant: für die neue Waschmaschine, die Anzahlung fürs Auto, die Sondertilgung fürs Haus, für jährlich fällige Versicherungsprämien oder einfach nur, um den Dispo endlich wieder auszugleichen.

Viele Unternehmen verlangen von ihren Beschäftigten inzwischen sogar, ohne Lohn zu arbeiten: 70 unbezahlte Überstunden beim Medizingeräte-Hersteller Trumpf in Saalfeld.[15] 520 unbezahlte Überstunden pro Kopf in fünf Jahren beim Pharma-Hersteller B. Braun in Melsungen. Die Liste ließe sich fortsetzen. Denn von 100 Beschäftigten leisten 57 regelmäßig unbezahlte Überstunden, nur 25 bekommen die Mehrarbeit vergütet.[16]

Mit dem Ansinnen, die Löhne und Gehälter älterer Beschäftigter zu senken, preschte im März 2006 Baden-Württembergs Ministerpräsident Günther Oettinger vor. Ab 40 nehme die Leistungsfähigkeit ab, so seine Begründung. Routine, Lebens- und Betriebserfahrung zählen dem nassforschen 53-Jährigen nichts. Unterstützt wird Oettinger von Norbert Walter, dem Chefvolkswirt der Deutschen Bank. Er begründet seine Forderung ebenfalls mit der geringeren Produktivität der Älteren, vor allem in Berufen, bei denen es auf präzises Sehen, gutes Hören und starke Muskelbelastung ankomme. Damit es ihn auf keinen Fall selbst trifft, hat sich Walter eine originelle Argumentation ausgedacht: In Berufen nämlich, wo Erfahrung und Netzwerkwissen entscheidend seien, könne es durchaus sein, dass die Beschäftigten am Ende ihres Arbeitslebens zu Recht das höchste Einkommen erzielen.[17]

Telekom: Wenn zwei das Gleiche tun

Den Einsatz von Leiharbeitskräften empfinden viele als Bedrohung. »200 Leiharbeiter reichen, um ein ganzes VW-Werk mit mehreren Tausend Beschäftigten zu disziplinieren«, sagt der Soziologe Dr. Berthold Vogel. Die kaum noch versteckte Botschaft lautet: »Wir können auch ohne dich.« Der Druck auf die Belegschaften ist enorm. In den vergangenen 25 Jahren verdoppelte sich der Entgeltabstand zwischen regulär Beschäftigten und Leiharbeitskräften von 23 Prozent (1980) auf 41 Prozent (2001).[18]

Uwe Bauer (Name geändert) dachte nicht an eine Zeitarbeitsfirma, als er sich auf ein Angebot der Telekom in Frankfurt meldete. Der 23-Jährige hatte bei der Telekom Training eine Ausbildung zum IT-System-Kaufmann absolviert, war aber nach der Ausbildung nicht übernommen worden, wie rund 90 Prozent der bundesweit 4.000 Azubis im Konzern. Einen anderen Job konnte Bauer in seiner Heimatregion, einem strukturschwachen Gebiet mitten in Rheinland-Pfalz, nicht finden. Drei Monate Arbeitslosigkeit folgten. Da kam der Brief der Telekom gerade recht, in dem ihm eine Stelle als Callcenter-Agent in der Frankfurter Privatkunden-Niederlassung angeboten wurde. Erst im Vorstellungsgespräch erfuhr er, dass es nicht um einen Job bei der Telekom, sondern bei der Zeitarbeitsfirma Adecco gehe. Man habe »vergessen«, das in dem Brief zu erwähnen.

Das Verfahren erklärte die Telekom mit dem Datenschutz. Man hatte Zeitarbeitskräfte mit Telekom-Erfahrung angefordert. Doch diese musste Adecco erst einstellen. Die Telekom Training, die Ausbildungs-Tochter des Konzerns, war nicht bereit, Namen und Adressen von ehemaligen Azubis an eine fremde Firma weiterzugeben. Deswegen schrieb die Telekom die potenziell Interessierten selbst an. Dabei sei »der kleine Fehler« unterlaufen.

Ein Fehler mit großen finanziellen Auswirkungen. Im »Front Office«, dort wo die Anrufe der Kunden einlaufen, verdient ein Telekommitarbeiter rund 2.300 Euro brutto im Monat. Ein guter Verkäufer könne außerdem bis zu 2.000 Euro an Prämie pro Quartal erreichen, weiß Uwe Bauer. Bei Adecco bekam er in der Probezeit 1.300 Euro brutto, danach 1.500 Euro. »Am Unternehmenserfolg sind wir nicht beteiligt, egal wie sehr wir uns ins Zeug legen«, bemängelt der Berufsanfänger. Zwar hat Bauer einen unbefristeten Vertrag mit Adecco. Doch der Einsatz bei der Telekom in Frankfurt, für den er eingestellt worden ist, dauert nur fünf Monate. Adecco hat bereits angekündigt, ihn und die anderen Betroffenen sofort zu entlassen, wenn sich kein Anschlussauftrag findet. Da der Kündigungsschutz erst nach sechs Monaten greift, geht das mit nur einwöchiger Frist.

Der Telekom-Betriebsrat in Frankfurt hatte versucht, die Zeitarbeitsverträge zu verhindern. Gegen eine befristete Einstellung direkt bei der Telekom hat die Interessenvertretung hingegen nichts. Doch das wollte der Arbeitgeber auf keinen Fall. Finanzielle Gründe kann das nicht haben. Denn die Ersparnis von rund 1.000 Euro pro Monat, strich nicht die Telekom ein, sondern Adecco: Der Personaldienstleister stellte einen Verrechnungspreis von 18,65 Euro pro Stunde in Rechnung. Seine Beschäftigten sehen davon nur 9,32 Euro. Inzwischen braucht die Telekom LeiharbeiterInnen zum Lohndumping nicht mehr.

Lohndruck II: Das Geschäft mit der Angst

Selbst im öffentlichen Sektor geht im Zuge von Privatisierungen die Angst vor Arbeitszeitverlängerung, Entgeltkürzung und Jobverlust um. Hessen und Bayern haben ein Tabu gebrochen und lassen ihre LandesdienerInnen 42 Stunden pro Woche arbeiten. Hessen stellt zu Beginn eines jeden Schuljahres mehrere Hundert LehrerInnen befristet ein. Mit der Zeugnisvergabe endet der Vertrag. Was bleibt, ist die vage Hoffnung, sechs Wochen später wieder antreten zu dürfen. Während der Sommerferien liegen diese Lehrkräfte der Agentur für Arbeit auf der Tasche.

Bislang gut bezahlte Müllwerker sehen sich einer existenzbedrohenden Konkurrenz ausgesetzt. In Nordvorpommern etwa erhielten die Leute, die unseren Dreck abfahren, 11,48 Euro pro Stunde. Dann schrieb der Landkreis die Müllabfuhr neu aus. Den Zuschlag erhielt eine Firma, die 5,70 Euro bezahlt.[19]

»Sämtliche Schutzmechanismen, von der tariflichen Begrenzung der Wochenarbeitszeiten bis hin zum arbeitsrechtlich garantierten Kündigungsschutz, werden tendenziell zum Zielobjekt ›entgrenzender‹ Verwertungsstrategien«, resümiert der Soziologe Professor Klaus Dörre.[20] Der Behauptung, dass all dies zu mehr Einstellungen und damit zu sinkenden Arbeitslosenzahlen führen würde, fehle indes der Nachweis.

Die Vorschläge, wie den Beschäftigten das Geld aus der Tasche zu ziehen wäre, treiben immer exotischere Blüten: Norbert Walter von der Deutschen Bank will Rauchpausen vom Lohn abziehen.[21] Der CDU-Politiker und Wirtschaftsanwalt Friedrich Merz will Betriebsräte künftig per Umlage der Beschäftigten bezahlen lassen.[22] Mario Ohoven, Präsident des Bundesverbandes der mittelständischen Wirtschaft, lamentiert über die hohen Kosten der Ausbildung und unmotivierte Azubis. Deren Vergütung will er künftig an gute Leistungen in der Berufsschule und im Betrieb koppeln.[23] Urlaub nach Auftragslage fordert der Hauptgeschäftsführer des Deutschen Industrie- und Handelskammertages, Martin Wansleben.[24] Und der ehemalige Präsident des Bundesverbandes der Deutschen Industrie, Michael Rogowski, meinte, die Unternehmen leisteten mit der Schaffung von Arbeitsplätzen schon genug. Die Sozialbeiträge sollten daher die Beschäftigten allein zahlen.[25]

Immer mehr Menschen sehen sich um ihre sicher geglaubten Lebensperspektiven geprellt. »Die Zufriedenheit mit dem Leben in Deutschland sinkt, die Sorgen der Deutschen nehmen zu«, bilanziert Alt-Bundespräsident Richard von Weizsäcker.[26] Das Credo der Aufbaugeneration nach dem Zweiten Weltkrieg:»Meine Kinder sollen es einmal besser haben« weicht zwei Generationen später dem bangen Wunsch: »Besser wäre, meine Kinder hätten einen Job.« Die Frage: »Was ist meine Arbeit wert?« verkommt zu: »Was ist mir mein Arbeitsplatz wert?« Die vom früheren Arbeitsminister Norbert Blüm (CDU) in den 1980er Jahren plakatierte Behauptung: »Die Rente ist sicher«, schrumpft schleichend zu der Aussage: »Die Rente ist vielleicht noch eine Grundsicherung.« Viele Menschen fühlen sich von sozialem Abstieg bedroht. Nach einer Forsa-Umfrage hat jeder Fünfte Angst um den Arbeitsplatz.

Bescheidenheit zahle sich dennoch nicht aus, verkündet der Gehaltscoach Martin Wehrle im *Manager Magazin*. Ein niedrigeres Gehalt zu akzeptieren, schütze nicht vor Kündigung: »Den Mitarbeitern mit dem höchsten Gehalt müssen die höchsten Abfindungen gezahlt werden. Als Erste müssen daher die Angestellten mit den niedrigen Gehältern das Unternehmen verlassen.«[27]

Konsum: Wer ist Otto Normalverdiener?

In Westdeutschland verdienen abhängig Beschäftigte im Schnitt 2.296 Euro brutto pro Monat, in Ostdeutschland 1.778 Euro.[28] Gravierende Unterschiede gibt es zwischen Männern und Frauen. Eine Frau im Westen bringt gut 25 Prozent weniger nach Hause als ihr männlicher Kollege, im Osten gut sechs Prozent weniger.[29] Nach Abzug der Sozialbeiträge und Lohnsteuern bleiben vom Durchschnittsverdienst rund 1.492 Euro im Westen und 1.156 Euro im Osten. Seit Jahren verharrt die Last von Steuern und Abgaben auf hohem Niveau – trotz aller Sozialkürzungen und Steuerreformen, die angeblich Entlastung schaffen sollten. Durchschnittlich 35 Prozent der Bruttoverdienste gingen 2005 in Deutschland an den Fiskus, an die gesetzliche Kranken-, die Renten- und die Arbeitslosenversicherung.

Doch wie viele Menschen leben von dem Geld? Zu einem deutschen Durchschnittshaushalt gehören gut zwei Personen, die im

Schnitt 2.770 Euro pro Monat in der Kasse haben. Familien in den alten Bundesländern können durchschnittlich 2.900 Euro monatlich ausgeben, in den neuen Bundesländern 2.230 Euro, das sind 77 Prozent des Westniveaus.[30] Um den Lebensstandard verschiedener Bevölkerungsgruppen zu analysieren, benutzen StatistikerInnen auch das sogenannte Nettoäquivalenzeinkommen. Dabei wird das Haushaltseinkommen nach der Anzahl der Personen gewichtet. Dem ersten Erwachsenen stehen 100 Prozent zu. Im Jahr 2003 waren das 1.563 Euro. Für jeden weiteren Erwachsenen und Jugendlichen werden 50 Prozent addiert, also 783 Euro. Kleinere Kinder fließen mit 30 Prozent oder 470 Euro in das Nettoäquivalenzeinkommen ein. Bei 60 Prozent dieses Einkommens liegt nach der Definition der Europäischen Union die Armutsgrenze. Mit nicht mehr als 1.408 Euro für zwei Personen gilt man als arm. Wer zu zweit das Doppelte des Nettoäquivalenzeinkommens ausgeben kann – also mindestens 4.692 Euro –, ist per Definition reich. Zwischen beiden Grenzen bewegt sich ein normales Leben in Deutschland.

Dies alles sind Durchschnittszahlen. Große Unterschiede zeigen sich zwischen verschiedenen Bevölkerungsgruppen. Eine Familie, die hauptsächlich vom Einkommen einer Frau lebt, hat nur knapp zwei Drittel des Geldes zur Verfügung, mit dem eine Familie mit männlichem Haupternährer kalkulieren kann. Sie lebt dicht an der Armutsgrenze. Der Einkommensunterschied zwischen Männern und Frauen beträgt monatlich fast 1.200 Euro. Alleinerziehende müssen mit weniger als der Hälfte des Einkommens von Paaren mit Kindern auskommen. Viele von ihnen sind arm.

Wer hingegen jung, flexibel, mobil, gut ausgebildet, gesund und kinderlos ist, hat die Chance, auf der Einkommensleiter ganz nach oben zu klettern und in Regionen vorzustoßen, wo es egal ist, ob die Mehrwertsteuer 16 oder 19 Prozent beträgt. Einem kleinen Teil der Normalverdienenden gelingt dieser Sprung. Abhängig ist das vor allem vom Bildungsniveau und vom Geschlecht: Das meiste Geld verdient ein Singlemann mit Hochschulabschluss, gefolgt von Paarhaushalten, in denen beide ein Hochschuldiplom haben. Frauen mit Hochschulabschluss und Männer mit abgeschlossener Berufsausbildung stehen auf Platz drei der Einkommensskala.[31]

Was ist ein »normaler« Monatsverdienst?

Beruf	West	Ost
RichterIn R1 [2]	3.094 – 5.043 (Amtsgericht)	2.862 – 4.665 (Kreisgericht)
Oberstudienrat/-rätin A14 [2]	2.998 – 4.347	2.774 – 4.021
ProfessorIn C3 [2]	2.971 – 5.358	2.748 – 4.956
IngenieurIn chemische Industrie	2.945 – 4.395	2.423 – 3.597
Arzt/Ärztin Krankenhaus, öffentlicher Dienst [1]	2.867 – 4.540	2.652 – 4.199
GrundschullehrerIn A12 [2]	2.560 – 3.522	2.368 – 3.258
Abteilungsleitung Einzelhandel [1]	2.435 – 3.786 (NRW)	2.362 – 3.649 (Brandenburg)
Dachdeckergeselle/-gesellin [1]		2.304 – 2.483
BankangestellteR, beratend [3]	2.091 – 3.049	
Finanzbeamter/-beamtin A10 [2]	2.065 – 2.853	1.910 – 2.639
Versicherungssachbearbeitung [1]		2.002 – 3.759
SchalterangestellteR Bankgewerbe [1]		1.979 – 3.001
Krankenpflege [1]	1.925 – 2.415	1.780 – 2.234
Zugbetreuung [1]	1.688 – 1.737	1.569 – 1.616
Briefzustellung [1]		1.611 – 2.021
LagerarbeiterIn Metallindustrie [4]	1.841	1.841
VerkäuferIn Einzelhandel [1]	1.397 – 1.981 (NRW)	1.566 – 1.957 (Brandenburg)
Kaufmännischer AngestellteR Textilindustrie	1.326 – 1.709	1.303
Müllabfuhr [5]	1651 – 1.845	1.527 – 1.707
Verwaltungsfachangestellter	1.970 – 2.185	1.852 – 2.054
Montagearbeiterin [4]	2.118	2.118
AbteilungsleiterIn Metallindustrie [4]	4.000	4.000
BusfahrerIn öffentlicher Dienst [6]	2.285 – 2.322	2.114 – 2.148
BusfahrerIn privates Transportgewerbe [7]	1.817	1.218 – 1.479

Beträge in Euro; genannt ist das (tarifliche) Grundgehalt ohne Zulagen und Zuschläge
1) Quelle: WSI-Tarifarchiv, Zahlen für 2004, 2) Stand: 01.08.2004, 3) Gehaltstabelle am 01.09.2005 nach dem Tarifvertrag Banken
4) Tarifbezirk Niedersachsen; West: 35-Stunden-Woche; Ost: 38-Stunden-Woche, 5) Ostniveau 92,5 Prozent West; plus Erschwerniszulage und Sozialzuschlag je nach Familienstand, z. B. bei zwei Kindern 181 Euro (168 Euro Ost)., 6) Ostniveau 92,5 Prozent West; plus Sozialzuschlag je nach Familienstand,
z. B. bei zwei Kindern 181 Euro (168 Euro Ost)., 7) West: Hessen laut Tarifvertrag; Ost: Sachsen nach ver.di-Angaben.

Die Besserverdienenden

Beruf	West	Ost
Zahnarzt/-ärztin [11]	101.566	93.287
Wirtschaftsprüferln [11]	54.805	40.000
Steuerberaterln [11]	74.625	62.112
Arzt/Ärztin (niedergelassen) [11]	77.000	85.300
Rechtsanwalt/-anwältin [11]	56.580	46.694
Chefarzt/-ärztin [1]	245.000 (Mann) / 191.000 (Frau)	
Justiziarln IT-Branche, großes Unternehmen [3]	167.000	
Leiterln Informationsverarbeitung und Organisation [4]	118.000	
Marketingleiterln Finanzdienstleistungen [8]	114.000	
Bank Bereich Merger & Acquisition [8]	98.400	
Bank Bereich Unternehmensfinanzierung [8]	76.400	
Anwalt/Anwältin in einer	71.000	
Kanzlei mit 51 bis 100 Beschäftigten [3]		
Bankfilialleiterln [7]	64.100	
Unternehmensberaterln (Senior) [6]	62.338 – 75.200	
Systemprogrammiererln [4]	59.000	
Justiziarln Versicherung [3]	58.000	
Unternehmensberaterln (Junior) [6]	47.256 – 56.190	
Maschinenbauingenieurln [10]	71.300	49.700
Einzelanwalt /-anwältin [3]	37.000	
Produktmanagerln [8]	37.000 – 54.000	
Richterln Bundesgericht R6 [9]	87.700	81.100

Angaben in Euro; Jahresdurchschnittsgehälter
1) Quelle: Bundesärztekammer 2003
2) »Was Architekten und Bauingenieure verdienen« in: Manager Magazin Online vom 13.05.2005
3) »Die wahren Gehälter der Juristen« in: Spiegel Online vom 06.05.2004
4) Kienbaum-Studie »Fach- und Führungskräfte in der Informationstechnologie 2005«
5) Kienbaum-Studie »Vergütung von Sekretariats- und Bürokräften 2005«
6) »Was Unternehmensberater verdienen« in: Manager Magazin Online vom 04.04.2005
7) Gehaltsbarometer für die Geld- und Kreditwirtschaft« in: Handelsblatt vom 29.09.2004
8) »Die wahren Gehälter im Marketing« in: Spiegel Online vom 08.02.2005
9) Stand 01.08.2004; gerundet, mit Familienzuschlag Stufe 1, ohne Jahressonderzahlung
10) Statistisches Bundesamt, Gehalts- und Lohnstrukturerhebung 2004
11) Zu versteuernde Einkünfte aus freiberuflicher Tätigkeit, Angaben für 2001, West: Statistisches Landesamt
Hessen, Ost: Statistisches Landesamt Sachsen-Anhalt

Beispiel West: Traum vom guten Leben

Peter Schulze (Name geändert) verdient gut. Sein Arbeitgeber, ein Autozulieferer in Hannover, überweist dem Monteur rund 2.100 Euro netto im Monat. Der Traum des 48-Jährigen: »Nicht nur gut verdienen, sondern auch gut leben.« Die Realität: Mit den 300 Euro Verdienst seiner Frau aus einem Minijob und dem Kindergeld für zwei Kinder (308 Euro) hat die Familie 2.708 Euro im Monat. Weniger dürfte es nicht sein. Denn die Haushaltsrechnung sieht so aus:

Einkommen	2.708 Euro
Miete	640 Euro
Gas und Strom	125 Euro
GEZ	17 Euro
Telefon und DSL	rund 50 Euro
Ratenzahlung fürs Auto	136 Euro
Steuern, Versicherungen und Wartung fürs Auto	rund 95 Euro
Benzin	rund 120 Euro
Sparverträge	55 Euro
Unfallversicherung Kinder	27 Euro
Risikolebens- und Berufsunfähigkeitsversicherung	43 Euro
Rentensparen für die Kinder	30 Euro
Rücklage	50 Euro
Gewerkschaftsbeitrag	27 Euro
Kontoführung	6 Euro
Summe der Fixkosten:	1.421 Euro
Was zum Leben bleibt	1.287 Euro

Mit 200 bis 250 Euro Haushaltsgeld pro Woche kalkuliert Familie Schulze. Davon muss nicht nur das Essen bezahlt werden. Kostenloser Schulbesuch? Von wegen! Die Leihgebühr für die Bücher beträgt 30 bis 40 Euro, das Kopiergeld zehn bis 15 Euro pro Schuljahr und Kind. Und jedes Jahr eine Klassenfahrt. »Es gibt Eltern, die können nicht mal das Kopiergeld bezahlen. Das wird dann auf alle umgelegt«, berichtet der Vater.

Der Sohn ist neun Jahre alt, die Tochter zwölf. In dem Alter sind jedes Jahr zwei Paar Schuhe und ein Paar Turnschuhe fällig, dazu mindestens alle zwei Jahre eine Winterjacke. Der Junge braucht ein neues Fahrrad. Das alte ist zu klein. »150 Euro sind das absolute Limit.« Die Tochter wünschte sich zum Geburtstag ein Fotohandy: »Einfach zu teuer. Das gab vielleicht Tränen!«

Der Sohn kränkelt. Eine Immuntherapie hilft, doch die Krankenkasse bezahlt nicht: 50 Euro im Jahr. Peter Schulze hat schlechte Leberwerte. Ein Mistelextrakt verschafft Linderung, jedoch nur auf eigene Kosten: Noch einmal 50 Euro. Nicht zu vergessen die Praxisgebühr von zehn Euro im Quartal.

Urlaub? »Vor zwei Jahren haben wir nicht aufgepasst. Zwei Wochen am Gardasee kosteten alles in allem 3.300 Euro. Wir haben neun Monate gebraucht, um aus dem Minus herauszukommen.« Seitdem führen die Schulzes ein Haushaltsbuch. Die jährliche Urlaubsreise wurde auf eine Woche verkürzt. Doch auch Balkonien kostet Geld. Bei schlechtem Wetter ins Hallenbad? 24 Euro Eintritt für die Familie, plus Sprit und Essen. Ein Wochenende am Steinhuder Meer? 300 bis 400 Euro.

»CDs kaufen ist nicht drin«, sagt Musikfan Peter Schulze. Einen DVD-Player kann sich die Familie auch nicht leisten. »Der Videorekorder ist sieben Jahre alt. Der tut's noch.« Die Stereoanlage hat fast 20 Jahre auf dem Buckel. »Für so etwas gebe ich kein Geld aus.«

Peter Schulze drängt seine Frau, einen regulären Teilzeitjob zu suchen. Doch in ihrem Beruf findet die gelernte Schneiderin mit Wirtschaftsabitur nichts. Sie würde gern ihre Sprachbegabung zum Beruf machen. Doch die Umschulung zur Übersetzerin kostet Geld.

Auch der gelernte Maschinenschlosser Peter Schulze würde gern wieder die Schulbank drücken. Auf einer Betriebsversammlung hieß es, wer sich nicht weiterbilde – natürlich privat – sei bald weg vom Fenster. »Danach hatte ich zwei Tage Bauchschmerzen. Das Geld für die Gebühren muss man erst mal auf dem Konto haben.«

Beispiel Ost: Der Traum von mehr Freizeit

Sie habe es eigentlich gut getroffen, findet Claudia Buchner (Name geändert). Einen Arbeitsplatz in der Nähe des Wohnortes, verlässliche Arbeitszeiten – wenn auch in Kontischicht –, und der Lohn trifft am Monatsende pünktlich auf dem Konto ein. In dem Textilunter-

nehmen, das in der Nähe von Halle seit 1993 Fasern für Teppichbö-
den herstellt, arbeitet sie seit zehn Jahren und verdient für Ostver-
hältnisse gut, mit Schichtzuschlägen rund 1.285 Euro netto.

Davor erlebte die 49-Jährige das ganz normale Nach-Wende-
Chaos: Rinder- und Pferdezucht hatte die Pferdenärrin Ende der
1970er Jahre in Wismar studiert und dort auch ihre erste Stelle angetreten. Die Tochter blieb bei der Oma in Merseburg, weil Buchner sie
nicht in die Krippe geben wollte. Buchner kehrte mit ihrem Partner
zurück nach Merseburg und fand eine Stelle als Futterökonomin und
Ausbilderin in einer LPG, einer Landwirtschaftlichen Produktionsge-
nossenschaft. Doch der Versuch, mit dem Vater ihrer mittlerweile
zwei Töchter zusammenzuleben, scheiterte.

Nach der Wende wechselten sich Arbeitslosigkeit und Jobs in ver-
schiedensten Branchen und Berufen ab. Am Ende ging Claudia
Buchner putzen. Als ihre jüngere Tochter ernstlich krank wurde,
blieb sie ganz zu Hause. Irgendwann reichte das Geld nicht mehr,
und die diplomierte Züchterin landete als angelernte Arbeiterin in
der Textilindustrie, zuerst halbtags, inzwischen in Vollzeit.

Die mittlerweile erwachsene Tochter ist wieder gesund. Doch
sie versäumte mehrere Schuljahre. Ihr Abitur holt sie an einer Fern-
schule nach. Das kostet 116 Euro im Monat. »Wir mussten eine
Schule suchen, die nicht das ganze Schulgeld für ein Jahr auf einen
Schlag haben wollte«, berichtet Claudia Buchner. Zur Abitur-
prüfung in Hamburg will sie die Tochter begleiten. Die drei Tage
werden rund 500 Euro kosten. Dafür legt sie seit einiger Zeit Geld
zurück.

Die andere Tochter macht eine Ausbildung zur Kauffrau für Wohnungswirtschaft. Die Lehrstelle ist nur mit dem Auto zu erreichen.
Das frisst fast die gesamte Ausbildungsvergütung. Für den Lebensunterhalt kommt Claudia Buchner auf. »Ohne meine Mutter ginge
es nicht«, sagt Buchner. Die 87-Jährige wohnt mit in der großen
Genossenschaftswohnung, in die die Familie 1992 für eine Miete
von 400 D-Mark einzog. Heute kostet die – inzwischen renovierte –
Wohnung 677 Euro. Die Mutter bezahlt von ihrer Rente fast die Hälfte. Dennoch müssen Buchner und ihre beiden Töchter von 672 Euro
im Monat leben. Denn die Haushaltsrechnung sieht so aus:

Einkommen (Lohn, Kindergeld, Mietzuschuss der Mutter):	1.890 Euro
Miete	677 Euro
Strom, Gas	150 Euro
Auto (Steuer, Versicherung Reparaturen)	60 Euro
Benzin	50 Euro
Telefon, Internet	60 Euro
GEZ	17 Euro
Gewerkschaftsbeitrag	15 Euro
Zeitung	23 Euro
Schulgeld	116 Euro
Riester-Rente	50 Euro
Summe der Fixkosten	1.218 Euro
Was zum Leben bleibt	672 Euro

Nicht einmal 700 Euro für drei erwachsene Frauen. Da wird es jeden Monat knapp. Im Urlaub Verreisen ist nicht drin, Ausgehen auch nicht. Kleidung wird selbst geschneidert oder im Billigmarkt gekauft. Auch die Schwester in Baden-Württemberg kann Buchner wegen der hohen Spritpreise nur selten besuchen. Früher hat sie das Haushaltsbudget mit der Zucht von Bernhardinern aufgebessert. Doch nach dem Tod des letzten Rüden zogen sie in die neue Wohnung um. Dort war an Hundezucht nicht mehr zu denken. Dennoch kann die tierliebe Frau von den Vierbeinern nicht lassen. Zwei Hunde hat sie. »Die sind mir zugelaufen«, sagt sie fast entschuldigend. »Die sind unser einziger Luxus.«

Buchners Wunsch ist es, endlich wieder eine anspruchsvollere Arbeit zu haben, bei der sie mehr leisten kann und ohne Kontischicht, damit mehr Zeit bleibt für Familie und Freundschaften, für Hobbys und Kultur.

Wo bleibt das Geld?

Gut drei Viertel des Einkommens, das eine Durchschnittsfamilie ausgeben kann, fließen in den Konsum; in Ostdeutschland ein bisschen mehr, in Westdeutschland ein bisschen weniger. Bundesweit ging die Konsumquote in den vergangenen Jahren leicht zurück. Nur für bestimmte Versicherungen wie private Krankenversicherung, Kfz-, und Haftpflichtversicherung, für verschiedene Steuern wie Kfz- und Hundesteuer, sowie für Unterhaltszahlungen und Zinsen für Konsumenten- und Baukredite gaben die Deutschen mehr Geld aus als in den Jahren zuvor.[32]

Fast ein Drittel ihres Einkommens verbrauchen Lieschen Müller und Otto Normalverbraucher fürs Wohnen. An zweiter Stelle liegen seit 2003 die Kosten für Mobilität mit 14,4 Prozent. Beide Anteile sind wegen gestiegener Energiepreise nach oben geschnellt. Für die Ernährung wendeten Durchschnittsfamilien 14 Prozent ihres Geldes auf. Rund 3,1 Prozent flossen in Telefonie und Internet. Konsumverzicht übten sie bei der Ausstattung ihrer Wohnung, bei Haushaltsgeräten, Schuhen und Bekleidung. Weniger Geld ließen sie auch in Restaurants und Kneipen.[33]

Erhebliche Unterschiede gibt es zwischen verschiedenen sozialen Gruppen. Die Familien von Beamten und Pensionären konnten monatlich rund 3.000 Euro verkonsumieren, Arbeitslose mit 1.413 Euro nicht einmal die Hälfte. Sie gaben fast 60 Prozent ihres Budgets für Grundbedürfnisse, also Nahrung, Wohnen und Bekleidung, aus. Staatsdiener hingegen reservierten dafür nur 46 Prozent.[34]

So manche Familie mit mehreren Kindern und durchschnittlichem Erwerbseinkommen verfügt nicht einmal über das zur Existenzsicherung notwendige Geld.

Konsumverzicht: Geiz ist nicht geil

Die viel zitierten »Menschen draußen im Lande« bekommen seit Jahren die Folgen der Wasserpredigten zu spüren. Selbst vielen Normalverdienenden geht finanziell die Puste aus. Wer kein Geld hat, kann keines ausgeben. Auch die schiere Erwartung, das eigene Einkommen werde eher sinken als steigen, verleidet die Kauflaune. Wer um seinen Arbeitsplatz und damit um seine Existenz fürchtet, hält sein Geld zusammen. Das »Angstsparen« greift um sich. Rund 10,6 Prozent ihres Einkommens sparen die Menschen hierzulande.[35] Das ist eine der höchsten Quoten in der EU und eine der höchsten im langjährigen Vergleich.

Wieviel Geld haben DurschnittsverdienerInnen

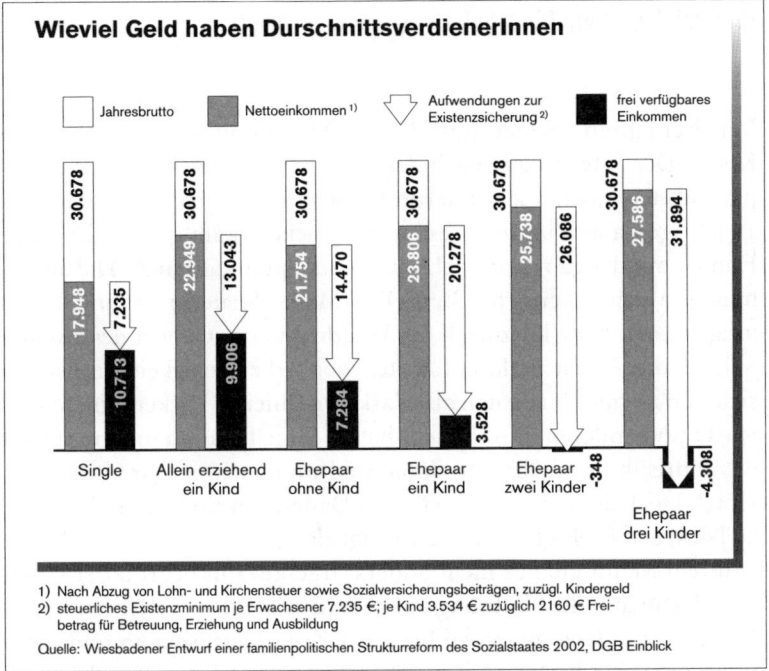

- □ Jahresbrutto
- ▨ Nettoeinkommen [1]
- ▽ Aufwendungen zur Existenzsicherung [2]
- ■ frei verfügbares Einkommen

Single · Allein erziehend ein Kind · Ehepaar ohne Kind · Ehepaar ein Kind · Ehepaar zwei Kinder · Ehepaar drei Kinder

1) Nach Abzug von Lohn- und Kirchensteuer sowie Sozialversicherungsbeiträgen, zuzügl. Kindergeld
2) steuerliches Existenzminimum je Erwachsener 7.235 €; je Kind 3.534 € zuzüglich 2160 € Freibetrag für Betreuung, Erziehung und Ausbildung

Quelle: Wiesbadener Entwurf einer familienpolitischen Strukturreform des Sozialstaates 2002, DGB Einblick

Die Folge: Jahrelang dümpelte die Binnennachfrage vor sich hin. Erst seit 2007 geht es wieder etwas aufwärts. Dem Einzelhandel geht es entsprechend schlecht. Besonders pfiffige PolitikerInnen und Vertreter der Verbände erhofften sich Abhilfe durch längere Ladenöffnungszeiten. Als hätten die Menschen nur nicht genügend Zeit zum Einkaufen. Doch die Umsätze haben sich lediglich verlagert, von Werktagen auf den Samstag, von kleineren Geschäften in die großen Einkaufszentren, von ländlichen Gebieten und Randlagen in die Citys und Shopping Malls. Längere Öffnungszeiten hätten die Konzentration gefördert und den Personalabbau beschleunigt, klagt die Gewerkschaft ver.di. Mithin hat die angebliche Abhilfe das Problem weiter verschärft. Wie wäre es stattdessen mit folgender Erkenntnis: Nur wer Geld hat und sich in finanzieller Sicherheit weiß, geht shoppen. Geiz ist eben doch nicht geil!

145

Niedriglöhne: Geld für Arbeit? – Na ja, manchmal!

Vor drei Jahren packten Jutta K., ihr Mann und die vier Söhne die Koffer. Der Älteste hatte nach der mittleren Reife einen Ausbildungsplatz als technischer Zeichner in Gelsenkirchen gefunden. Statt den 16-Jährigen allein in den Westen zu schicken, kam gleich die ganze Familie mit. Es gab nicht viel, was sie im Spreewald hielt. Die ausgebildete Mechanikerin für Betriebs-, Mess-, Steuerungs- und Regelungstechnik hatte kurz nach der Wende und der Geburt des zweiten Sohnes die Arbeit verloren. Zeiten der Arbeitslosigkeit wechselten sich nun ab mit Tätigkeiten als Marktverkäuferin, Packerin im Supermarkt und anderen Jobs. K. schulte zur Hotelfachfrau um, hoffte auf die Touristik im idyllischen Spreewald und leitete sogar ein kleines Hotel. Doch auch das war nicht von Dauer. Am Ende kam die heute 39-Jährige auf zehn Jahre Arbeitslosigkeit.

Ihrem Mann ging es nicht anders. Irgendwann begrub der Computerfachmann die Hoffnung auf eine neue Stelle im erlernten Beruf. Er heuerte in Gelsenkirchen bei einer Zeitarbeitsfirma an und montierte zeitweilig für nicht mal sieben Euro pro Stunde Handys beim Siemens-Nachfolger BenQ in Kamp-Lintfort. Jutta K. geht putzen, für 7,87 Euro pro Stunde, auf Steuerkarte bei der einen Gebäudereinigungsfirma, als Minijobberin bei der anderen. Der 400-Euro-Job ist unbefristet. Bei ihrem Hauptarbeitgeber hangelt sie sich von einer halbjährlichen Befristung zur nächsten. Nach zwei Jahren ist bei einer sachgrundlosen Befristung eigentlich Schluss. Ein Jahr Galgenfrist hat sie noch. Jutta K. hofft mal wieder, diesmal auf einen unbefristeten Vertrag. Bis zu 800 Euro verdient sie im Monat. »Damit sind die Fixkosten gedeckt«, sagt sie.

»Da macht man mal was nebenbei«

Ein bisschen Truckerromantik empfand Ibrahim T., auch wenn er nicht auf dem Bock eines Trucks auf große Fahrt ging, sondern mit einem Mercedes-Sprinter Pakete im Raum Nürnberg auslieferte. Den ganzen Tag allein unterwegs, sein eigener Chef sein, selbst entscheiden können, keiner, der ihm andauernd reinredet. »Ich kann mir keine schönere Arbeit vorstellen«, sagt er auch heute noch, nachdem ihn sein Chef, Subunternehmer eines großen Paketdienstes, vor die Tür gesetzt hat.

Die andere Seite der Medaille war weniger romantisch: Um vier Uhr morgens aufstehen, ab fünf Uhr im Depot Pakete vom Band heben, scannen und aufladen. Zwischen acht und neun Uhr ging es los auf Tour, acht bis zehn Stunden lang Pakete ausliefern, bei Abholern einsammeln und zum Depot bringen. »Die Arbeit ist nicht nach acht Stunden zu Ende, sondern dann, wenn die Abholerpakete im Depot abgeliefert sind.« Zwölf- bis 14-Stunden-Arbeitstage waren das, vor Weihnachten auch mal 16 Stunden für 1.300 Euro netto im Monat. Die Überstunden wurden nicht bezahlt. Der Arbeitsweg vom Heimatort 40 Kilometer außerhalb bis nach Nürnberg ins Depot und wieder zurück kostete jeden Monat 250 Euro Sprit.

Wegen der Fahrtkosten verlangte Ibrahim T. mehr Geld, aber der Chef weigerte sich. Das Arbeitsamt habe gesagt, mehr werde in der Branche nicht gezahlt. T. wollte wenigstens mit dem Transporter nach Hause fahren. Auch das ging nicht, angeblich wegen der Versicherung. Wenn mal ein Paket beschädigt beim Kunden ankam oder er eine Schramme in den Mercedes fuhr, wurde ihm ein Teil der Kosten vom Lohn abgezogen. Einmal sollte er 500 Euro zahlen, weil er am Ende eines langen Tages einen Pfosten gerammt hatte. »Normalerweise ist eine Firma dagegen versichert«, klagt T. Zum ersten Mal wandte er sich an die Gewerkschaft ver.di.

Als der Chef zwei neue Fahrer für wesentlich kürzere Touren, aber für das gleiche Geld einstellte, beschwerte sich T. erneut und verlangte, dass die Arbeit umverteilt werde. Stattdessen flog er fristlos raus, als er ankündigte, wegen einer Operation eine Zeit lang auszufallen. Mit Hilfe von ver.di erreichte T. einen Vergleich: Die fristlose wurde in eine fristgerechte Kündigung umgewandelt. Bei einem Kleinstunternehmen mit nur drei Beschäftigten sind das vier Wochen. Denn das Kündigungsschutzgesetz greift nicht. Immerhin musste der Chef die Überstunden nachzahlen. Ärger mit der Gewerbeaufsicht bekam er auch, weil nach dem Arbeitszeitgesetz nach zehn Stunden Schluss sein müsste.

Seit acht Monaten ist T. arbeitslos. Der gelernte Betonbauer möchte wieder als Fahrer im Paketdienst arbeiten, die Truckerromantik fehlt ihm. Neulich hat er sich bei einem anderen Subunternehmer in

Nürnberg vorgestellt. Der wollte nur 1.000 Euro brutto zahlen. »Mit Spesen und Auslöse wäre ich vielleicht auch netto auf 1.000 Euro gekommen«, schätzt T. In einigen Kurierdiensten wird der Lohn schwarz auf die Hand aufgestockt. »Aber das spürst du dann beim Krankengeld, beim Arbeitslosengeld oder später bei der Rente.« Darüber, wie er mit Frau und zwei Kindern von dem Geld lebt, will er nicht reden. Nur so viel: »Die Mutter meiner Frau hilft uns, und ich habe ein paar Freunde, die selbstständig sind. Da macht man mal was nebenbei.« Auch die Frau verlor am Ende der Elternzeit die Arbeit. Sie wollte in Teilzeit zurück in den Baumarkt, wo sie sich bis in die Beratung hochgearbeitet hatte. Doch statt Teilzeit gab es einen Aufhebungsvertrag.

Putzen, gärtnern, Auto waschen

»Der Staat ist auf dem Arbeitsmarkt zum großen Konkurrenten der Privatwirtschaft geworden. Er zahlt in Form von Sozial- und Arbeitslosenhilfe Gehälter im Niedriglohnbereich, mit denen die Unternehmen nicht mithalten können. Niemand ist ja bereit, für weniger zu arbeiten, als er vom Staat zur gleichen Zeit fürs Nichtstun bekommt.«[1] So rechtfertigt Hans-Werner Sinn, Präsident des Münchener ifo-Instituts, Professor und Spitzenverdiener, seine Forderung nach einer weiteren Senkung der Löhne von Geringverdienenden. Sollten deren Einkommen unter das Existenzminimum fallen, müsse der Staat sie subventionieren. Um welche Jobs es ihm geht, tut Sinn ebenfalls kund: »In Waschanlagen in den USA springen vier Menschen um Ihr Auto herum und polieren es blank. Bei uns haben Sie es nur mit einem Automaten zu tun.«[2]

Sinns Weltbild ist so einfach wie menschenverachtend: Leute wie er lassen sich von jenen, die weniger Glück haben, von hinten bis vorn bedienen: putzen, gärtnern, Auto waschen, Einkaufstüten packen und tragen, Schuhe putzen. Wer damit nicht genug zum Leben verdient, bekommt Geld vom Staat. Wer das finanziert, davon hat der Frontmann der Neoliberalen ebenfalls klare Vorstellungen – jene, die (noch) einen bezahlten Job haben. Denn Arbeit möchte Sinn höher besteuern lassen als Kapital. Seine Begründung: Kapital sei, anders als Arbeit, global hochmobil. Um es im Land zu halten, müsse es steuerlich begünstigt werden.[3] »Eine Art Vergesellschaftung des Lohns« nennt das der Frankfurter Sozialwissenschaftler Rainer Roth.[4]

»Die angemessene Lohnhöhe für eine Tätigkeit bildet sich auf dem Markt«, behauptet der FDP-Generalsekretär und Bundestagsabgeordnete Dirk Niebel.[5] Ob der Mann angesichts einer Diät von monatlich 7.009 Euro brutto plus steuerfreier Aufwandspauschale von 3.720 Euro (plus vermutlich eines Zubrots von seiner Partei) weiß, wovon er spricht? Sind drei Euro Stundenlohn bei einem Sicherheitsdienst »angemessen«? Oder 1.000 Euro Monatsgehalt als ausgebildete Anwaltsgehilfin? Oder ein Vollzeit-Minijob für 400 Euro als Kurierfahrerin mit eigenem Auto? Oder ein Stundenlohn von 3,80 bis 4,50 Euro netto als Reinigungskraft? Oder 800 Euro netto monatlich für 38 Wochenstunden als Kassiererin? Dass solche Löhne nicht existenzsichernd sind, weiß auch der nassforsche Liberale. Dann müsse ein betroffener Arbeitnehmer eben »Zuschüsse bekommen«.[6]

Einen anderen Vorschlag macht Norbert Walter: »Dann kann es sein, dass zwei oder drei Mitglieder einer Familie arbeiten müssen, damit es zum Leben reicht«, meint der Chef-Volkswirt der Deutschen Bank.[7] Vater, Mutter – und wer noch? »Wenn meine 16-jährige Tochter, die schon mehr Entbehrungen in ihrem Leben hinter sich hat als andere Kinder, jobben geht, um sich einen Wunsch zu erfüllen oder für den Führerschein zu sparen, und dann stattdessen mit ihren paar Kröten unseren Haushalt mitfinanzieren muss, dann ist für mich die Schmerzgrenze überschritten.« Das sagt Andrea H., alleinerziehende Mutter von drei Töchtern, Minijobberin und Arbeitslosengeld-II-Empfängerin.

Walter, Ökonom und Doktor der Politikwissenschaft, muss als Chef der DB-Research bestimmt kein Geld von seinen Kindern erbitten, um über die Runden zu kommen. Mit einem Gehalt von sicherlich nicht unter 200.000 Euro dürfte der 63-Jährige für den Rest seines Lebens ausgesorgt haben, auch wenn er anderen verordnen will, weitaus länger zu arbeiten.

Wie viel ist wenig?

Nach der Definition der Organisation für wirtschaftliche Zusammenarbeit (OECD) liegt die Niedriglohngrenze bei zwei Dritteln des Medianlohns. Der Median gibt den Betrag an, der die Beschäftigten in eine besser und eine schlechter verdienende Hälfte teilt, und ist nicht zu verwechseln mit dem Durchschnittslohn. 2004 lag der Medianlohn bei brutto 2.492 Euro in West- und 1.813 Euro in Ostdeutschland. In Westdeutschland mussten sich 21,9 Prozent der Beschäftigten mit einem Niedriglohn, also mit zwei Dritteln dieses Satzes zufrieden geben, in Ostdeutschland waren es 23 Prozent. Wer weniger als die Hälfte des Medians verdient, bezieht einen Armutslohn. Das betraf 2004 rund neun Prozent.[8] Und der Anteil der zu Niedriglöhnen Beschäftigten steigt weiter.

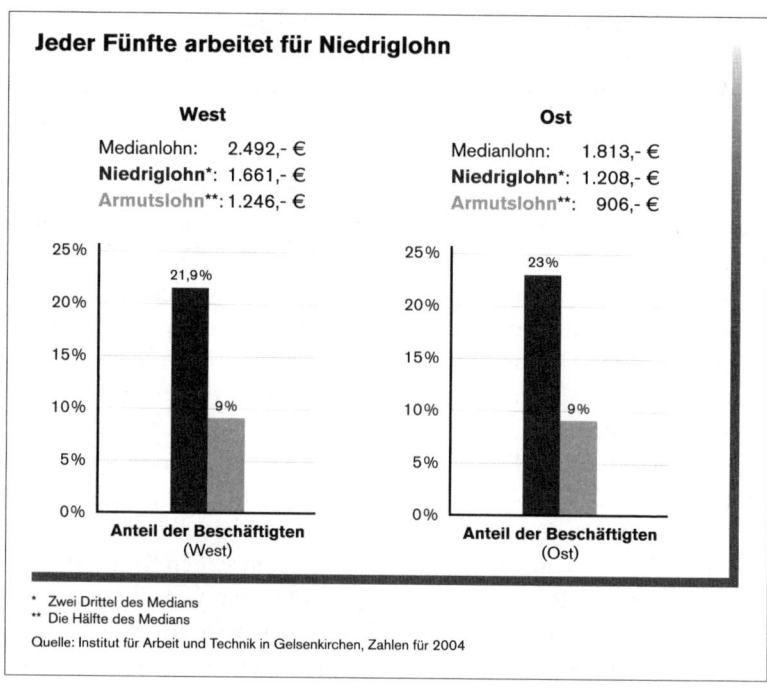

Jeder Fünfte arbeitet für Niedriglohn

West
Medianlohn: 2.492,- €
Niedriglohn*: 1.661,- €
Armutslohn**: 1.246,- €

Ost
Medianlohn: 1.813,- €
Niedriglohn*: 1.208,- €
Armutslohn**: 906,- €

West: 21,9% / 9% — Anteil der Beschäftigten (West)
Ost: 23% / 9% — Anteil der Beschäftigten (Ost)

* Zwei Drittel des Medians
** Die Hälfte des Medians
Quelle: Institut für Arbeit und Technik in Gelsenkirchen, Zahlen für 2004

Niedriglöhne werden vor allem in Kleinbetrieben unter 100 Beschäftigten und im Dienstleistungssektor bezahlt. Auch Frauen sind eine Risikogruppe: Fast die Hälfte aller ganzjährig vollzeitbeschäftigten deutschen Frauen arbeitet im Niedriglohnsektor. Hingegen ist die Wahrscheinlichkeit für deutsche Männer, mit weit unterdurchschnittlichen Löhnen auskommen zu müssen, deutlich geringer.

Löhne am Existenzminimum

Beruf	Tariflicher Stundenlohn	
	Ost	West
FriseurIn[1]	3,84 / 4,71	7,05 – 7,31
Separatwachdienst[2]	4,32	6,47
ungelernte BäckereiverkäuferIn[3]	5,04 – 6,02	6,38 – 7,63
FloristIn[4]	5,27 – 5,97	7,12 – 9,43
Callcenter-AgentIn[5]	5,78	6,90
GärtnerIn[6]	5,87 / 6,13	9,98 / 10,50
Servicepersonal in der Systemgastronomie[7]	6,2	7,15 – 8,66
GebäudereinigerIn[8]	6,36	7,87
LandarbeiterIn[9]	6,39	6,45
Bürohilfe im Groß- und Außenhandel[10]	6,39 – 7,69	7,94 – 10,40
TankstellenhelferIn[11]	6,43	7,75
Arzthelferin	6,68 – 9,91	7,85 – 11,66
KonditorIn[3]	7,21 – 8,15	9,20 – 10,30
ungelernte FleischereiarbeiterIn[10]	7,66	8,87
BüglerIn	7,72	8,94
NäherIn	8,00 – 8,22	9,53
Bauhauptgewerbe[8]	8,90	10,30

1) Ost: Sachsen, West: NRW
2) Quelle: ver.di Bundesvorstand, Stand: Dezember 2005, Ost: Brandenburg, West: Niedersachsen
3) Berlin Ost und West
4) Ost: Mecklenburg-Vorpommern, West: ohne Schleswig-Holstein und Bayern
5) Quelle: ver.di Bundesvorstand, Stand 23.12.2005, Ost: Görlitz, West: Bremen
6) Ost: Thüringen, West: NRW
7) Ost: Sachsen-Anhalt, Thüringen, Sachsen; West: Berlin West und Ost
8) Mindestlohn
9) Ost: Mecklenburg-Vorpommern, West: Bayern
10) Ost: Sachsen-Anhalt; West: NRW
11) Ost: Sachsen-Anhalt, Thüringen, Sachsen; West: Schleswig-Holstein, Hamburg, Niedersachsen, Bremen
Quelle: WSI-Tarifarchiv, Stand: 31.10.2006
12) Ost: Sachsen, West: NRW

Weit verbreitet ist die Vermutung, Geringverdienende seien gering qualifiziert, verrichteten einfache Tätigkeiten oder seien besonders jung, stünden also nur vorübergehend auf den untersten Sprossen der Verdienstleiter. Doch das ist ein Vorurteil. Fast zwei Drittel haben eine Berufsausbildung, sind mindestens 30 Jahre alt und üben eine qualifizierte Tätigkeit aus. Ausbildung, Alter und qualifizierte Tätigkeit schützen immer weniger vor Niedriglöhnen.[9]

Auf dem Bau: Hart arbeiten, wenig verdienen

»Ich habe lieber einen schlecht bezahlten Job und sammle Berufserfahrung als keinen Job, weil er nach Tarif bezahlt werden müsste und deswegen gar nicht erst angeboten wird«, sagt die Architektin Angelika L. Vor drei Jahren hat sie an der Fachhochschule Hamburg ihr Diplom gemacht, mitten hinein in die Baukrise. Den ersten Job fand sie in einem Handwerksbetrieb, wo sie freiberuflich Aufmaße und Abrechnungen für acht Euro pro Stunde erstellte. Wegen der Krankenversicherung blieb sie an der FH eingeschrieben. Damit es zum Leben reichte, übernahm sie auch andere Arbeiten, vertrat zum Beispiel die Sekretärin. Nach 16 Monaten war Schluss. Der Betrieb ging bankrott, Angelika stand als Erste auf der Straße.

Vier Monate Arbeitslosigkeit folgten. Da sie nicht in die Arbeitslosenversicherung eingezahlt hatte, musste Angelika L. Sozialhilfe beantragen. »Zunächst habe ich mich nur auf richtige Stellen beworben, später auch als Praktikantin«, erinnert sie sich. Schließlich klapperte sie die Großbaustellen in Hamburg ab. Am Ende ergatterte sie bei einem der Großen der Branche ein Vollzeitpraktikum für Studierende für 540 Euro. Weil sie damit unter dem Existenzminimum lag, legte das Sozialamt noch etwas drauf.

Wieder ermittelte sie Massen für Nachträge und Angebote, nun allerdings auf einer der größten Baustellen in Hamburg und mit Verantwortung für eine Million Euro. Denn so viel sollten dem Bauherrn nachträglich in Rechnung gestellt werden. Angelikas Aufgabe war es, die Nachforderung plausibel zu machen. Daneben übernahm sie Urlaubsvertretungen für die Bauleitung und Abnahmen für einzelne Gewerke. »Was man als Berufsanfängerin in der Bauleitung eben erledigt«, sagt sie. Nach Tarif gibt es dafür mit Hochschuldiplom 3.000 bis 3.200 Euro.

Vier Monate ließ sie sich das gefallen. Dann forderte sie mehr Geld. Ein regulärer Vertrag war nach Auskunft ihres Chefs nicht drin. Man vereinbarte einen Deal: 700 Euro pro Monat zusätzlich bar auf die Hand. Sechs Monate lang lief das so. Angelikas Verantwortung stieg kontinuierlich. »Ich habe das auch forciert«, sagt sie. Sie sammelte wenigstens Berufserfahrung und hoffte, sich auf diesem Weg einen »richtigen« Vertrag zu erarbeiten. Nach drei weiteren Monaten bekam sie immerhin einen sozialversicherten Aushilfsvertrag mit 1.400 Euro pro Monat. Angelika ließ nicht locker und setzte am Ende das übliche Tarifgehalt von 3.100 Euro durch – für die letzten drei Monate auf der Baustelle. Einige Nacharbeiten erledigte sie danach wieder auf Honorarbasis, dann war auch hier Schluss. Angelika L. bekommt jetzt zwar Arbeitslosengeld (Alg) I. Aber das reicht nicht. Sie musste Wohngeld beantragen.

Hornstein: Um den Lohn geprellt

Auf dem Bau wird hart gearbeitet und wenig verdient. Deswegen war Mario S. zufrieden, als er im Mai 2005 nach fünf Monaten Arbeitslosigkeit einen Vertrag bei einer Malerfirma auf Rostocks größter Baustelle, dem Yachthafen mit Residenz-Hotel Hohe Düne, unterschrieb. 1.045 Euro sollte er in der dreimonatigen Probezeit netto bekommen, danach 1.100 Euro für 168 Stunden im Monat. Das entsprach zwar nicht einmal dem Mindestlohn für Maler- und Lackierergesellen von 1.238 Euro in Ostdeutschland (1.360 Euro West). »Aber das ist der Schnitt«, meint der 26-Jährige. Über Tariflohn braucht man in Mecklenburg-Vorpommern überhaupt nicht zu reden. Den zahlen nach Auskunft der IG Bauen-Agrar-Umwelt (BAU) vielleicht noch fünf Prozent der Betriebe im deutschen Nordosten.

Dass S. laut Arbeitsvertrag als ungelernter Hilfsarbeiter arbeiten sollte, auch das nahm der Maler und Lackierer mit Gesellenbrief hin. Dass sein künftiger Arbeitgeber ihn nur mit Vermittlungsgutschein des Arbeitsamts einstellen wollte und er zunächst eine Woche unentgeltlich arbeiten sollte, als »Trainingsmaßnahme« des Arbeitsamtes deklariert, fand er zwar merkwürdig. Aber was soll's, Hauptsache wieder ein Job zu Hause in Rostock, wo die Freundin mit dem zweijährigen Sohn wohnt. Vor der Arbeitslosigkeit hatte S. in Hamburg bei einer Zeitarbeitsfirma gemalert.

Dass er am Ende nach etwa fünf Monaten fast gar kein Geld sehen würde, hätte er hingegen nicht gedacht. Mit krimineller Energie hatte der Arbeitgeber bis zu 60 Beschäftigte um ihren Lohn geprellt und versucht, Fördergelder von der Arbeitsagentur abzuziehen. Um die vertragsgerechte Erledigung der Arbeiten auf der Hohen Düne kümmerte er sich hingegen weniger. Wer der Arbeitgeber war, wusste Mario S. eigentlich gar nicht. Die Neustrelitzer Firma Hornstein Maler & Tapezier GmbH? Die Berliner Firma Schmidigke Bauservice? Die City-Job Personaldienstleistungen aus Hamburg? Die Ansprechpartner wechselten ständig. Mittlerweile sind sie alle verschwunden und ließen ihre ehemaligen Arbeiter in Existenznot zurück.

S. hatte noch Glück. Die Freundin war mit ihrer Ausbildung fertig und konnte das Söhnchen erst einmal allein durchfüttern. Doch ein Kollege fragte eines Freitags bei der IG BAU um Rat, wie er am Wochenende das Essen für die Familie bezahlen sollte.

Auch S.' Kollege Stephan F. und seine Freundin Nadine K. wussten zeitweise nicht mehr, wie es weitergehen sollte. F. ließ sich sogar einmal für drei Wochen krank schreiben, weil er sich die Wochenkarte für die Fähre zur Hohen Düne nicht mehr leisten konnte. Ab und zu kamen ein paar Hundert Euro Abschlagszahlung von Hornstein. Nadine K. brachte als Auszubildende 750 Euro nach Hause. Doch wie sollen zwei Personen davon leben und Miete zahlen? »Wir haben wochenlang nur Kartoffeln und Quark gegessen«, erinnert sich die 23-Jährige. Am Ende waren auch das Ersparte und der »Notgroschen« aufgezehrt. Die Eltern sprangen ein. Ein gemeinsames Abendessen im Kollegenkreis ihrer Firma wollte Nadine K. absagen, weil sie kein Geld hatte. Eine Freundin sorgte dafür, dass die Kollegen ihre Rechnung übernahmen. »Mir war das so peinlich«, erinnert sie sich.

Akribisch hat Nadine K. die ausstehenden Beträge aufsummiert: Am Ende waren es über 2.500 Euro für gut vier Monate Arbeit, auf die Stephan F. seinen damaligen Arbeitgeber mit Hilfe der IG BAU verklagte.

Warum arbeiten, wenn man keinen Lohn dafür bekommt? Ein Hornstein-Arbeiter war zum Firmensitz nach Neustrelitz gefahren, um seinen Lohn einzufordern. Er kam mit der fristlosen Kündigung zurück. »Die meisten hoffen, dass doch irgendwann Geld fließt«, sagt Stephan F. Lieber einen Job haben und eine vage Hoffnung auf Lohn als keinen Job und keine Hoffnung auf Lohn. Stephan F. versuchte, bei der Arbeitsagentur Unterstützung zu bekommen. Doch die fühlte sich nicht zuständig, er hatte ja Arbeit. Selbst zu kündigen hätte eine

Sperre beim Arbeitslosengeld nach sich gezogen. Mario S. weiß: »Am besten ist es, wenn eine Firma Insolvenz anmeldet. Die Insolvenzstelle zahlt am schnellsten.« Der 26-Jährige spricht aus Erfahrung. Er hat das schon zweimal mitgemacht.

Am Ende hat Hornstein beide entlassen, wie auch alle anderen. Mario S. will sich nun über eine Zeitarbeitsfirma in den Niederlanden verdingen. Stephan F. ist bei seinem früheren Arbeitgeber untergekommen. Die beiden sind jung. Jörg Dahms, Gewerkschaftssekretär der IG BAU in Rostock, berichtet von einem 50-jährigen Maurer mit 30 Jahren Berufserfahrung, dem die Arbeitsagentur nur noch unentgeltliche Trainingsmaßnahmen anbietet.

Hornstein, ein Einzelfall? Jörg Dahms lacht bitter. Die IG BAU hat innerhalb eines Jahres allein in Mecklenburg-Vorpommern in rund 2.000 Fällen entweder den Lohn beim Arbeitgeber geltend gemacht oder vor Gericht eingeklagt.

Auf dem Bau scheint sich der Zusammenhang zwischen Arbeit und Entlohnung langsam aufzulösen. Da gibt es Firmen, die nur noch Leute einstellen, wenn das Arbeitsamt vorher eine als Trainingsmaßnahme getarnte, möglichst lange unentgeltliche Phase genehmigt. Der eine oder andere Chef arbeitet inzwischen hauptsächlich mit solchen kostenlosen »Praktikanten«. Da sollen keine neuen Leute getestet oder eingearbeitet, sondern ex und hopp Lohnkosten gespart werden.

Unbezahlte Überstunden sind eher die Regel als die Ausnahme. Architektin Angelika L. berichtet von rumänischen Arbeitern eines Subunternehmers auf ihrer Baustelle, die zwar offiziell den Mindestlohn erhielten, aber so viele Überstunden schieben mussten, »dass sie mit höchstens zwei bis drei Euro pro Stunde nach Hause gingen«.

Immer wieder deckt die IG BAU bei Kontrollen auf Baustellen illegale Beschäftigung und Lohndumping auf. Ausländische Arbeiter ohne gültige Papiere, Osteuropäer, die den vertraglichen Lohn nicht erhalten, weil ihnen Reise, Kost und Logis zu Wucherpreisen in Rechnung gestellt werden oder ihnen weisgemacht wird, der Rest ginge direkt an ihre Familien im Heimatland. Andere erhalten keinen Jahresurlaub und kein Urlaubsgeld.

Existenzgründung: Sich selbst ausbeuten

Eine elegante Variante der Lohndrückerei sind Existenzgründungen. Beschäftigte – vor allem in den 53 Handwerksgewerben, in denen 2004 die Meisterpflicht abgeschafft worden ist – werden entlassen. Wer, von der Arbeitsagentur subventioniert, einen Ein-Personen-Betrieb gründet, kann als Subunternehmer zu erheblich schlechteren Bedingungen wiederkommen. Schon sprichwörtlich ist der polnische Fliesenleger. Seit der Reform der Handwerksordnung hat sich die Zahl der selbstständigen Fliesenleger mehr als verdoppelt. 75 Prozent der neu eingetragenen Firmen sind Ein-Mann-Betriebe. Ein Selbstständiger arbeitet schon ab fünf Euro die Stunde, da kann kein Handwerksbetrieb mithalten.[10] Für die Selbstständigen gelten weder Mindestlohn noch gesetzliche Höchstarbeitszeiten oder bestimmte Arbeitsschutzbestimmungen.

Schleuser bringen die Mittel- und Osteuropäer nach Deutschland. Die Gewerbeanmeldung übernehme »en bloc ein Rechtsanwalt, die sogenannten Selbstständigen müssen nicht einmal bei uns erscheinen«, heißt es etwa bei der Handwerkskammer in Wiesbaden.[11] Häufig sind ganze Gruppen von Selbstständigen in nur einer Wohnung gemeldet. Büros oder Materiallager gibt es nicht. In Köln fanden sich 60 Einzelunternehmer, die alle für eine Baufirma arbeiteten.

In der Baubranche herrscht ein gnadenloser Preiskampf, der auf dem Rücken der Beschäftigten ausgetragen wird. Nach einem kurzen Boom in den Jahren nach der deutschen Vereinigung steckt die Branche in der Krise, weil vor allem die öffentlichen Investitionen aber auch die der privaten Wirtschaft ausbleiben. Viele Unternehmen sehen keine andere Möglichkeit, als mit illegalen Praktiken den Überlebenskampf aufzunehmen. Die in der EU vorherrschende Ideologie der Deregulierung, wonach der Arbeitsmarkt auch länderübergreifend von angeblich überflüssigen Vorgaben befreit werden müsse, forciert diese Entwicklung.

Korruption: Ehrenwerte Gesellschaft

Nicht weniger illegal ist das Bakschisch. Die Baubranche gilt als einer der korruptesten Wirtschaftszweige überhaupt: Illegale Preisabsprachen mittelständischer Bauunternehmen in Sachsen-Anhalt, die Allianz Arena in München, Müllverbrennungsanlagen in Köln und anderswo. Oder Frankfurt: die Messe, der ICE-Fernbahnhof am Flughafen – die Main-Metropole könnte glatt als Korruptionshauptstadt Deutschlands durchgehen. Im Frankfurter Immobilienskandal wurde zeitweise gegen rund 170 Verdächtige ermittelt.[12] Und längst sind es nicht mehr nur die kleinen und mittleren Firmen, die die Antikorruptionsorganisation Transparency International (TI) für hauptverantwortlich hält, weil sie untereinander und mit lokalen Auftraggebern eng verflochten sind. Illustre Unternehmen finden sich in den Akten der Frankfurter Staatsanwaltschaft, wie die Immobiliengesellschaft der Deka-Bank, Deutsche Bank RealEstate, Bilfinger Berger oder die Dresdner Bank.[13] Und es sind nicht in erster Linie die kleinen städtischen Angestellten im Bauamt, die die Hand aufhalten. »Durch Korruption bereichern sich meist solche Menschen, die ohnehin zu den Bessergestellten gehören«, sagt Anke Martiny, Vorstandsmitglied bei TI Deutschland.[14]

Da wird beim Kauf einer Immobilie ein Makler eingeschaltet, obwohl sich Käufer und Verkäufer längst einig sind. Da werden teure Materialien beim Bau in Rechnung gestellt, obwohl nur billige verbaut wurden. »Das ist auf dem Bau gang und gäbe«, sagt ein ehemaliger Hornstein-Arbeiter. Da werden die Entscheider öffentlicher Aufträge direkt bestochen. Da stellt ein Gebäudemanager überhöhte Rechnungen und muss den Mehrgewinn an den Auftraggeber weiterleiten, um im Geschäft zu bleiben. Der Gebäudemanager seinerseits hält sich bei den Handwerkern schadlos, die diesen Obolus wiederum auf ihre Rechnung aufschlagen.[15]

Auf fünf bis zehn Milliarden Euro jährlich schätzt TI den Schaden im Bausektor. Die Lohnsumme betrug 2005 nach Angaben des Bauhauptverbandes 18,2 Milliarden Euro. Ein Viertel bis die Hälfte dessen, was die Bauarbeiter verdienen, fließt in schwarze Kassen, um die Begehrlichkeiten korrupter Geschäftspartner zu bedienen. Lohndumping ist eng verknüpft mit der Korruption auf dem Bau.

Die Angst vor den Osteuropäern

Lohndumping, dabei denkt man an den polnischen Fliesenleger oder den rumänischen Bauarbeiter. Aber auch Reinigungskräfte werden in

Bussen aus Tschechien angekarrt, um zum Beispiel auf Autobahn-raststätten für 2,80 Euro pro Stunde die Toiletten zu putzen. Geld erhalten sie übrigens nicht für die ganze Zeit, sondern nur, während sie ihre Putzrunden drehen. Dazwischen haben sie ja »frei«. Skandalträchtig ist die Fleischindustrie. Hier geht die Angst vor den Tschechen und Ungarn ebenfalls um, die für drei bis fünf Euro pro Stunde Schlachtvieh ausbeinen und Hähnchen verpacken.

Das läuft bisher über Werkverträge: Die Schlachtereien geben – offiziell zumindest – ganze Bereiche und Produktionslinien an zumeist osteuropäische Subunternehmen ab, die mit eigenen Leuten die Arbeit erledigen. Auf diese Weise benötigen die ArbeiterInnen weder Arbeitserlaubnis noch Sozialversicherung in Deutschland – exterritoriales Gebiet sozusagen.

Die Praxis sieht jedoch häufig anders aus. Da springen die über Werksverträge Beschäftigten ein, wo gerade Not am Mann ist. Fleischverarbeiter verzichten inzwischen darauf, eigene Leute einzu-stellen, und greifen nur noch auf Werkverträge zurück. Das ist zwar illegale Arbeitnehmerüberlassung, lässt sich aber schwer nachweisen, zumal Angst mundtot macht: die Osteuropäer genauso wie die gerupften Stammbelegschaften, die befürchten, auch noch vor die Tür gesetzt zu werden. Die EU als großer Wirtschaftsraum wird gefördert, ein gemeinsamer europäischer Rechtsraum, der grenz-überschreitend illegale Arbeit bekämpft, fehlt hingegen. »Artgerechte Arbeitnehmerhaltung«, fordert Franz-Josef Möllenberg, der Vorsit-zende der Gewerkschaft Nahrung-Genuss-Gaststätten. Ein Güte-siegel in der Lebensmittelwirtschaft dürfe nicht nur die artgerechte Tierhaltung und Produktqualität zertifizieren. Es müssten auch ver-bindliche Sozialstandards vereinbart werden.[16]

»Wir können nicht zulassen, dass es Leute gibt, die Arbeiter aus dem europäischen Ausland holen, sie für ein paar Kröten arbeiten lassen und damit gesunde deutsche Betriebe kaputt machen«, wetter-te Gerhard Schröder, damals noch Kanzler, im Landtagswahlkampf von NRW 2005.[17] »Gesunde deutsche Betriebe«, »Fremdarbeiter«, vor denen Oskar Lafontaine (Die Linke) warnte – die Angst vor der Billiglohnkonkurrenz eignet sich trefflich für deutschtümelnden Populismus, ist aber gesamtwirtschaftlich gesehen unbegründet. Laut einer EU-Studie haben weniger Menschen aus Osteuropa die EU-Erweiterung zur Arbeitsmigration genutzt als erwartet. Zuzugsbeschränkungen, wie sie Deutschland für ArbeitnehmerInnen aus den Beitrittsländern erlassen hat, haben demnach keinen Einfluss auf die Zahl der Arbeitsmigranten, fördern aber Schwarzarbeit und Scheinselbstständigkeit.[18] Mit anderen Worten: Es wäre besser gewesen, den Zuzug durch Mindestlöhne und verbindliche Sozialstandards besser zu regeln und deren Einhaltung zu kontrollieren, als Menschen dazu zu zwingen, illegal einzureisen und schlimmstenfalls Schleuser zu bezahlen.

Die EU will dieses Feld mit der sogenannten Dienstleistungsrichtlinie regulieren. Diese regelt und vereinheitlicht die Bedingungen, unter denen Unternehmen in anderen EU-Staaten agieren dürfen. Jahrelang tobte ein heftiger Streit, vor allem um das sogenannte Herkunftslandprinzip. Danach gelten für Beschäftigte, die von ihrem Arbeitgeber in einem anderen Land eingesetzt werden, nicht die dortigen Arbeitsbedingungen, sondern die ihres Herkunftslandes. Sprich: In Deutschland könnten Bauarbeiter zu portugiesischen Bedingungen oder Altenpflegerinnen zu litauischen Bedingungen eingesetzt werden.

Mitte 2006 besserte das Europäische Parlament nach EU-weiten Demonstrationen gegen die ursprüngliche, weitgehend marktliberale Richtlinie die sozialen Standards nach und nahm einige besonders sensible Dienstleistungsbereiche aus. Im November 2006 wurde die Richtlinie beschlossen. Jetzt gilt das Arbeits- und Sozialrecht im Zielland. Das Parlament verlangte von der EU-Kommission die Versicherung, dieses Gastlandprinzip nicht durch anders lautende Interpretationshinweise zu unterlaufen. Das Problem der Scheinselbstständigkeit hingegen bleibt bestehen. Hier müssen die EU-Staaten selbst etwas tun.

Ifo-Chef Hans-Werner Sinn findet Billiglohnkonkurrenz gar nicht schlimm, im Gegenteil:»Natürlich haben die einheimischen Arbeitskräfte, die direkt mit den Polen konkurrieren, einen Nachteil, weil ihre Löhne unter Druck kommen.« Das sei aber nur die eine Seite. Denn Kunden und Arbeitgeber hätten einen großen Vorteil – niedrige Preise nämlich.[19]

Auf deutschen Feldern funktioniert diese Konkurrenz immer besser. Seit Jahrzehnten ernten die Bauern Spargel, Erdbeeren, Gurken und Wein mit Hilfe von osteuropäischen Saisonkräften, vor allem aus Polen. Viele, teils gut ausgebildete Frauen und Männer nehmen dafür ihren Jahresurlaub, andere fangen im Januar im südspanischen Huelva mit der Erdbeer-Ernte an und ziehen als Wanderarbeiter durch ganz Europa, der Erntezeit hinterher.

Alle Jahre wieder zur Spargelsaison flammt die populistische Diskussion auf, ob sich »die Deutschen« zu fein zum Spargelstechen seien. Jahrelang wollte es einfach nicht gelingen, osteuropäische SaisonarbeiterInnen durch deutsche Arbeitslose zu ersetzen. Das hat etwas mit der harten körperlichen Arbeit zu tun. Er könne jeden einzelnen Arbeitslosen verstehen, der keinen Spargel stechen wolle, resümiert Philipp Schwenke, Autor der *Frankfurter Rundschau*, nach eintägigem Selbstversuch auf einem Spargelfeld im Spreewald.[20] Es hat aber auch etwas mit dem finanziellen Anreiz zu tun. Viele SpargelstecherInnen werden nach Ausbeute bezahlt, rund 600 Euro im Monat verdienen sie im Schnitt. Das entspricht dem polnischen Durchschnittslohn. In Deutschland reicht es nicht mal zum Leben. Polnische ErntehelferInnen profitieren vom Lohngefälle an der deutschen Ostgrenze. Doch Hartz IV und Alg II haben viele Langzeitarbeitslose weichgekocht. Der Anteil der deutschen ErntehelferInnen steigt.

Auch jene GrenzpendlerInnen aus Tschechien, die bei der Fischverarbeitungsfirma Laschinger im bayerischen Bischofsmais für kaum 1.000 Euro Lachs verarbeiten und dafür bis zu zwei Stunden Anfahrt in Kauf nehmen, profitieren vom Lohngefälle. Oder jene Polinnen, die – legal oder illegal – in Berliner Privathaushalten putzen, Kinder hüten oder Alte und Kranke pflegen. Wer mit Verweis auf Tschechinnen und Litauer von »den Deutschen« fordert, für wenig Geld viel zu arbeiten, treibt nicht nur blanken Populismus, sondern ignoriert auch, dass diese Menschen nicht wenig, sondern viel verdienen, wenn man die Lebenshaltungskosten in ihrem Land zugrunde legt.

Vom Problem zur Lösung

In der herrschenden Wirtschaftspolitik hat sich der Niedriglohn vom Problem zur Lösung gemausert. Die Frage, ob das Einkommen ein würdiges Leben und gerechte Teilhabe am gesellschaftlichen Reichtum ermöglicht, ist nicht mehr von Belang. Allzu großen Begehrlichkeiten wird die (unbewiesene) Behauptung entgegengeschleudert, Niedriglöhne schafften Arbeitsplätze. Das stimmt zwar nicht, aber gewappnet mit diesem Argument lässt sich's ungestört Profite steigern.

Rot-Grün hatte nach dem Wahlsieg 1998 Niedriglöhnen noch den Kampf angesagt. Geringfügige Beschäftigung wurde weniger attraktiv gemacht. Per Gesetz sollte die Scheinselbstständigkeit eingedämmt werden. In der zweiten rot-grünen Wahlperiode kam die Kehrtwende, an die die große Koalition seit Ende 2005 anknüpft. In den vergangenen Jahren wurden verschiedene Instrumente entwickelt oder verfeinert, um die Niedriglohnsektoren auszudehnen. Mittlerweile bezieht jeder fünfte Beschäftigte in Deutschland einen Niedriglohn.[21]

Vom Minijob leben

Geringfügige Beschäftigung heißt jetzt verniedlichend Minijob. Die nach ihrem Vorsitzenden Peter Hartz benannte Hartz-Kommission, die Reformen am Arbeitsmarkt vorbereiten sollte, jubelte die Minijobs zur Brücke in reguläre Beschäftigung und zum Königsweg gegen Schwarzarbeit hoch. Zudem gilt der Minijob als klassischer Zuverdienerinnen-Vertrag in der heilen Welt des Patriarchats, mit dem die Frau des Hauses ihr Scherflein zum Familienbudget beiträgt, wenn sie die Kinder und den hauptverdienenden Gatten versorgt hat. Steuerklassenkombination III/V und Ehegattensplitting sorgen dafür, dass sich etwas anderes finanziell nicht lohnt.

Die einzige Bedingung für den Minijob: höchstens 400 Euro Verdienst im Monat. Dann fallen für die Beschäftigten weder Sozialversicherungsbeiträge noch Steuern an. Der gewerbliche Arbeitgeber zahlt 30 Prozent des Verdienstes pauschal an die Bundesknappschaft – 15 Prozent für die Rentenversicherung, 13 Prozent für die Krankenversicherung und zwei Prozent pauschale Lohnsteuer inklusive Solidaritätszuschlag und Kirchensteuer. Im Privathaushalt fallen nur 12 Prozent Arbeitgeberbeiträge plus eine Umlage für die Lohnfortzahlung bei Krankheit an. Gegen Arbeitslosigkeit versichert sind Menschen mit Minijobs nicht. Dennoch müssen Arbeitslose einen angebotenen Minijob als »zumutbare Arbeit« annehmen, wenn sie keine Sperre beim Alg II riskieren wollen.

Vor der Gesetzesänderung 2003 galt für Minijobs eine Grenze von 15 Stunden pro Woche. Die wurde eingerissen. 400-Euro-Jobs werden seither auch in Vollzeit angeboten. Bei einer 40-Stunden-Woche bedeutet das einen Stundenlohn von nicht einmal mehr 2,50 Euro. Das ist gesetzlich sanktioniertes Lohndumping.

Seit der Reform haben Minijobs einen wahren Boom erlebt und schwanken seit drei Jahren zwischen 6,17 bis 6,55 Millionen. In Privathaushalten steigt die Zahl der MinijobberInnen kontinuierlich. Sie lag im ersten Quartal 2007 bei knapp 138.000.[22] Fast ein Viertel aller Beschäftigten arbeitet bereits in einem Minijob.[23] Angesichts dessen spricht Arbeitgeberpräsident Dieter Hundt von einer »der wenigen Erfolgsstorys unseres Arbeitsmarktes«.[24] Doch die erhoffte Brücke in den Arbeitsmarkt hat sich als Sackgasse erwiesen, wie das Rheinisch-Westfälische Institut für Wirtschaftsforschung (RWI) in Essen herausfand. Viele MinijobberInnen suchen zwar einen sozialversicherten Teilzeit- oder Vollzeitjob, die meisten bleiben aber auf dem Minijob sitzen. Nur rund 15 Prozent der MinijobberInnen kamen zum Zeitpunkt der Studie aus der Arbeitslosigkeit. Gut 16 Prozent hatten vorher eine sozialversicherte Stelle, auf der sie mehr als 800 Euro verdient hatten, weitere neun Prozent brachten bis zu 800 Euro nach Hause. Allein durch die Anhebung der Geringfügigkeitsgrenze von 325 auf 400 Euro landeten 241.000 zuvor sozialversicherte Beschäftigte in einem Minijob.[25]

Laut Deutschem Institut für Wirtschaftsforschung hat die Neuregelung im ersten Jahr gerade mal 53.000 zusätzliche Stellen gebracht. Gekostet hat sie hingegen gut eine Milliarde Euro an Einnahmeausfällen bei Steuern und Sozialversicherungen.[26]

Diese Zahlen untermauern die Kritik, die nicht nur von Gewerkschaften, sondern auch vom Statistischen Bundesamt geäußert wird. Unternehmen spalten sozialversicherungspflichtige Beschäftigung in Minijobs auf, um Kosten zu sparen. In der Gastronomie kommen mittlerweile 121 MinijobberInnen auf 100 regulär Beschäftigte; in der Gebäudereinigung sind es 136 und in Privathaushalten 356.[27] Der wachsende Anteil an Minijobs reduziert das Angebot an sozialversicherungspflichtiger Beschäftigung. Die Konkurrenz um sozial abgesicherte und existenzsichernde Arbeitsplätze steigt. Erst seit sich die Lage auf dem Arbeitsmarkt entspannt, haben auch mehr MinijobberInnen die Chance auf sozial abgesicherte Arbeit.

Minijobs als einziges Arbeitsplatzangebot bedeuten Armut trotz Arbeit, dennoch bleibt vielen nichts anderes übrig, als nach diesem

Strohhalm zu greifen. Die 73-Jährige, deren Rente nicht reicht, die Alleinerziehende ohne Betreuungsplatz für ihre Kinder, die Friseurin, die sich etwas dazuverdienen muss, der arbeitslose kaufmännische Ex-Azubi, die Spätaussiedlerin aus Russland mit Hochschuldiplom und die Schulabgängerin ohne Ausbildung. »All diese Menschen«, sagt eine Betriebsrätin in der Gebäudereinigung, »arbeiten bei uns, viele davon mit Minijob.«

Auch unter den 55- bis 64-Jährigen sind Minijobs weit verbreitet. Jede fünfte erwerbstätige Frau im Alter zwischen 60 und 64 Jahren arbeitet geringfügig.[28] Hinter dem, was das Institut für Arbeit und Qualifikation an der Uni Duisburg-Essen neutral »Brücke zwischen Erwerbsaustritt und Renteneintritt« nennt, versteckt sich ein menschenverachtender Prozess. Zu alt für den Leistungsdruck im Betrieb, zu jung für die Rente, halten sich viele mit geringfügigen Jobs über Wasser. Da mit den Minibeiträgen zur Rentenversicherung keine nennenswerten Ansprüche aufzubauen sind, ist die Konsequenz Altersarmut oder ein Minijob über die gesetzliche Altersgrenze hinaus. Den haben gut 390.000 60- bis 65-Jährige und fast 736.000 RentnerInnen über 65 Jahren.[29]

Der Minijob als Frauendomäne: Fast zwei Drittel der geringfügig Beschäftigten sind Frauen, in Privathaushalten sogar mehr als 93 Prozent.[30] Doch nur ein Teil entspricht dem klassischen Bild der zuverdienenden Ehefrau und Mutter. Für viele Alleinerziehende oder Hauptverdienerinnen ist der Minijob der einzige Broterwerb.

400 Euro reichen nicht einmal für eine Person zum Leben. Entweder beziehen die Betroffenen zusätzlich Rente oder Arbeitslosenunterstützung, oder sie müssen schwarz etwas dazuverdienen. Das läuft dann zum Beispiel so wie bei Ivanka B. aus Serbien: Sie putzt in einem Musikverein auf Steuerkarte, bei einem Steuerberater im Minijob und in zwei oder drei Haushalten schwarz, damit es für sie, ihren arbeitslosen Mann und ihren Sohn reicht. Für Ivanka und ihre Familie ist oberstes Gebot: Nur dem Staat nicht auf der Tasche liegen, sonst wird aus dem beantragten dauerhaften Niederlassungsrecht nichts, obwohl die Familie schon seit mehr als 25 Jahren in Deutschland lebt.

Minijobs mögen viele Frauen dazu gebracht haben, ihre Arbeit in Privathaushalten zu legalisieren. Für Menschen allerdings, die mit Minijobs ihren Lebensunterhalt bestreiten müssen, ist »ergänzende Schwarzarbeit« fast unausweichlich.

Auch auf einem anderen Feld wurde das Problem zur Lösung umge-
rubelt: Per Gesetz versuchte die rot-grüne Bundesregierung 1999 der
grassierenden Scheinselbstständigkeit Herr zu werden. Zunehmend
hatten Arbeitgeber bestimmte Beschäftigtengruppen dazu gedrängt,
sich selbstständig zu machen, um sie dann mit Knebelverträgen wieder anzuheuern. Dazu gehören Kurierfahrer, Friseurinnen, Bauarbeiter, Kellnerinnen, EDV-Fachleute und Ingenieure.

Dann kam die Ich AG, ebenfalls ein Produkt der Hartz-Kommission. Mit finanzieller Unterstützung sollten Arbeitslose dazu motiviert werden, sich selbstständig zu machen. Doch zunächst gab es
eine schallende Ohrfeige von der Jury zur Auswahl des Unworts des
Jahres: Die Ich AG machte 2002 das Rennen mit der Begründung,
der Begriff stufe menschliche Schicksale auf ein »sprachliches Bör-
senniveau« herab.

Im Sommer 2006 wurden Ich AG und Überbrückungsgeld zu
einem einheitlichen Gründungszuschuss der Agentur für Arbeit
zusammengelegt. Die ExistenzgründerInnen erhalten nun eine
Unterstützung in Höhe des Arbeitslosengeldes und 300 Euro für
die Sozialversicherung. Den Ideen sind keine Grenzen gesetzt,
solange sie von einer »fachkundigen Stelle« abgenickt werden:
Künstleragentur, mobiler Brötchen-Service für Büroangestellte ohne
Frühstück und Kantine, mobile Physiotherapie, Kleintiertaxi, Senf-
salon, PC-Nothilfe, Ordnungsdienst für Kleiderschränke. Ich AGs
waren zeitweilig der Renner. Obwohl das Antragsverfahren mehrfach verschärft wurde, musste die Bundesagentur für Arbeit diesen
Etatposten 2005 von 700 Millionen Euro auf 1,45 Milliarden mehr
als verdoppeln.[31] Doch auch wenn das Institut für Arbeitsmarkt- und
Berufsforschung in Nürnberg eine positive Zwischenbilanz zieht, ist
noch nicht ausgemacht, wie viele der ExistenzgründerInnen aus Not
sich dauerhaft am Markt halten können. Für findige Unternehmer
sind solche Existenzgründungen auf jeden Fall ein Geschäft. Seit
ihrer Einführung boomt die Scheinselbstständigkeit vor allem auf
dem Bau. Zweck der Übung ist es, Sozialversicherungsbeiträge zu
sparen, Tarifverträge zu umgehen und Einkommen zu drücken.

Klassische Niedriglohnbranche ist die Zeitarbeit. Auch hier wurde in den vergangenen Jahren dereguliert und liberalisiert. Am Ende erklärte die Hartz-Kommission die Arbeitnehmerüberlassung sogar zum beschäftigungspolitischen Instrument, erfand die Personal-Service-Agenturen (PSA) für jedes Arbeitsamt, verwandelte damit einen Teil der Arbeitslosen in Leiharbeitskräfte und hoffte, dass diese – an Unternehmen ausgeliehen – per Klebeeffekt dort bleiben würden. Die PSAs erwiesen sich zwar als Flop, aber von der Idee der Zeitarbeit als Beschäftigungsreservoir will die Politik nicht lassen.

Deswegen waren nach und nach Schutzbestimmungen aufgehoben worden, vor allem das Befristungs-, Wiedereinstellungs- und Synchronisationsverbot. Diese Verbote sollten ursprünglich verhindern, dass Zeitarbeitsfirmen die Einstellung ihrer Leute an einzelne Aufträge koppeln oder sie sofort entlassen, wenn es einige Zeit lang nichts zu tun gibt. Auch die Befristung auf zuletzt 24 Monate wurde gestrichen. Im Gegenzug sollte der Grundsatz »equal pay and equal treatment« (gleiches Geld und gleiche Arbeitsbedingungen) durchgesetzt werden. Denn von den Tarifverträgen und Sozialleistungen der Stammbelegschaften hatten die Zeitarbeitskräfte bis dahin nur träumen können.

Das tun sie auch heute noch. Im Arbeitnehmerüberlassungsgesetz heißt es zwar, dass eine Zeitarbeitskraft »die im Betrieb dieses Entleihers für einen vergleichbaren Arbeitnehmer des Entleihers geltenden wesentlichen Arbeitsbedingungen einschließlich des Arbeitsentgelts« erhalten muss. Allerdings kann ein Tarifvertrag abweichende Regelungen zulassen. Dieser Satz ist der Haken. Mit dem Ziel, die Bezahlung nach und nach in Richtung »equal pay« zu erhöhen, nahm die DGB-Tarifgemeinschaft Zeitarbeit Tarifverhandlungen mit dem Bundesverband Zeitarbeit (BZA) auf. Allerdings ohne Druckpotenzial. Denn die vielen Arbeitslosen sind ein unerschöpfliches Reservoir von potenziellen Zeitarbeitskräften, die aus Angst vor (erneuter) Arbeitslosigkeit für Gewerkschaften schwer zu organisieren sind. Ein eilends abgeschlossener Gefälligkeitsvertrag zwischen dem Christlichen Gewerkschaftsbund und zwei anderen Arbeitgeberverbänden setzte obendrein eine Spirale abwärts in Gang.[32] Die Christlichen hatten zwar einen Fuß im Tarifgeschäft, doch ging der Vertrag auf Kosten der Zeitarbeitskräfte, für die niedrigste Stundenlöhne vereinbart wurden.

Löhne in der Zeitarbeit

	DGB-Tarifgemeinschaft Zeitarbeit*		Tarifgemeinschaft Christliche Gewerkschaften Zeitarbeit und PSA**	
	West	Ost	West	Ost
E 1	7,20	6,23	6,80	5,60
E 5 (Ecklohn)	10,93	9,51	10,20	8,23
E 9	16,28	14,17	15,30	11,60

Beträge in Euro
* Tarifvertrag mit der BZA ab 01.07.2006
** Ab 2005 ohne weitere Steigerung vereinbart

Arbeiten (fast) ohne Geld

Aufschwung hin oder her, angesichts eines Sockels von mehreren Millionen arbeitslosen Menschen bleibt auch der Druck auf die Beschäftigten wie auch auf die Arbeitslosen bestehen. Arbeitslosengeld I in Höhe von 67 Prozent des letzten Nettoentgelts gibt es nur noch ein Jahr lang. Dann drohen Alg II und die berüchtigten Jobs für einen oder maximal zwei Euro, mit denen Langzeitarbeitslose ihren Arbeitswillen beweisen sollen. Die Ein-Euro-Jobs sind offiziell zwar keine regulären Stellen, sondern »Mehraufwandsbeschäftigungen«. Aber es ist ein offenes Geheimnis, dass sie reguläre Arbeit in weiten Bereichen verdrängen. So mancher übernimmt da die gleiche Arbeit für einen Euro pro Stunde, die zuvor jemand anders für ein vierstelliges Monatsentgelt erledigt hat. Viele Alg-II-BezieherInnen bekommen überhaupt keine andere Arbeit mehr angeboten. Müssen Firmen mit Ein-Euro-Jobbern konkurrieren, geraten sie unter Preis- und ihre Beschäftigten unter enormen Lohndruck.

Ähnlich ist die Situation beim Berufseinstieg: Viele sind inzwischen bereit, erst mal gänzlich ohne Entgelt anzufangen. Statt regulärer Arbeit finden sie nur noch Langzeitpraktika, vielfach unbezahlt. Da suchen Architekturbüros »Praktikanten mit zweijähriger Berufserfahrung«. Da übernehmen junge Kreative ganze Projekte in Werbeagenturen und machen einen fünfstelligen Umsatz, ohne dafür auch nur einen Cent zu sehen. Die Politik schaut zu und profitiert ebenfalls von kostenlosen Praktikanten.

Was sich nach dem Studium wildwüchsig entwickelt, hat in der dualen Ausbildung System. Dort haben Bundesregierung und Wirtschaft in ihrem Ausbildungspakt vereinbart, »allen ausbildungswilligen und ausbildungsfähigen jungen Menschen ein Angebot auf Ausbildung zu unterbreiten«. Genügend Ausbildungsplätze hat das nicht gebracht, stattdessen werden sogenannte Einstiegsqualifikationen vermittelt, bei denen die Agentur für Arbeit den Unterhalt der Jugendlichen übernimmt. Viele junge Leute lassen sich auch ohne Unterstützung auf unbezahlte Langzeitpraktika ein, in der Hoffnung, sich im gleichen Betrieb einen Ausbildungsplatz zu erdienen.

Solche Beispiele offenbaren den Zynismus einer Strategie, die darauf setzt, dass Arbeit umso mehr nachgefragt wird, je billiger sie ist. Wer gar nichts für seine Leistung verlangt, bekommt nach diesem Denkansatz am schnellsten Arbeit. Es geht nicht mehr um Leistung und angemessene Gegenleistung, sondern um Leistung aus Hoffnung auf Gegenleistung. FDP-Generalsekretär Dirk Niebel fordert »ein flexibleres Tarifrecht, damit sich die Löhne wieder an der Produktivität orientieren können.«[33] Die bisherigen Flexibilisierungen haben jedoch das Gegenteil bewirkt. Die Menschen arbeiten hoch produktiv. Bezahlt wird das jedoch nicht angemessen – oder gar nicht.

Der Zusammenhang zwischen Arbeit und Einkommen scheint sich langsam aufzulösen. Ganz besonders hohe Einkommen lassen sich ohnehin nicht erarbeiten; sie werden ererbt oder beim Börsen-Monopoly gewonnen. Am unteren Ende der Einkommensskala lässt sich durch Arbeit nicht einmal mehr die Existenz sichern. Oben Geld ohne Arbeit, unten Arbeit ohne Geld.

Gleich mehrere Grundannahmen derer, die mit Niedriglöhnen die Probleme auf dem Arbeitsmarkt lösen wollen, sind falsch. Die Niedriglohnsektoren müssen nicht erst geschaffen werden. Es gibt sie schon seit Jahren, ohne dass in nennenswertem Umfang Arbeit entstanden wäre. In diesen Sektoren arbeiten auch nicht nur Geringqualifizierte, sondern Menschen jeden Alters und jeder Qualifikationsstufe. Ihr Arbeitsmarktproblem: Kind, Alter, Ostdeutschland. Auch der Niedriglohn als Einstieg, dem ein Aufstieg in besser dotierte Jobs folgen soll, funktioniert nicht. Der Niedriglohnsektor ist für viele Beschäftigte nichts anderes als eine Niedriglohnfalle.[34]

Wer kein Geld hat, kann nichts kaufen. Diese Binsenweisheit setzt sich langsam auch in der Bundespolitik durch. Niedriglöhne mögen kurzfristig Unternehmensbilanzen entlasten, gleichzeitig verschärfen sie eine der Hauptursachen der Massenarbeitslosigkeit in Deutschland, die verfestigte Nachfrageschwäche auf dem Binnenmarkt. Allerdings führt die Einsicht nicht unbedingt zur Abkehr von der Niedriglohnstrategie. Vielmehr wird der Vorschlag von ifo-Chef Hans-Werner Sinn übernommen, Niedriglöhne staatlich zu subventionieren.

Kombilöhne? Gibt's schon!

Der Kombilohn, der bereits in den 1990er Jahren getestet und für untauglich befunden wurde, ist wiederauferstanden. Zugrunde liegt diesem Instrument eine Diffamierung der Arbeitslosen. Der Wirtschaftsforscher Bruno Kaltenborn, der 2001 verschiedene regionale Kombilohn-Modelle analysiert hat, sagt: »Anders als Lohnkostenzuschüsse (an Arbeitgeber) sehen Kombilöhne (an Beschäftigte) als wichtiges Hindernis zu zusätzlicher Beschäftigung nicht fehlende Arbeitsplätze, sondern ungenügend motivierte Arbeitskräfte an.«[35] Kaltenborns Resümee: »Insgesamt konnte bislang der empirische Beleg dafür, dass eines der skizzierten regional begrenzt umgesetzten Förderkonzepte bei einer flächendeckenden Einführung einen nennenswerten Beitrag zum Aufbau von Beschäftigung leisten könnte, noch nicht erbracht werden.«[36] Stattdessen attestierte der Wirtschaftsforscher Mitnahme- und Verdrängungseffekte. Dass sich an diesen Befunden in einem neuerlichen Versuch etwas ändern wird, ist mehr als zweifelhaft.

Zudem gibt es bereits einen flächendeckenden Kombilohn, das Alg II. Beschäftigte, die nicht genug verdienen, können es ergänzend beantragen. Rund 1,1 Millionen Menschen oder 20,9 Prozent der Alg-II-BezieherInnen stocken auf diese Weise ihr Entgelt auf. MinijobberInnen stellen mit knapp 516.000 die größte Gruppe. Aber auch 440.000 Vollzeitbeschäftigte haben Alg II beantragt.[37]

Noch dramatischer als die Zahl derer, die nicht genug zum Leben verdienen und ergänzendes Alg II beantragen, ist die Zahl derjenigen, die auf die staatliche Unterstützung verzichten, obwohl sie einen Anspruch hätten. In einer Studie für die Hans-Böckler-Stiftung wird die Zahl der verdeckt Armen unter den Erwerbstätigen auf 1,9 Millionen geschätzt, darunter 1,5 Millionen Menschen mit einem Vollzeitjob. Etwa eine Million Kinder kommen hinzu.[38]

Manche BezieherInnen von Niedriglöhnen berichten, ihr Arbeitgeber verweise sie auf das Alg II, wenn sie mehr Geld verlangen. Um zu verhindern, dass raffgierige Unternehmer auch Hungerlöhne immer weiter drücken, wenn sie sicher sein können, dass der Staat in die Bresche springt, muss eine Haltelinie eingezogen werden, wie das in der Baubranche und der Gebäudereinigung mit den tariflich vereinbarten Mindestlöhnen bereits der Fall ist.

Doch was nützt ein Mindestlohn, wenn er nicht zum Leben reicht. »Ab 7,50 Euro in der Stunde aufwärts« fordern die Gewerkschaften. Davon würden nach Berechnungen des DGB rund 4,6 Millionen Menschen in Deutschland profitieren. Doch mit 7,50 Euro in Vollzeit wird gerade einmal die Armutsschwelle überschritten. Dennoch ist schon diese Höhe für CDU und Arbeitgeber staatsdirigistisches Teufelszeug. Die Niedriglohngrenze liegt bei 1.661 Euro. Um sie zu überschreiten, müsste jemand bei einer 38,5-Stunden-Woche zehn Euro pro Stunde verdienen, was in etwa dem Mindestlohn auf dem Bau entspricht. Bei einer 40-Stunden-Woche wäre immerhin ein Stundenlohn von 9,60 Euro fällig.

Armut: Leben, um zu überleben

Die Wolgaster Tafel ist ganz unten. Dort, wo Maria B. niemals hin wollte. Die Wolgaster Tafel sammelt bei Lebensmittelhändlern Nahrungsmittel ein und verteilt sie kostenlos an Bedürftige. »Monatelang bin ich nicht hingegangen. Ich konnte einfach nicht«, erinnert sich Maria B. »Sie können sich nicht vorstellen, wie es ist, dort um Essen anzustehen.« Zwischen Menschen, die nach Schweiß und Alkohol riechen – dem Geruch der Armen und Ausgegrenzten; zwischen Menschen, die drängeln, aus Angst, leer auszugehen. Diesen Menschen wollte Maria B. nie zugerechnet werden.

Von ihrer Familie hatte die alleinerziehende Mutter eines Sohnes wenig zu erwarten. Ihre eigene Mutter griff ihr zwar ab und zu finanziell unter die Arme, drängte aber, sie solle endlich Arbeit suchen. Doch wo? Vier Familienmitglieder sind entweder ohne Job oder in einer Arbeitsbeschaffungsmaßnahme (ABM). »Immer sitzt einer zu Hause«, sagt Maria B. Dennoch musste sich die gelernte Köchin und studierte Webdesignerin sagen lassen: »Geh doch putzen!« Selbst wenn sie das versuchen würde: Wer engagiert eine Putzfrau in einem Landstrich, wo jeder Fünfte arbeitslos ist und viele andere mit Niedriglöhnen klarkommen müssen.

Zwei Jahre lang hatte Maria B. vergebens Arbeit gesucht: 150 Bewerbungen bundesweit, drei Vorstellungsgespräche, unbezahlte Praktika. Sich und ihren Sohn hielt sie mit Sozialhilfe über Wasser. Den Unterhalt musste sie beim Vater des Sohnes einklagen. Und auch dann floss das Geld nur schleppend.

»Das Schlimmste ist, dass man nicht weiß, wie lange das so gehen wird.« Der Sohn, früher ein liebenswürdiger, lebhafter Junge, rutschte in der Schule ab und wurde verhaltensauffällig. Am Ende fand Maria B. doch noch eine Stelle. Heute steht sie in einem der von Touristen frequentierten Läden hinter der Theke, verkauft Filme und Mitbringsel und berät Kunden. Mit Design hat das wenig zu tun, »nur ein bisschen, wenn ich das Schaufenster dekoriere«.

Wer ist arm?

Wann ist jemand arm in Deutschland? Dafür gibt es zwei Begriffe, die absolute und die relative Armut. Absolut arm ist nach einer Definition der Weltbank, wer weniger als einen Dollar am Tag zum Leben hat. Weltweit sind das etwa 1,2 Milliarden Menschen. Jeder fünfte Erdenbürger lebt in bitterer Armut. Wie viele Menschen in Deutschland absolut arm sind, ist unbekannt, das wird nicht gemessen. Denkbar ist jedoch, dass vor allem Obdachlose am physischen Existenzminimum dahinleben.

Die gängige EU-Definition orientiert sich an relativer Armut, also am Mangel im Verhältnis zum gesellschaftlichen Wohlstand. Arm ist jemand, der weniger als 60 Prozent des Nettoäquivalenzeinkommens, also das nach Personenzahl gewichtete Haushaltsnettoeinkommen, der Bevölkerung hat. Im Jahr 2003 waren das in Deutschland 938 Euro für eine Person. Für weitere Erwachsene und Jugendliche im Haushalt werden 470 Euro hinzugerechnet, für jedes Kind bis 14 Jahre 282 Euro. Für Mutter, Vater und zwei Kinder liegt die Armutsgrenze bei 1.972 Euro im Monat. Davon muss alles bezahlt werden: Lebensunterhalt, Miete, Haushalt, Kleidung, Schulbücher.[1]

Als die rot-grüne Koalition 1998 antrat, kam sie einer Forderung aus der Armutsforschung nach und beschloss, in jeder Wahlperiode des Bundestags einen Armuts- und Reichtumsbericht vorzulegen. Im Jahr 2001 kam der erste heraus, im Jahr 2005 der zweite. Im ersten Bericht stellte die rot-grüne Bundesregierung die Verteilungssituation in Deutschland noch ungeschönt dar. Zeigte die Analyse doch die katastrophale Bilanz nach 16 Jahren Kohl'scher Umverteilung von unten nach oben. Bis 1998 habe soziale Ausgrenzung in fast allen Lebensbereichen zu- und Verteilungsgerechtigkeit abgenommen, heißt es im Bericht.[2]

Im zweiten Bericht veränderte sich die Tonlage. Auch nach vier Jahren Rot-Grün waren die Reichen reicher und die Armen ärmer geworden. Die Armutsquote stieg von 12,1 auf 13,5 Prozent der Bevölkerung. VerliererInnen waren vor allem Kinder, Jugendliche und Frauen. Beinahe jeder fünfte Jugendliche im Alter von 16 bis 24 Jahren gilt heute als arm (1998: 14,9 Prozent). Die Kinderarmut stieg von 13,8 auf 15 Prozent, die der Frauen von 13,3 auf 14,4 Prozent.

Unter den Alleinerziehenden – zu 84 Prozent Frauen – ist die Armut mit 35,4 Prozent gleichbleibend weit verbreitet. Unter den Arbeitslosen stieg die Armutsquote von 33,1 auf 40,9 Prozent.[3]

Der Armuts- und Reichtumsbericht benutzt übrigens den Begriff Armutsrisiko. Noch so eine Verschleierung: Ein Armutsrisiko von 40,9 Prozent, das klingt halt weniger dramatisch als 40,9 Prozent Arme.

Das war vor Hartz IV. Seither ist der Anteil der Langzeitarbeitslosen, die als arm gelten müssen, von 50 auf bis zu 65 Prozent gestiegen. Um durchschnittlich 20 Prozent sank ihr Einkommen mit der Umstellung von Arbeitslosenhilfe auf Alg II. Die Armutsforscherin Dr. Irene Becker und ihr Kollege Dr. Richard Hauser prognostizieren, dass sich dieser Trend weiter fortsetzen wird.[4]

Diese bestürzende Bilanz konnte Rot-Grün keiner Vorgängerregierung in die Schuhe schieben. Deswegen ist der zweite Armuts- und Reichtumsbericht sichtbar bemüht, die zunehmende Armut zu relativieren und kleinzureden. Er läutet zugleich einen Wechsel im sozialstaatlichen Leitbild ein. Die Berichtspflicht sollte sich auf Armut und Reichtum beziehen, weil beide Phänomene zusammengehören. Schon Bertolt Brecht reimte:

Reicher Mann und armer Mann
standen da und sah'n sich an.
und der Arme sagte bleich:
»Wär ich nicht arm, wärst du nicht reich.«

Keine Chancen oder kein Geld?

Das neue Konzept rückt sogenannte Verwirklichungschancen in den Mittelpunkt: »Armut ist dann gleichbedeutend mit einem Mangel an Verwirklichungschancen, Reichtum mit einem sehr hohen Maß an Verwirklichungschancen«, heißt es im zweiten Bericht.[5] Diese Chancen verortet der Bericht in politischer Beteiligung und Mitbestimmung, im Zugang zu Arbeitsmarkt, Bildung und Gesundheitswesen, im Wohnen, in der Infrastruktur für Kinderbetreuung und in sozialer Sicherheit. Materielle Umverteilung und eine Politik der Statussicherung seien bei dem Versuch, Teilhabe und Verwirklichungschancen bereitzustellen, zunehmend an ihre Grenzen gestoßen, heißt es. Das habe nicht nur finanz- und wirtschaftspolitische Gründe, sondern liege auch an veränderten ökonomischen Rahmenbedingungen. »Soziale Sicherheit folgt künftig dem Paradigma, die Menschen zu befähigen, flexibel auf die Herausforderungen der Dienstleistungs- und Wissensgesellschaft zu reagieren.«[6]

Wenn arme Menschen nur noch individuell dazu befähigt werden sollen, Chancen zu ergreifen und Herausforderungen zu bewältigen, werden die gegenseitige Bedingtheit von Armut und Reichtum und die gesellschaftlichen Ursachen (bewusst?) ausgeblendet. Doch was ist, wenn der Arbeitsmarktzugang verschlossen bleibt, weil es keine Arbeitsplätze gibt? Wenn Bildungschancen nicht ergriffen werden können, weil sozial benachteiligte und Migrantenkinder in unserem Bildungssystem frühzeitig ausgesiebt werden oder sie sich Studiengebühren nicht leisten können? Wenn Wohnungen und Gesundheit schlicht zu teuer sind? Wenn der tägliche Kampf so an den Nerven zerrt, dass für »Beteiligung und Mitbestimmung« weder Zeit noch Energie bleibt?

Arme Menschen sterben früher! Dies hat nun eine Studie am Rostocker Max-Planck-Institut für demografische Forschung auch statistisch anhand von Daten aus der gesetzlichen Rentenversicherung nachgewiesen. Menschen mit einer hohen Rente leben bis zu fünf Jahre länger als Menschen, die nur wenig in die Rentenkasse eingezahlt haben. Ein höheres Einkommen geht häufig mit besserer Bildung einher. Menschen mit höherer Bildung leben im Durchschnitt gesünder, ernähren sich gesünder, rauchen und trinken weniger und sind besser in der Lage, die Therapievorschläge eines Arztes oder einer Ärztin zu befolgen. Menschen mit mehr Geld können bessere Gesundheit »kaufen«. Außerdem ist Armut an sich eine psychische Belastung und macht krank. Umgekehrt gilt auch, dass Krankheit arm macht. Viele Menschen, die chronisch oder oft krank waren, verdienen weniger, erwirtschaften damit eine geringere Rente oder gehen sogar vorzeitig in Rente – mit hohen finanziellen Einbußen.

Man kann es drehen und wenden, wie man will: Lebenschancen hängen am Geld. Deswegen müssen Armut und Reichtum auch weiterhin im Zusammenhang gesehen werden. Im ersten Armuts- und Reichtumsbericht war das noch der Fall. Dieser erhob den Anspruch, »Hinweise zur Entwicklung geeigneter politischer Instrumente zur Vermeidung und Beseitigung von Armut, zur Stärkung der

Eigenverantwortlichkeit sowie zur Verminderung von Polarisierungen zwischen Arm und Reich zu geben«.[7]

Im zweiten Bericht wird mit der Betonung der Verwirklichungschancen subtil eine Art Schuldprinzip eingeführt. Der Staat könne Chancen eröffnen. »Aber jede und jeder Einzelne entscheidet darüber, ob sie oder er die Chancen nutzt.«[8] Wer das nicht tut, hat eben Pech gehabt. Und von der Kritik, gebotene Chancen nicht zu nutzen, bis zum Vorwurf des »Sozialschmarotzers« ist es nicht mehr weit.

Arbeitslosengeld II macht arm

Birgit S. aus Wolgast in Mecklenburg-Vorpommern hat gelernt zu rechnen. Gemeinsam mit ihrem Mann, der wie sie »auf Alg II« ist, hat die 50-Jährige im Monat 624 Euro plus Warmmiete zur Verfügung. Damit diese komplett übernommen wird, sind die beiden von einer Vier- in eine Zwei-Zimmer-Wohnung umgezogen. Die Kinderzimmer wurden ohnehin nicht mehr genutzt, seit die Tochter und der Sohn »in den Westen gegangen« sind. 350 Euro im Monat hat Birgit S. für den täglichen Bedarf eingeplant. Den Rest des Geldes legt sie zurück für Wasser, Haftpflicht und eine Lebensversicherung. Auch für Steuer und Versicherung des Autos, das sie und ihr Mann so selten wie möglich fahren, reicht das. Doch als vor nicht allzu langer Zeit der Keilriemen riss und die beiden Radlager hinten ausgewechselt werden mussten, »haben wir uns das vom Essen abgespart«. Und wenn der alte Wagen den Geist aufgibt, ist Schluss mit solchem Luxus.

Dafür, dass ihre Rechnung aufgeht, nennt Birgit S. drei Gründe: »Wir rauchen nicht, trinken wenig und haben einen großen Garten.« Die Geschwister leben in der Pfalz und sorgen für die eine oder andere Flasche Wein. Obst und Gemüse kommen fast komplett aus dem Schrebergarten. Für den fallen zwar Pacht und Wassergeld an. Aber es lohnt sich trotzdem. Und die Gartenarbeit lässt die alltägliche Leere, die viele Arbeitslose verspüren, gar nicht erst aufkommen.

Birgit S., die zu DDR-Zeiten in einer Wolgaster Werft ihr Auskommen hatte, ist seit 1992 arbeitslos. Arbeitslosengeld, ABM und Fortbildungen wechselten sich ab. Einen festen Job bekam sie nicht mehr. 2002 rutschte sie erstmals in die Arbeitslosenhilfe. Ihren Mann traf es 1997 nach einem Bandscheibenvorfall. Trotz alledem sagt Birgit S.:

»Ich gebe mich nicht auf.« Sie bewirbt sich weiter als Sachbearbeite-rin, als Sekretärin oder auf Jobs zur Sozialbetreuung und -beratung. Darin hat sie Erfahrung. Die Gewerkschafterin hat sich in der Arbeitslosenbetreuung früh mit dem Alg II befasst und Betroffene beraten. Schon im Jahr 2002 sei ihr klar gewesen, was auf sie zukommt. »Ich hatte über 3.000 Euro zu viel für Alg II.« Den Notgro-schen hat sie gesichert. Wie, das behält sie lieber für sich.

Wer bei der adrett gekleideten schlanken Frau im gutbürgerlichen Wohnzimmer hinter den weißen Gardinen sitzt, denkt, so schlimm kann es eigentlich gar nicht sein. Doch dann kommen andere Töne: »Wissen Sie, wie viel eine Bahnfahrkarte kostet?« – Zum Beispiel nach Frankfurt am Main oder nach Kiel, wo die Kinder leben. Uner-schwinglich mit Alg II. Doch sofort relativiert Birgit S. ihre eigene Misere mit der Geschichte von jemandem, dem es noch schlechter geht. Zum Beispiel jenen Bekannten in Wolgast, die Alg II beziehen und deren Kinder in Thüringen ebenfalls »auf Alg II« sind. Die Zug-fahrt können sich weder die Eltern noch die Kinder leisten.

Seit Anfang 2005 ist Armut in Deutschland auf den Begriff gebracht: Arbeitslosengeld II oder »Hartz IV«. Der eine bezeichnet die Geldleis-tung, die aus der Zusammenlegung der Arbeitslosenhilfe mit der Sozi-alhilfe entstand, der andere das zugrunde liegende Gesetz. Es trägt den Namen des Vorsitzenden der Kommission, die die Reform ersonnen hat: Peter Hartz, Ex-Personalvorstand von VW.

Seit Anfang 2005 ist in Deutschland auch akribisch berechnet, wie viel Geld arme Menschen für welche Bedürfnisse ausgeben dürfen. Ein Warenkorb Alg II soll den jämmerlichen Regelsatz von 347 Euro legitimieren. Miete und Heizkosten »in angemessener Höhe« werden zusätzlich bezahlt.

Dieser Warenkorb wird nach der Regelsatzverordnung festgelegt, die auch für die Grundsicherung im Alter und die Sozialhilfe gilt. Anhand der Einkommens- und Verbrauchsstichprobe, die das Statis-tische Bundesamt alle fünf Jahre erhebt, werden die Verbrauchsge-wohnheiten der ärmsten 20 Prozent aller Haushalte ermittelt und in verschiedene Bereiche gegliedert. Festgelegt wird auch, welche Güter und Dienstleistungen innerhalb dieser Bereiche zum »soziokulturel-len Existenzminimum« zählen. Der daraus ermittelte Prozentsatz der einzelnen Bereiche summiert sich auf den Regelsatz für die verschie-denen Sozialleistungen. Zum Beispiel wurden den Betroffenen im

Bereich »Nahrung, Getränke, Tabak«nur 50 Prozent des Tabakverbrauchs des ärmsten Fünftels der Haushalte zugestanden und im Bereich Mobilität die Kosten für ein Auto abgezogen. In anderen Bereichen wurde der Anteil mit Verweis auf den Kauf gebrauchter Güter gekürzt. Dieses Verfahren öffnet der Manipulation Tür und Tor. So blieb der Regelsatz unverändert, nachdem die höheren Zuzahlungen bei der Krankenversicherung eingerechnet worden waren. Der Kniff: Kurzerhand wurden die Bedarfe in anderen Bereichen gekürzt.[9] Erst im Juli 2007 stieg der Regelsatz: von 345 auf 347 Euro, für jeden weiteren Erwachsenen von 311 Euro, für Jugendliche von 276 auf 278 und für Kinder von 207 auf 208 Euro.

Der »Warenkorb« fürs Alg II

	Alleinstehend	PartnerInnen	Kind über 14 Jahre	Kind bis 14 Jahre
Regelsatz	345,00	311 (90 %)	276 (80 %)	207 (60 %)
Nahrung, Getränke, Tabak	127,31	114,58	101,85	76,39
Bekleidung, Schuhe	34,24	30,82	27,39	20,52
Wohnungsrenovierung, Strom	25,79	23,21	20,63	15,47
Möbel, Haushaltsgeräte, Geschirr, Glühbirnen, kleine Reparaturen, Werkzeuge	24,65	22,19	19,72	14,79
Praxisgebühr, Arztbesuch, Medizin	12,67	11,40	10,14	7,60
Bus, Bahn, Fahrrad, Ersatzteile	15,43	13,89	12,34	9,26
Telefon, Post	30,25	27,23	24,20	18,15
Kultur, Hobbys, Sport, Zeitung, Bücher, Schreibwaren	39,25	35,33	31,40	23,55
Verzehr außer Haus	8,17	7,36	6,54	4,90
Friseur, Körperpflege, Kontogebühr, andere Waren und Dienstleistungen	26,77	24,09	21,42	16,06

Quelle: Bundestags-Ausschussdrucksache 16(11)286, Angaben in Euro bezogen auf Alg II vor der geringfügigen Erhöhung zum 1. Juli 2007

Gerade mal 4,24 Euro kann ein Alg-II-Bezieher pro Tag für Essen und Trinken ausgeben, ein Jugendlicher soll mit 3,40 Euro auskommen, ein Kind sogar mit 2,55 Euro – für drei Mahlzeiten und Getränke. Ein Mittagessen in der Kita kostet allein mindestens zwei Euro, in der Schule drei Euro. Deswegen gehen die Verbraucherzentralen davon aus, dass eine Person 189 Euro pro Monat oder 6,30 Euro am Tag benötigt.

Für den öffentlichen Nahverkehr und das Fahrrad stehen gerade mal 51 Cent am Tag zur Verfügung, macht 3,60 Euro pro Woche. Davon kann man sich in Frankfurt am Main nicht einmal zwei Einzelfahrscheine kaufen, um von A nach B und wieder zurück zu fahren.

Knapp 250 Euro pro Jahr sind für Kleidung und Schuhe eines Kindes berechnet, das ein Paar Sommer- und ein Paar Winterschuhe benötigt, ein bis zwei Hosen, alle ein bis zwei Jahre eine Winterjacke und anderes mehr.

Anschaffungen, die nur einmal im Jahr oder noch seltener anfallen, sind im Alg-II-Regelsatz enthalten. Für den Fall, dass die Waschmaschine streikt oder das Fahrrad geklaut wird, muss Geld zurückgelegt werden. Das macht natürlich kaum jemand. Denn das Alg II wird komplett fürs tägliche Leben gebraucht. Jahrelang hatten Sozialverbände gefordert, die einmaligen Leistungen zu pauschalieren und mit der Sozialhilfe auszuzahlen. Sie wollten den Betroffenen den demütigenden Weg zum Sozialamt für jeden Mantel oder jede Klassenfahrt des Kindes ersparen. Jetzt sind zwar formal alle Eventualitäten im Regelsatz enthalten. Doch der ist viel zu niedrig angesetzt. Wenn jemand damit nicht auskommt, kann er zusätzliche Unterstützung allenfalls als rückzahlbares Darlehen beantragen. Der Paritätische Wohlfahrtsverband kritisiert: »Der Blick auf die Einzelpositionen, die dem Regelsatz von 345 Euro zugrunde liegen, zeigt, dass die Ersteller dieser Verordnung in keiner Weise am Alltag der Menschen, sondern offensichtlich dafür umso mehr am Ergebnis von 345 Euro orientiert waren.«[10]

Richterliche Zumutungen

Wer Alg II beansprucht, muss erst einmal seine Lebensversicherung verwerten, auch wenn er sie mit einem Verlust von zehn Prozent auf die gezahlten Beiträge rückkaufen muss, verlangt das Sozialgericht Nürnberg.[11]

Eine Heizkostenrückerstattung müssen sich Alg-II-BezieherInnen gegen die Regelleistung aufrechnen lassen, urteilt das Sozialgericht Aachen. Es ist auch rechtens, dass die Alg II gewährende Stelle in diesem Fall »zu viel gezahlte Leistungen« zurückfordert.[12]

Auch wer als EmpfängerIn von Arbeitslosenhilfe bis Ende 2004 im Vertrauen auf Leistungen in der damaligen Höhe die sogenannte 58er-Regelung in Anspruch genommen hat, muss sich nach Auffassung des Sozialgerichts Freiburg mit dem wesentlich geringeren Alg II begnügen. Nach der 58er-Regelung können Arbeitslose, die mindestens 58 Jahre alt waren, erklären, dass sie dem Arbeitsmarkt nicht mehr zur Verfügung stehen und so früh wie möglich Rente beantragen. Sie bekamen früher Arbeitslosenhilfe, heute Alg II, ohne sich um Arbeit bemühen zu müssen, und verschwinden aus der Statistik.[13]

Das Berliner Sozialgericht ist der Meinung, dass eine – wenn auch bescheidene – menschenwürdige Lebensführung mit einem Alg-II-Regelsatz von 311 (Betrag PartnerInnen) Euro möglich ist.[14] Das Sozialgericht Münster hat diesen Betrag noch unterboten: Auch von 245 Euro im Monat könne man leben. Eine Brille für insgesamt 100 Euro solle ein Alg-II-Bezieher aus dem Regelsatz bezahlen.[15]

An Diabetes erkrankte Alg-II-BezieherInnen haben keinen Anspruch auf höhere Leistungen. Das Sozialgericht Dresden verweist darauf, dass Fachärzte von speziellen Diätprodukten abraten und eine ausgewogene Mischkost empfehlen. »Mehrkosten entstehen durch diese Ernährung nicht«, steht im Urteil.[16]

Bei einem Krankenhausaufenthalt mit Vollverpflegung darf das Alg II um bis zu 35 Prozent gekürzt werden, da der Bedarf anderweitig gedeckt wird. Das hat kein Gericht entschieden, sondern noch die rot-grüne Bundesregierung.[17] Damit machen die Betroffenen Miese: Täglich stehen ihnen bei einem Regelsatz von 347 Euro 11,56 Euro zur Verfügung, abzüglich 35 Prozent bleiben 7,51 Euro. Sie müssen aber für jeden Tag im Krankenhaus zehn Euro Eigenbeteiligung bezahlen, bis zu acht Tage lang. Denn die Zuzahlung ist bei zwei Prozent ihres Jahreseinkommens von 4.164 Euro, also bei 83,28 Euro, gedeckt.

Kinder machen arm

»So kann man nicht leben«, sagt Andrea H. immer wieder. Sie hat den Mut gefasst, ihre miese finanzielle Situation als alleinerziehende Mutter dreier Töchter öffentlich zu machen. »Viele Menschen wissen gar nicht, wie es uns geht und wie oft man das satt hat.« – Auch der Bürgermeister nicht. »Der redet nur mit Leuten, die genug Geld haben. Die anderen gehen nicht in die Versammlungen.« Es gibt viel, was Andrea H. dem Bürgermeister zu sagen hätte:

Dass Normalverdienende das Kindergeld zusätzlich bekommen, Alg-II-BezieherInnen es sich aber als Einkommen vom Regelsatz abziehen lassen müssen. Das Gleiche gilt für den Unterhaltsvorschuss für die jüngste Tochter, den das Jugendamt zahlt, weil vom Vater nichts zu erwarten ist. Die Kleine würde 208 Euro bekommen. Doch das Kindergeld von 154 Euro und der Vorschuss von 170 Euro bringen Andrea H. sogar ins Minus: 116 Euro werden von ihrem eigenen Regelsatz abgezogen.

Dass die Landeskreditanstalt Baden-Württemberg einer Familie mit mindestens zwei Kindern einen zinsgünstigen Kredit gibt, um ein Haus zu bauen, Alg-II-BezieherInnen aber das Wohngeld gekürzt bekommen, wenn sie in einer »zu großen« Wohnung wohnen. Andrea H.s 100 Quadratmeter sind angeblich zu viel für sie und die drei Kinder.

Dass ihre 16-jährige Tochter etwas zum Lebensunterhalt der Familie beisteuern müsste, wenn sie neben der Schule jobben oder nach der mittleren Reife eine Ausbildung beginnen würde. Und wenn sie auszieht, ist die Wohnung endgültig nicht mehr zu halten.

Dass sie sich manchmal wie vom Big Brother überwacht fühlt, weil sie die Leistungen gekürzt bekommt, wenn sie an einer einwöchigen Familienfreizeit der katholischen Kirche teilnimmt. Dort werde sie ja versorgt, so die Begründung.

Zwar sagt Andrea H., ein schlechtes Gewissen plage sie, weil sie so unzufrieden sei. Ihre Ansprüche lässt sie sich dennoch nicht abkaufen. »Ohne Kinder hätte ich ein prima Leben. Aber ich habe drei Kinder in die Welt gesetzt, um mich um sie zu kümmern, und nicht, um den ganzen Tag zu arbeiten, damit ich die Miete zahlen kann.« Immer wieder die Miete. Die ist ihr größtes Geldproblem, denn die bekommt sie nur zu 80 Prozent von der Arbeitsagentur bezahlt. Sie wohnt hier seit 20 Jahren. Doch das interessiert das Amt nicht. Auch nicht, dass sie in dem Ort zwischen Mannheim und Heidelberg keine kleinere Wohnung mit geringerer Miete finden würde und dass in Mannheim, dessen Stadtgrenze nur einen Steinwurf entfernt ist, anders verfahren wird.

Andrea H. ist arbeitslos gemeldet, obwohl sie 32 Stunden pro Monat arbeitet. Seit 30 Jahren ist sie im gleichen Kaufhaus beschäftigt, derzeit nur samstags an der Zentralkasse. Wegen der Kinder gehe das nicht anders, sagt sie.

Andrea H.s Haushaltsbudget:

Regelbedarf Andrea H.	347 Euro
Zuschlag für Alleinerziehende	124 Euro
50 Prozent nicht anrechenbarer Lohn	233 Euro
Kindergeld für drei Kinder	462 Euro
Unterhaltsvorschuss	170 Euro
Regelbedarf 16-jährige Tochter 278 Euro minus Kindergeld 154 Euro	124 Euro
Regelbedarf 13-jährige Tochter 208 Euro minus Kindergeld 154 Euro	54 Euro
Regelbedarf 11-jährige Tochter 208 Euro minus Kindergeld 154 Euro und Unterhaltsvorschuss 170 Euro	- 116 Euro
Warmmiete minus 20 Prozent wegen zu großer Wohnung	577 Euro
Summe:	1.975 Euro

Von 1.975 Euro im Monat bestreitet Andrea H. den Lebensunterhalt für sich und ihre Töchter. Aus dem geringen Budget gibt es kein legales Entrinnen. Jedes Geldgeschenk wird auf den Regelsatz angerechnet, sofern »nicht im Einzelfall eine andere Regelung angezeigt ist«, heißt es in der Regelsatzverordnung. »Das Geld der Tante, das ausdrücklich für den Kauf eines Fahrrads gedacht ist, wird sicher unangetastet bleiben«, sagt Heinrich Alt, Vorstand der Bundesanstalt für Arbeit gönnerhaft.[18] Gleichwohl müsste Andrea H. zunächst mal alles melden und prüfen lassen – eigentlich. Doch so blöd ist natürlich niemand.

Irgendwie schafft Andrea H. es jeden Monat, über die Runden zu kommen. Doch am Ende stehen immer 400 bis 500 Euro Miese auf dem Konto. »Ich bemühe mich, dass das nicht mehr wird.« Und es gibt viel Streit. Eine der Töchter hat immer einen Anlass für den Vorwurf, dass kein Geld da ist. »Kinder können so verletzend sein.«

Der nächste Ärger ist vorprogrammiert. Die älteste Tochter macht mittlere Reife. Die Abschlussfeier kostet pro Person sieben Euro Eintritt. »Und da hat man noch nichts gegessen und getrunken. Da war das Kind noch nicht beim Friseur und hat noch nichts anzuziehen«, zählt Andrea H. auf. »Andere Familien können sich auf diesen Anlass freuen. Ich bekomme Magenschmerzen.«

Das Beschämendste an der sich immer weiter öffnenden Schere zwischen Arm und Reich in Deutschland ist Kinderarmut. Jedes sechste Kind unter 15 Jahren muss auf Sozialhilfeniveau leben. Seit Einführung von Hartz IV ist die Zahl der armen Kinder auf 2,5 Millionen gestiegen, beklagt der Deutsche Kinderschutzbund.[19] Die Zahl habe sich seit 2004 mehr als verdoppelt. Der Paritätische Wohlfahrtsverband legte 2006 eine Studie mit erschreckenden Zahlen vor:[20]

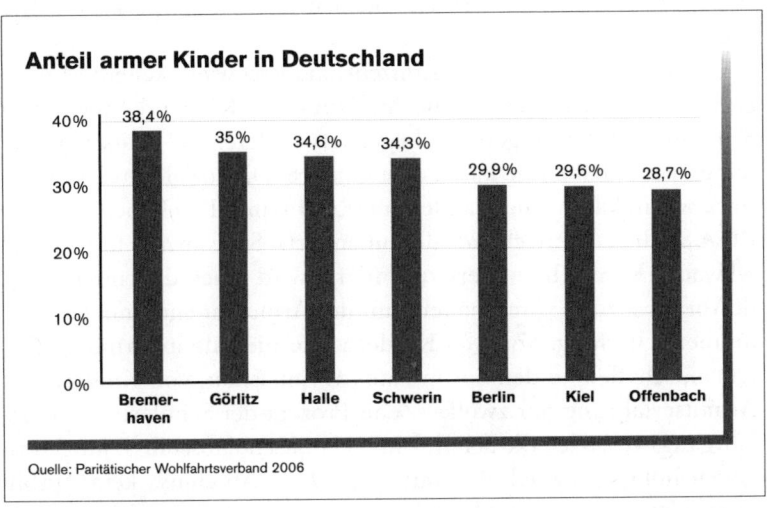

Anteil armer Kinder in Deutschland

Quelle: Paritätischer Wohlfahrtsverband 2006

Deutschland gehört zu den Industriestaaten mit der höchsten Kinderarmut und mit der höchsten Steigerungsrate in den vergangenen Jahren. Es trifft vor allem Kinder in Ostdeutschland, Kinder von Langzeitarbeitslosen, von Migranten und von Alleinerziehenden. Vier von zehn Kindern, die mit nur einem Elternteil zusammenleben – zu 84 Prozent mit der Mutter – sind arm. Unter ihnen gibt es zehnmal mehr Arme als unter Kindern, die mit beiden Eltern aufwachsen. Kinder von Alleinerziehenden leben länger in Armut, schaffen seltener den Aufstieg und landen, falls das dennoch gelingt, häufiger und schneller erneut in Armut.[21]

In Deutschland, einem der reichsten Länder der Erde, gibt es sogar hungernde Kinder. Jedes sechste arme Kind kommt hungrig in die Kita oder in die Schule[22] – rund 275.000 Kinder Tag für Tag, deren Eltern nicht angemessen für sie sorgen können, weil ihnen im Laufe des Monats das Geld ausgeht, weil sie Suchtprobleme haben oder psychisch krank sind. Zum öffentlichen Skandal werden diese 275.000 täglichen Tragödien erst dann, wenn ein Kind tatsächlich verhungert, wie die siebenjährige Jessica Anfang 2005 in ihrem Kinderzimmer in einer Hamburger Hochhaussiedlung.

Das Robert-Koch-Institut spricht vom »kumulativen Effekt der Armut im Kindesalter«: 15 Prozent der armen Kinder sind ungepflegt oder vernachlässigt, 15 Prozent sind häufig krank, elf Prozent sogar chronisch. Zehn Prozent bleiben in ihrer körperlichen Entwicklung zurück.

Gravierend sind auch die Konzentrationsschwierigkeiten: Mit leerem Magen lernt sich's schlecht. Hungrige Kinder können dem Schulunterricht weniger gut folgen als andere. Im deutschen Bildungssystem haben sie kaum eine Chance. Die soziale Auslese ist so stark wie in kaum einem anderen OECD-Land. Das haben mehrere PISA-Studien hinreichend dokumentiert. Statt arme und sozial schwache Kinder besonders zu fördern, wird ihnen die entscheidende Voraussetzung vorenthalten, um der Armut zu entkommen: eine fundierte Bildung. Von 100 Kindern, die niemals in Armut gelebt haben, schaffen 36 den Sprung aufs Gymnasium, von Kindern mit Armutserfahrung nur zwölf.[23] Zehn Prozent der SchülerInnen eines Jahrgangs verlassen die Schule ohne Hauptschulabschluss, Jungen zu einem höheren Anteil als Mädchen. Ohne Abschluss kein Ausbildungsplatz, ohne Ausbildung keine Chance auf einen sicheren und auskömmlichen Job.

Nicht nur in Rio de Janeiro leben Kinder auf der Straße, sondern auch bei uns. Inklusive Dunkelziffer schätzen Fachleute ihre Zahl auf 1.550 bis 2.500 Minderjährige, in einem der reichsten Länder der Erde.[24]

Heute sind Kinder und Jugendliche die von Armut am meisten bedrohte Altersgruppe, Armut im Alter hat hingegen abgenommen. Die heutige Generation der Seniorinnen hat zu einem größeren Anteil eigene – wenn auch geringe – Rentenansprüche aufgebaut und trägt in einem Zweipersonenhaushalt ihr Scherflein zum Auskommen bei. Deswegen leben Zweipersonenhaushalte von Rentnerinnen und Rentnern zu einem geringeren Anteil in Armut als der Durchschnitt der Bevölkerung.

Ganz anders sieht das jedoch bei Alleinlebenden aus. Vor allem alleinlebende alte Frauen sind überdurchschnittlich von Armut betroffen. Große Unterschiede gibt es auch zwischen West und Ost. Da RentnerInnen in den neuen Bundesländern häufig keine anderen Einkommensquellen haben als die gesetzliche Rente, haben sie anders als die alten Menschen in den westlichen Ländern weniger Geld im Portemonnaie als der Durchschnitt der Bevölkerung. Das gilt für alleinlebende alte Frauen um so mehr.[25]

Um Menschen im Alter den Gang zum Sozialamt zu ersparen, wurde 2003 die Grundsicherung mit einem Regelsatz von heute 347 Euro wie beim Alg II eingeführt. Zuständig bleiben die Träger der Sozialhilfe. Jedoch wird bei Rentnerinnen und Rentnern nicht mehr auf das Einkommen der Kinder zugegriffen. Das war für alte Menschen zuvor ein Haupthindernis, Sozialhilfe zu beantragen.

Rund 2,2 Prozent aller Menschen ab 65 Jahren, insgesamt 342.000 Personen, bezogen 2005 Grundsicherung. 57 Prozent waren Frauen. Sie erhielten im Schnitt 381 Euro. Durchschnittlich wurden 224 Euro eigenes Einkommen angerechnet.

Zu befürchten ist, dass der Rückgang von Altersarmut nur ein erfreuliches Zwischenhoch war. Mit dem Rentenbericht 2005 konnte die große Koalition nicht mehr umhin zuzugeben, dass in absehbarer Zukunft die gesetzliche Rente nicht mehr reichen wird. »Natürlich gibt's da welche, bei denen man sehen kann, das kann eigentlich nicht gut gehen«, stammelte Arbeits- und Sozialminister Franz Müntefering bei der Präsentation des Berichts. Die verfestigte Massenarbeitslosigkeit hat die finanzielle Basis der gesetzlichen Rentenversicherung erodieren lassen. Privat wird nur unzureichend vorgesorgt. Wovon auch, bei stagnierenden und sinkenden Realeinkommen!

Dabei ist das ganze Ausmaß der drohenden Altersarmut noch gar nicht abschätzbar. Zunehmend werden Menschen ab 50 Jahren aus den Betrieben aussortiert, ohne nennenswerte Chance auf Rückkehr in eine sichere Arbeit. Auch Langzeitarbeitslose können keine Rentenansprüche aufbauen. Im Gegenteil, sie müssen zunächst ihre Reserven – auch die fürs Alter – aufbrauchen, bevor sie Alg II erhalten. Selbst wer den Sprung zurück ins Berufsleben schafft, steht dann im Alter ohne Zusatzeinkommen da.

Trotz der Grundsicherung gibt es verschämte Armut. Nur etwa 7,4 Millionen von rund zehn Millionen Anspruchsberechtigten haben Sozialleistungen nach Hartz IV beantragt. Geschätzte 2,6 Millionen Menschen, darunter neben 1,9 Millionen Geringverdienenden vor allem über 60-jährige alleinlebende Frauen, leben ohne staatliche Unterstützung, obwohl sie Anspruch darauf hätten. Auch Anspruchsberechtigte ohne deutschen Pass verzichten auf Hilfe. Die Hauptursachen sind Unkenntnis und Fehlinformation, Angst vor Stigmatisierung und bei AusländerInnen sicherlich auch die Angst vor dem Verlust des Aufenthaltsrechts. Unkenntnis ist nicht nur ein Problem alter Menschen. Viele Working Poor gehen davon aus, dass sie keine Ansprüche geltend machen können, weil sie ja nicht arbeitslos sind.[26]

Schulden machen arm

Edith D. versucht Geldsorgen von ihren Kindern fernzuhalten. Das klappt manchmal, meist aber nicht. 70 Euro monatlich für die Musikstunden des Sohnes und der Tochter zahlen die Paten. Doch der 15-Jährige will Tennis spielen – für 45 Euro Monatsbeitrag plus 25 Euro für die Trainerstunde und die Aufnahmegebühr. Das geht nicht, genauso wenig wie die Puma-Schuhe, die man in diesem Alter unbedingt haben muss. »Für Klamotten wird viel Geld ausgegeben«, klagt die Mutter. Der Sohn kann sich schlecht abgrenzen. Der 14-jährigen Tochter fällt das leichter.

Ediths Arbeitslosigkeit war nicht das Schlimmste. Ihr Mann hatte eine Agentur für Industriedesign gegründet. Viele Ideen, viel Kreativität, aber kein wirtschaftlicher Erfolg. Vor drei Jahren war die Insolvenz nicht mehr zu vermeiden. An Kleinunternehmen vergeben Banken nur Privatdarlehen und nur mit privater Bürgschaft. Die

Folge: Edith und ihr Mann saßen auf einem Schuldenberg. Ediths Vater löste mit 60.000 Euro zwei Kredite aus. Aber noch immer drücken monatlich 1.600 Euro Zins und Tilgung. »Es gab Monate, da habe ich zehn Tage lang nichts zu essen gekauft«, erinnert sich Edith. Das funktionierte nur, weil sie einmal pro Woche aus einem Bioladen die Restekiste für fünf Euro bekommt. »Wenn ich gut bin, koche ich fünf Tage davon«, sagt die 40-Jährige. Wenn sie Geld braucht, durchstreift sie die Wohnung auf der Suche nach etwas, was sie verkaufen könnte.

Einige Zeit lang half die agile Frau einer Freundin, die mit einem Brötchen-Bringdienst eine Ich AG gegründet hatte. Doch das lief mehr schlecht als recht. Edith übernahm einmal pro Woche eine Tour und klapperte mit ihrem Brötchen-Bauchladen vier Stunden lang Büros ab für einen Stundenlohn von sieben Euro bar auf die Hand. Für die Provision, die zusätzlich gezahlt werden sollte, reichte der Umsatz nicht. Immerhin konnte sie die nicht verkauften Brötchen mit nach Hause nehmen.

Edith D. ist inzwischen aus dem Schlimmsten raus – vorerst. Gerade noch rechtzeitig, bevor sie ins Alg II abgerutscht wäre, fand die Erzieherin eine neue Teilzeit-Stelle, zunächst jedoch nur auf ein Jahr befristet. Nun hofft Edith auf Verlängerung. Nach der Insolvenz ging die Ehe in die Brüche. Mit der Trennung ist sie die Schulden los. Wie ihre Finanzen künftig aussehen werden, weiß sie dennoch nicht. Ihr Mann will Verbraucherinsolvenz beantragen, sobald er die Probezeit beim neuen Arbeitgeber überstanden hat. Doch wie viel Unterhalt kann er dann zahlen? Und findet sie eine günstige Wohnung für sich und die Kinder, in Frankfurt am Main, einer der teuersten Städte in Deutschland?

Jeder zwölfte Haushalt in Deutschland ist überschuldet. Die Betroffenen können ihre laufenden Zahlungspflichten nicht mehr erfüllen. Das geht aus dem Schuldenreport 2006 hervor, den Caritas, Diakonie, Rotes Kreuz und die Verbraucherzentrale Bundesverband herausgegeben haben. Seit dem ersten Schuldenreport 1993 hat sich die Zahl mehr als verdoppelt. Gut eine weitere halbe Million Haushalte stehen auf der Kippe. Bei ihnen fehlt nur noch der berühmte Tropfen, der das Fass zum Überlaufen bringt: der kaputte Kühlschrank, der Autounfall, die hohe Heizkostenrechnung. »Wenn die Energieversorger ihre Jahresabrechnungen verschicken, stehen die Menschen bei uns Schlange«, sagt Cornelia Zorn, Schuldnerberaterin in Stralsund und Vorsitzende der Landesarbeitsgemeinschaft Schuldnerberatung in Mecklenburg-Vorpommern.

Häufigste Auslöser für Überschuldung sind Arbeitslosigkeit, dauerhaft niedriges Einkommen, eine gescheiterte Selbstständigkeit, Trennung oder Scheidung. Große Unterschiede gibt es zwischen West und Ost. In den neuen Ländern sind mehr als drei Viertel der Menschen, die nicht mehr zahlen können, arbeitslos oder leben von einem Niedrigeinkommen.[27] Wenn Cornelia Zorn die Situation von überschuldeten Menschen schildert, redet sie fast nur noch über Alg II. »Was wollen Sie von 347 Euro tilgen?« Auch Menschen mit Niedriglöhnen hätten kaum mehr Geld zur Verfügung: »Was nützt Ihnen ein Nettolohn von 740 Euro, wenn Sie im Monat 400 Euro für Sprit bezahlen, um zur Arbeit zu kommen?«, fragt die Schuldnerberaterin. 400 Euro für Sprit? Auf diesen Betrag kommt, wer 60 bis 80 Kilometer zur Arbeit fahren muss.

Da werde schon der Ratenkauf beim Otto-Versand zum Problem. Wenn die Schuldeneintreiber der Versandhäuser Druck machen, zahle so mancher lieber die Miete nicht. »Ein fataler Schritt«, sagt Cornelia Zorn. Wer nicht mehr zahlen könne, müsse zunächst seine Grundbedürfnisse sichern: Essen, Trinken, Wohnen, Heizen. Die Versandhäuser könnten ausstehende Forderungen verkraften. Ihre Ausfallquote wegen nicht bezahlter Rechnungen liege im Promille-Bereich.

Im Westen spielen Arbeitslosigkeit, Trennung oder Scheidung und eine gescheiterte Selbstständigkeit mit je einem Viertel bis einem Fünftel annähernd gleichgewichtig die größte Rolle. Laut Antje Hartmann, Schuldnerberaterin im nordhessischen Borken, steigt jedoch die Bedeutung weiterer Ursachen. Wegfallendes Weihnachts- und Urlaubsgeld oder ausbleibende Steuerrückzahlungen, die für Versicherungen oder Reparaturen fest im Haushaltsbudget eingeplant waren. Oder zunehmende variable Elemente beim Entgelt, die bei der Lohnfortzahlung nicht berücksichtigt werden. Bei längerer Krankheit wird es da finanziell eng.

Auch Probleme mit Gesundheitskosten nehmen zu. Da ist die arbeitslose Frau, die sich wegen eines Zahnersatzes überschuldet hat, damit sie im Bewerbungsgespräch überhaupt den Mund aufmachen kann. Antje Hartmann erlebt immer wieder, dass Menschen an den

Eigenleistungen in der gesetzlichen Krankenversicherung scheitern. Viele denken, wenn der Zahnarzt sage, eine bestimmte Behandlung müsse sein, dann sei das nun mal so – Kosten hin oder her.

Jugendliche und junge Erwachsene verschulden sich mit ihren Handys. Eine Ursache sind die verlockende Werbung und der leichte Abschluss von immer neuen Verträgen. Schuldnerberaterin Cornelia Zorn klagt aber auch, dass die jungen Leuten nicht mit Geld umgehen könnten. Das sei häufig Folge der Armut der Eltern: Wenn die Kinder kein Taschengeld bekommen, wie sollen sie da den Umgang mit Geld lernen?

Trotz zunehmender privater Überschuldung kürzen viele Bundesländer die Zuschüsse für die Beratungsstellen. Die Herausgeber des Schuldenreports halten dagegen: Jeder Euro für die Schuldnerberatung erspart zwei Euro an sozialen Folgekosten.

Arbeit macht arm

Im zweiten Armuts- und Reichtumsbericht ist Arbeitslosigkeit als Hauptursache von Armut und Ausgrenzung genannt. Die Schlussfolgerung: »Dann muss sich sozial gerechte Politik vorrangig an der Schaffung von Arbeitsplätzen und der Integration Erwerbsloser in den Arbeitsmarkt orientieren.«[28] »Sozial ist, was Arbeit schafft«, verkünden PolitikerInnen landauf, landab. Doch diese Botschaft beruht auf einem statistischen Trugschluss. Zwar ist der Anteil der Armen unter den Arbeitslosen mit 40,9 Prozent am höchsten. Zwei Millionen der rund fünf Millionen Arbeitslosen sind arm. Zwar leben nur 7,1 Prozent der Beschäftigten unter der Armutsgrenze. Doch ist diese Gruppe mit fast 32 Millionen deutlich größer.[29] Es gibt 2,26 Millionen Menschen, die trotz Arbeit arm sind. Absolut sind das mehr als die Arbeitslosen.

Zwar gehen »nur« 27 Prozent der Armen einer Erwerbstätigkeit nach. Doch in der Altersgruppe zwischen 25 und 55 Jahren, die das Gros der Erwerbstätigen stellt, hat die Hälfte der Armen einen Job, ein Viertel sogar in Vollzeit. Gut 43 Prozent der Working Poor sind in einem sogenannten Normalarbeitsverhältnis beschäftigt, 30 Prozent prekär, das heißt befristet oder ohne Sozialversicherung, 15,6 Prozent sind selbstständig und 11,8 Prozent befinden sich in Ausbildung.

Mehr als die Hälfte der Working Poor sind Männer. Die meisten haben zwar ein individuelles Einkommen über der Armutsgrenze, rutschen aber wegen nicht erwerbstätiger Familienangehöriger unter dieses Limit. Das »Armutsrisiko Kind« trifft auch den Mann, wenn die Frau mangels Betreuungsplatz zu Hause bleibt. Frauen hingegen stellen die Mehrheit der Working Poor mit tatsächlichen Armutslöhnen.[30]

Angesichts so vieler Working Poor muss ein Ansatz scheitern, der zur Bekämpfung von Armut nur versucht, Menschen – unter welchen Bedingungen auch immer – in Arbeit zu bringen. Dieses Politikkonzept, das auf Niedriglöhne und einen deregulierten Arbeitsmarkt mit verringertem sozialen Schutz setzt, ist eine der Hauptursachen des Problems, dessen Lösung zu sein es vorgibt.

Falscher Pass – oder gar keiner – macht arm

Auch Migrantinnen und Migranten in Deutschland sind arm. Am schlechtesten geht es Menschen aus der Türkei und aus dem ehemaligen Jugoslawien. Mehr als ein Viertel der AussiedlerInnen lebte 2003 ebenfalls in Armut. Neuankömmlinge sind stärker betroffen als Menschen, die schon länger im Land leben. Besonders gefährdet sind Jüngere, zumeist weil sie keinen Ausbildungsplatz finden. Gut ein Drittel der Migranten der zweiten Generation lebte 2003 unterhalb der Armutsgrenze. Auch Frauen, besonders alleinlebende ältere, sind überdurchschnittlich betroffen. Der Grund ist fehlende Bildung. Drei Viertel der türkischen Mütter haben höchstens die Grundschule absolviert.[31]

Diese Zahlen entstammen dem zweiten Armuts- und Reichtumsbericht. Menschen, die illegal in Deutschland leben, sind nicht erfasst. Über ihre Situation ist wenig bekannt. Von 2003 bis 2005 hat eine Forschergruppe der Fachhochschule Ludwigshafen Illegale in Frankfurt am Main interviewt und ihre Lebenssituation umfassend analysiert. Die WissenschaftlerInnen schätzen die Zahl der Illegalen in Deutschland auf 0,5 bis 1,8 Millionen und sagen: »In Deutschland gibt es rechtliche Rahmenbedingungen, die systematisch zu einem Weg in die Illegalisierung führen können.«[32] Die wesentlichen Befunde:

– Die meisten Illegalen sind Armutsflüchtlinge. Sie arbeiten meist unter üblen Bedingungen und für Niedriglöhne im klassischen

Dienstleistungsgewerbe, in Haushalten, in der Prostitution und vielen Bereichen mit geringen Gewinnmargen. »Illegale Zuwanderinnen sind für ArbeitgeberInnen attraktiv, weil sie flexibel, einsatzfähig, billig, motiviert, wenig anspruchsvoll und erpressbar sind.«[33]

– Die meisten Illegalen leben in schlechten Wohnverhältnissen, müssen häufig die Wohnung wechseln und sind immer wieder von Obdachlosigkeit bedroht.

– Illegale sind schlecht oder gar nicht medizinisch versorgt. Einerseits leiden sie unter psychischen Belastungen, ernähren sich ungesund, arbeiten unter miesesten Arbeitsbedingungen und sind deswegen kränker als andere Menschen. Andererseits laufen sie Gefahr, entdeckt zu werden, wenn sie zum Arzt oder ins Krankenhaus müssen, vor allem dann, wenn sie die Kosten nicht selbst bezahlen können. Das gilt verschärft für Schwangere.

– In Hessen dürfen illegal dort lebende Kinder nicht die Schule besuchen. Sie sind von Bildung ausgeschlossen und können keine Lebensperspektive entwickeln. Das gilt insbesondere für unbegleitete Minderjährige.

– Menschen ohne Papiere gehören auch zu der Gruppe von Obdachlosen, die selbst im Winter lieber nicht in Notunterkünften übernachten – zumindest nicht in Frankfurt am Main. Denn dort müssen sie sich am nächsten Morgen einem Beratungsgespräch stellen, in dem ihnen Wege aus der Obdachlosigkeit gezeigt werden sollen. Für jene ohne Aufenthaltserlaubnis bedeutet das nichts anderes als Abschiebung. Denn nach Aussage des Sozialamtes ist es nicht Aufgabe der Stadt, »Ausländern zu helfen, die sich illegal hier aufhalten.« Ihnen wird allenfalls die Heimreise finanziert.[34] Viele der obdachlosen Illegalen kommen aus Osteuropa. Eigentlich wollten sie hier arbeiten, doch wenn das nicht so klappt, wie sie es erhofft haben, trauen sich viele nicht mehr nach Hause und landen auf der Straße.

Bis zu 50 Menschen schlafen auch im Winter auf Frankfurts Straßen. Neben den Illegalen sind das meist psychisch Kranke, die Probleme mit geschlossenen Räumen, mit anderen Menschen oder mit sozialen Regeln haben, erklären Frankfurter Streetworker.

Carola

Ob jemand auf der Straße landet, weil er psychische Probleme hat, oder ob der Zusammenhang umgekehrt ist, lässt sich selten feststellen, wie bei Carola. Eigentlich hat sie keine Zeit zum Gespräch. Sie muss Zwiebeln fürs Mittagessen im Tagestreff Weißfrauen in Frankfurt am Main schneiden. Doch dann redet sie sich in Fahrt. Das Küchenmesser rückt den Fingern gefährlich nahe. Die Klinge ritzt immer hektischer ins Schneidebrett. Carola senkt die Stimme, als sie ihre Geschichte erzählt. Diejenige, wie sie als Kind von berühmten Politikern 36 Länder der Welt bereiste. Penibel rechnet sie vor, dass diesen Männern auch nicht mehr als der Alg-II-Satz bleibt, wenn sie ihre Bodyguards bezahlt haben. Und schon sind »die da oben« gar nicht mehr so weit weg.

Carola will keine eigene Wohnung haben. »Ich stürze mich nicht in Schulden.« Also wohnt sie im Weißfrauentreff und in der Übernachtungsstätte Schielestraße – und in den vergangenen vier Wochen im Frauenknast Frankfurt Preungesheim. Wegen Hausfriedensbruchs hätte sie ein Bußgeld zahlen sollen. »Ich wollte mich eh vom Arzt checken lassen.« Sie grinst, weil sie die Zeit in der Krankenstation absitzen konnte.

»Ich habe einen Hirntumor«, sagt sie. »Vor einiger Zeit war es Blutkrebs«, weiß Matthias Roth, der den Weißfrauentreff leitet. Egal, für Carola ist das auf jeden Fall der Grund, warum ihr das Sorgerecht für die Kinder entzogen wurde. Tränen laufen über das braun gefleckte, verlebte Gesicht, wegen der Zwiebeln und wegen der Kinder. Mal sind es drei, mal fünf, mal zehn, mindestens eines verstorben – »umgebracht«. Vielleicht trauert die 37-Jährige um die Kinder, die sie nie hatte.

Sie selbst sei in Fritzlar bei einer Pflegemutter aufgewachsen, erzählt sie. Ab und zu fahre sie hin. Aber das Verhältnis sei schlecht. Dabei wünscht sich Carola so sehr, nach einer beschwerlichen Reise heimzukommen und sich erst mal ausruhen zu dürfen.

Die Wärme, die sie selbst nicht erfährt, bringt Carola anderen entgegen. Natürlich kann der Freund, der nur gebrochen Deutsch spricht, vom Tabak schnorren, und natürlich bietet sie ihm an, ihn wegen seiner Aufenthalts- und Arbeitserlaubnis zum Amt zu begleiten. Einen Begleitservice für Menschen, die Ämter, den Arzt, den Friseur oder den Flughafen aufsuchen wollen, würde sie gern aufziehen. Aber das scheitere schon am polizeilichen Führungszeugnis.

Carola hat ihr kräftezehrendes Leben auf der Straße vor sich selbst versteckt – und vor anderen. Auch die Mitarbeiterinnen im Weißfrauentreff kennen ihren realen Lebensweg nicht.

Nach Auskunft der Bundesarbeitsgemeinschaft Wohnungslosenhilfe gibt es etwa 400.000 wohnungslose Menschen in Deutschland, darunter rund 100.000 Frauen. Die Dunkelziffer liegt weitaus höher. Als wohnungslos gelten Menschen, die obdachlos oder von Wohnungslosigkeit bedroht sind oder in unzumutbaren Wohnverhältnissen leben. Etwa 25.000 Menschen fristen ihr Dasein komplett auf der Straße. Laut der Evangelischen Obdachlosenhilfe werden die Betroffenen immer jünger. Jeder vierte Wohnungslose ist noch keine 28 Jahre alt. Der Altersdurchschnitt liegt bei 38 Jahren. Mindestens 40 Prozent seien AlkoholikerInnen – trocken oder nass.

Obdachlose stellen das Gros der Menschen, die in extremer Armut leben. An die EU-Definition von Armut anknüpfend, sind das Menschen, die höchstens 40 Prozent des Nettoäquivalenzeinkommens zur Verfügung haben. 2003 waren das 625 Euro im Monat inklusive der Mietaufwendungen. Der zweite Armuts- und Reichtumsbericht spricht von Menschen, »die einen minimalen Lebensstandard deutlich unterschreiten und nicht in der Lage sind, sich aus eigener Kraft aus dieser Lebenslage herauszubewegen«. In den Einrichtungen der Evangelischen Obdachlosenhilfe haben 60 Prozent der Hilfesuchenden weniger als 310 Euro im Monat, 44 Prozent haben überhaupt kein regelmäßiges Einkommen und gehen betteln.[35]

Vertreibende Hilfe

Viele scheuen sich, ihre Ansprüche geltend zu machen. Und immer öfter wird ihnen die Unterstützung verweigert. Auch diese Rechtsverstöße hat die Evangelische Obdachlosenhilfe dokumentiert. Da wird nach einigen Nächten keine Unterkunft mehr gestellt, die Bekleidungsgrundausstattung verweigert, oder es werden keine Leistungen mehr ausbezahlt.[36]

Diesen Umgang mit Obdachlosen hat die Evangelische Obdachlosenhilfe auf den Begriff »vertreibende Hilfeleistungen« gebracht. Dazu gehört auch, im Winter keine Notunterkünfte einzurichten. Das ist eigentlich Aufgabe der Kommunen. Doch 30 Prozent kommen ihr nicht nach. Das kann tödliche Folgen haben. Seit 1991 sind mindestens 232 Wohnungslose auf der Straße erfroren.[37]

Mit offener Vertreibung versuchen es PolitikerInnen und Einzelhandelslobby in den Konsummeilen deutscher Großstädte. In Hamburg wollte die Handelskammer, unterstützt von Innensenator Udo Nagel (CDU), zur Fußball-Weltmeisterschaft der Männer im Sommer 2006 ein Bettelverbot rund um den Jungfernstieg durchsetzen. Schon 1978 hat Münchens damaliger Oberbürgermeister Erich Kiesl (CSU) Bettler, Straßenmusiker und Pflastermaler aus der Fußgängerzone verbannt. Sein Nachfolger Christian Ude (SPD) sah keinen Grund, das wieder zu ändern.

In Frankfurt am Main ließ der Leiter der Stabsstelle Sauberes Frankfurt (Motto: »Müll macht schlechte Laune«) und Grünen-Mitglied Peter Postleb die Parkbänke auf dem Friedrich-Stoltze-Platz abmontieren, nicht etwa, weil diese durch Taubenkot verunreinigt waren, sondern weil sich Gäste der umliegenden Bars und Passanten angeblich durch »polnische Kampftrinker« belästigt fühlten. Nach monatelanger Auseinandersetzung kündigte die Stadt an, die Bänke wieder aufzustellen.

Egal ob Gefahrenabwehrverordnung, die ansonsten den Umgang mit Hundekot und Autowäsche regelt, oder Anti-Müll-Kampagne, menschenverachtend ist nicht nur, dass diejenigen aus den Innenstädten vertrieben werden, deren Not den unbeschwerten Konsum stören, sondern auch, dass sie mit Dreck und Müll in einen Topf geworfen werden, als seien Bettler und Obdachlose nichts anderes als Wohlstandsmüll.

Es sind nicht nur Einzelhandelslobbys, die Umsatzeinbußen befürchten, und Politiker, die sich um das Image ihrer Stadt sorgen. Auch viele NormalbürgerInnen wollen die offensichtliche Armut aus den Augen und aus dem Sinn haben. Und das nicht nur aus schlechtem Gewissen, bei allzu sorglosem Geldausgeben erwischt zu werden, während sich andere kaum drei Mahlzeiten am Tag leisten können. Vielleicht wird so verdrängt, dass die Armut näher rückt in einem der reichsten Länder der Erde. Jeder dritte Deutsche fühlt sich von sozialem Abstieg bedroht. Besonders groß ist die Angst bei Geschiedenen, Arbeitslosen und Studierenden.[38] Diese Angst ist real: Nach nur zwölf Monaten Arbeitslosigkeit droht Alg II. Inzwischen kennt jeder jemanden, den es schon erwischt hat. Und jeder weiß: Mir könnte es genauso gehen.

Statistik: Wahrheitssuche im Zahlenlabyrinth*

Unter dem Stichwort »Millionäre« findet sich im Internetauftritt des Statistischen Bundesamts nur der Verweis auf die Vermögensteuerstatistiken der Jahre 1995 und 1997. Milliardäre haben die deutschen StatistikerInnen gar nicht im Angebot. Und unter »Reichtum« bieten sie die Dokumentation eines wissenschaftlichen Kolloquiums zum Thema »Einkommen und Vermögen in Deutschland – Messung und Analyse« am 13. und 14.11.1997 an. An die Umsetzung der Ergebnisse haben sie sich auch zehn Jahre später offensichtlich noch nicht gemacht. Hingegen finden sich unter der Rubrik »Zahl der Woche« Details über den Bier-, Sekt- und Zigarettenkonsum der Deutschen, über die Zahl der Wildunfälle, die Ausbeute bei der Spargel- und Zwetschgenernte, den Export von Lebkuchen und das Geburtsgewicht bundesdeutscher Babys. Nicht zu vergessen die Information, dass 82 Prozent der importierten Badehosen aus China kommen.

Über Geld spricht man nicht, lautet eine weit verbreitete Benimmregel. Die deutschen StatistikerInnen befolgen sie gewissenhaft, auch wenn sie ansonsten alles zählen und messen, was sich nur irgendwie zählen und messen lässt. In Schweden reicht ein Anruf beim Steueramt, um zu erfahren, was König Carl Gustaf, Ministerpräsident Frederik Reinfeld und die Profi-Golferin Annika Sörenstam, nach dem Magazin *Forbes* die sechstreichste Sportlerin der Welt, dem Fiskus zukommen lassen. Die Behördenregister sind öffentlich. Deswegen kam auch schnell heraus, dass drei MinisterInnen der neuen bürgerlichen Regierung jahrelang keine Fernsehgebühren bezahlt haben.

In Deutschland hingegen lassen sich aus den vorhandenen Quellen nur recht dürre Daten zur Einkommens- und Vermögensverteilung gewinnen. Die wichtigsten Statistiken sind:

Die *Volkswirtschaftliche Gesamtrechnung*: Sie trägt kurzfristig den Wert aller Einkommen aus abhängiger und selbstständiger Arbeit sowie aus Vermögen zusammen.

Die *Einkommensteuerstatistik*: Sie erfasst alle drei Jahre die Einkommen der Steuerpflichtigen. Darunter allerdings nur die Verdienste jener Erwerbstätigen, die tatsächlich einen Antrag auf einen Lohnsteuerjahresausgleich ausfüllen. So fehlen etwa die Pauschalsteuern

*Autor dieses Kapitels ist Michael Schlecht, Chefvolkswirt beim ver.di-Bundesvorstand.

aus Minijobs. Außerdem werden in den oberen Etagen unserer Gesellschaft in erheblichem Umfang Einkommen nicht deklariert und damit Steuern hinterzogen. Eine Vermögensteuerstatistik gibt es naturgemäß gar nicht mehr, seitdem die Regierung Kohl Anfang 1997 die Vermögensteuer ausgesetzt hat.

Die *Einkommens- und Verbrauchsstichprobe (EVS)*: Alle fünf Jahre werden 50.000 Haushalte zu ihren Haushaltsnettoeinkommen, ihren Verbrauchsgewohnheiten und ihrem Geld-, Immobilien- und Wertpapiervermögen befragt. Die Teilnahme ist freiwillig. Da sich die besonders reichen Haushalte bei der ersten EVS 1962/63 nur unzureichend beteiligten, wurden sie seither ausgeklammert. Bei der Erhebung von 2003 fehlen die Einkommen ab 18.000 Euro monatlich. Verschwiegen werden also nicht nur die Einkommen der Superreichen, sondern sogar die Tatsache, dass es Superreiche gibt. Das Deutsche Institut für Wirtschaftsforschung (DIW) in Berlin kritisiert obendrein: »Vermögensbestände durch Interviews zu erfassen, ist problematisch: Fragen nach der materiellen Lage treffen häufig auf mangelnde Auskunftsbereitschaft der Befragten. Dabei sind Fragen nach der Höhe des Vermögens noch sensibler als solche nach der des Einkommens. Gilt es hierzulande nicht seit eh und je als Volkssport und wird es nicht als Kavaliersdelikt angesehen, sein Vermögen vor Behörden jeglicher Art zu verstecken? (...) Und nun kommt ein Interviewer mit der Bitte, man solle das Vermögen in einem Fragebogen deklarieren.«[1]

Der *Armuts- und Reichtumsbericht* der Bundesregierung: Im Januar 2000 beschloss der Bundestag auf Antrag der damaligen rot-grünen Koalition, dass die Bundesregierung »regelmäßig« einen Armuts- und Reichtumsbericht vorlegen solle. Im April 2001 wurde der erste Bericht »Lebenslagen in Deutschland« mit Daten bis 1998 veröffentlicht, im April 2005 folgte der zweite Bericht mit Daten bis 2003. Die Berichterstattung krankte von Anfang an daran, dass zwar Armut eingehend analysiert wurde, Reichtum jedoch nicht. Betrachtet wurde nur das Privatvermögen, das Produktivvermögen blieb außen vor. Und selbst diese Analysen waren recht dürftig, sei es aufgrund der schlechten Datenlage, sei es aufgrund mangelnden politischen Willens. Die Konsequenz, die Datenlage auf der reichen Seite der Gesellschaft zu verbessern, wurde nicht gezogen.

Alle diese Statistiken arbeiten mit unterschiedlichen Grundlagen und Zählweisen, werden zu unterschiedlichen Zeitpunkten erstellt und sind damit nur schlecht miteinander vergleichbar. Da sich auch die Wissenschaft auf unterschiedliche Grundlagen bezieht, gibt es kaum allgemeingültige Zahlen über Armut und Reichtum. Grob geschätzt sah die Situation im Jahr 2003 so aus:

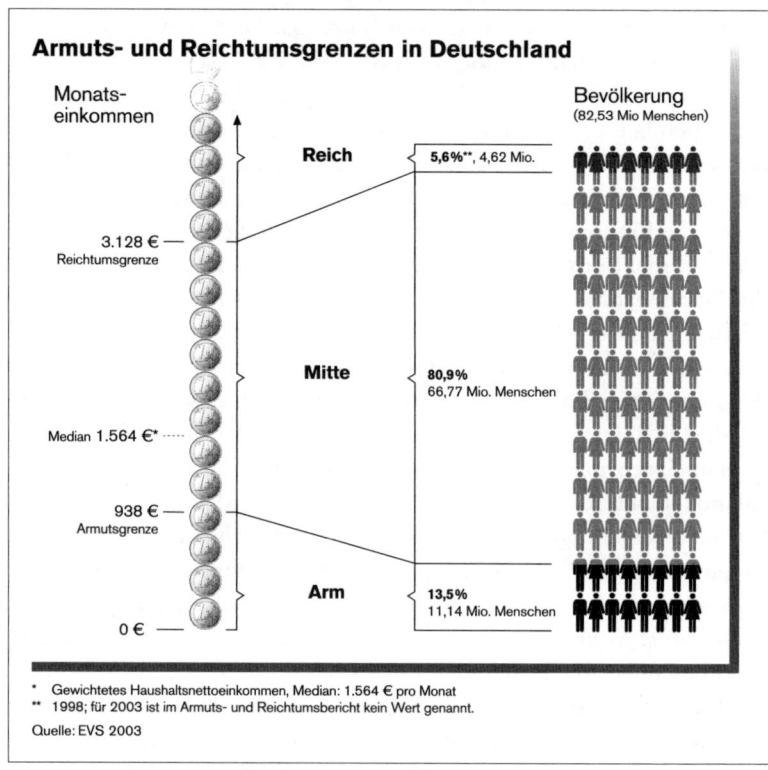

Armuts- und Reichtumsgrenzen in Deutschland

Monatseinkommen

Bevölkerung
(82,53 Mio Menschen)

Reich — 5,6%**, 4,62 Mio.

3.128 € — Reichtumsgrenze

Mitte — 80,9%
66,77 Mio. Menschen

Median 1.564 €*

938 € — Armutsgrenze

Arm — 13,5%
11,14 Mio. Menschen

0 €

*   Gewichtetes Haushaltsnettoeinkommen, Median: 1.564 € pro Monat
** 1998; für 2003 ist im Armuts- und Reichtumsbericht kein Wert genannt.
Quelle: EVS 2003

Wer sich mit der Einkommens- und Vermögensverteilung in Deutschland beschäftigt, muss neben statistischen Mängeln auch methodische Probleme berücksichtigen: So lässt sich aus dem Lohn eines Facharbeiters sein reales Einkommen nicht ablesen. Vielleicht hat er noch einen Nebenjob, vermietet die Einliegerwohnung seines Häuschens oder besitzt Kapitalanlagen. Um Rückschlüsse auf seine Lebensverhältnisse ziehen zu können, müsste man wissen, ob er verheiratet ist, ob seine Frau Geld verdient und wie viele Familienangehörige er mit seinem Einkommen ernährt. Diese Angaben sind im verfügbaren Haushaltseinkommen eingerechnet, das nach der Anzahl der Personen im Haushalt gewichtet ist. Hieraus wiederum lassen sich keine direkten Rückschlüsse auf die Einkommenssituation der Einzelnen ableiten, da ein Mehrpersonenhaushalt günstiger wirtschaften kann als ein Single und aus dem Haushaltseinkommen nicht hervorgeht, wer welches Scherflein beiträgt.

Problematisch sind auch Durchschnittsangaben, die reale Verhältnisse eher verschleiern als aufdecken. Wenige Reiche können die Einkommen aller weit nach oben korrigieren. Um diesen Effekt zu umgehen, kennt die Statistik den Medianwert. Dieser Betrag teilt die EinkommensbezieherInnen in eine »reichere« und eine »ärmere« Hälfte.

Trotz der unbefriedigenden Datenlage lässt sich einiges zur Verteilung von Einkommen und Vermögen in Deutschland sagen.

Wer profitiert vom steigenden Volkseinkommen?

In den vergangenen 15 Jahren ist das Volkseinkommen in Deutschland um fast 500 Milliarden Euro oder gut 40 Prozent gestiegen. Das macht pro Kopf einen Zuwachs von 5.500 Euro. Jede und jeder müsste jeden Monat 460 Euro mehr in der Tasche haben. Das haben die meisten aber nicht. Viele müssen heute sogar mit weniger auskommen als noch vor einigen Jahren. Von dem zunehmenden Reichtum profitieren nicht die Beschäftigten die den Zuwachs geschaffen haben, sondern vor allem Unternehmen, und Menschen mit Vermögen. Diese kassieren 60 Prozent mehr an Gewinnen, Zinsen und Dividenden als noch vor 15 Jahren. Und das Tempo der Umverteilung steigt.

In den vergangenen fünf Jahren wuchs das Volkseinkommen um rund 200 Milliarden Euro. 170 Milliarden Euro landeten bei Unternehmen und Vermögenden. Die Beschäftigten erhielten gerade einmal 30 Milliarden Euro, nicht mehr als 15 Prozent des Zuwachses.

Auch 2005 wuchs das Volkseinkommen um 26 Milliarden Euro. Doch davon kam bei den Beschäftigten nichts an. Im Gegenteil sanken die Arbeitnehmerentgelte sogar um sechs Milliarden Euro. Gleichzeitig stiegen die Gewinneinkommen um satte 32 Milliarden Euro. Unternehmen, Reiche und Superreiche haben zum ersten Mal nicht nur den kompletten Zuwachs beim Volkseinkommen in die eigene Tasche gesteckt, sondern bei den Beschäftigten zusätzlich sechs Milliarden Euro abkassiert. In Deutschland hat es das seit Ende des Zweiten Weltkriegs nicht gegeben. Während auch die Bezüge der deutschen Topmanager in den vergangen Jahren um bis zu 300 Prozent stiegen, wurde der Masse der Beschäftigten Bescheidenheit abgefordert.

Die Bundesregierung geht von weiter wachsenden Gewinn- und Vermögenseinkommen aus. »Ein Anstieg der Gewinneinkommen ist für die gegenwärtige konjunkturelle Position nicht ungewöhnlich. Die hohen Gewinne kommen vor allem aus dem Exportgeschäft sowie aus Kostensenkungen, die nicht zuletzt mit der ausgeprägten Lohnzurückhaltung zusammenhängen. Dies bedeutet allerdings zugleich eine erneute erhebliche Verschiebung der Einkommensverteilung zu Lasten der Lohneinkommen. So ist die Lohnquote (Arbeitnehmerentgelt in Relation zum Volkseinkommen) bereits in den vergangenen fünf Jahren deutlich gesunken und liegt inzwischen auf dem niedrigsten Niveau seit dem Jahre 1991. Dieser Prozess dürfte sich in diesem Jahr (2006, d.A.), wenngleich in geringfügig abgeschwächter Form, fortsetzen. Für die Unternehmen bedeutet dies eine nochmalige Verbesserung der Stückgewinne oder bei gleichem Stückgewinn eine weitere Erhöhung ihrer preislichen Wettbewerbsfähigkeit. Im Gegenzug werden allerdings die Impulse seitens der Einkommen der Arbeitnehmer auf den privaten Konsum weiterhin begrenzt bleiben.«[2]

So steht es im Jahreswirtschaftsbericht 2006. Der Zuwachs beim Volkseinkommen betrug 2006 3,1 Prozent oder knapp 52 Milliarden Euro. Doch der floss fast vollständig auf die Konten der Unternehmen und Vermögenden. Ihr Einkommen wuchs innerhalb eines Jahres um 7,3 Prozent, während für ArbeitnehmerInnen nur ein Plus von 1,4 Prozent blieb, nicht einmal ein Fünftel des Anstiegs der Gewinneinkommen.[3]

Die Reichen sind in den vergangenen Jahren reicher geworden. Doch wer gilt überhaupt als reich? Reichtum wird üblicherweise analog zur Armut definiert. Für Armut gibt es drei gängige Definitionen: Absolut arm ist, wer nicht einmal genug zum Überleben hat. Für reiche Industrienationen ist jedoch ein relativer Armutsbegriff angemessener. Hierfür gibt es zwei Varianten, eine Armutsgrenze von 50 Prozent des Nettoäquivalenzeinkommens und eine Grenze von 60

Prozent. Die EU hat sich auf die 60-Prozent-Grenze geeinigt. In der Wissenschaft weit verbreitet ist auch die 50-Prozent-Grenze. Analog dazu gilt als reich, wer mehr als das Doppelte des Nettoäquivalenzeinkommens zur Verfügung hat.

Nach dieser Definition waren 1998 laut dem zweiten Armuts- und Reichtumsbericht etwa 5,9 Prozent der Bevölkerung in Deutschland reich. Zwischen 1992 und 1995 hatte sich die Zahl der Reichen kaum verändert und lag bei einem Anteil von etwa 5,2 Prozent. Danach wuchs der Anteil der Reichen.

Zu ähnlichen Ergebnissen kommt das Statistische Bundesamt. Im Dezember 2006 wurde erstmals die europäische Vergleichsstudie »Armut und Lebensbedingungen – Ergebnisse aus ›Leben in Europa‹ für Deutschland« vorgestellt. Danach liegt das Nettoäquivalenzeinkommen bei 1.427 Euro pro Monat für eine Person, die 60-Prozent-Armutsgrenze bei 856 Euro und die Reichtumsgrenze bei 2.036 Euro. Gemessen an diesen Beträgen sind 13,1 Prozenz der Bevölkerung arm, 10,6 Millionen Menschen. Als reich gelten 6,75 Prozent oder 5,4 Millionen.[4]

Das reichste Prozent der Bevölkerung in Deutschland hatte 1998 mindestens 65.000 Euro Haushaltseinkommen im Jahr zur Verfügung. Etwa 610.000 Personen lagen über dieser Grenze. Sie besaßen damit über zehn Prozent des gesellschaftlichen Gesamteinkommens, nahmen also das Zehnfache des Geldes in Anspruch, das ihrem Anteil an der Bevölkerung entsprochen hätte. 1995 hatte das reichste Prozent der Bevölkerung »nur« 8,4 Prozent des gesamten Haushaltseinkommens in den Taschen. Zwischen 1992 und 1995 stagnierte der Einkommensreichtum, seitdem nimmt er zu.[5]

Betrachtet man das zu versteuernde Einkommen, so galten 1998 etwa 1,9 Millionen aller Steuerpflichtigen, also 6,6 Prozent, als reich. Die reichsten zehn Prozent der Steuerpflichtigen deklarierten sogar ein Drittel des zu versteuernden Einkommens. Jeder beanspruchte also mehr als das Dreifache seines »gerechten« Anteils am Bruttoeinkommen. Die obersten 0,1 Prozent verdienten vier Prozent des zu versteuernden Einkommens. Das entspricht dem 40-Fachen ihres Bevölkerungsanteils. Die obersten 0,001 Prozent der SteuerzahlerInnen, weniger als 300 Haushalte, verfügten 1998 über je 22,3 Millionen Euro an Gewinneinkommen. Das entsprach in etwa dem Einkommen von 1.000 Arbeitnehmerhaushalten.[6]

Fünf Jahre später ist die Einkommensschere noch weiter auseinandergegangen: Nach der Einkommensteuerstatistik 2003 galten rund zwei Millionen der 25,5 Millionen Steuerpflichtigen, also acht Prozent, als reich. Rund 765.000 Personen deklarierten mehr als das Dreifache des durchschnittlichen Einkommens. Übrigens ist auch der Reichtum geschlechtshierarchisch verteilt: Reiche Frauen erhielten mit durchschnittlich 102.000 Euro nur zwei Drittel des Einkommens der reichen Männer.[7]

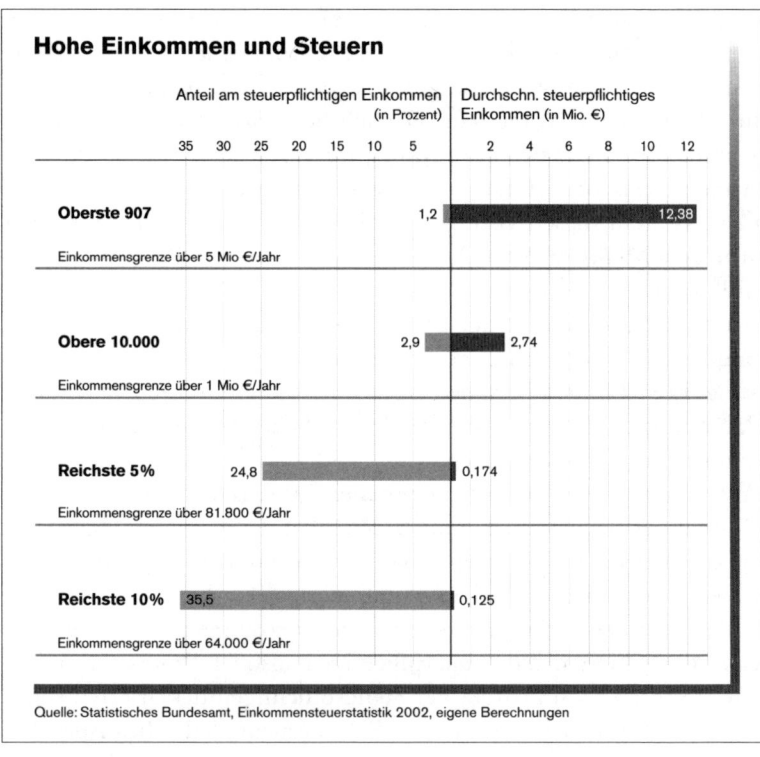

Hohe Einkommen und Steuern

	Anteil am steuerpflichtigen Einkommen (in Prozent)	Durchschn. steuerpflichtiges Einkommen (in Mio. €)
	35 30 25 20 15 10 5	2 4 6 8 10 12
Oberste 907 Einkommensgrenze über 5 Mio €/Jahr	1,2	12,38
Obere 10.000 Einkommensgrenze über 1 Mio €/Jahr	2,9	2,74
Reichste 5% Einkommensgrenze über 81.800 €/Jahr	24,8	0,174
Reichste 10% Einkommensgrenze über 64.000 €/Jahr	35,5	0,125

Quelle: Statistisches Bundesamt, Einkommensteuerstatistik 2002, eigene Berechnungen

Die ärmere Hälfte der Steuerpflichtigen mit Einkünften bis 26.930 Euro deklarierte 15,9 Prozent des zu versteuernden Einkommens und trug 8,4 Prozent zur Einkommensteuer bei. Doch was der neoliberalen Ideologie als Beleg für eine angeblich starke Umverteilung von oben nach unten durch das Steuersystem und als Argument für eine stärkere Entlastung hoher Einkommen dient, ist vor allem eine

Folge der enorm ungleichen Einkommensverteilung, die in einem Steuersystem mit Grundfreibeträgen und progressiv ansteigenden Steuersätzen notwendigerweise ein solches Ergebnis zeitigt.

Armut – Die Verlierer der Bereicherung

Im gleichen Maß, wie die Gewinnquote, also die Einkommen aus Gewinnen, Zinsen und Dividenden, steigt, sinkt der Anteil der Arbeitnehmerentgelte am Volkseinkommen, die sogenannte Lohnquote. Seit 2000 ist sie regelrecht abgestürzt. In den 1990er Jahren schwankte die Lohnquote zwischen 70 und 73 Prozent. Im Jahr 2000 flossen noch 72 Prozent des Volkseinkommens an die Beschäftigten, 2006 nur noch 66,2 Prozent. Im gleichen Zeitraum stieg die Gewinnquote von 28 Prozent auf 33,8 Prozent im Jahr 2006.

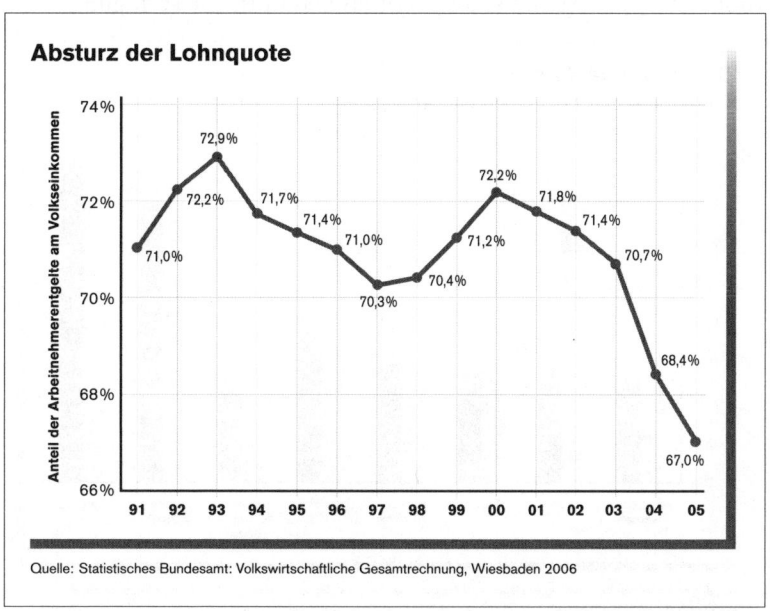

Absturz der Lohnquote

Anteil der Arbeitnehmerentgelte am Volkseinkommen

74% · 72% · 70% · 68% · 66%

71,0% · 72,2% · 72,9% · 71,7% · 71,4% · 71,0% · 70,3% · 70,4% · 71,2% · 72,2% · 71,8% · 71,4% · 70,7% · 68,4% · 67,0%

91 92 93 94 95 96 97 98 99 00 01 02 03 04 05

Quelle: Statistisches Bundesamt: Volkswirtschaftliche Gesamtrechnung, Wiesbaden 2006

Die Zahlen zu Arbeitnehmerentgelt, Lohnquote und Lohnentwicklung stellen Durchschnittswerte dar. Dahinter verbirgt sich eine zunehmende »Lohnspreizung«. Das ist der beschönigende Begriff für eine Entwicklung, die in den vergangenen Jahren immer mehr Menschen unter die Armutsschwelle gedrückt hat. In den alten Bundesländern ist die Armut in den vergangenen 30 Jahren kontinuierlich gestiegen. Daten aus der DDR-Vergangenheit der neuen Länder liegen nicht vor. 1998 galten zwölf Prozent der Bevölkerung als arm. Fünf Jahre später waren es 13,5 Prozent oder mehr als elf Millionen Menschen. Im Westen betrug der Anteil im Jahr 2003 zwölf Prozent, im Osten 19,5 Prozent. Sie alle müssen mit weniger als 60 Prozent des Nettoäquivalenzeinkommens wirtschaften. Die Armutsgrenze liegt für einen Single bei 938 Euro pro Monat. Für jeden weiteren Erwachsenen oder Jugendlichen werden 470 Euro hinzugerechnet, für jedes Kind bis 14 Jahre 282 Euro. Eine vierköpfige Familie gilt somit als arm, wenn sie mit weniger als 1.972 Euro im Monat auskommen muss. Davon müssen alle Ausgaben wie Essen, Miete, Kleidung, Schulbücher und Medikamente bestritten werden. Viele Menschen müssen mit noch weniger wirtschaften. Zwei Prozent der Bevölkerung haben pro Monat kaum mehr als 600 Euro zur Verfügung.

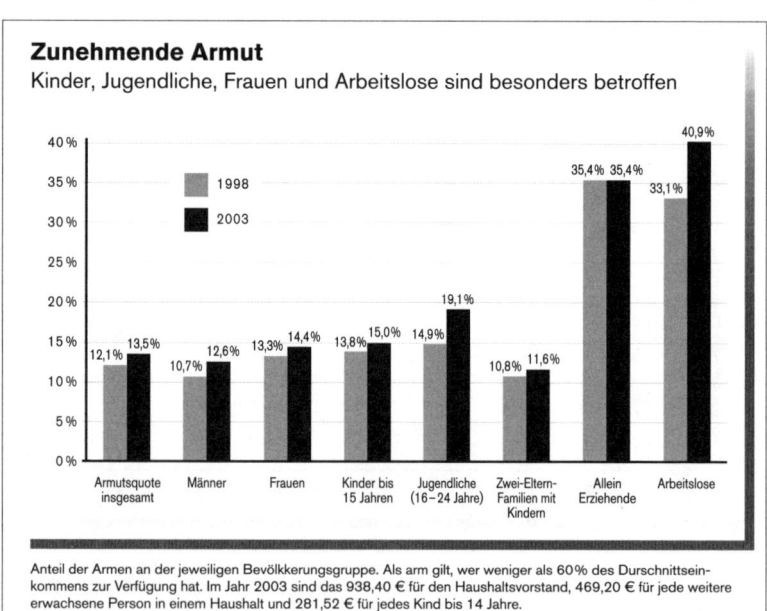

Zunehmende Armut
Kinder, Jugendliche, Frauen und Arbeitslose sind besonders betroffen

Anteil der Armen an der jeweiligen Bevölkkerungsgruppe. Als arm gilt, wer weniger als 60% des Durschnittseinkommens zur Verfügung hat. Im Jahr 2003 sind das 938,40 € für den Haushaltsvorstand, 469,20 € für jede weitere erwachsene Person in einem Haushalt und 281,52 € für jedes Kind bis 14 Jahre.

Neben der regionalen Herkunft sind Arbeitslosigkeit, Familienverhältnisse, Alter und Geschlecht die wesentlichen Gründe, zu verarmen oder arm zu bleiben. Einer von fünf Jugendlichen wächst heute in Armut auf. 1998 war es »nur« jeder siebte Jugendliche – ein Anstieg um fast ein Drittel. Familien mit Kindern und zwei Elternteilen stehen zwar vergleichsweise gut da. Paare mit zwei Kindern sind sogar seltener arm als der Durchschnitt der Bevölkerung. Nur bei Paaren mit einem Kind oder mit drei und mehr Kindern liegt das Armutsrisiko bei rund 14 Prozent und damit leicht über dem Durchschnitt.

Die Hauptursache für Kinderarmut ist die grassierende Armut von Alleinerziehenden. Der Anteil der Armen in dieser Gruppe liegt seit Jahren bei mehr als einem Drittel. Rund 84 Prozent der Alleinerziehenden sind Frauen. Die verbreitete Armut in Ein-Eltern-Haushalten ist ein wesentlicher Grund für die höhere Armutsquote von Frauen.

Auch unter den Arbeitslosen ist die Armut gravierend gestiegen. Schon 1998 war ein Drittel aller Erwerbslosen arm. Der Anteil ist bis 2003 auf 41 Prozent gestiegen. Und er wird weiter deutlich zunehmen, denn die katastrophalen Folgen der Hartz-IV-Gesetzgebung schlagen sich im zweiten Armuts- und Reichtumsbericht, aus dem die Zahlen stammen, noch nicht nieder.

Vermögen: Wer hat, dem wird gegeben

Das gesamte private Nettovermögen, also alle Spar- und Bausparguthaben, Wertpapiere, Termingelder, Lebensversicherungen und Immobilien – abzüglich der Schulden –, ist in Deutschland zwischen 1998 und 2003 um knapp 20 Prozent von 4,2 Billionen Euro auf rund fünf Billionen Euro gestiegen. Jeder Mensch in Deutschland vom Baby bis zum Greis müsste also rund 1.000 Euro mehr auf der hohen Kante haben als 1998. Das ist jedoch nicht der Fall. Im Gegenteil: Die Bevölkerungsmehrheit bekommt immer weniger vom gesamten Vermögen ab.

Die reichere Hälfte der Bevölkerung besaß bereits im Jahr 1993 mit knapp 96 Prozent fast alles, die ärmere Hälfte mit gut vier Prozent fast nichts. Zehn Jahre später konnte die reiche Hälfte ihren Anteil noch einmal auf gut 96,3 Prozent erhöhen, während die ärmere Hälfte bei einem Anteil am Vermögen von nur noch 3,7 Prozent gelandet ist.

Nach den Ergebnissen der turnusmäßigen Einkommens- und Verbrauchsstichprobe (EVS) des Statistischen Bundesamtes verfügten die reichsten zehn Prozent der Haushalte 1993 über 44,7 Prozent des gesamten Nettovermögens. Zehn Jahre später waren es bereits knapp 47 Prozent. Die ärmsten zehn Prozent der Haushalte hatten dagegen bereits 1993 nicht nur überhaupt kein Vermögen, sondern waren mit 0,2 Prozent des gesamten Nettovermögens verschuldet. Bis 2003 sind sie mit 0,6 Prozent noch weiter in die Schuldenfalle geschlittert, eine Verdreifachung innerhalb von zehn Jahren.

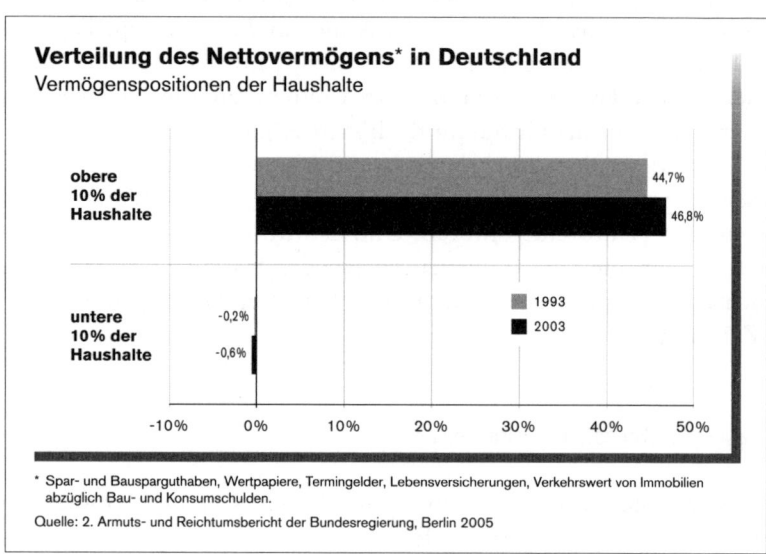

Verteilung des Nettovermögens* in Deutschland
Vermögenspositionen der Haushalte

* Spar- und Bausparguthaben, Wertpapiere, Termingelder, Lebensversicherungen, Verkehrswert von Immobilien abzüglich Bau- und Konsumschulden.
Quelle: 2. Armuts- und Reichtumsbericht der Bundesregierung, Berlin 2005

Die Konzentration der Nettovermögen dürfte deutlich höher liegen, als diese Zahlen vermuten lassen, denn in der EVS wird das vorhandene Vermögen nur höchst lückenhaft erfasst. Nach Schätzungen berücksichtigte die EVS 1998 nur 35 Prozent des Bruttogeldvermögens, 2003 nur etwa 43 Prozent.[8]

Bei der Steuerstatistik sieht es nicht viel besser aus. Vermögen werden mangels entsprechender Steuer gar nicht mehr erfasst, und bei der Einkommensteuer wird umso mehr geschummelt, je mehr Einkommen zu versteuern ist. Die genannten Zahlen sind also eher ein Trend als ein Abbild der Realität.

Details zum Vermögen der Superreichen finden sich jedes Jahr im *Manager Magazin*. Danach gibt es in Deutschland exakt 100 Milliardäre – mehr als in jedem anderen Land außer den USA. Allein die zehn Reichsten haben ein Vermögen von mehr als 80 Milliarden Euro.

Und alle Milliardäre zusammen könnten den Bundeshaushalt finanzieren. Jeder und jede einzelne hätte dann immer noch 16 Millionen übrig.

Für das Geldvermögen, also das private Vermögen ohne Immobilien, ist der gemeinsame *World Wealth Report* der amerikanischen Investmentbank Merrill Lynch und der Unternehmensberatung Capgemini aufschlussreich, die jedes Jahr untersuchen lassen, wie reich die Reichen der Welt wirklich sind. Ihr Interesse: Sie wollen die Vermögen verwalten und damit Geld verdienen. Der *World Wealth Report* hat eine einzigartige Datenbasis: Die Befragung der Vermögensverwalter. Unter Kollegen werden anonymisiert die größten Geheimnisse gelüftet.

Nach diesen Befragungen verfügt ein halbes Prozent der erwachsenen Deutschen über ein Viertel des gesamten Geldvermögens, also Bargeld und Wertpapiere. Ein halbes Prozent, das entspricht der Bevölkerung von Bochum, einer Großstadt mit 400.000 Einwohnern. Im Jahr 2006 wuchs die Anzahl der Dollarmillionäre in Deutschland um vier Prozent auf 798.000. Bei einem Euro-Kurs von 1,30 Dollar ist das ein Vermögen von rund 770.000 Euro. Laut *World Wealth Report* 2003 besaßen 7.000 Personen in Deutschland ein Vermögen von mehr als 23 Millionen Euro, also mehr als 30 Millionen Dollar. Ihre Zahl hat sich seit 1997 nahezu verdoppelt.

Das Immobilienvermögen der privaten Haushalte in Deutschland betrug 2002 rund 3,9 Billionen Euro. In dieser Vermögenskategorie lagen die Wachstumsraten zwischen 1999 und 2002 erheblich unter dem Niveau der Vorjahre. Doch auch hier wird die Verteilung zumindest in Westdeutschland immer ungleicher, während sich in Ostdeutschland das Immobilienvermögen etwas gleichmäßiger verteilt, weil sich immer mehr Menschen ein eigenes Häuschen leisten.[9]

Auf der ärmeren Seite der Gesellschaft besteht das Vermögen, soweit überhaupt welches vorhanden ist, bei den meisten Menschen aus Ersparnissen für geplante größere Ausgaben wie ein Auto, eine Ferienreise oder zur Verbesserung des Lebensstandards im Alter. Manche haben einen Notgroschen, sparen für ein eigenes Haus oder wohnen bereits in den eigenen vier Wänden.

Besorgniserregend ist, dass bereits jeder zwölfte Haushalt überschuldet ist. Als überschuldet gilt, wer seine Schulden nicht mehr bedienen kann. Damit rutschen auch Menschen mit höheren Einkommen unter die Armutsschwelle. Betroffen sind mehr als drei Millionen Haushalte. 1989 lag diese Zahl noch bei 1,2 Millionen. In 13 Jahren hat die Überschuldung um 160 Prozent zugenommen. Seit 2002 dürfte sich die Entwicklung wegen der weiter gestiegenen Arbeitslosigkeit und immer mehr Billigjobs noch fortgesetzt haben.

Die Reichen sind reicher und zahlreicher geworden, die Armen ärmer und ebenfalls zahlreicher. So lautet die traurige Bilanz der vergangenen Jahre, die sich trotz der dürftigen Datenbasis über den Reichtum in Deutschland unschwer ziehen lässt. Bitter ist, dass auch die Armuts- und Reichtumsberichterstattung, die die rot-grüne Bundesregierung begonnen hat, nichts daran geändert hat. Obendrein hat der Bundestag nur »regelmäßige« Berichte beschlossen. Zwischen dem ersten und zweiten Armuts- und Reichtumsbericht lagen vier Jahre. Ob es weitere vier Jahre später, im Jahr 2009, einen neuen Bericht gibt, ist höchst ungewiss. Fachöffentlichkeit, Gewerkschaften und soziale Bewegungen müssen darauf achten, dass die Berichterstattung nicht einschläft.

Die Armuts- und Reichtumsberichte müssen nicht nur fortgeführt, sondern vor allem verbessert werden. Derzeit verirren sich interessierte Laien mit der schlichten Frage, was genau materielle Armut in Deutschland bedeutet und wie viele Menschen als arm gelten, in einem Labyrinth von Zahlen. Das Gleiche gilt für die Frage nach dem Reichtum. Die Forderung, die Datenbasis zur Analyse des Reichtums zu verbessern, bleibt aktuell. Die Wiedereinführung der Vermögensteuer würde einen Teil des Problems beheben. Und warum ist es einer Investmentbank, einer Unternehmensberatung und einer Zeitschrift möglich, genaue Daten über den Reichtum zusammenzutragen, wissenschaftlichen Instituten und der Regierung in Deutschland hingegen nicht oder nur mit magerer Ausbeute?

Sozialstaat: Keine Chancen ohne Geld

24.03.2006, Hessischer Rundfunk, HR-Info, Morgenprogramm:

8:00 Uhr, Nachrichten: Die niedergelassenen Ärztinnen und Ärzte wollen an diesem Tag in Berlin gegen die angebliche Unterfinanzierung des deutschen Gesundheitswesens und gegen das Arzneimittelsparpaket demonstrieren.

8:10 Uhr, Interview mit dem Wirtschaftsjournalisten Erik Händeler über die Zukunft der gesetzlichen Krankenversicherung. Er sagt: »Die Zuzahlungen werden steigen.«

8:15 Uhr, Wirtschaftsnachrichten: In der Übernahmeschlacht um den Berliner Pharmakonzern Schering sticht die Leverkusener Bayer AG mit 16,3 Milliarden Euro das Angebot von Merck aus. Der Darmstädter Konkurrent hat »nur« 14,6 Milliarden geboten.

Wer wissen will, wo die Milliarden bleiben, die Jahr für Jahr an Beiträgen und Zuzahlungen ins Gesundheitswesen gepumpt werden, sollte sich die Bilanzen der Pharmakonzerne ansehen. Trotz eines Übernahmepreises von am Ende knapp 17 Milliarden Euro meldete die neue Bayer Schering Pharma für 2006 ein Ereignis vor Steuern von 1,2 Milliarden Euro. Konkurrent Merck war mit 1,27 Milliarden noch einen Tick erfolgreicher. 42,5 betrug die Steigerung in einem Jahr.

Der gute alte Sozialstaat ist völlig aus dem Lot geraten. Im Gesundheitswesen explodieren die Kosten. An den Blüm'schen Glaubenssatz »Die Rente ist sicher!« glaubt heute keiner mehr. Auch in der Pflegeversicherung gähnt ein Finanzloch. Seit Jahren versucht eine Bundesregierung nach der anderen, die Krise des Sozialstaats zu meistern und zerrt den Karren doch nur weiter in den Dreck. Statt das deutsche Erfolgsmodell zu sichern, an dem sich einst sogar Präsidentengattin Hillary Clinton bei der Reform des Gesundheitswesens in den USA orientieren wollte, wird seine Basis, das Solidarprinzip, zerstört.

»Eigentum verpflichtet. Sein Gebrauch soll zugleich dem Wohle der Allgemeinheit dienen« steht in Artikel 14 (2) des Grundgesetzes. Doch statt diesen Verfassungsgrundsatz ernst zu nehmen, entlassen Bundesregierungen jeder Farbkombination die Arbeitgeber immer weiter aus der Verantwortung für die Finanzierung des Sozialstaats. Medial werden die Messer gewetzt. Laut Generationenvertrag in der gesetzlichen Rentenversicherung bezahlen die Jungen die Rente der Alten. Doch weil die Alten »zu lange« leben und die Jungen »zu wenig« Kinder bekommen, funktioniert der Vertrag angeblich nicht mehr. In der gesetzlichen Krankenversicherung stehen die Gesunden für die Kranken ein. Doch viele Kranke seien gar nicht »richtig« krank, sondern feierten bloß krank, gingen wegen jedem Zipperlein zum Arzt und ließen sich teure Medikamente verschreiben. In der Arbeitslosenversicherung unterstützen die Arbeitenden mit ihren Beiträgen jene, die ihren Job verloren haben. Doch die vielen Arbeitslosen, die nicht arbeitslos, sondern arbeitsscheu seien, überforderten den Arbeitsmarkt und müssten aus der sozialen Hängematte vertrieben werden. – Dieser diffamierende Grundton schwingt immer mit, wenn die Regierung soziale Leistungen zusammenstreicht.

Die Arbeitgeber liefern mit der Klage über zu hohe Lohnnebenkosten die Begleitmusik. Die Sozialbeiträge müssten sinken, um Arbeitsplätze zu schaffen. Das ist zwar Unsinn, aber es trifft auf die Existenzangst vieler Menschen, die lieber auf Zahnersatz verzichten oder privat fürs Alter vorsorgen, als ihren Job zu verlieren. Doch alle Regierungskonstellationen der vergangenen 25 Jahre haben dieses Argument geschluckt und säbeln am sozialstaatlichen Sicherungsniveau herum, um die Beiträge stabil zu halten. In der Folge sank der Anteil der Arbeitgeber an der Finanzierung sozialstaatlicher Leistungen von 39,4 Prozent im Jahr 1991 auf 32,9 Prozent 15 Jahre später.[1]

Ausstieg aus der Sozialversicherung

Billigjobs ohne Sozialversicherung wurden massiv ausgebaut: Der Boom bei Mini- und Midijobs, Ich AGs und Ein-Euro-Jobs geht an den Sozialkassen vorbei. Bezahlen müssen diese dennoch, zum Beispiel für nahezu kostenlos in der gesetzlichen Krankenkasse versicherte minijobbende Ehefrauen.

Es sind nicht nur die Arbeitgeber, die aus der Sozialversicherungspflicht fliehen. Junge Leute rechnen sich aus, dass sie selbstständig mit privater Kranken- und Rentenversicherung günstiger fahren als angestellt. Und so unterschreibt der Friseur keinen Arbeitsvertrag, sondern einen Mietvertrag für einen Friseurstuhl und arbeitet auf eigene Rechnung. Selbstständige FitnesstrainerInnen im Sportstudio, freie MitarbeiterInnen in Rechtsanwaltskanzleien, Architekturbüros oder Designagenturen, Lkw-Fahrer, E-Lancerinnen, Techniker. In vielen Branchen greift die neue Selbstständigkeit um sich, die noch vor ein paar Jahren als Scheinselbstständigkeit gegeißelt, heute aber als Existenzgründungsboom gefeiert wird. Doch je weniger Beschäftigte ihre Sozialbeiträge abliefern, desto mehr muss der Einzelne zahlen und desto mehr werden die Leistungen gekürzt. Das wiederum bewegt noch mehr Menschen zum Ausstieg.

Am eigenen Leib bekommen die AussteigerInnen die Folgen spätestens dann zu spüren, wenn sie krank, alt oder ihrer Existenzgrundlage verlustig gegangen sind. Für Menschen ohne eigene Rente gibt es zumindest eine Grundsicherung in Höhe des Arbeitslosengeldes (Alg) II. Für Menschen ohne Krankenversicherung gab es – zumindest lange Zeit – nichts. Ihre Zahl ist nach Angaben des Statistischen Bundesamts von 105.000 im Jahr 1995 auf 188.000 im Jahr 2003 gestiegen. Fachleute gehen von einer hohen Dunkelziffer aus, unter anderem weil illegal in Deutschland lebende AusländerInnen nicht erfasst sind. 250.000 bis 500.000 Menschen dürften sich in Deutschland wohl ohne Krankenversicherung durchschlagen.[2] Das sind zumeist kleine Selbstständige, der Kioskbesitzer oder die Betreiberin eines Nagelstudios etwa, die sich die Prämie für die private Krankenversicherung nicht leisten können, oder Menschen, die aus unterschiedlichen Gründen aus der gesetzlichen Krankenkasse herausgefallen sind. Mit fast 40 Prozent sind Erwerbstätige die größte Gruppe unter den nicht Versicherten.[3] Auch Hartz IV hat die Zahl der Menschen ohne Krankenversicherung in die Höhe getrieben: Vielen älteren Arbeitslosen, die mit ihrer Existenzgründung gescheitert sind, war bisher die Rückkehr in die gesetzliche Krankenversicherung verschlossen. Alg-II-BezieherInnen in einer nichtehelichen Lebensgemeinschaft müssen sich zwar das Partnereinkommen anrechnen lassen, doch die kostenlose Familienversicherung der gesetzlichen Krankenversicherung (GKV) bleibt ihnen verwehrt. Auch wer wegen eines zu hohen eigenen »Vermögens« kein Alg II bekommt, muss sich entweder freiwillig in der GKV versichern – oder gar nicht. Bisher kostenlos familienversicherte Frauen mussten sich bisher nach einer Scheidung entweder innerhalb von drei Monaten selbst versichern, oder die Tür zur GKV war zu.

Egal ob privat oder gesetzlich – zwei nicht gezahlte Monatsbeiträge können manchmal reichen, um aus der Krankenversicherung zu fliegen. Wer erst einmal draußen ist, kam bisher kaum wieder rein. Die Konsequenz kann tödlich sein. Menschen ohne Krankenversicherung sind häufiger krank und sterben früher, weil sie in der Regel ärmer sind und daher weniger gesund leben, aber auch weil sie seltener und später zum Arzt gehen und daher Krankheiten verschleppen.

Mit der Gesundheitsreform 2007 wollte die Bundesregierung den Nichtversicherten die Rückkehr in die Krankenversicherung ebnen. Seit dem 1. April 2007 müssen die gesetzlichen Kassen ehemals Versicherte, die ohne Schutz dastehen, wieder aufnehmen. Seit 1. Juli 2007 gilt das auch für die privaten Versicherungen und deren ehemalige Mitglieder. Offenbar macht davon kaum jemand Gebrauch. Rund 20.000 RückkehrerInnen haben die Gesetzlichen in den ersten zwei Monaten gezählt.[4] Die geringe Zahl ist nicht verwunderlich. Denn eine Versicherung muss man sich leisten können. Der GKV-Höchstbeitrag liegt bei rund 500 Euro. Das ist gleichzeitig auch der Standardtarif, zum dem die Privaten gesetzliche Leistungen anbieten müssen.

Prekäre Jobs ohne Sozialversicherung sind eine Ursache für die Finanzkrise das Sozialstaats. Es gibt noch andere, über die geflissentlich geschwiegen wird. Die anhaltende Massenarbeitslosigkeit mit einem Sockel, der zehn Jahre lang offiziell bei über vier Millionen verharrte, ließ die Beiträge zur Renten-, Kranken-, Arbeitslosen- und Pflegeversicherung erodieren. Im Durchschnitt zahlt jeder sozialversicherungspflichtig Beschäftigte – Arbeitnehmer- und Arbeitgeberanteil zusammengenommen – 8.880 Euro an Sozialversicherungsbeiträgen im Jahr.[5] Bei vier Millionen Arbeitslosen fehlen mehr als 35,5 Milliarden Euro Einnahmen in der Kasse.

Ein weiterer Kostenfaktor der Sozialversicherungen ist nahezu zum Tabu erklärt – die Folgen der deutschen Einheit. Sowohl die Renten- als auch die Arbeitslosenversicherung schreiben in Ostdeutschland rote Zahlen. Es wird mehr Geld ausgegeben als eingenommen, weil die Landschaften partout nicht anfangen wollen zu blühen. Das summiert sich auf knapp 8,9 Milliarden Euro in der Arbeitslosenversicherung. Gut 6,1 Milliarden gleichen die Westländer durch Beitragsüberschüsse wieder aus, 2,76 Milliarden muss der Bund zuschießen. Das macht knapp 45 Prozent des Bundeszuschusses von 6,2 Milliarden aus.

Die Rentenversicherung wird ohnehin zu 40 Prozent mit Bundeszuschüssen finanziert, unter anderem um versicherungsfremde Leistungen abzudecken. Dazu zählen die Anrechnung von Ausbildungs- und Erziehungszeiten, die Renten für SpätaussiedlerInnen, die Umstellung der DDR-Renten und arbeitsmarktpolitische Leistungen der Rentenversicherung. In keinem einzigen Bundesland decken die Rentenbeiträge die Kosten. Allerdings gibt es riesige Unterschiede. In Bayern beträgt das Defizit elf Prozent, in den neuen Ländern 85 Prozent.[6]

Eigentlich ist das Krisengerede absurd. Die Sozialversicherungen erbringen enorme Integrationsleistungen. Würden die Sozialtransfers von West nach Ost über Steuern finanziert, so könnten die Beiträge um etwa drei Prozentpunkte gesenkt werden.[7] Während konservative und wirtschaftsliberale Regionalfürsten vom »Wettbewerbsföderalismus« schwätzen, weil sie ihre Steuereinnahmen nicht mit ärmeren Ländern teilen wollen, schultern die Sozialversicherungen den Verfassungsauftrag, gleichwertige Lebensverhältnisse in ganz Deutschland herzustellen.

Anerkannt wird diese Leistung nicht. Der Ideologie des »schlanken Staates« folgend, sollen die Bundeszuschüsse abgebaut werden. Und so degeneriert etwa die Bundesagentur für Arbeit (BA) von einer arbeitsmarktpolitischen Institution zum gewinnorientierten Unternehmen. Trotz Rekordarbeitslosigkeit schloss die BA 2006 mit einem Rekordüberschuss von 11,2 Milliarden Euro ab.[8] Die Kehrseite der Medaille sind Abstriche bei der Arbeitslosenunterstützung und Einschränkungen bei den Angeboten zur Wiedereingliederung.

Gesundheitswesen: kranksaniert

Bei den Kosten Weltspitze, bei den Leistungen allenfalls Mittelfeld, so lautet die vernichtende Kritik der Organisation für wirtschaftliche Zusammenarbeit und Entwicklung (OECD) am deutschen Gesundheitswesen. In der Tat lag Deutschland beim Anteil der Gesundheitskosten am Bruttoinlandsprodukt (BIP) im Jahr 2004 mit 10,6 Prozent im OECD-Vergleich[9] hinter den USA (15,3 Prozent) und der Schweiz (11,6 Prozent) auf Platz drei.[10] Als Ursachen für die angeblich ausufernden Kosten im Gesundheitswesen gelten der medizinisch-technische Fortschritt und der demografische Wandel. Die Menschen werden immer älter und benötigen mehr medizinische Hilfe. Doch die Argumentation hinkt gleich in mehrfacher Hinsicht. Erstens explodieren die Gesundheitskosten nicht. Ihr Anteil am BIP schwankt seit 1991 zwischen 9,6 und 10,8 Prozent. Auch der Anteil der gesetzlichen Versicherungen – und nur um den geht es bei den Kostensenkungsprogrammen – stagniert seit Jahren bei rund zwei Drittel aller Ausgaben. Hingegen konnten die Arbeitgeber ihren Kostenanteil leicht von 4,5 Prozent im Jahr 1992 auf 4,1 Prozent im Jahr 2004 senken. Im Gegenzug mussten private Haushalte tiefer in die Tasche greifen. Ihr Anteil stieg von 11,1 auf 13,7 Prozent.[11]

Dass sich dennoch immer wieder Milliardenlöcher in den Haushalten der gesetzlichen Krankenkassen auftun, liegt vorrangig an den sinkenden Einnahmen. Da wegen Massenarbeitslosigkeit und zurückgehender sozialversicherungspflichtiger Beschäftigung immer weniger Menschen Beiträge entrichten, die Kosten aber gleich bleiben, müssen die wenigen naturgemäß mehr zahlen. Die schwarz-rote Bundesregierung geht in gleicher Weise mit der Situation um wie die Vorgänger anderer farblicher Zusammensetzung: Das Loch wird kurzerhand in ein Ausgabenproblem umdefiniert und dazu missbraucht, an den Leistungen der gesetzlichen Krankenkassen herumzusäbeln.

Dabei führen schon die Begriffe »Kostensenkung« und »Kostendämpfung« in die Irre. Bei keiner der bisherigen Sparrunden wurden die Kostentreiber erkennbar in ihre Schranken gewiesen. Stattdessen werden Kosten auf die Versicherten, vor allem auf die chronisch Kranken verlagert. Steigende Zuzahlungen für Arznei-, Heil- und Hilfsmittel, für Krankenhausaufenthalte und Rehabilitation; die Streichung von Leistungen aus den GKV-Katalog, etwa der Arzneimittel für sogenannte Bagatellerkrankungen; die alleinige Finanzierung bestimmter Leistungen durch die Versicherten, vor allem der Zahnersatz seit 2005 und das Krankengeld seit 2006; die Praxisgebühr seit 2004. Die rot-grüne Koalition veranschlagte die Entlastung durch das Gesundheitsmodernisierungsgesetz 2003 auf rund zehn Milliarden Euro allein für 2004. Die Versicherten hatten davon 8,5 Milliarden zu tragen. Mit rund vier Milliarden schlägt die neu geregelte Finanzierung des Krankengeldes und des Zahnersatzes in den privaten Geldbörsen zu Buche. Nach einer Schätzung des Statistischen Bundesamtes leisten gesetzlich Versicherte jedes Jahr Zuzahlungen in Höhe von 9,9 Milliarden Euro.[12]

Die Praxisgebühr hatte zunächst dramatische Auswirkungen. Bei einer Erhebung des Wissenschaftlichen Instituts der Ortskrankenkassen gaben 11,2 Prozent der Befragten an, im ersten Quartal 2004 nach deren Einführung auf einen Arztbesuch verzichtet zu haben. Je geringer das Haushaltseinkommen, desto größer der Anteil derer, die auf medizinische Hilfe (vorerst) verzichteten.[13] Das hat nicht nur negative Folgen für die Gesundheit, sondern auch für die Krankenkassen. Denn wenn die Kranken zu spät medizinischen Rat suchen, steigen die Behandlungskosten. Inzwischen haben sich die Versicherten an die zehn Euro »Eintritt« für die Arztpraxis gewöhnt und gehen genauso oft zur Ärztin wie früher.

Zwei-Klassen-Medizin

All diese Kürzungen waren stets begleitet von der Zusicherung, das medizinisch Notwendige werde bezahlt. Eine Zwei-Klassen-Medizin werde die Regierung nicht zulassen. Doch die Zwei-Klassen-Medizin gibt es längst. Wer um einen Termin bittet, hört in immer mehr Praxen zunächst die Frage: »Welche Krankenversicherung?« Wer gesetzlich versichert ist, wartet manchmal Wochen oder Monate. Bei privat Versicherten geht es erheblich schneller. Mancher gut verdienende Arzt beschränkt sich auf die Behandlung von privat Versicherten und nimmt das Kassengeschäft mit, indem er eine schlecht bezahlte Anfängerin anstellt. Während des Klinikstreiks im Frühsommer 2006 deckte das ARD-Magazin *Monitor* auf, dass so manche Klinik gesetzlich Versicherte nicht als Notfall operierte, privat Versicherte mit gleichem Krankheitsbild dagegen schon. Krankengymnastinnen und Masseure klagen, sie könnten gesetzlich Versicherte allenfalls noch »antherapieren«, mehr würden die Kassen nicht mehr finanzieren.

Am weitesten fortgeschritten ist die Zwei-Klassen-Medizin bei den Zahnärzten, die sich weitgehend aus dem GKV-System verabschiedet haben. Vorsorgeuntersuchungen und Füllungen werden zwar bezahlt. Aber wer weder Amalgam noch Kunststoff im Mund haben will, muss in die eigene Tasche greifen. Für Zahnersatz gibt es einen Festzuschuss. Wer sich die Vorsorgeuntersuchungen quittieren lässt, bekommt mehr Geld dazu. Doch der 50- bis 80-prozentige Zuschuss ist reine Theorie. Denn natürlich gibt es eine »höherwertige Alternative« zu der von den Kassen bezuschussten Behandlung. Und die ist gesünder, hält länger etc. pp. Welche Patientin, die mit Schmerzen oder betäubt und mit offenem Mund auf dem Behandlungsstuhl sitzt, will sich über solche Argumente des Zahnarztes hinwegsetzen?

Ähnliches gilt für die augenärztliche Früherkennung des grünen Stars, die zwar von der GKV nicht bezahlt, aber ab 40 Jahren empfohlen wird. Oder die Krebsvorsorge, vor allem Prostata bei Männern, Brust und Gebärmutterhals bei Frauen. Die gesetzlich finanzierten Untersuchungsmethoden seien untauglich, bekommt der Patient oder die Patientin gesagt. Aber Ultraschall oder eine neuartige Abstrichmethode müssen privat bezahlt werden. IGEL – individuelle Gesundheitsleistungen – heißen die medizinischen Wohltaten, mit denen niedergelassene MedizinerInnen zusätzlich Kasse machen können. Da ist auf der einen Seite der »Arzt Ihres Vertrauens«, der erklärt, warum er die eine oder andere Leistung außerhalb der GKV für notwendig hält. Da ist auf der anderen Seite Gesundheitsministerin Ulla Schmidt, die gebetsmühlenartig wiederholt, das »medizinisch Notwendige« werde bezahlt. Dazwischen sitzt die »mündige Patientin«, die »eigenverantwortlich« entscheiden soll. Dummerweise hat sie nicht Medizin studiert.

»Medizinisch notwendig«, das klingt so schön eindeutig wie ein durch harte Diagnosen verifizierbarer Begriff. Aber so ist es nicht! Die medizinische Notwendigkeit hängt davon ab, was eine Gesellschaft bereit ist zu finanzieren: Braucht ein Lagerarbeiter ein lückenloses Gebiss? Kommt eine Arbeitslose auch ohne Brille aus? Solche Fragen werden gestellt – wenn auch eher leise als laut – zum Beispiel vom Vorsitzenden der Jungen Union, Philipp Mißfelder, der in Abrede stellte, dass die Solidargemeinschaft einer 85-Jährigen das künstliche Hüftgelenk finanzieren muss. Mißfelder löste damit 2003 zwar einen Sturm der Entrüstung aus und musste sich entschuldigen. Aber diese Ideen geistern in so manchen Köpfen herum. Irgendwann, wenn das Tabu gebrochen ist, werden sie realisiert.

In immer kürzeren Abständen drücken wechselnde Regierungsbünd-
nisse Gesundheitsreformgesetze durch den Bundestag, stets begleitet
von der Ankündigung, diese Reform werde nun zehn bis 15 Jahre halten. Die große Koalition hat selbst diesen vordergründigen Anspruch
aufgegeben und mit der Gesundheitsreform 2007 einen Gesundheitsfonds zusammengeschustert, eine Art Stillhalteabkommen zwischen
zwei gegensätzlichen Reformmodellen. Die SPD will eine Bürgerversicherung, in der alle Mitglied sind – also auch Selbstständige und
Beamte – und in deren Beiträge nicht nur Erwerbs-, sondern auch
Kapitaleinkommen einfließen. Die Unterscheidung zwischen GKV
und PKV (private Krankenversicherung) würde entweder aufgehoben
oder irrelevant, weil alle Versicherungen die gleichen Leistungen
anbieten müssten. Die Union favorisiert die Kopfpauschale. Die Beiträge zur Krankenversicherung würden vom Arbeitsentgelt abgekoppelt, der Arbeitgeberanteil entfiele. Alle würden den gleichen Betrag
zahlen, Bedürftige bekämen einen Zuschuss aus dem Bundeshaushalt.

Der Gesundheitsfonds ist ein fauler Kompromiss. Dort hinein fließen ab 2009 Arbeitnehmer- und Arbeitgeberbeiträge. Ein Steuerzu-
schuss von zunächst vier Milliarden Euro soll die Kosten der Kinder-
versicherung decken. Über die Höhe der Beiträge entscheiden
künftig nicht mehr die Krankenkassen, sondern der Fonds. Als Ausgleich erhalten die Kassen die Möglichkeit, Defizite über einen
Zusatzbeitrag ihrer Versicherten zu decken, der ein Prozent des Bruttoeinkommens nicht übersteigen darf. Da jetzt schon absehbar ist,
dass zu wenig Geld in den Fonds fließen wird, müssen sich gesetzlich
Versicherte auf einen zusätzlichen monatlichen Obolus einstellen.
SPD-Gesundheitsexperte Karl Lauterbach kritisiert diesen Aufschlag
als »Einstieg in das System der Kopfprämie«.[14]

Der Fonds zahlt an die gesetzlichen Krankenkassen den gleichen
Betrag für jeden Versicherten aus. Diese Geldverteilstation bedeutet
zunächst nur zusätzliche Bürokratie, hat aber in den Augen der
schwarzen und roten Taktierer den Charme, dass sie sich in einer
anderen Regierungskonstellation ab 2009 in beide Richtungen ausge-
stalten ließe.

Bei Vorsorgeuntersuchungen wird das Schuldprinzip eingeführt.
Wer die turnusmäßigen Termine zur Krebsvorsorge oder zum allge-

meinen Gesundheits-Check nicht wahrnimmt, wird mit einer höheren Eigenbeteiligung bestraft. Chronisch Kranke müssen höchstens ein Prozent ihres Bruttoeinkommens zuzahlen, andere Versicherte zwei Prozent. Wer die Vorsorge schwänzt und schwer erkrankt, verliert den Rabatt.

Die Finanzierungsprobleme der GKV hält Karl Lauterbach übrigens auch nach dieser Reform für ungelöst.[15]

Pharmaindustrie: Über Risiken und Nebenwirkungen

Doch selbst im dauerkriselnden Gesundheitswesen gibt es Gruppen, an denen der Rotstift vorbeikreist, die auf Kosten der Allgemeinheit prächtig verdienen. Sie sind die eigentlichen Verursacher der im internationalen Vergleich hohen Gesundheitskosten hierzulande.

Die Arzneimittelausgaben der gesetzlichen Krankenkassen kletterten von 1995 bis 2005 um knapp 55 Prozent auf 25,4 Milliarden Euro. Die Kassen werfen den Ärztinnen und Ärzten »unwirtschaftliches Verordnungsverhalten« vor. Die MedizinerInnen ihrerseits rechtfertigen sich gern mit der Behauptung, die Patientinnen und Patienten verlangten die Medikamente. Doch die können viel verlangen, wenn der Arzt nein sagt. Die Pharmaindustrie hält sich fein raus und bastelt derweil weiter an einem perfekten System, die gesamte medizinische Leistungskette in den Dienst ihrer Profite zu stellen.

Seit Jahren wehrt sich die Branche erfolgreich gegen eine Positivliste mit allen Arzneimitteln, die als wirksam gelten und über die gesetzlichen Krankenkassen abgerechnet werden können. Positivlisten gelten international als probates Mittel gegen die Begehrlichkeiten der Hersteller. Deswegen kommen die skandinavischen Länder und Großbritannien mit wenigen tausend Arzneimitteln aus, während in Deutschland rund 53.000 verschiedene Präparate auf dem Markt sind.[16]

Auch die Preise für gängige Arzneimittel liegen in Ländern wie Schweden und Großbritannien teilweise bei einem Zehntel des deutschen Niveaus.[17] Hierzulande werden Preissteigerungen bei Medikamenten gern mit »Innovation« begründet. Statt eines bewährten älteren Mittels sollen Ärztinnen und Ärzte ein neues, angeblich verbessertes verschreiben. Nach Angaben der Anti-Korruptions-

Organisation Transparency International wurden in Deutschland seit 1990 insgesamt 460 Arzneimittel neu zugelassen. Der Pharmakologe und Herausgeber des kritischen Fachblatts »Arznei-Telegramm«, Peter Schönhöfer, hält aber nur sieben davon für echte Innovationen, die »eine gesicherte Verbesserung der medizinischen Behandlung in der Allgemeinmedizin und neue Strategien für Ärzte« bringen.[18] Der Rest bringt vor allem eines: Mehr Profit für die Konzerne.

Veränderungen beim Leistungskatalog der gesetzlichen Krankenkassen zu ihren Lasten wissen Pharmalobbyisten in der Regel zu verhindern. Ein Beispiel: In der weltweit größten Studie wurde in Deutschland die Wirksamkeit von Akupunktur überprüft. Ergebnis: Selbst schlecht ausgeführte Akupunktur hilft bei Rücken-, Knie- und Kopfschmerzen mindestens genauso gut wie eine herkömmliche Therapie. Gute Akupunkteure haben sogar deutlich bessere Ergebnisse. Dennoch dürfen gesetzlich Versicherte sich nur bei Rücken- und Kniebeschwerden piksen lassen, bei Kopfschmerzen hingegen nicht. Die Menschen sollen weiter Pillen schlucken – zum Schaden für Magen und Nieren, aber zum Nutzen von Bayer, Ratiopharm und Co. Jährlich werden rund 3,7 Milliarden Schmerzmitteldosen eingenommen, bis zu 80 Prozent davon gegen Kopfschmerzen.[19]

Die Pharmakonzerne haben den gesamten Medizinbetrieb im Griff. Mit Forschungs-Sponsoring beeinflussen sie die Wissenschaft und machen WissenschaftlerInnen finanziell abhängig, manche bereits mit Finanzspritzen für die Doktorarbeit. Wer forscht, muss Drittmittel einwerben. Doch die Geldgeber wollen Ergebnisse in ihrem Interesse sehen. Neun von zehn Medikamentenstudien sind pharmafinanziert.[20] Auch die meisten Fortbildungsangebote und Kongresse für MedizinerInnen werden von den Pillendrehern und Herstellern medizintechnischer Geräte bezahlt.

Ein Heer von rund 15.000 Pharmareferentinnen und -referenten nimmt auf den Rezeptblock Einfluss. Rund 20 Millionen Mal im Jahr tauchen sie in den Praxen auf, wo man mit bis zu zehn Besuchen pro Tag rechnen muss.[21] Dafür bekommen die Pharmareisenden rund 1,4 Milliarden Euro an Gehalt, Spesen und Provisionen. 50 bis 100 Euro werden Ärztinnen und Ärzten dafür geboten, dass sie ein bestimmtes Medikament verschreiben und darüber für »Anwendungsstudien« Protokoll führen. Kriminell wird es, wenn die Hersteller kostenlose Praxissoftware anbieten, die die eigenen Arzneimittel

automatisch bei bestimmten Diagnosen einsetzen oder die diese
Mittel selbst dann auf ein Rezept drucken, wenn die Ärztin eigentlich
etwas anderes ausgewählt hat.[22] Der Pharmakonzern Ratiopharm
zahlte sogar für jedes seiner Medikamente, das in einer Praxis ver-
ordnet wurde. Möglich war das mit einem Computerprogramm, mit
dem die Verschreibungen kontrolliert wurden. Auch Apotheken
bekommen »Provisionen«, etwa eine kostenlose Packung für jede verkaufte, die dann regulär auf Rezept abgegeben und der Krankenkasse in Rechnung gestellt werden kann. Auf mehr als eine Milliarde
Euro wird der Schaden für die Krankenkassen geschätzt. Ratiopharm
bezeichnete dies als »allgemein marktübliche Instrumente der
Absatzförderung«. Der Arzneimittelexperte Gerd Glaeske nennt es
Korruption.[23]

Das sieht Transparency International genauso. Die Anti-Korrup-
tions-Organisation hat ihr Jahrbuch 2006 dem Gesundheitswesen
gewidmet. Danach fließt ein zweistelliger Milliardenbetrag jedes Jahr
in korrupte Kanäle: MedizinerInnen, ApothekerInnen, PolitikerInnen.[24]

Private Versicherung: Risiko kostet mehr

Die Pharmakonzerne agieren zwar besonders dreist, sind jedoch
nicht die einzigen Profiteure. Auch die privaten Krankenversicherun-
gen haben es geschafft, sich weitgehend von den Kostendämpfungs-
programmen der vergangenen Jahre abzukoppeln. Wer mit seinem
Monatsgehalt die Versicherungspflichtgrenze von 3.975 Euro (für
2007) überschreitet, kann von der gesetzlichen in die private Krankenversicherung wechseln. Selbstständige und Beamte sind ohnehin
in der Regel privat versichert.

Wer jung, gesund, Single und möglichst männlichen Geschlechts
ist, lebt mit einer privaten Versicherung günstiger. Das macht durchaus 100 Euro und mehr im Monat aus. Denn die Privaten können
sich ihre Versicherten aussuchen und berechnen die Beiträge nicht
nach Einkommen, sondern nach Risiko. Das bedeutet happige Auf-
schläge für Gesundheitsrisiken, Vorerkrankungen, Alter – und fürs
Geschlecht. DiabetikerInnen müssen mit einem Aufschlag von 30 bis
50 Prozent rechnen. Frauen kriegen die Kinder, auch das kostet Geld.

Und weil im Alter die Beiträge der Privaten rapide steigen, raten Versicherungsfachleute jungen Männern in der PKV, monatlich 200 Euro für diese Steigerungen auf die hohe Kante zu legen. Junge Frauen sollen sogar 350 Euro sparen.[25]

Mit ihren vorausgewählten Versicherten können die Privaten günstiger kalkulieren als die Gesetzlichen. Diese müssen alle zu den gleichen Bedingungen versichern. Menschen mit großen Gesundheitsrisiken und kostenträchtigen Vorerkrankungen dürfen sie nicht ablehnen. Eine freiwillige Mitgliedschaft in der gesetzlichen Krankenversicherung ist nur für Menschen mit Kindern attraktiv. Denn die sind kostenlos dabei, in der PKV hingegen nicht.

Auch frühere Gesundheitsreformen haben viele freiwillig Versicherte den privaten Versicherungen in die Arme getrieben, Jahr für Jahr bis zu 200.000. Wer die Wahl hatte, verabschiedete sich von steigenden Zuzahlungen und immer mehr Leistungsausschlüssen, die im Zweifel mit einer privaten Zusatzversicherung abgedeckt werden müssen.

Gleichwohl rühmen sich die Privaten dafür, das Gesundheitssystem mit über neun Milliarden Euro im Jahr zu subventionieren. Auf diesen Betrag kommt, wer die Summen vergleicht, die Private und Gesetzliche für die gleiche medizinische Leistung bezahlen. Die Rechnung klingt plausibel, ist aber falsch. Denn wenn alle privat Versicherten in die GKV einzahlen würden, bekämen diese nach AOK-Angaben rund 30 Milliarden Euro mehr an Beiträgen. Selbst wenn man die höheren Kosten für privat Versicherte abzöge, bleibe ein Beitragsplus von rund zehn Milliarden Euro, das für bessere Leistungen und niedrigere Beiträge verwendet werden könnte.[26]

Dafür, dass sich diese Berechnungen nicht allzu sehr verbreiten, sorgt eine mächtige Lobby, die am besten organisierte im politischen Berlin, wie Insider meinen.[27] Einflussreiche PolitikerInnen sitzen oder saßen in den Kontrollgremien der PKV:

– Altkanzler Helmut Kohl (CDU) ist Mitglied im Aufsichtsrat der AMB Generali, der die Central Krankenversicherung gehört.

– Hildegard Müller (CDU) war bis zu ihrem Amtsantritt als Staatsministerin im Kanzleramt Mitglied im Beirat der Barmenia und war Mitglied der Arbeitsgruppe Gesundheitsreform der großen Koalition.

– Annette Widmann-Mauz (CDU), gesundheitspolitische Sprecherin ihrer Fraktion und Mitglied der Arbeitsgruppe Gesundheitsre-

form der großen Koalition, sitzt im Beirat der Halleschen Krankenversicherung.

– Hans-Georg Faust (CDU), stellvertretender Vorsitzender des
Gesundheitsausschusses im Bundestag, ist Mitglied im Beirat der
Barmenia.

– Andreas Storm (CDU) war bis zum Amtsantritt als Parlamentarischer Staatssekretär im Bundesministerium für Bildung und Forschung Mitglied im Beirat der Barmenia. Er gehörte bis zur vergangenen Bundestagswahl dem Gesundheitsausschuss an.

– Hartmut Schauerte (CDU), Parlamentarischer Staatssekretär im
Wirtschaftsministerium, war bis Juli 2004 Aufsichtsrat der Signal
Krankenversicherung.

– Auch Eike Anna Maria Hovermann (SPD) und Jens Spahn
(CDU) sitzen im Beirat der Barmenia. Beide sind Mitglied im
Gesundheitsausschuss. Die Allianz hat mit Max Straubinger (CSU)
sogar einen Versicherungsvertreter in diesem wichtigen parlamentarischen Gremium sitzen.

Vor allem in der Union ist die PKV bestens verankert. So wundert
es nicht, dass Wolfgang Zöller (CSU), Stellvertreter im Gesundheitsausschuss, deren Finanzierung sogar auf die Gesetzlichen übertragen
will, weil auf diese Weise »mehr für Demografiefestigkeit, also fürs
Alter vorgesorgt werden« und man mit Kapitalstöcken auch nachhal-
tiger finanzieren könne.[28]

Diese Behauptung wird von jenen, die am liebsten die gesamte
Sozialversicherung privatisieren wollen, gebetsmühlenartig wiederholt. Doch auch sie ist falsch. Die Zeitschrift *Capital*, mit Sicherheit
kein Fan einer solidarischen Absicherung von Lebensrisiken,
warnt vor »wachsenden Beitragslasten« bei den Privaten. Von
200 Tarifen hätten nur 13 über lange Zeit stabile Prämien. Eine
Langzeitstudie für die Zeitschrift zeigt, dass die Beiträge innerhalb
von zehn Jahren um 45 Prozent gestiegen sind, die Ausgaben
für Versicherungsleistungen jedoch »nur« um 35 Prozent. Ein Teil
der verbleibenden zehn Prozent stecken vermutlich Versicherungs-
vertreterInnen ein, denen bis zu 4.000 Euro an Provision für eine
Police winken, womit die Verwaltungskosten auf ein Niveau weit
über das der gesetzlichen Kassen getrieben werden. Ein weiterer
Teil des Beitragsanstiegs bleibt bei den Managern und Aktionären
hängen.

Auch das Geschwätz vom effizienten Wettbewerb der privaten Anbieter hält keiner Überprüfung stand. Bisher können privat Versicherte ihren Anbieter so gut wie gar nicht wechseln, wenn sie unzufrieden sind oder eine preisgünstigere Variante suchen, weil sie ihre Altersrückstellungen zurücklassen und sich deswegen teurer neu versichern müssten. Möglich ist nur ein Tarifwechsel innerhalb der Versicherung. Die Konsequenzen sind ein höherer Selbstbehalt oder Leistungsausschlüsse. Zwar will die große Koalition im Rahmen der Gesundheitsreform privat Versicherten das Recht geben, ihre Altersrückstellungen mitzunehmen, jedoch nur im Umfang des Basistarifs, der den GKV-Leistungen entspricht.

Kassenärztliche Vereinigung: Teure Lobby

Dann gibt es noch die Kassenärztlichen Vereinigungen (KV). Sie sollen eigentlich überall in Deutschland die ärztliche Versorgung sicherstellen, die medizinischen Leistungen mit den gesetzlichen Krankenkassen aushandeln und mit den niedergelassenen Ärztinnen und Ärzten abrechnen. Doch diesen Aufgaben kommen sie mehr schlecht als recht nach. Wegen eines komplizierten Punktesystems erfahren MedizinerInnen erst Monate später, welches Honorar sie für eine bestimmte Leistung erhalten. In Ostdeutschland ist die Zahl der Hausärztinnen und -ärzte in fünf Jahren um 6,6 Prozent gesunken. Für einige Gebiete in Brandenburg, Mecklenburg-Vorpommern und Sachsen-Anhalt hat das wissenschaftliche Institut der AOK Versorgungsgrade zwischen 75 und unter 100 Prozent festgestellt.[29] Viele ländliche Regionen sind praktisch »arztfrei«. In 11 der 99 Planungsbezirke ist die ärztliche Versorgung nach Auskunft der Bundesärztekammer nicht mehr gesichert.[30] Staatsanwaltschaften beklagen obendrein, dass die KVs Ermittlungen wegen Abrechnungsbetrugs eher behindern als unterstützen.

Die Inkompetenz dieser Institutionen ist so eklatant, dass Gesundheitsministerin Ulla Schmidt (SPD) forderte, »die Monopole der Kassenärztlichen Vereinigungen zu brechen«. Ihre Vorgängerin Andrea Fischer (Grüne) beklagte sich darüber, »wie die Ärztefunktionäre das Geld der Versicherten veraasen«. Und Fischers Vorgänger wiederum, Horst Seehofer (CSU), meinte gar: »Genauso gut könnte man Vampiren die Führung einer Blutbank übertragen.«[31] Der Einfluss der KVs solle entweder beschnitten oder die Vereinigungen gleich ganz abgeschafft werden. Das Gegenteil ist geschehen.

Die ärztlichen Funktionäre (hier ist die rein männliche Form tatsächlich angebracht) haben sich von der Politik gut versorgen lassen. Seit 2005 leiten sie nicht mehr ehrenamtlich ihr Selbstverwaltungsorgan, sondern sind endgültig zu hauptamtlichen Cheflobbyisten mutiert. So bestimmt es das Gesundheitsmodernisierungsgesetz. Zwar hatten sich die Vorstände schon in ihrer ehrenamtlichen Zeit fürstliche »Aufwandsentschädigungen« zwischen 34.000 und 162.000 Euro pro Jahr, Sitzungsgelder in fünfstelliger Höhe und Erstattungen für die Praxisvertretung von ebenfalls 56.000 bis 73.000 Euro gegönnt. Nach Ende der Amtszeit gab es in vielen KVs noch eine bis zu sechsstellige Übergangsentschädigung.[32] Doch als hauptamtliche Manager langten sie dann noch einmal kräftig zu. Die Vorstandsvorsitzenden erhielten 2006 zwischen 162.000 Euro (KV Hamburg) und 260.000 Euro (Kassenärztliche Bundesvereinigung, KBV), Vorstandsmitglieder zwischen 132.000 Euro (Mecklenburg-Vorpommern) und 260.000 (KBV). Daneben lassen sich einige Manager Boni oder »Organisationspauschalen« für ihre Praxis auszahlen, die sie als »Nebentätigkeit« weiter betreiben, fahren Dienstwagen zur privaten Nutzung, erhalten Zuschüsse zur privaten Altersversorgung oder sind beamtenähnlich versorgt.

Eine halbe Milliarde Euro kostet die KV-Bürokratie, so schätzt Ellis Huber, ehemals Chef der Bundesärztekammer und prominenter KV-Kritiker. Eine Bürokratie, die viele für weitgehend überflüssig halten.

Altersvorsorge: Milliarden fürs Börsenmonopoly

Auch an der Privatisierung der Altersvorsorge lässt sich prächtig verdienen. Mehr als 242 Milliarden Euro Beiträge und andere Einnahmen sammelte die Deutsche Rentenversicherung 2006 ein. Von diesem gigantischen Kuchen wollen Allianz & Co. ein möglichst großes Stück abhaben. Deswegen haben ihre Lobbyisten über Jahre hinweg planmäßig die Gefahr des finanziellen Zusammenbruchs der gesetzlichen Rente an die Wand gemalt, die private Altersvorsorge als beste

Alternative propagiert und die gesetzliche Rentenversicherung (GRV) von zwei Seiten in die Zange genommen. Zum einen wird erzählt, der demografische Wandel unterspüle die Basis der GRV, zum anderen wird behauptet, private, kapitalgedeckte Vorsorgepläne seien erheblich lukrativer und sicherer als das sozialstaatliche Umlageverfahren. Beide Behauptungen stehen auf tönernen Füßen.

Demografischer Wandel: Manipulierte Zahlen

Das Rentensystem bricht zusammen, eine demografische Zeitbombe tickt, die Deutschen sterben aus – je dramatischer desto besser, Hauptsache, die Botschaft kommt an: »Wir« können uns die gesetzliche Rentenversicherung auf dem bisherigen Niveau nicht mehr leisten. Deswegen müssen »wir« privat vorsorgen. Doch jene, die diese Kassandra-Rufe ausstoßen – ManagerInnen, PolitikerInnen, verbeamtete Professorinnen und Professoren – sind überhaupt nicht gesetzlich versichert. ManagerInnen bekommen ihre Altersversorgung von ihrem Unternehmen, PolitikerInnen von unseren Steuern, jeweils in traumhafter Höhe und ohne Eigenanteil. Abgesehen davon sind die Warnungen unbegründet bis absurd.

Tatsache ist, dass sich die Bevölkerungsstruktur ändert. Die Menschen nicht nur in der Bundesrepublik Deutschland, sondern in allen Industrienationen werden älter und bekommen weniger Kinder. Dieser Trend ist in Deutschland allerdings bereits seit 130 Jahren statistisch belegt. Von 1900 bis 2000 stieg die Lebenserwartung um über 30 Jahre. Der Anteil der Jugendlichen halbierte sich im gleichen Zeitraum von 40 auf 20 Prozent. Die Zahl der 65-Jährigen stieg von 1950 bis 2000 auf mehr als das Doppelte. 1900 kamen auf einen über 65-Jährigen zwölf Erwerbsfähige, heute sind es nur noch vier. Dennoch wurden in dieser Zeit die Sozialsysteme nicht ab-, sondern massiv ausgebaut.

Auch die Klage, Deutschland habe die weltweit niedrigste Geburtenrate, ist allenfalls formal richtig. Die Geburtenrate gibt die Zahl der Kinder je 1.000 EinwohnerInnen an. Sie geht naturgemäß zurück, wenn die Bevölkerung altert. Entscheidend ist jedoch die Geburtenziffer, also die Zahl der Kinder je Frau. Und da liegt Deutschland keineswegs hinten. Die meisten neuen EU-Staaten, auch Italien, Spanien und Griechenland haben eine niedrigere Geburtenziffer.

Der Statistikprofessor Gerd Bosbach wirft den »Dramatikern« des demografischen Wandels vor, die statistischen Aussagen zu manipulieren. Auf diese Weise kommt zum Beispiel folgende Rechnung zustande: Angeblich werden 2050 je 100 Erwerbsfähige 78 über 60-Jährige zu versorgen haben. Heute sind es 44. Das entspräche einem Zuwachs um 77 Prozent. Doch das ist unseriös: Wer nur beklagt, dass die Arbeitenden immer mehr Alte ernähren müssen, verschweigt, dass sie auch für Kinder und Jugendliche aufkommen: Essen, Kleidung, Wohnung, Gesundheit, Kindergarten, Schule, Hochschule und so weiter. Die Jungen werden jedoch weniger. Kalkuliert man das ein, sieht die Lage mit einem Anstieg um 37 Prozent schon viel weniger dramatisch aus.

Bei all diesen Zahlenspielereien wird unterstellt, dass das Renteneintrittsalter gleich bleibt und keinen Tag länger gearbeitet wird, obwohl doch die Zahl der Erwerbstätigen abnehmen wird. Ließe sich das tatsächliche Rentenalter von heute 60 Jahren im Jahr 2050 an das gesetzliche angleichen, so stiege der Gesamtquotient (die von den Erwerbstätigen zu versorgenden Alten und Jungen) nur noch um knapp vier Prozent. Bis zum Jahr 2050 müssten die Beschäftigten vier Prozent mehr Leistung bringen, um die gesetzliche Rente auf heutigem Niveau zu finanzieren, ein jährlicher Zuwachs im Promillebereich. Die tatsächliche Produktivität wird sich mit Sicherheit erheblich dynamischer entwickeln. Selbst eine geringfügige Steigerung von 1,25 Prozent pro Jahr würde die Leistung jedes Erwerbstätigen in 50 Jahren um 86 Prozent steigen lassen. Weder Junge noch Alte müssten sich einschränken. Da die Bevölkerungszahl sinkt, bekäme selbst bei einem Nullwachstum jeder – ob jung oder alt – mehr als heute.

Obendrein hält Bosbach Vorhersagen über 50 Jahre schlicht für unseriös. Eine Vorschau im Jahr 1950 auf das Jahr 2000 hätte den Pillenknick übersehen, den Zuzug der GastarbeiterInnen und AussiedlerInnen und anderes. Eine 50-Jahres-Prognose im Jahr 1900 hätte zwei Weltkriege und eine Weltwirtschaftskrise außer Acht gelassen.[33]

Private Altersvorsorge: Wetten werden angenommen

Wir sehen ihn mitleidsvoll vor uns, den armen Erwerbstätigen, der unter einem brabbelnden Alten aus der Babyboomer-Generation im Huckepack ächzt und von diesem die Haare vom Kopf gefressen bekommt. Was Wunder, dass die Jüngeren den Generationenvertrag mit den Älteren aufkündigen. Statt diesen ihre sauer verdienten Rentenbeiträge in den gierigen zahnlosen Schlund zu werfen, legen sie das Geld lieber auf dem Kapitalmarkt an und freuen sich auf einen sorglosen Lebensabend.

Bernd Raffelhüschen, Professor und Berater mehrerer Bundesregierungen, rechnet vor, dass die Rentenbeiträge wegen des »Egoismus« der heute 30- bis 50-jährigen Babyboomer auf 23 bis 24 Prozent steigen, die Rente selbst aber auf das Niveau einer Grundsicherung von 38 bis 39 Prozent der Bruttolöhne fallen werde. »Das ist gerechtfertigt, denn das ist die Generation, die keine Kinder in die Welt gesetzt hat.« Und da eine private Altersvorsorge billiger sei als ein Kind, könne man diesen Egoisten eine private Vorsorge durchaus zumuten.[34] Daran hätte der Vater dreier Kinder, auf die er gern hinweist, selbst ein wirtschaftliches Interesse. Immerhin berät er den Gesamtverband der deutschen Versicherungswirtschaft und die Viktoria Versicherung AG, und er sitzt im Aufsichtsrat der ERGO Versicherungsgruppe.

Während Raffelhüschen die Babyboomer als »Jammerlappen« beschimpft, drückt sich Herbert Walter, Chef der Dresdner Bank, subtiler aus. Mit dem Umlageverfahren, in dem die Beiträge der Beschäftigten direkt in die heutigen Renten fließen, würden wir »von der Hand in den Mund« leben. Ein Kapitalstock hingegen steigere das künftige Volkseinkommen.[35] »Von der Hand in den Mund leben« ist schlecht. Das künftige Volkseinkommen steigern hingegen gut, ist doch klar, oder? Denn das Geld kann jahrelang für uns arbeiten, sich vermehren, und im Alter verfügen wir über ein hübsches Sümmchen. Leider ist das nur die halbe Wahrheit.

Denn das Geld landet nicht in Dagobert Ducks Panzerschrank und verzinst sich quasi von Geisterhand, sondern die Versicherungen und Finanzdienstleister investieren es gewinnbringend am Kapitalmarkt. Unser Geld bleibt dem Wirtschaftskreislauf erhalten, bis wir es im Alter konsumieren. Das Geld, das wir dann ausgezahlt bekommen, speist sich aus den Beiträgen der aktiven Generation, den Zinsen und Aktiengewinnen. Beides hängt von der künftigen Wirtschaftskraft ab, also von der Produktivität der Erwerbstätigen. Eine Volkswirtschaft kann gar nicht »sparen«. Egal ob Umlageverfahren oder Kapitalstock, entscheidend ist, wie es der Wirtschaft geht.

Beide Verfahren sind vom demografischen Wandel in ähnlicher Weise betroffen. Der Trend, dass die Menschen älter werden, schlägt sich auch auf die Kalkulation der privaten Renten- und Lebensversicherer nieder. Immer wieder liest man im Wirtschaftsteil der Zeitungen Warnungen vor Kursverlusten, sinkender Verzinsung und geringeren privaten Renten. FinanzwissenschaftlerInnen sehen ihre »Asset-Meltdown-Hypothese« bestätigt. Die besagt Folgendes: Sobald sich die Babyboomer zur Ruhe setzen und ihre Vermögenswerte veräußern, sinken die Kurse, weil vielen Verkäufern von Vermögensanlagen nur wenige Käufer aus der dann erwerbstätigen Generation gegenüberstehen. Doch dieser Annahme lassen sich die gleichen Argumente entgegenhalten wie den angeblichen Auswirkungen des demografischen Wandels auf die gesetzliche Rente.

Die Unterschiede zwischen den beiden Sicherungsmodellen liegen weder in den Folgen des demografischen Wandels noch in der Alternative »von der Hand in den Mund« oder langfristiger Vermögensaufbau. Vielmehr hängt das Umlageverfahren wesentlich vom gesellschaftlichen Konsens ab. Und den haben die Arbeitgeber aufgekündigt. Sie haben die angeblich zu hohen Lohnnebenkosten als Stellschraube zur Kostensenkung entdeckt. Deswegen ist das oberste Ziel nicht mehr »Alterslohn für Lebensleistung« (Norbert Blüm), sondern Beitragsstabilität.

Die kapitalgedeckte Altersvorsorge wiederum hängt an der Entwicklung der Finanzmärkte. Je nach Vertrag hat man die Chance, sich vom schwächelnden deutschen Binnenmarkt abzukoppeln und eine Anlage zu wählen, die in den Boomregionen der globalen Wirtschaft investiert. Allerdings sind die Finanzmärkte unberechenbar. Das haben die deutschen Lebensversicherungen beim Börsencrash zur Jahrtausendwende zu spüren bekommen: Sie verbrannten rund 100 Milliarden Euro und mussten in der Folge ihre garantierten Leistungen nach unten korrigieren. Die Mannheimer Lebensversicherung musste sogar Insolvenz anmelden, die Einlagen Tausender Versicherter mit einem Sicherungsfonds der Branche gestützt werden. 2001 betrug die Gesamtverzinsung durchschnittlich 7,1 Prozent, 2005 nur noch gut vier Prozent. In den USA und in Großbritannien, wo die Altersvorsorge fast komplett privat organisiert ist, verloren in den Jahren der Börsenkrise Millionen Menschen ihre Altersvorsorge. In

Chile muss der Staat die bankrotte private Altersvorsorge massiv finanziell stützen.

Obendrein werden Lebensrisiken individualisiert. Kein Mensch weiß, wie lange er lebt und wie viel Geld er im Alter benötigt. Bleibe ich fit bis ins hohe Alter, oder ereilt mich irgendwann der Herzinfarkt oder die Demenz? Die GRV übernimmt dieses Risiko in einer Mischkalkulation und zahlt bis ans Lebensende, die private Altersvorsorge jedoch nur nach Vereinbarung. Das kommt einer Wette mit der Versicherung über die individuelle Lebenserwartung gleich: Sie können eine Altersvorsorge über eine fixe Summe abschließen und sich diese über einen bestimmten Zeitraum in monatlichen Raten auszahlen lassen. Leben Sie kürzer, freuen sich – je nach Vertrag – entweder Ihre Erben oder die Versicherung. Leben Sie länger als vereinbart, dann geht Ihnen irgendwann das Geld aus, und Sie sind im hohen Alter, dann, wenn Sie Geld für die Pflege benötigen, auf die gesetzliche Rente angewiesen. Um das »Risiko« der Langlebigkeit abzudecken, können Sie auch einen Vertrag über eine Leibrente bis ans Lebensende abschließen. Der ist für die Versicherung am wenigsten kalkulierbar und deswegen besonders teuer. Sterben Sie früh, dann haben Sie die Wette verloren.

Die Lebens- und Rentenversicherer gewinnen hingegen fast immer: Die Allianz steigerte ihren Jahresüberschuss 2006 um 60,3 Prozent, AMB Generali mit den Lebensversicherungen Aachener und Münchner, Cosmos Direkt, Badenia und Volksfürsorge um 43,8 Prozent, die ERGO Versicherungsgruppe mit der Hamburg Mannheimer, Victoria und Karstadt Quelle um 15,3 Prozent und die R + V Versicherungsgruppe um sieben Prozent.

Die private Altersversorgung kalkuliert das individuelle Risiko und berechnet so die Beiträge ihrer Versicherten. Ein langes Leben gilt da nicht als Segen, sondern als Problem. Das bekommen Frauen zu spüren. Sie leben im Durchschnitt länger und müssen – zumindest derzeit noch – für private Altersvorsorge mehr zahlen als Männer. In der gesetzlichen Rentenversicherung wird dieses »Risiko« noch halbwegs solidarisch getragen, genauso wie Zeiten der Ausbildung, Krankheit, Kindererziehung oder Pflege, in denen keine oder geringe Beiträge gezahlt werden, die sich aber dennoch auf den Rentenanspruch auswirken.

Doch die gesetzliche Rente läuft Gefahr, sich zu einer nicht einmal mehr armutsfesten Grundsicherung zurückzuentwickeln. Seit der deutschen Vereinigung ließen immer neue »Rentenreformen« die gesetzlichen Renten schrumpfen. Rentenminister Norbert Blüm (CDU) kürzte 1992 die Anrechnung der Ausbildungszeiten und stellte die Rentenanpassung auf die Nettolohnentwicklung um. 1997 folgte ein neues Rentenreformgesetz, das wohlweislich erst 1999, also nach der Bundestagswahl, in Kraft treten sollte: Berufsunfähigkeitsrente gestrichen, Erwerbsminderungsrente eingeschränkt, schrittweise höheres Rentenalter für Schwerbehinderte und Frauen, Witwenrente eingeschränkt.

Als neues Element in der Rentenformel sollte ein »demografischer Faktor« die Rentenhöhe an das quantitative Verhältnis zwischen Beitragszahlenden einerseits, Rentnerinnen und Rentnern andererseits koppeln. Nach ihrem Wahlsieg 1998 kassierte die rot-grüne Koalition diesen Faktor zunächst. Doch 2005 kehrte der Demografiefaktor als Nachhaltigkeitsfaktor zurück. Er bewirkt, dass durchschnittlich Verdienende länger arbeiten müssen, um eine Altersrente oberhalb der Armutsgrenze aufzubauen. 2015 wird das etwa 28 Jahre dauern, 2030 sogar 31 Jahre.[36] Derzeit arbeiten Männer im Westen Deutschlands durchschnittlich gut 39 Jahre, im Osten 44,5 Jahre. Frauen bringen es im Westen auf nur 25 Jahre, im Osten auf gut 41 Jahre. Vor allem Frauen in den alten Ländern haben nur noch eine karge Grundsicherung zu erwarten. Dieser Trend wird weiter verstärkt: Die große Koalition hat ein Nachkriegstabu gebrochen und das gesetzliche Rentenalter tatsächlich von 65 auf 67 Jahre angehoben.

Die fortwährenden Änderungen sind selbst für Fachleute kaum noch überschaubar. Ziel und Wirkung sind jedoch eindeutig: Sinkende Rentenansprüche! Derzeit liegt die durchschnittliche Rente bei etwa 53 Prozent des durchschnittlichen Nettoentgelts. Bis 2020 soll das Niveau auf 46 Prozent, bis 2030 auf 43 Prozent gesenkt werden.[37] Der viel beschworene Eckrentner, der nach 45 Jahren Arbeit 67 Prozent erhalten soll, ist reine Theorie.

Dieses Niveau lag noch bis zur Jahrtausendwende bei 70 Prozent, wurde aber mit der Rentenreform 2001 abgesenkt. Als Kompensation sollten die Menschen »riestern«, sprich privat fürs Alter sparen.

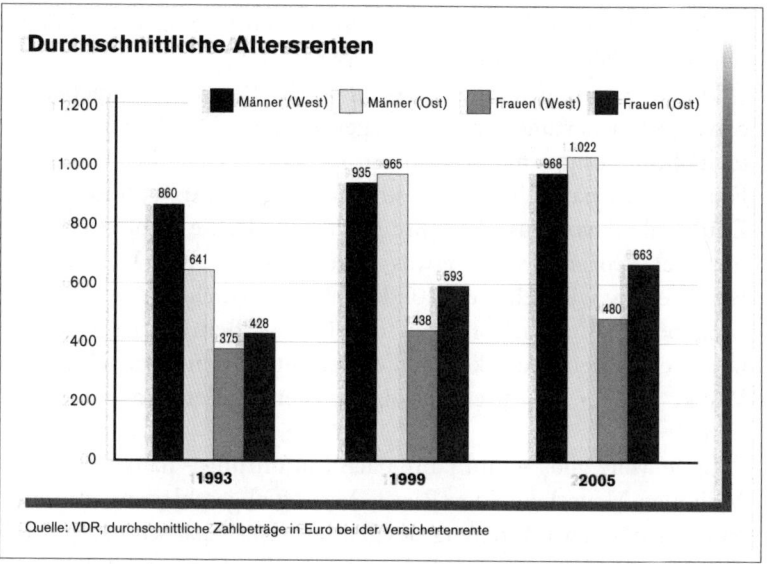

Durchschnittliche Altersrenten

Männer (West) | Männer (Ost) | Frauen (West) | Frauen (Ost)

1993: 860 / 375 / 428
1999: 935 / 965 / 438 / 593
2005: 968 / 1.022 / 480 / 663

Quelle: VDR, durchschnittliche Zahlbeträge in Euro bei der Versichertenrente

Die Reform 2001 brachte nicht bloß eine neue Kürzungsrunde, sondern einen kompletten Richtungswechsel. Zum einen veränderte sich das Verhältnis von Beitrag und Leistung: Orientierten sich die Beiträge zuvor an der gewünschten Leistungshöhe, so sollten die Renten nun an einem zuvor definierten maximalen Beitragssatz ausgerichtet werden. Zum anderen wurde der Anspruch aufgegeben, dass die von Beschäftigten und Arbeitgebern zu gleichen Teilen finanzierte gesetzliche Rente den erreichten Lebensstandard im Alter absichern soll: Deren Kürzung soll kompensiert werden durch eine staatlich geförderte private Vorsorge, die die Versicherten allein bezahlen müssen: die Riester-Rente, benannt nach dem damaligen Arbeits- und Sozialminister Walter Riester (SPD), vormals Zweiter Vorsitzender der IG Metall. Die Riester-Rente zielte vor allem auf Geringverdienende und auf Familien.

Drei Jahre später folgte die Rürup-Rente, eine steuerbegünstigte Basisversorgung, als Angebot vor allem an Selbstständige und besser Verdienende. Ersonnen hatte sie der Professor und Regierungsberater Bert Rürup mit seiner »Kommission für die Nachhaltigkeit in der Finanzierung der sozialen Sicherungssysteme«. Seine Kreativität dankte ihm der Finanzdienstleister MLP – nach eigenen Angaben bei »anspruchsvollen Kunden« in Europa führend – mit einem Vertrag als MLP-Referent. Dort trifft Rürup auf seinen Kollegen Raffelhü-schen, ebenfalls bei MLP unter Vertrag.[38]

Dummerweise will das Volk nicht so wie Politik, Arbeitgeber und private Versicherungswirtschaft es gerne hätten. Der Abschluss privater Policen kommt nur schleppend in Gang. Nach einer Studie der Fondsgesellschaft Union Investment gehen zwar 55 Prozent der Deutschen davon aus, dass ihre gesetzliche Rente nicht reicht, aber nur vier Prozent wollen etwas dagegen tun.[39] Die Mehrheit der Bevölkerung will lieber die solidarische gesetzliche Rentenversicherung beibehalten, selbst wenn das höhere Beiträge oder Steuern bedeutet.[40] Gleichwohl könnten die privaten Rentenversicherungen Walter Riester zu ihrem erfolgreichsten Außendienstmitarbeiter küren.

Ende März 2007 – fünf Jahre nach Einführung – hatten knapp 8,5 Millionen Menschen einen Riester-Vertrag abgeschlossen, also nicht einmal jeder vierte abhängig Beschäftigte. Der Staat schoss 740 Millionen Euro an Zulagen zu.[41] Bei der Rürup-Rente sah es ein Jahr nach deren Einführung noch schlechter aus. Ganze 347.000 Verträge zählte die Versicherungswirtschaft bis März 2007.[42] Das könnte daran liegen, dass die Angebote unattraktiv sind. Wahrscheinlicher ist jedoch, dass viele Menschen schlicht kein Geld für die private Vorsorge übrig haben. Denn mit der Rentenreform 2001 wurden zwar die Renten gesenkt, nicht jedoch die Beiträge. Private Altersvorsorge läuft zusätzlich – oder gar nicht.

Der neue Sozialstaat: Chancen statt Gerechtigkeit

Die Sozialreformen der vergangenen Jahre sind nicht mehr bloß Streichorgien. Sie verfolgen den planmäßigen Umbau des Sozialstaats bundesdeutscher Prägung und den Abbau des sozialstaatlichen Sicherungsniveaus nach Prinzipien, die sich schon länger andeuteten. Mit der Agenda 2010 des Bundeskanzlers Gerhard Schröder (SPD) wurden sie endgültig zum politischen Leitbild erhoben und von der großen Koalition bruchlos weiterverfolgt.

1. *Von der Status- zur Existenzsicherung:* Bisher sollten soziale Sicherungssysteme den einmal erarbeiteten Status von Menschen auch in Krisensituationen sichern. Deswegen wurde in der Arbeitslosenversi-

cherung ein bestimmtes Einkommensniveau garantiert und das Qualifikationsniveau geschützt. Mit den Hartz-Reformen wurde beides aufgegeben (siehe nächstes Kapitel). Auch die gesetzliche Rente folgte diesem Ziel, wird aber mehr und mehr zu einer kaum armutsfesten Grundsicherung geschleift. Das Krankengeld sollte den sozialen Status bei längerer Krankheit sichern. Es ist heute zwar noch im Leistungskatalog der GKV enthalten, muss aber von den Versicherten allein finanziert werden. Es ist nur eine Frage der Zeit, bis die Forderung nach der vollständigen Privatisierung dieser Leistung auf der politischen Tagesordnung steht. Sozialstaatliche Geldleistungen, seien es Rente, Arbeitslosengeld oder Krankengeld, verkommen zunehmend zur Grundsicherung. Wer mehr will, muss privat zahlen oder vorsorgen.

2. *Fördern und Fordern:* »Sozial ist, was Arbeit schafft«, tönen PolitikerInnen jeder Couleur. Der Sozialstaat soll jeden Erwachsenen in die Lage versetzen, für sich selbst und seine Kinder zu sorgen. Doch wenn jede Arbeit besser ist als keine Arbeit, dann spielen Beruf, Qualifikation und bisheriges Einkommensniveau keine Rolle, dann kann auch auf die Qualität der Arbeit und der Arbeitsbedingungen keine Rücksicht genommen werden, wie die populistische Debatte um den Einsatz von Arbeitslosen als Erntehelfer immer wieder belegt. Das Prinzip »keine Leistung ohne Gegenleistung« zieht in letzter Konsequenz den Verlust jeglicher Rechtsansprüche von Langzeitarbeitslosen nach sich. Ihnen bleibt nichts übrig, als die »Angebote« ihrer Arbeitsagentur anzunehmen, wenn sie nicht ihre Unterstützung verlieren wollen. Gleichwohl hat das Prinzip, wonach jeder »von seiner Hände Arbeit« leben können und der Staat das absichern muss, mit der Vermeidung von Armut nichts zu tun. Denn viele Menschen, die in Deutschland unterhalb der Armutsschwelle leben, gehen einer bezahlten Arbeit nach – und zwar in Vollzeit.

3. *Eigenverantwortung und Subsidiarität:* Schon die Begriffe führen in die Irre. Gemeint ist nicht Eigenverantwortung im Sinne eines verantwortlichen Umgangs mit dem eigenen Leben, sondern finanzielle Eigenleistung. Wer in der Krankenversicherung von Eigenverantwortung redet, hat die Geldbörse der Versicherten fest im Blick. Manche verwechseln Eigenverantwortung sogar mit dem Schuldprinzip. Höhere Zuzahlungen für Kranke, die zuvor die Vorsorgeuntersuchungen geschwänzt haben, sind ein erster Schritt. Die Forderung nach höheren Beiträgen für RaucherInnen oder nach einem Ausschluss von gefährlichen Sportarten taucht immer mal wieder auf. Im Sommer 2006 bereicherte der CSU-Politiker Wolfgang Zöller die Debatte um den Vorschlag, dass »uneinsichtige Patienten« an den Behandlungskosten beteiligt werden müssten, und brachte als Beispiel einen 150 Kilo schweren Mann, der ein neues Hüftgelenk nur dann bekommen solle, wenn er bereit sei, abzunehmen.[43] Wie gut für Helmut Kohl, dass er privat versichert ist.

Auch CDU-Generalsekretär Ronald Pofalla dachte sich im Sommer 2006 einen unverschämten Vorschlag aus. Er forderte, dass ältere Arbeitslose erst mal bei ihren erwachsenen Kindern die Hand aufhalten sollten, bevor sie Alg II beanspruchen dürften. Umgekehrt ist das für Kinder bis zum 25. Lebensjahr seit geraumer Zeit wieder der Fall. Die Errungenschaft des modernen Sozialstaats war es gerade, die Menschen aus der familiären Zwangsjacke zu befreien, in der nur jene auf ein gesichertes Leben im Alter hoffen durften, deren Kinder diese Aufgabe übernahmen. Subsidiarität setzt nun wieder die Familie vor die sozialstaatliche Verantwortung der Gesellschaft. Das zeigt sich in der Anrechnung des Partnereinkommens bei Langzeitarbeitslosen. Das zeigt sich im »Strafzoll«, den höheren Beiträgen für Kinderlose in der Pflegeversicherung. Auch in der Rentenversicherung taucht diese Forderung immer mal wieder auf. Dass Frauen ohne Kinder mit ihrer in der Regel »männlichen« Berufsbiografie die Sozialversicherungen stützen, wird geflissentlich unterschlagen.

4. *Befähigen statt umverteilen:* Jeder Mensch soll »aktiviert« werden, um für sich selbst zu sorgen, statt als passiver Empfänger von Leistungen quasi zu versauern. Diesem Gedanken liegt die Annahme zugrunde, dass Menschen nur aufgrund individueller Defizite arbeitslos oder in eine soziale Notlage gekommen seien. Solche mag es auch geben. Doch das gesellschaftliche Problem Nummer eins bleibt ausgeblendet – mehrere Millionen an fehlenden bezahlten Arbeitsplätzen.

Wenn es nur noch um das Befähigen geht und nicht mehr um sozialen Ausgleich, verändert sich auch der Begriff von sozialer Gerechtigkeit. In welche Richtung, das erläuterte Bundesfinanzminister Peer Steinbrück (SPD) im Januar 2006 beim Neujahrsempfang der Industrie- und Handelskammer Frankfurt am Main: Chancengerechtigkeit statt Ergebnisgleichheit sei das Grundprinzip des modernen Sozialstaats.[44] Danach bekommt jeder seine »gerechte«– nicht unbedingt gleiche – Chance am »Start«. Gemeint sind in der Regel Bildungschancen. Was er oder sie daraus macht, bleibt jedem selbst überlassen. Die gesellschaftlichen Ursachen von sozialer Ungleichheit und Ungerechtigkeit werden wegdefiniert. Jeder ist seines Glückes Schmied. Wer es nicht packt, ist selbst schuld!

Für Frauen hält diese Neudefinition von Sozialstaatlichkeit eine besonders trickreiche Facette bereit. Wenn jeder Erwachsene selbst für sich sorgen können soll, könnte das den Abschied von der ökonomischen Abhängigkeit von einem Familienernährer und von der Rolle als Zuverdienerin bedeuten. Deswegen wurde das Elterngeld als Lohnersatz für die ersten zwölf bis 14 Monate nach der Geburt eines Kindes eingeführt. Deswegen werden Angebote zur Kinderbetreuung ausgebaut. Doch bevor sie eine kostenlose öffentliche Betreuung auf die politische Agenda hob, setzte die deutsche Super-Mom und Familienministerin Ursula von der Leyen die Förderung der teuren Tagespflege und steuerbegünstigte haushaltsnahe Dienstleistungen durch. Geringverdiener oder arbeitslose Frauen und Migrantinnen können sich das nicht leisten. Statt Dienstmädchen zu haben, sollen sie Dienstmädchen sein. Sie bleiben auf die Familie als soziales Sicherungssystem angewiesen und sollen als Minijobberinnen in den Gutverdiener-Haushalten die Kinder betreuen, die Wäsche bügeln und den Rasen mähen.

Hartz IV: Wer essen will, soll arbeiten

Berlin, Reichstag, 10.11.1998; 3,94 Millionen registrierte Arbeitslose. »Wenn es uns nicht gelingt, die Arbeitslosigkeit signifikant zu senken, haben wir es nicht verdient, dieses Land zu regieren«, verkündet Gerhard Schröder in seiner ersten Regierungserklärung als Bundeskanzler.

Berlin, Bundeskanzleramt, 16.08.2002; 4,01 Millionen registrierte Arbeitslose: »In drei Jahren, beginnend ab heute elf Uhr, werden wir zwei Millionen Arbeitslose weniger haben«, verkündet Peter Hartz euphorisch.[1] Der Vorsitzende der nach ihm benannten Regierungskommission »Moderne Dienstleistungen am Arbeitsmarkt«, im Hauptberuf damals noch Personalvorstand bei VW, legt an diesem Tag seine Empfehlungen vor. Perfektes Timing: Es ist Wahlkampf. Einen guten Monat später ist die rot-grüne Bundesregierung im Amt bestätigt.

Berlin, Willy-Brandt-Haus, 23.05.2005; 4,29 Millionen registrierte Arbeitslose. Schröder wirft vorzeitig das Handtuch und kündigt Neuwahlen an.

Statt zu sinken, verharrt die Zahl der Langzeitarbeitslosen auf hohem Niveau, trotz der vielen Ideen des Peter Hartz und trotz Aufschwungs. Was hatte sich seine Kommission doch für tolle Instrumente ausgedacht, in einen dynamisch klingenden Neusprech verpackt und mit dem trendigen Großbuchstaben in der Wortmitte garniert: JobCenter, PersonalServiceAgenturen, familienfreundliche Quickvermittlung, JobFloater, AusbildungsZeit-Wertpapier, Bridge-System, MiniJob, Ich AG, Profis der Nation.

Alles längst Geschichte! Die rot-grüne Bundesregierung übernahm in den vier sogenannten Hartz-Gesetzen die meisten Ideen der Kommission. Doch gemessen an den proklamierten Zielen ist die Bilanz dieser größten Arbeitsmarktreform der Nachkriegszeit vernichtend. Sogar der erste regierungsamtliche Bericht von Anfang 2006 bescheinigte den meisten Instrumenten weitgehende Wirkungslosigkeit. Die erleichterte Befristung bei der Einstellung von älteren Arbeitslosen hat der Europäische Gerichtshof inzwischen sogar als diskriminierend kassiert.

»Unverfroren« hatte Heiner Flassbeck, Wirtschaftswissenschaftler und Staatssekretär von Oskar Lafontaine in dessen Zeit als Finanzminister, die Ankündigung des Peter Hartz bereits im August 2002 genannt und eine einfache Rechnung aufgemacht: Wolle man die Arbeitslosigkeit in drei Jahren um zwei Millionen senken, müsse man pro Jahr 650.000 Arbeitsplätze schaffen. Der bisherige Rekord lag bei 300.000 pro Jahr – bei einem Wirtschaftswachstum von vier Prozent. Stattdessen sind Zahl und Anteil der Langzeitarbeitslosen immer weiter gestiegen.

Arbeitslosigkeit in Deutschland									
	2002		2003		2004		2005*		2006
	West	Ost	West	Ost	West	Ost	West	Ost	West Ost
Arbeitslose in Millionen	2,5	1,56	2,75	1,62	2,78	1,6	3,25	1,61	3,0 1,48
darunter: Langzeitarbeitslose	31,8 %	36,8 %	31,7 %	40 %	35,3 %	43,6 %	55,6 %	59,8 %	61,5% 65,9%

Quelle: Bundesagentur für Arbeit; *Starker Anstieg wegen der Erfassung der erwerbsfähigen SozialhilfebezieherInnen nach der Einführung von Alg II

Flassbeck hoffte, dass die PolitikerInnen zur Besinnung kommen würden, wenn alle Vorschläge umgesetzt seien, deren Wirkung aber ausbliebe.[2] Die Befürchtung ist eingetreten, die Besinnung lässt indes auf sich warten. Im Gegenteil:»Die Bundesregierung sieht sich weitgehend in ihren beschäftigungspolitischen Reformansätzen bestätigt«,[3] heißt es noch 2006 im Regierungsbericht.

Was ist geblieben von den Zauberformeln zur Halbierung der Arbeitslosigkeit, von dieser»wichtigsten, fundamentalsten und komplexesten Sozialreform in der Geschichte der Bundesrepublik« (Schröder), dieser»Zeitenwende auf dem Arbeitsmarkt« (Ex-Arbeitsminister Clement)?[4] Nichts als ein Heer verarmter Langzeitarbeitsloser, die – ohne Chance auf einen regulären Arbeitsplatz – dem Generalverdacht des Leistungsmissbrauchs ausgesetzt sind und in einem modernen Arbeitsdienst ihren Arbeitswillen unter Beweis stellen sollen. Betroffen sind 7,4 Millionen Menschen oder 8,7 Prozent der Bevölkerung.

Wenn sich die Regierung trotz erwiesener Wirkungslosigkeit in ihrem Reformkurs bestätigt sieht, ging es wohl gar nicht um das mit medialem Tamtam proklamierte Ziel»Halbierung der Arbeitslosigkeit«. Dann ging es eher darum, diejenigen möglichst billig zu entsorgen, die in den Augen von Wirtschaft und Politik dauerhaft »überflüssig« sind.

Kürzen, unterdrücken, schikanieren

Das Synonym für fehlendes Geld im Portemonnaie und fehlende Perspektiven am Arbeitsmarkt ist Alg II oder auch Hartz IV. Das Arbeitslosengeld II entstand mit dem vierten Gesetz für moderne Dienstleistungen am Arbeitsmarkt (Hartz IV) aus der Zusammenlegung der Arbeitslosen- und Sozialhilfe. Das war zwar keine neue Idee, die Hartz-Kommission wärmte sie aber wieder auf. Die zugrunde liegende Überlegung war durchaus sinnvoll. Die meisten BezieherInnen von Sozialhilfe waren Langzeitarbeitslose ohne Anspruch auf Arbeitslosenhilfe. Viele Menschen in der Arbeitslosenhilfe hatten nicht nur keinen Job, sondern auch persönliche Probleme: keine Betreuung für die Kinder, chronische Krankheit, Sucht, Überschuldung. Die Betroffenen sollten sich nicht mehr zwischen verschiedenen Ämtern aufreiben müssen, sondern Unterstützung aus einer Hand bekommen. Alle Erwerbsfähigen sollten raus aus der Sozialhilfe.

Doch die rot-grüne Bundesregierung reduzierte diese Überlegung auf ein gigantisches Kürzungs- und Repressionsprogramm. Arbeitslosengeld I in Höhe von 67 Prozent des letzten Nettoentgelts für Arbeitslose mit Kindern, 60 Prozent für Kinderlose erhalten ehemals sozialversicherungspflichtig Beschäftigte nur noch zwölf Monate lang. Wer – abhängig von der Einkommenssteigerung – länger als etwa zehn Jahre Beiträge zur Arbeitslosenversicherung in Höhe von 6,5 Prozent des Entgelts geleistet hat, bekommt nicht einmal das eingezahlte Geld heraus.

Ab dem 13. Monat Arbeitslosigkeit gibt es nur noch das steuerfinanzierte Alg II. Ein Zuschlag von zwei Dritteln des Unterschieds zwischen Alg II und Alg I, höchstens jedoch 160 Euro, federt den Absturz ein Jahr lang etwas ab. Im zweiten Jahr wird der Zuschlag halbiert. Dann ist Schluss! Miete und Heizkosten werden zusätzlich übernommen, Strom und Gas jedoch nicht. Der Bund zahlt die Grundsicherung und greift den Kommunen auch bei den Unterkunftskosten unter die Arme.

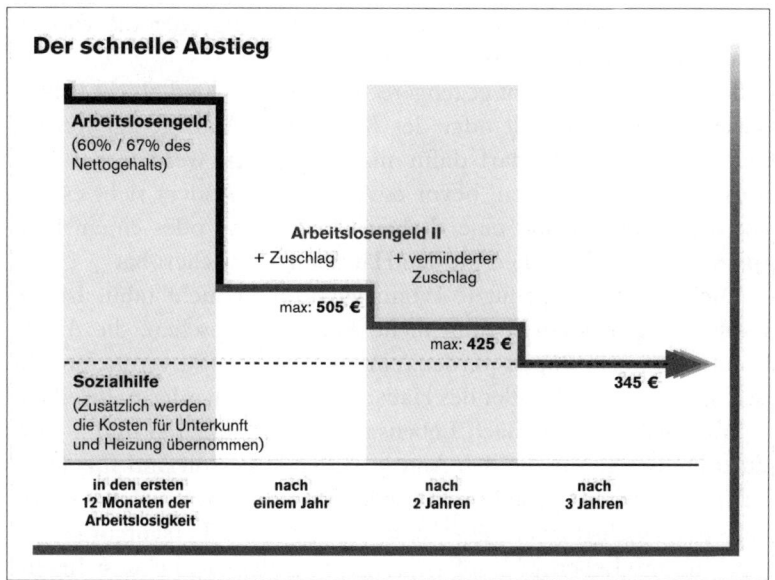

Der schnelle Abstieg

Arbeitslosengeld
(60% / 67% des
Nettogehalts)

Arbeitslosengeld II
+ Zuschlag   + verminderter
                    Zuschlag

max: **505 €**

max: **425 €**

Sozialhilfe   **345 €**
(Zusätzlich werden
die Kosten für Unterkunft
und Heizung übernommen)

in den ersten   nach   nach   nach
12 Monaten der   einem Jahr   2 Jahren   3 Jahren
Arbeitslosigkeit

Doch vor dem Alg II steht das eigene »Vermögen«. Subsidiarität
nennt man den Zwang, zuerst alle eigenen Rücklagen aufzuessen,
bevor man als »wirklich bedürftig« gilt und staatliche Unterstützung
beanspruchen darf. Im Land des zum Grundrecht erklärten Bankgeheimnisses müssen sich Menschen, die sich und ihre Familie nicht
aus eigener Kraft ernähren können, vor der Arbeitsverwaltung quasi
nackt ausziehen: Sparbuch, Bausparvertrag, Lebensversicherung,
Wertpapiere, das eigene Haus oder die Eigentumswohnung, sogar
Wertgegenstände, die zu Geld gemacht werden können – Auto,
Schmuck, Kunstgegenstände und anderes mehr –, alles muss detailliert in dem 16-seitigen Antragsformular aufgeführt werden. Selbst
nach verschenktem oder gespendetem Vermögen wird gefragt.
Könnte ja sein, dass jemand auf diese Weise versucht, sein Erspartes
auf die Seite zu bringen. Wer etwas vergisst, gerät unter Betrugsverdacht.

Lebensversicherungen, die nicht ausschließlich der Altersvorsorge
dienen, müssen mit bis zu zehnprozentigem Verlust vorzeitig aufgelöst werden. Auch Wertgegenstände, die kein »angemessener Haus-
rat« sind, müssen versilbert werden. Eine Ausnahme wird allenfalls
bei Omas Hochzeitskette oder dem Familiensilber gemacht oder

wenn Vermögensgegenstände für die Ausbildung oder die Fortsetzung der Berufstätigkeit notwendig sind.

Schulden dürfen nicht gegengerechnet werden. Egal ob ein Privatdarlehen zurückgezahlt oder der Kredit fürs Auto getilgt werden muss, das Sparbuch darf dafür nicht eingesetzt werden, sondern muss aufgezehrt werden, bevor es Alg II gibt. Anders sieht es nur aus, wenn jemand mit einer Lebensversicherung oder einem Bausparvertrag das Darlehen für den Hauskauf abgesichert hat.

Auch das selbst genutzte Wohneigentum ist nicht tabu. Ist die Größe »angemessen«? Wenn nicht, können Menschen, die Alg II beantragen, gezwungen werden, einzelne Zimmer zu vermieten, ein Teil des Grundstücks oder des Hauses zu verkaufen oder zu beleihen. Was bleibt, sind je nach Lebensalter zwischen 4.100 und 13.000 Euro Freibetrag für die den Antrag stellende Person und für deren PartnerIn, weitere 4.100 Euro für jedes Kind, die Riester-Rente innerhalb der Höchstfördergrenze und eine private Altersvorsorge von 200 Euro pro Lebensjahr, sofern sie nicht vor dem 65. Lebensjahr eingelöst werden kann.

Hatte man uns nicht gepredigt, stärker privat fürs Alter vorzusorgen? Wurden wir nicht jahrzehntelang zur Vermögensbildung angehalten? Heißt es nicht, die Deutschen sollten mehr Wohneigentum erwerben? Wer all diesen Appellen brav folgte und nun länger als ein Jahr arbeitslos ist, wird um die Früchte der Sparsamkeit gebracht. So etwas verlangt man nicht von Menschen, die nur vorübergehend in Schwierigkeiten sind und deren Status in dieser Durstphase gesichert werden soll. So behandelt man jene, von denen man ohnehin nicht erwartet, dass sie aus dem Elend wieder herauskommen.

Sippenhaft in der Bedarfsgemeinschaft

Die moderne Form der Sippenhaft heißt Bedarfsgemeinschaft. Eigentlich sind das Familien und Lebenspartnerschaften. Der Begriff Bedarfsgemeinschaft entmenschlicht sie und reduziert sie auf ihre Belastung für die öffentlichen Haushalte – auf ihren Bedarf zum Leben, oder besser zum Überleben. Gut 3,8 Millionen solcher Gemeinschaften mit mehr als 7,4 Millionen Menschen gibt es. Gut 5,4 Millionen werden als erwerbsfähig eingestuft.[5] Zwei Personen gehören im Schnitt zu einer Bedarfsgemeinschaft. Sie erhalten durchschnittlich 345,75 Euro Alg II, 15,19 Euro Sozialgeld (für nicht Erwerbsfähige), 305,88 Euro für Unterkunft und Heizung, 152,01 Euro an Sozialversicherungsbeiträgen und 4,76 Euro für Sonstiges. Insgesamt müssen also durchschnittlich 823,59 Euro für zwei Personen zum Leben reichen.[6]

Kaum dass eine arbeitslose Frau oder ein arbeitsloser Mann nach zwölf Monaten aus der Arbeitslosenversicherung herausfliegt, werden (Ehe-)PartnerIn und Kinder in Haftung genommen. Kann der Partner die Langzeitarbeitslose mit durchfüttern? Angaben darüber, wie viele Menschen kein Alg II erhalten, weil der Partner oder die Partnerin zu viel verdient, gibt es nicht. Über abgelehnte Anträge werde keine Statistik geführt, heißt es bei der Bundesagentur. Das Institut für Arbeitsmarkt und Berufsforschung in Nürnberg hat die Angaben simuliert und schätzt, dass knapp die Hälfte der Anträge von Frauen mit Partnern aus diesem Grund abgelehnt werden.[7]

Die sind doch versorgt, so das landläufige Argument. Aber für eine Ablehnung braucht es nicht viel. Zwar wird vom Gesamteinkommen des Partners ein Freibetrag abgezogen, doch fließen in die Berechnung dieses Freibetrags höchstens 1.200 Euro brutto ein. Die ersten 100 Euro an Einkommen sind »frei«. Bis 800 Euro wird ein Freibetrag von 20 Prozent gewährt, bis 1.200 Euro sind noch zehn Prozent »frei«. Mit dem darüberliegenden Einkommen steht der Partner komplett für die Langzeitarbeitslose ein. Der Freibetrag liegt also bei höchstens 280 Euro, mit Kindern etwas höher, und wird vom Nettoeinkommen abgezogen. Alles was darüberliegt, mindert den Alg-II-Anspruch zu 100 Prozent. Verdient der Partner mehr als 902 Euro (Bedarfssatz für zwei Erwachsene plus Freibetrag) plus Warmmiete, bekommt die Langzeitarbeitslose keinen Cent Alg II. Die Armutsgrenze für zwei Erwachsene liegt hingegen bei 1.408 Euro.

Zwischen Ehepaaren, eingetragenen gleichgeschlechtlichen und eheähnlichen (heterosexuellen) Lebensgemeinschaften wird nicht unterschieden. Nach der Definition des Bundesverfassungsgerichts »ist eine ›eheähnliche Lebensgemeinschaft‹ allein die auf Dauer angelegte Lebensgemeinschaft eines Mannes und einer Frau, die weitere Lebensgemeinschaften gleicher Art nicht zulässt und sich durch innere Bindungen auszeichnet, die ein gegenseitiges Einstehen der Partner füreinander begründen, also über die Beziehung in einer rei-

nen Haushalts- und Wirtschaftsgemeinschaft hinausgehen.[8] Diese
Definition bietet jede Menge Raum für Interpretationen. Bis zum
»Hartz IV-Fortentwicklungsgesetz« im Juni 2006 mussten die Behörden nachweisen, dass eine eheähnliche Gemeinschaft besteht, was
vielerorts zu Schnüffeleien bis hinein ins Schlaf- und Badezimmer
führte. Sozialgerichte schlagen sich seit Einführung von Alg II mit
der Frage herum, ob zwei Personen nun als Lebensgemeinschaft zu
gelten hätten oder nicht, und haben mit der Zeit beachtliche Hürden
für die Beweisführung der Behörden aufgestellt.

Der Bundesregierung passte das nicht. Sie drehte die Beweislast
kurzerhand um und legte im sogenannten Hartz-IV-Fortentwicklungsgesetz fest, von einer eheähnlichen Gemeinschaft sei auszugehen, wenn das Paar mindestens ein Jahr zusammenlebt, ein gemeinsames Kind hat, Kinder oder Angehörige gemeinsam versorgt oder
wenn sie befugt sind, über das Einkommen oder Vermögen des
jeweils anderen zu verfügen.[9] Das Gegenteil müssen die AntragstellerInnen erst mal beweisen. Ulrich Wenner, Richter am Bundessozial-
gericht, zweifelt an der Verfassungsmäßigkeit der Neuregelung: »Weil
zwei Personen im Rechtssinne nicht beweisen können, dass sie einan-
der nicht in einer eheähnlichen Partnerschaft verbunden sind, kann
ihnen auch keine entsprechende Beweislast auferlegt werden.«[10]

Völlig außer Acht gelassen wird obendrein, dass unverheiratete
Paare weder vom steuerlichen Ehegattensplitting profitieren noch
von der kostenfreien Mitversicherung in der gesetzlichen Krankenversicherung. Ebenso wenig hat die langzeitarbeitslose Frau ihrem
»eheähnlichen Partner« gegenüber einen einklagbaren Unterhaltsan-
spruch. Es wird einfach angenommen, dass er sie schon nicht verhungern lässt. Und wenn er nicht zahlt? Und wenn er sie mit ihrer
ökonomischen Abhängigkeit erpresst? All das interessiert nicht.
Hauptsache, sie liegt dem Staat nicht auf der Tasche. Die Bedarfsgemeinschaft ist eine Kopfgeburt alternder Machos, die sich nicht vorstellen können, dass Menschen in anderen Arrangements zusammenleben als in der klassischen Kleinfamilie mit einem männlichen
Hauptverdiener und einer weiblichen Familienarbeiterin. Lebensfor-
men, die nicht in dieses Schema passen, werden passend gemacht.
Wer das Spiel nicht mitspielen will, gerät unter Betrugsverdacht.

Mit Kindern wird die Sache noch niederträchtiger. »Sollte ich mal
einen neuen Mann kennenlernen, der könnte mich nicht heiraten,

der müsste mich kaufen«, ätzt Andrea H., minijobbende Alg-II-Beziehein mit drei Töchtern. Der Preis für die vier Frauen: 1.159 Euro – der Bedarfssatz einer Alleinerziehenden mit drei Kindern. Diesen Betrag müsste der Mann allein zahlen, wenn er mehr als 1.600 bis 1.800 Euro im Monat plus Warmmiete verdient. Das ist das Nettoeinkommen, ab dem für zwei Erwachsene und drei Kinder kein Alg II mehr bezahlt wird. Die Armutsgrenze für eine fünfköpfige Familie beträgt 2.254 Euro im Monat.

Zwangsaufenthalt im Kinderzimmer

Auch Jugendliche in der Bedarfsgemeinschaft sollen Geld heranschaffen. Norbert Walter, der Chefvolkswirt der Deutschen Bank, findet das ganz in Ordnung: »Dann kann es sein, dass zwei oder drei Mitglieder einer Familie arbeiten müssen, damit es zum Leben reicht.« Jobben, um für den Führerschein zu sparen oder um einen Sommerurlaub zu finanzieren? Nichts da! Für Kinder gelten die gleichen Einkommensregeln wie für Erwachsene: 100 Euro bleiben anrechnungsfrei, der Rest geht abzüglich eines prozentualen Freibetrags vom Alg-II-Anspruch ab.

Andrea H.s Fallmanager plauderte eines Tages unvorsichtigerweise aus dem Nähkästchen: Man habe überlegt, alle jugendlichen Kinder von Alg-II-Beziehenden anzuschreiben und ihnen Nebenjobs wie das Zeitungaustragen nahezulegen, um die Familie zu unterstützen.

Der volljährige Alg-II-Nachwuchs wird zwangsweise im »Hotel Mama« festgehalten, nur »Härtefälle« sind ausgenommen. Langzeitarbeitslose bis zum 25. Lebensjahr dürfen nicht zu Hause ausziehen, um in einer eigenen Bude den vollen Satz zu beanspruchen. »Sie dürfen wählen. Sie dürfen Kredite aufnehmen. Sie dürfen mit 100 PS über Straßen rasen. Sie dürfen, nein sie müssen, notfalls Krieg führen. Nur aus dem heimischen Kinderzimmer ausziehen dürfen sie nicht – jedenfalls nicht, sofern sie arbeitslos sind«, kommentiert Vera Gaserow in der *Frankfurter Rundschau.*

In den ersten 15 Monaten nach In-Kraft-Treten des Hartz-IV-Gesetzes erhielten volljährige Kinder den Unterhaltssatz eines Erwachsenen. Das wurde der Bundesregierung zu teuer. Sie ließ den Betrag auf das Niveau von Jugendlichen drücken. Eltern sind nun wieder unterhaltspflichtig wie bei jüngeren Kindern auch. Das könnte dem Bürgerlichen Gesetzbuch widersprechen, nach dem ein Elternpaar zusammen einen Selbstbehalt von 2.000 Euro netto geltend machen kann, bevor es zahlen muss. Alg-II-BezieherInnen sind schon ab etwa 1.600 Euro dabei.[11]

Zwangsumzüge: Repressalien nach Quadratmetern

Junge Erwachsene dürfen nicht umziehen, andere werden dazu gezwungen. In einer Kleinstadt nördlich von Frankfurt am Main sollte ein Langzeitarbeitsloser mit seiner Familie umziehen, weil die Miete 50 Euro »zu teuer« war. Der Mann, der sich in der örtlichen Kirchengemeinde engagierte, erzählte dem Pfarrer vom drohenden Zwangsumzug. Dieser fackelte nicht lange und sagte: »Die 50 Euro übernehmen wir.« Als der Sachbearbeiter von dieser Lösung hörte, dachte auch er nicht lange nach: Er kürzte der Familie den Regelsatz um 50 Euro anderweitige Einnahmen. Umziehen müssen sie trotzdem.

»Leistungen für Unterkunft und Heizung werden in Höhe der tatsächlichen Aufwendungen erbracht, soweit diese angemessen sind«, steht im Sozialgesetzbuch II (SGB II). Was »angemessen« ist, hat der Gesetzgeber nicht festgelegt, wohl aber, dass »unangemessene« Kosten nur so lange zu übernehmen sind, bis der »Hilfebedürftige« oder die »Bedarfsgemeinschaft« ein Zimmer untervermietet hat oder in eine billigere Wohnung umgezogen ist, höchstens jedoch für sechs Monate.

Der Bund überlässt es den Kommunen zu entscheiden, was sie für angemessen halten. Die Konsequenz ist ein dichtes Gestrüpp unterschiedlicher Höchstgrenzen und Verfahrensweisen. Bei der Wohnungsgröße gibt es immerhin das Wohnraumförderungsgesetz als allgemein anerkannten Richtwert. Danach stehen einem Single 45 bis 50 Quadratmeter zu. Jede weitere Person kann zusätzlich zehn bis 15 Quadratmeter beanspruchen. Doch bei der zu akzeptierenden Miethöhe herrscht Wildwuchs.[12]

Wohnungsgröße, Miethöhe und Heizkosten müssen jeweils einzeln »angemessen« sein. Das hat teilweise groteske Folgen: Fritz K. lebt in einer sehr günstigen Wohnung, doch die Heizkosten hält die Kommune für unangemessen, und so hat sie die Zuwendung gekürzt. Fritz K. soll sich eine neue Bleibe mit geringeren Heizkosten suchen. Die wird er zwar finden, doch nur um den Preis einer höheren Miete. Die Kommune müsste mehr für seine Unterkunft zahlen als vorher. Auch Andrea H. und ihre drei Töchter sollen umziehen, weil ihre Wohnung zu groß ist. In einem akzeptablen Umkreis um die Schule der Mädchen würde sich zwar eine kleinere Wohnung finden, gewiss aber keine billigere. Die Gesamtmiete von Günter und Helga Z. wiederum ist zwar angemessen, weil die Wohnung recht klein ist. Hier liegt allerdings der Quadratmeterpreis zu hoch. Deswegen hat die Kommune die Unterstützung gekürzt. Den Zwangsumzug könnte das Paar nutzen, um sich – im Rahmen der akzeptierten Quadratmeterzahl – eine größere Wohnung zu suchen. Die Kommune müsste zunächst den Umzug und später höhere Unterbringungskosten zahlen.[13]

Was passiert, wenn Miete und Heizkosten unangemessen sind? Diese Frage spielt schon deswegen eine große Rolle, weil jeder und jede Arbeitslose nach einem Jahr mit einem Alg-II-Antrag konfrontiert ist. Viele haben vorher ganz gut verdient und leben in einer Wohnung, die nach den Alg-II-Maßstäben zu groß ist. Nach Schätzungen der »Kampagne gegen Zwangsumzüge« wohnen etwa 700.000 Alg-II-Haushalte mit ungefähr einer bis 1,2 Millionen Menschen »unangemessen«. Wie viele davon aus ihren Wohnungen vertrieben werden, weiß niemand. Die Kampagne befürchtet 300.000 bis 500.000 Zwangsumzüge und vermutet, dass viele Betroffene in vorauseilendem Gehorsam frühzeitig »freiwillig« umziehen.[14] Genaueres ist nicht bekannt, weil die Kommunen so gut wie keine Zahlen veröffentlichen.

Mancherorts wurden Ausnahmetatbestände für die Übernahme höherer Kosten definiert: etwa bei Älteren, bei Behinderten und Kranken, bei Schwangeren, bei Alleinerziehenden mit mehreren Kindern, wenn die Kinder die Schule oder Kita wechseln müssten oder wenn Menschen schon sehr lange in ihrer Wohnung wohnen. Andernorts haben Alg-II-BezieherInnen innerhalb definierter Bagatellgrenzen nichts zu befürchten. Doch das ist häufig nur Theorie. In der Praxis setzen sich viele übereifrige SachbearbeiterInnen über diese Vorgaben hinweg.

Auch wenn davon auszugehen ist, dass die Betroffenen bald wieder bezahlte Arbeit finden, wird eine Ausnahme gemacht. Bei allen anderen wird im Umkehrschluss unterstellt, dass ihre prekäre Situation von Dauer ist. Entlarvend ist die Praxis in Bremen. Dort gibt es eine zeitliche Staffel für Zwangsumzüge. Wer die Obergrenze um mehr als 30 Prozent überschreitet, hat sechs Monate Zeit zum Umzug. Bei 20 bis 30 Prozent zu hoher Miete wird eine Frist von einem Jahr zugestanden, bei zehn bis 20 Prozent sind es 18 Monate. Bei einer um weniger als zehn Prozent zu teuren Wohnung wird auf ein Ultimatum verzichtet.[15] Wer solche Fristen setzt, hat die Arbeitsmarktchancen seiner Klientel bereits abgeschrieben. Botschaft: Ihr seid Kostgänger und werdet es auch bleiben!

Kommunen lassen sich einiges einfallen, um die Betroffenen zu drangsalieren. Da soll sich eine Alg-II-Bezieherin jede Wohnungsbesichtigung bescheinigen lassen, um nachzuweisen, dass sie tatsächlich eine günstigere Bleibe sucht. Da soll ein Leidensgenosse, der seit 38 Jahren in der gleichen Wohnung lebt, wegen 97 Cent zu viel Miete umziehen. Da werden Schreiben mit der ultimativen Aufforderung zum Umzug verschickt, ohne Rechtsbelehrung oder weitere Informationen. Da wird den Kommunen Lörrach und Moers sowie in Landkreisen in Schleswig-Holstein, im Wendland und im Ortenaukreis »weitgehend rechtswidriger und extremer Umgang« mit den Unterkunftskosten bescheinigt.[16]

Geld lässt sich mit all diesen Schikanen in nennenswertem Umfang nicht sparen. Fachleute gehen davon aus, dass 2005 etwa 300.000 Alg-II-Haushalte im Schnitt 50 Euro »zu teuer« wohnten. Das summierte sich im Jahr auf 180 Millionen Euro bundesweit[17] – Umzugskosten nicht gegengerechnet. Insgesamt wurden 2005 für die Unterbringung über 12,25 Milliarden Euro gezahlt.[18] Das ist ein Spareffekt von nicht einmal 1,5 Prozent. Hier sollen Menschen weichgekocht werden.

Arbeiten für nichts

Hartz IV kann jeden treffen. Wer seinen Job verliert, dem bleiben zwölf Monate Galgenfrist, um mit mehr oder weniger Unterstützung der Arbeitsagentur einen neuen Job zu finden. Gelingt das nicht, zahlt die Agentur 10.000 Euro Aussteuerungsbetrag an den Bund und ist den »Kunden« los ans Jobcenter, das meist als Arbeitsgemeinschaft von bundesweiter Arbeits- und kommunaler Sozialverwaltung betrieben wird. 69 »Optionskommunen« haben die Vermittlung der Langzeitarbeitslosen versuchsweise ganz übernommen.

Im Jobcenter sollen sie eigentlich »gefördert und gefordert« werden. Gefordert wird vom ersten Tag an: das Ersparte, das Auto, die Wertsachen, die Wohnung – letztlich die Würde! Doch mit dem Fördern lassen sich die Behörden Zeit. Maybrit Illner ließ in einer Folge der Talkshow »Berlin Mitte« eine ganze Riege Langzeitarbeitsloser aufmarschieren, die nach sechs oder sieben Monaten Alg II immer noch kein Erstgespräch bei »ihrem« Fallmanager hatten, einige kannten nicht einmal den Namen der zuständigen Person. Einem Bericht des Bundesrechnungshofes vom Frühjahr 2006 zufolge hatte ein Drittel der Langzeitarbeitslosen nach siebeneinhalb Monaten noch kein Erstgespräch gehabt, bei dem doch – so die Theorie – eine Vermittlungsstrategie besprochen werden soll. Durchschnittlich warten sie drei Monate auf einen Termin. Die daraus resultierende Eingliederungsvereinbarung gibt es im Schnitt nach vier Monaten.[19] Vier von zehn Eingliederungsvereinbarungen werden nach Auffassung des Bundesrechnungshofes nicht »nachhaltig verfolgt«. Sprich: Sie stehen nur auf dem Papier.

In einer Befragung im Sommer 2005 machte die Stiftung Warentest ähnliche Erfahrungen. Zu bieten hatten die Ämter ohnehin wenig. Nur sieben Prozent derjenigen, die an der Umfrage teilgenommen und wieder einen Job gefunden hatten, schafften das mit Unterstützung des Jobcenters. Von 4.400 Befragten bekamen 470 einen Ein-Euro-Job angeboten, 399 reguläre Arbeit, 211 eine Trainingsmaßnahme, 126 eine Fortbildung oder Umschulung, 48 eine ABM-Stelle, zehn einen Sprachkurs und 109 andere Maßnahmen. Bei den unter 25-Jährigen sah die Situation noch desolater aus: Nur gut ein Drittel bekam überhaupt ein Angebot. Bei jedem zweiten war es nicht mehr als ein Ein-Euro-Job.[20] Die Hartz-IV-Bilanz der Bundesagentur bestätigt dieses Bild.

So wurden die Eingliederungshilfen 2006 aufgeteilt

Maßnahme	Anteil
Ein-Euro-Jobs	36,0 %
Arbeitsbeschaffungsmaßnahmen	12,3 %
Berufliche Weiterbildung	9,8 %
Eingliederungszuschüsse	8,2 %
Trainingsmaßnahmen	4,3 %
Vermittlungsgutscheine	1,7 %
Einstiegsgeld	1,7 %

Quelle: Bundesagentur für Arbeit: SGB II. Grundsicherung für Arbeitsuchende. Jahresbericht 2006

»Eingliederungsvereinbarung«, das klingt nach Vertrag mit wechsel-
seitigen Rechten und Pflichten. Lug und Trug! Denn der oder die
Arbeitslose hat nicht die Freiheit, »nein« zu sagen. Tut er das doch,
wird die Eingliederungsvereinbarung per Verwaltungsakt festgesetzt
und das Alg II um 30 Prozent gekürzt. Auch wer die Vereinbarung
nicht erfüllt, riskiert Kürzungen. Hält sich das Jobcenter nicht daran
oder braucht es zu lange, um überhaupt eine Eingliederungsvereinbarung abzuschließen, droht – nichts!

»Fördern« findet de facto nicht statt. Zwar ließ sich die Bundesagentur 2006 von Bonner Marktforschungsinstitut infas bestätigen, dass
sich die Betreuung und die Qualität der Dienstleistungen verbessert
habe. Doch PraktikerInnen sehen das anders. Statt sich um die Chancen von Langzeitarbeitslosen am Arbeitsmarkt zu kümmern, haben die
Arbeitsgemeinschaften Monate gebraucht, um sich zusammenzurau-
fen. Vielerorts klappt es noch immer mehr schlecht als recht.

Obendrein haben nur wenige Kommunen ihre sogenannten sozial-
integrativen Dienstleistungen, also Angebote zur Kinderbetreuung,
psychosoziale Unterstützung oder Schuldner- und Suchtberatung,
in die Arbeitsgemeinschaften eingebracht. Hilfe aus einer Hand?
Fehlanzeige! »Bis dato liegen keine auf Bundesebene/Länderebene
aggregierten Informationen über die Inanspruchnahme der sozial-
integrativen Leistungen vor«, heißt es lapidar in der Hartz-IV-Jahres-
bilanz 2006.[21]

Vom Nutzen der Überflüssigen

Die Ämter kommen ihrer Aufgabe nicht nach, Langzeitarbeitslose zu
fördern. Stattdessen werden diese mit den sogenannten Ein-Euro-
Jobs drangsaliert. Ex-Arbeitsminister Wolfgang Clement (SPD) hatte
sich das so schön ausgedacht: Mittels zusätzlicher Beschäftigungen
mit Mehraufwandsentschädigung sollten sich die der regulären
Arbeit entwöhnten Langzeitarbeitslosen wieder daran gewöhnen,
anzupacken. Ihr Selbstbewusstsein werde ihnen so auch gleich
zurückgegeben. »Dann kann ein Langzeitarbeitsloser, der unsere
Grünanlagen pflegt, immerhin sagen, er arbeite bei der Stadt«, freut
sich die Chefin einer Arbeitsagentur in Ostdeutschland: Arbeiten
fürs angeknackste Selbstbewusstsein statt für Geld.

Nach dem SGB II sind Ein-Euro-Jobs »Arbeitsgelegenheiten« für Alg-II-BezieherInnen, für die »eine angemessene Entschädigung für Mehraufwendungen zu zahlen« ist. Diese Jobs knüpfen an die »gemeinnützigen Arbeiten« an, die Sozialhilfebeziehenden früher in den Kommunen abverlangt werden konnten. Nach Angabe des Deutschen Städtetags gab es früher bis zu 390.000 dieser Zusatzjobs.[22] Der ehemalige Arbeitsminister Wolfgang Clement hatte 600.000 Ein-Euro-Jobs als Ziel ausgegeben. Tatsächlich trifft es regelmäßig rund 300.000 Langzeitarbeitslose. Als »angemessen« gelten ein bis zwei Euro pro Stunde. 30 Stunden pro Woche müssen die Alg-II-BezieherInnen diese Dienste leisten.

Gemeinnützig, zusätzlich, wettbewerbsneutral, so lauten die Kriterien für die Jobs. Weder sollen sie dazu missbraucht werden, reguläre Arbeit zu verdrängen, noch sollen Betriebe oder Verwaltungen mit Hilfe dieser Jobs einen Wettbewerbsvorteil erlangen. Das offizielle Ziel ist die Eingliederung in den Arbeitsmarkt. Deswegen soll mit jedem Langzeitarbeitslosen eine auf die individuelle Situation zugeschnittene Eingliederungsvereinbarung abgeschlossen werden, in der die vereinbarten Eingliederungshilfen festgehalten werden.

Die Realität sieht anders aus: Park- und Sportanlagen pflegen und instand halten; »Ortsdiener«, die im Stadtteil nach dem Rechten sehen, große Schäden melden und kleine selbst reparieren; Hausmeisterarbeiten, wissenschaftliche Arbeiten an der Uni; sortieren und katalogisieren im Museum; Pausenaufsicht auf dem Schulhof, Hausaufgabenbetreuung und Suche nach Schulschwänzern; Pflege, Betreuung und Beschäftigung für alte Leute im Pflegeheim oder für Kinder in der Kita; »Gästebetreuer« als erste Anlaufstelle auf dem Flughafen; unbewaffnete Patrouillen in Bussen und Bahnen. Es darf mit Fug und Recht bezweifelt werden, dass diese Jobs gemeinnützig, zusätzlich und wettbewerbsneutral sind. Was soll daran »gemeinnützig« sein, bei der hoch profitablen Fußball-WM der Männer hinter den feiernden Fans her zu putzen? Wie »wettbewerbsneutral« sind Gartenarbeiten im Park, die andernfalls an einen Landschaftsgärtner vergeben worden wären? Wie »zusätzlich« sind all die Tätigkeiten rund um Erziehung, Bildung und Betreuung von Kindern und Jugendlichen oder die Altenpflege? »Zusätzlich« heißt hier keinesfalls, dass diese Jobs nicht unbedingt gemacht werden müssten, »zusätzlich« heißt nur, dass die Kommunen und Träger kein Geld dafür ausgeben wollen.

Die Anbieter von Ein-Euro-Jobs mögen vielleicht Geld sparen. Volkswirtschaftlich sind diese Arbeitsdienste ein riesiges Verlustgeschäft, vor allem für die gesetzliche Rentenversicherung. Nach einer Modellrechnung des Bundesgesundheitsministeriums und der Deutschen Rentenversicherung mindern 100.000 Ein-Euro-Jobs die Renten um mindestens 0,3 Prozent. Denn die JobberInnen werden zwar als Erwerbstätige gezählt, um die Arbeitslosenstatistik schönzurechnen. Da sie jedoch fast nichts verdienen, drücken sie das statistische Durchschnittsentgelt, nach dem die Renten jedes Jahr angepasst werden.[23]

Zwar sollen die Jobcenter überprüfen, dass keine reguläre Arbeit einem Ein-Euro-Job zum Opfer fällt. Doch wie sollen sie das tun? Wie weit sollen sie zurückgehen: Vier Wochen? Drei Monate? Ein Jahr? Drei Jahre? Wie sollen sie den Zusammenhang zwischen der Schulpolitik eines Landes und dem Ein-Euro-Job als Pausenaufsicht herstellen? Und ganz prinzipiell: Der Staat beschäftigt einen Großteil der Ein-Euro-JobberInnen und soll zugleich deren Rechtmäßigkeit überprüfen. Da liegen Missbrauch und Kontrolle in einer Hand.

Der Bundesrechnungshof schätzt, dass etwa ein Viertel der Jobs gegen das Gesetz verstößt. In 50 Prozent der Fälle versage die Kontrolle.[24]

Ein-Euro-Jobs: Arbeitsrechtlich vogelfrei

Zum Beispiel die Werkstatt Frankfurt, die kommunale Beschäftigungsgesellschaft der Mainmetropole: Dort wurden in der Zeit vor Hartz IV Langzeitarbeitslose und Sozialhilfebeziehende auf der Basis von Arbeitsbeschaffungsmaßnahmen (ABM) oder »Arbeit statt Sozialhilfe« sozialversicherungspflichtig eingestellt und nach Tarif bezahlt. Ein bis zwei Jahre arbeiteten und qualifizierten sie sich in der Gärtnerei und den Grünbetrieben, auf dem Bau und in seinen Nebengewerben, im Catering, in der Näherei und im Recycling. Für die wenigsten stand zwar am Ende ein Job am ersten Arbeitsmarkt. Viele landeten nach einer Karenzzeit wieder bei der Werkstatt Frankfurt. Doch immerhin hatten sie dort einen regulären Job und erwarben einen zeitweiligen Anspruch auf Arbeitslosenunterstützung. Die Stadt Frankfurt sparte die Sozialhilfe.

Heute sind fast alle Angebote auf Ein-Euro-Jobs umgestellt, statt für ein bis zwei Jahre nur noch für sechs Monate, mit einer vagen Aussicht auf Verlängerung um drei Monate. Die Fahrer der Lkws, die den recyclingfähigen Schrott vom Sperrmüll einsammeln – früher ABM, heute Ein-Euro-Job. Die Leute, die alte Hausgeräte, Computer und Fernsehgeräte reparieren – früher ABM, heute Ein-Euro-Job. Die Gärtnerinnen, Näherinnen und Küchenhilfen – früher ABM, heute Ein-Euro-Job. Teilweise sind es die gleichen Leute, die früher als ABM-Kräfte ihren Lebensunterhalt verdienten und heute die gleichen Arbeiten erledigen, aber nur noch eine »Mehraufwandsentschädigung« von 1,50 Euro bekommen. Einziger Zusatznutzen: Sie werden qualifiziert, machen einen Gabelstapler- oder einen Kettensägenkurs, erhalten eine elektrotechnische Unterweisung oder lernen, mit der Nähmaschine umzugehen.

Doch selbst in der Verwaltung, in der Personalabteilung und in der EDV seien Ein-Euro-JobberInnen eingesetzt, wo früher regulär Beschäftigte arbeiteten, berichtet der Betriebsrat. Ein eindeutiger Missbrauch, wie die Beschäftigtenvertretung bemängelt.

In der Werkstatt Frankfurt verändert sich die Klientel. Früher arbeiteten dort Menschen, die nicht nur keinen Job fanden, sondern große persönliche Probleme hatten. Heute kann jeder nach einem Jahr Arbeitslosigkeit zu einem Ein-Euro-Job verdonnert werden. Was liegt für die Anbieter dieser Jobs näher, als der Versuchung nachzugeben, die noch recht frische Qualifikation der Langzeitarbeitslosen zu nutzen, fast nichts zu bezahlen und ein paar hundert Euro Zuschuss vom Jobcenter zu kassieren. Bis zu 500 Euro im Monat bekommen die Träger für jeden Ein-Euro-Job. Maximal 250 Euro gehen als »Mehraufwandsentschädigung« an die Jobberin oder den Jobber. Der Rest ist für den Verwaltungsaufwand oder für manche Träger eine nette kleine Subvention.

Da es sich bei den Ein-Euro-Jobs nicht um normale Arbeitsverhältnisse handelt, werden auch keine Arbeitsverträge, sondern Arbeitsvereinbarungen abgeschlossen. Das hat weitreichende Konsequenzen. Wer krank ist, bekommt keine Lohnfortzahlung, sondern weniger Entschädigung. Denn wer nicht arbeitet, der hat auch keinen »Mehraufwand«.

Wenn der Ein-Euro-Jobber Ärger mit dem Chef hat, eine Abmahnung bekommt oder er gar gefeuert wird, droht ihm die Kürzung des Alg II. An den Betriebsrat kann er sich aber nicht wenden, weil er ja gar nicht »richtig« beschäftigt ist. Will er sich gegen unberechtigte Maßregelung wehren, muss er das allein tun. Zwar haben Ein-Euro-JobberInnen Anspruch auf den gesetzlichen Urlaub und die Pausen. Auch die Arbeitssicherheits- und Arbeitsschutzbestimmungen gelten. Der Betriebsrat kann das allerdings nicht überprüfen, weil er die Interessen dieser Beschäftigtengruppen offiziell gar nicht vertritt. Der Versuch des Betriebsrats der Werkstatt Frankfurt, die Ein-Euro-JobberInnen an der Betriebsratswahl 2006 teilnehmen zu lassen, weil sie reguläre Arbeiten verrichten, endete in Zwangsversetzungen und Kündigungen von Mitgliedern des Wahlvorstands und des alten Betriebsrats und schließlich vor Gericht.[25]

Eigentlich waren Ein-Euro-Jobs als letztes Mittel für jene gedacht, die sonst gar keine Chance am Arbeitsmarkt haben. Inzwischen sind diese Jobs zum arbeitsmarktpolitischen Allheilmittel geworden. Mehr als ein Drittel aller Angebote zur Eingliederung sind Ein-Euro-Jobs, berufliche Weiterbildung und Training kommen zusammen nicht einmal auf 15 Prozent. Dieses Missverhältnis ist einfach zu erklären: Ein-Euro-Jobs sind billig. Sie kosten nur ein Bruchteil der Qualifizierungsmaßnahmen und sind mittlerweile vom Eingliederungsangebot zur zumutbaren Arbeit mutiert.

Endstation Null-Euro-Job

Alg-II-BezieherInnen müssen jede Arbeit annehmen, zu der sie körperlich, geistig und seelisch in der Lage sind. Dazu gehören nicht nur Mini-, sondern auch Ein-Euro-Jobs. Eine »qualifizierende Beschäftigung«, wie es in der Arbeitsvereinbarung der Werkstatt Frankfurt steht, ist damit nicht unbedingt gemeint. Worum es geht, sagt der Vize-Chef des Instituts für Arbeitsmarkt und Berufsforschung in Nürnberg, Ulrich Walwei: »Entscheidend ist der Kontrolleffekt der Verfügbarkeit.«[26] Doch warum sollten Langzeitarbeitslose unter Beweis stellen, dass sie verfügbar sind, wenn es keine Arbeitsplätze gibt? Die Antwort auf diese Frage dürfte erst richtig interessant werden, wenn erste Erfahrungen mit einer neuen Daumenschraube aus dem Hartz-IV-Fortentwicklungsgesetz vorliegen: Lehnen Alg-II-BezieherInnen drei

Jobangebote ab, wird ihnen die Unterstützung gestrichen. Doch wie soll man etwas dreimal ablehnen, was es gar nicht gibt?

Ein-Euro-Jobs – nichts anderes als ein moderner Arbeitsdienst. Das bestätigt der Fraktionschef der CDU/CSU im Bundestag, Volker Kauder, in dankenswerter Offenheit. Es dürfe nicht der Eindruck entstehen, in Deutschland bekomme man als Arbeitsfähiger eine Grundsicherung und könne den ganzen Tag im Bett liegen bleiben. Jeder, der Leistungen nach Hartz IV erhalte, müsse etwas tun für die Gesellschaft. »Die Notwendigkeit, den einen Euro zu zahlen, sehe ich nicht in jedem Fall.«[27] So ist es also: Jene, die Alg II beantragen, weil sie keine Arbeit haben, sollen arbeiten, um Alg II zu bekommen. Oder: Wer essen will, soll arbeiten!

Im Grundgesetz heißt es: »Niemand darf zu einer bestimmten Arbeit gezwungen werden, außer im Rahmen einer herkömmlichen allgemeinen, für alle gleichen öffentlichen Dienstleistungspflicht. Zwangsarbeit ist nur bei einer gerichtlich angeordneten Freiheitsentziehung zulässig.« (Artikel 12, Abs. 2 und 3)

Auf die Frage, ob er bereit wäre, für null Euro zu arbeiten, verweigert Kauder, der als Fraktionschef im Bundestag die doppelte Abgeordnetendiät (monatlich 14.018 Euro) kassiert, die Antwort. Lieber moralisiert er, dass eine Friseurin im Erzgebirge sich mit drei bis vier Euro pro Stunde begnügen müsse, während ein Alg-II-Bezieher seine Unterstützung bekomme, ohne etwas dafür zu tun. Für »ungerecht« hält der CDU-Mann nicht etwa die unmoralisch niedrigen Stundenlöhne, sondern eine Sozialleistung für Menschen, die keine bezahlte Arbeit finden. Die fehlenden Arbeitsplätze geraten völlig aus dem Blick: Wer erwerbsfähig ist, soll gefälligst etwas schaffen, sonst ist er ein Schmarotzer.

Arbeitslos oder arbeitsscheu

Gerne rechnen Leute, die das Alg II noch weiter senken wollen, vor, dass Menschen im Niedriglohnsektor weniger verdienen, als sie an Stütze bekommen würden. Die Rechnungen sind zwar falsch, weil sie meist die Transferleistungen für Erwerbstätige unterschlagen, vor allem das Kindergeld, das vom Alg-II-Anspruch abgezogen wird, und den Kinderzuschlag für Geringverdienende. Doch den Falschrechnern kommt es nur auf die Botschaft an: Wer nicht arbeitet, ist ein Schmarotzer!

Eine seriöse Berechnung, wie viel jemand verdienen muss, um über dem Alg-II-Regelsatz zu liegen, hat die Arbeitnehmerkammer Bremen vorgelegt. In den alten Bundesländern muss ein Single 1.314 Euro brutto nach Hause bringen. Das entspricht 8,64 Euro Stundenlohn bei einer 35-Stunden-Woche und 7,60 Euro bei 40 Stunden. In den neuen Ländern reichen 1.183 Euro, also 7,78 Euro bei 35 Stunden und 6,84 Euro bei 40 Stunden.[28]

Arbeit bringt mehr als Alg II

	West	Ost
Single	1.314	1.183
Ehepaar	1.701	1.600
mit 1 Kind*	1.723 – 2.040	1.619 – 1.892
mit 2 Kindern	1.695	1.603
mit 3 Kindern	1.688	1.586
Paar	2.081	1.921
mit 1 Kind*	2.095 – 2.522	1.935 – 2.320
mit 2 Kindern	2.039 – 2.890	1.898 – 2.668
mit 3 Kindern	2.029 – 3.314	1.873
Alleinerziehend		
mit 1 Kind*	1.610 – 1.823	1.422 – 1.673
mit 2 Kindern*	1.209 – 2.282	1.180 – 2.094

* je nach Alter; Angaben in Euro
Quelle: Steffen, Arbeitnehmerkammer Bremen, 2006

Nebenbei gesagt verdient sogar ein Strafgefangener mit seiner Arbeit im Knast mehr als ein Ein-Euro-Jobber. Da könnte so mancher auf die Idee kommen …

Es scheint, als stünden Alg-II-BezieherInnen ohnehin mit einem Fuß im Knast. Hessens Justizminister Christean Wagner will Langzeitarbeitslose mit elektronischen Fußfesseln überwachen. Die Fesseln hätten sich als Alternative zum Gefängnis bewährt und böten auch Langzeitarbeitslosen die Chance, zu einem geregelten Tagesablauf zurückzukehren.[29] Der Abgeordnete Stefan Müller (CSU), arbeitsmarktpolitischer Obmann der Union im Bundestag, verlangt einen Zwangsdienst für Langzeitarbeitslose. Sie sollten sich jeden Tag beim Amt melden und sich eine »gemeinnützige Arbeit« zuweisen lassen, im Idealfall 40 Stunden pro Woche. Wer sich weigere oder nicht erscheine, müsse mit empfindlichen finanziellen Einbußen rechnen.[30] Die SPD in Frankfurt am Main forderte Uniformen für Ein-Euro-JobberInnen. Die große Koalition führte eine Art Rasterfahndung – einen umfassenden Datenabgleich – nach Alg-II-Missbrauch ein. Wer Alg II bezieht, ist per se verdächtig. Der grundgesetzlich garantierte Datenschutz gilt nicht!

Bei der Jagd auf Arbeitslose ist jegliches Tabu gefallen. Mit erschreckender Aggression keilen PolitikerInnen vor allem aus der großen Koalition gegen den letzten Rest Würde der Langzeitarbeitslosen. Auf Rügen mussten Ein-Euro-Jobber an Vogelgrippe verendete Tiere einsammeln, weil sich sonst niemand fand, den gefährlichen Job zu übernehmen.[31] Martin Kayenburg, der CDU-Fraktionschef in Schleswig-Holstein, will Langzeitarbeitlose verdreckte Bushaltestellen, Straßenlampen und Lichtreflektoren säubern lassen. Sein Parteifreund Hendrik Wüst ließ sich davon inspirieren und überlegte: »Warum sollen Arbeitslose nicht Spielplätze sauber machen, die häufig mit Hundekot, Glasscherben und Drogenspritzen verschmutzt sind?«[32] Dass Ex-Verteidigungsminister Peter Struck vorschlug, sie als »Schauspieler« beim Truppentraining der Bundeswehr einzusetzen, weil sie billiger seien als Soldaten, nimmt sich da fast noch harmlos aus.[33]

Die Hatz auf die vermeintlich arbeitsscheuen und betrügerischen Langzeitarbeitslosen eröffnete Wolfgang Clement (SPD) kurz vor seinem Abgang als Bundesarbeitsminister im Sommer 2005. In einem »Report« genannten Pamphlet beschreibt ein vom Wirtschafts- und Arbeitsministerium engagierter Journalist in schmierigem Boulevard-Stil unter dem Titel »Vorrang für die Anständigen – gegen Missbrauch, ›Abzocke‹ und Selbstbedienung im Sozialstaat« angebliche oder tatsächliche Fälle von Betrügereien. Unabhängige Organisationen, die Menschen beim Alg II beraten, wurden wegen Beihilfe zum Betrug an den Pranger gestellt. Nachprüfbare Belege für die Vorwürfe enthält das Papier nicht. Dennoch polemisierte Clement in gedankenlosem Nazi-Deutsch gegen »Parasiten«, behauptete, die Arbeitslosigkeit sei um mindestens zehn Prozent überzeichnet, und verwies auf Stichproben und Anrufaktionen der Bundesagentur für Arbeit. Mehr als 280.000 »angebliche Langzeitarbeitslose« bezögen zu Unrecht Alg II.[34]

Deswegen wollte Clement Arbeitsagenturen und Kommunen so ausstatten, dass sie bei Verdacht auf Missbrauch auch Hausbesuche machen können. – Während Tausende der angeblichen BetrügerInnen monatelang auf ein Gespräch mit »ihrem« völlig überlasteten Fallmanager warten. Freistellungsaufträge für Zinserträge und verschwiegene Konten im Ausland sollten aufgespürt und die Einkommen selbstständiger Alg-II-BezieherInnen überprüft werden. »Gelegentlich liegt der Verdacht nahe, dass Einkommen aus selbstständiger Tätigkeit bewusst niedriggerechnet wird, um als hilfebedürftig zu gelten«, wetterte Clement.[35] Mal abgesehen von dem unverfroren formulierten Generalverdacht: Wie wäre es, wenn mit gleicher Energie gegen jene vorgegangen würde, die ihr Einkommen kleinrechnen und Geld ins Ausland schaffen, um weniger Steuern zu zahlen?

Clement macht längst seine politischen Kontakte und sein Insiderwissen (missbräuchlich?) zu Geld und verdient sich in diversen Aufsichtsräten eine goldene Nase. Doch die Missbrauchsdebatte geht mit unverminderter Aggressivität weiter. »Alltägliche Selbstbedienung« titelte das Nachrichtenmagazin *Der Spiegel* im Oktober 2005 und verstieg sich zu der Behauptung, Hartz IV lade zum Missbrauch geradezu ein. Clements Nachfolger und Genosse Franz Müntefering warnte: »Dass Leute rumtricksen, kann man nicht akzeptieren.«[36] Roland Koch, Hessens Ministerpräsident und christdemokratischer Wadenbeißer, monierte, Arbeitslose nutzten ihre Familie faktisch als Schutzschild gegen Leistungskürzungen.[37] Und der frühere Chef der CDU-Mittelstandsvereinigung, Peter Raven, forderte härtere Strafen für Langzeitarbeitslose, »die bei guter Gesundheit Arbeit ablehnen«. »Es kann nicht sein, dass sich Leute auf den Knochen anderer Leute ausruhen.«[38]

Die Unterstellungen gehen in zwei Richtungen. Zum einen würden sich Menschen missbräuchlich zu hohe Leistungen erschleichen, zum anderen seien viele BezieherInnen von Alg II zwar arbeitsfähig, jedoch nicht arbeitswillig. Deswegen sind Ein-Euro-Jobs atemberaubend schnell vom Integrationsinstrument zur Knute mutiert, mit der Faulenzern Mores gelehrt werden soll. Auch das berühmt-berüchtigte

Spargelstechen spielt in diesem Schmierentheater eine wichtige Rolle. Mit kaum verhohlener Häme stellten PolitikerInnen und einige Medien am Anfang der Saison 2006 fest, dass immer mehr deutsche Langzeitarbeitslose auf den Spargelfeldern malochen müssten. – Na also, geht doch!

Missbrauch oder Schlamperei?

Den menschenverachtenden Stigmata fehlt jede reale Basis. Zwar meldete die Bundesagentur für Arbeit nach einem Datenabgleich mit der Rentenversicherung fünf Prozent »Missbrauch«. Doch handelte es sich dabei nur um Fälle, bei denen nicht nur die BA, sondern auch ein Arbeitgeber reguläre Rentenbeiträge abgeführt hatte.[39] – Missbrauch? Fehler im Jobcenter oder Unkenntnis über die Regelungen beim ergänzenden Alg II? Die errechneten fünf Prozent bewegen sich übrigens im Rahmen dessen, was es auch vor der Hartz-Reform gegeben hatte. Das räumt die BA selbst ein. Für das erste Quartal 2006 gibt die Nürnberger Behörde an, dass 26 Millionen Euro zu viel gezahlt worden seien. Das sind nicht mehr als 0,4 Prozent der Gesamtsumme. Dahinter stehe nicht automatisch Missbrauch, erklärte ein BA-Sprecher. Vielmehr seien neu angetretene Stellen oder zusätzliche Einkünfte zu spät gemeldet worden.[40]

Jeder Fehler, jede Falschberechnung wird sofort als Missbrauch der Empfängerin oder dem Empfänger untergeschoben. Dass das Jobcenter sich verrechnet oder AntragstellerInnen nicht genügend aufgeklärt haben könnte, kommt in dieser Denke nicht vor, dürfte aber angesichts 16-seitiger Anträge und eines überproportionalen Anteils von Migranten und Geringqualifizierten eine große Rolle spielen. So wie etwa bei jenem ungelernten Arbeiter aus Serbien, der über einem Alg-II-Antrag brütete und, nach dem Verdienst seiner Frau gefragt, gar nicht daran dachte, dass dies von Bedeutung sei. Er wolle ja nur für sich Alg II haben. Seine Frau muss jetzt gut 6.000 Euro »zu viel« bezahlte Stütze in monatlichen 50-Euro-Raten zurückerstatten. Ist das Missbrauch oder Schlamperei des zuständigen Sachbearbeiters?

Die Fehler der Jobcenter werden in den Medien nicht annähernd so groß aufgebauscht wie der vermeintliche Missbrauch. Dabei geht die Nationale Armutskonferenz davon aus, dass bis zu 90 Prozent der

Leistungsberechnungen falsch sind. Jede dritte Klage vor den Sozialgerichten gegen Alg-II-Bescheide ist erfolgreich.

Aber diese Fakten passen nicht in den politischen Grundtenor. Noch im Herbst 2005 hatte der stellvertretende Vorsitzende und Arbeitgebervertreter im Verwaltungsrat der BA, Peter Clever, von einer Missbrauchsquote »von sicherlich über zehn Prozent« gesprochen.[41] Clever rechnete folgendermaßen: In einer Telefonaktion riefen BA-MitarbeiterInnen bei 390.000 Alg-II-EmpfängerInnen an. 170.000 waren »trotz mehrmaliger Anrufe kein einziges Mal erreichbar«. 43.000 hätten die freiwillige Befragung abgelehnt. Bei sieben Prozent der tatsächlich Befragten stellte sich heraus, dass sie gar nicht arbeitslos waren und sich »teils in betrügerischer Absicht« nicht gemeldet hätten, teils schlicht vergessen hätten, eine angetretene Stelle zu melden. Bei 32.000 müsse weitergeforscht werden.

Clever biegt sich die Zahlen zurecht. Bezogen auf die Gesamtzahl der in der Aktion Erfassten machen die aufgedeckten Missbrauchsfälle nicht sieben, sondern knapp 3,2 Prozent aus. In einer Statistikklausur wäre der Arbeitgeber-Mann wegen seines laxen Umgangs mit den Tatsachen glatt durchgefallen. Bei den 170.000, die nicht erreicht wurden, unterstellt Clever wohl, dass sie sich nach Florida abgesetzt oder schon am Klingeln gehört haben, wer da anruft. Bei denen, die sich an der – immerhin freiwilligen – Befragung nicht beteiligen wollten, geht er davon aus, dass sie etwas zu verbergen haben. Verwunderlich ist indes eher, dass nicht noch mehr abgelehnt haben. Stellen Sie sich vor, jemand ruft an, behauptet, er sei von der Bundesagentur für Arbeit, und fragt Sie über Ihre Einkommensverhältnisse aus. Würden Sie das mit sich machen lassen?

Doch die Missbrauchsdebatte geht weiter. Schließlich soll vom Misserfolg der Hartz-Reformen – gemessen am proklamierten Ziel – abgelenkt und weiter Druck auf die Einkommen ausgeübt werden.

SPD-Chef Kurt Beck führte den Begriff »Anstand« in die an verlogenen Facetten ohnehin schon reiche Diskussion ein und knüpfte damit an seinen Vorvorgänger an. Man müsse nicht alles herausholen, was gehe, predigte der Sozialdemokrat. Im September 2004 hatte Gerhard Schröder moralisiert: »Es gibt in Ost wie West eine Mentalität bis weit in die Mittelschicht hinein, dass man staatliche Leistungen mitnimmt, wo man sie kriegen kann, auch wenn es eigentlich ein ausreichendes Arbeitseinkommen in der Familie gibt.«[42] Die Botschaft ist an Zynismus kaum zu überbieten: Du hast zwar rechtliche und soziale Ansprüche. Aber wenn du sie einforderst, bist du unanständig. Deutlicher lässt sich kaum noch ausdrücken, dass »Sozialstaat« bezogen auf Alg II nur noch Etikettenschwindel ist.

Am anderen Ende des Missbrauchs geht es erheblich höflicher und nachsichtiger zu, obwohl dort nach Schätzungen der Deutschen Steuergewerkschaft Milliardenbeträge im oberen zweistelligen Bereich zu holen wären. Noch zu Zeiten des ehemaligen Finanzministers Hans Eichel sollte ein Amnestiegesetz die Steuerflüchtlinge zur Rückkehr auf den Pfad der Tugend bewegen. Gebracht hat das fast nichts. Das bescheidene »Bitte bitte« des deutschen Kassenwarts ließ die Abzocker kalt. Ihr Geld vermehrt sich weiter in schattigen Steueroasen und im globalen Spielkasino der internationalen Finanzmärkte.

Hingegen ließ die jüngste Kontrolle der Umsatzsteuerzahlungen die Kassen klingeln: Über 14 Milliarden Euro zusätzlich konnte sich der Fiskus freuen. Angesichts dessen nimmt sich die Milliarde Ersparnis, die sich die Bundesregierung durch das Hartz-IV-Fortentwicklungsgesetz erhofft, ziemlich bescheiden aus. Die Investition in zusätzliche BetriebsprüferInnen und SteuerfahnderInnen brächte ein Vielfaches dessen, was sich durch Kampagnen gegen vermeintliche Sozialschmarotzer holen lässt. Diese Erkenntnis ist Arbeitgeberpräsident Dieter Hundt natürlich unangenehm. Deswegen entgegnete er auf die Frage, ob die Politik da nicht die falschen Prioritäten setze, man dürfe einen Missbrauch nicht durch einen anderen rechtfertigen.[43] Wir haben keine andere Antwort erwartet.

Ob eine Milliarde Euro Ersparnis viel oder wenig ist, hängt von der Interessenlage ab: Während die große Koalition der Meinung ist, dieser Betrag rechtfertige neue Zumutungen für Alg-II-BezieherInnen im Hartz-IV-Fortentwicklungsgesetz, prognostizierte der SPD-Finanzexperte Joachim Poß »maximalen Ärger bei minimalem Ertrag«, als darüber diskutiert wurde, das Ehegatten- durch ein Familiensplitting zu ersetzen, um eine Milliarde einzusparen.[44] – Der Mann fürchtet wohl um seine Steuerprivilegien.

Gefühlte Kostenexplosion

Die Hatz auf die vermeintlichen Hartz-BetrügerInnen und unanständigen SchläferInnen in der sozialen Hängematte wird begründet mit dem angeblich unvorhersehbaren Anstieg der Kosten. Eine Kostenexplosion befürchtet der Deutsche Städtetag. Ein »Milliardenloch bei Arbeitslosengeld II« will *Spiegel Online* entdeckt haben. CDU/CSU-Fraktionschef Volker Kauder meckert: »Hartz IV läuft aus dem Ruder«.[45] Doch auch hier lässt sich ein ähnlich laxer Umgang mit der Wahrheit beobachten wie beim »Missbrauch«. Jeder pickt sich die Zahlen heraus, die ihm gerade passen, und frisiert sie sich zurecht.

Kauder behauptet, die Ausgaben für Hartz IV seien wesentlich höher als früher bei der Arbeitslosen- und Sozialhilfe. Im Jahr 2004 zahlten Bund und Kommunen zusammen 38,6 Milliarden Euro. Ein Jahr später waren es 44,4 Milliarden. Der Anstieg um gut 13 Prozent bietet sich zum argumentativen Totschlag geradezu an. Fakt ist jedoch, dass die Kosten auch ohne Hartz-Reform gestiegen wären, und zwar auf geschätzte 43,5 Milliarden. Bleibt eine Steigerung von nur noch gut zwei Prozent übrig. Und die liegt ausschließlich in den von 2,5 auf 3,5 Milliarden Euro gestiegenen Verwaltungskosten begründet.[46] Von Kostenexplosion keine Spur.

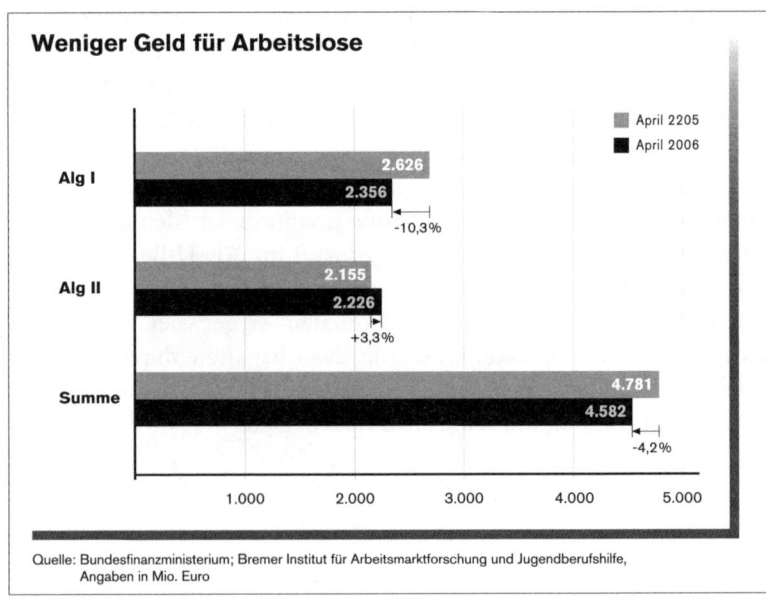

Weniger Geld für Arbeitslose

April 2205
April 2006

Alg I: 2.626 / 2.356 / -10,3%

Alg II: 2.155 / 2.226 / +3,3%

Summe: 4.781 / 4.582 / -4,2%

Quelle: Bundesfinanzministerium; Bremer Institut für Arbeitsmarktforschung und Jugendberufshilfe, Angaben in Mio. Euro

Im Gegenteil: Die Bundesagentur für Arbeit (BA) gibt sogar weniger für Arbeitslose aus als zuvor. Das beitragsfinanzierte Arbeitslosengeld I ist vom April 2005 bis April 2006 um 10,3 Prozent gesunken, die Ausgaben für Alg II stiegen im gleichen Zeitraum um 3,3 Prozent. Per saldo hat die Bundesagentur 4,2 Prozent weniger ausgezahlt als ein Jahr zuvor.[47] Diese Entwicklung hat sich weiter fortgesetzt: Die BA spart beim Alg I, die Ausgaben für Alg II verharren auf hohen Niveau.

Die Verlagerung ist auch eine Konsequenz der Nürnberger Geschäftspolitik. Weil es für die Bundesagentur für Arbeit (BA) inzwischen wichtiger ist, einen ausgeglichenen Haushalt vorzulegen und die Bundes-zuschüsse zu reduzieren, als eine effektive Arbeitsmarktpolitik zu entwickeln, kümmern sich die Arbeitsagenturen nur noch um die Vermittlung der »teuren« Alg-I-EmpfängerInnen. Die »billigen« Langzeitarbeitslosen haben das Nachsehen. Die Einteilung der Arbeitslosen in »Marktkunden«, die nach BA-Einschätzung weitgehend allein einen Job finden, »Beratungskunden«, die Unterstützung bei der Suche brauchen, und »Betreuungskunden«, die selbst mit Förderung keine großen Jobaussichten haben, hat sogar der Bundesrechnungshof bemängelt. »Das Abdrängen arbeitswilliger Arbeitssuchender aus dem Erwerbsleben ist mit dem sozialpolitischen Auftrag der Bundesagentur nicht vereinbar.«[48] Die Kritik ist nur zu berechtigt. Langzeitarbeitslosigkeit bleibt hoch. Von dem Rückgang der Arbeitslosigkeit bis zur Jahresmitte 2007 haben fast ausschließlich jene profitiert, die kürzer als zwölf Monate ohne Job sind.

Ein Teil des Geschreis wegen der angeblichen Kostenexplosion lässt sich auch mit der Hoffnung begründen, die Ideen des Peter Hartz würden die Arbeitslosigkeit tatsächlich dauerhaft senken. So hatte der damalige Bundesfinanzminister Hans Eichel gerade mal 14,6 Milliarden Euro für die Unterhaltskosten beim Alg II in den Haushalt eingestellt, obwohl allein die Arbeitslosenhilfe 2004 mit 18,8 Milliarden zu Buche geschlagen hatte und zu erwarten war, dass mit Hartz IV viele bisherige SozialhilfebezieherInnen ins Alg II wechseln würden. War das Naivität, ein Griff in die Trickkiste, um den Haushalt schönzurechnen, oder Kalkül, um bei Bedarf eine Kosten- und Missbrauchsdebatte anzetteln zu können?

Die Überflüssigen

Neue Unterschicht, neues Proletariat, abgehängtes Prekariat oder einfach »die Überflüssigen«! Unter diesen Begriffen diskutieren SozialwissenschaftlerInnen die gesellschaftliche Entwicklung, für die Hartz IV das Symbol ist. Ein Teil der Bevölkerung ist weitgehend deklassiert und ausgegrenzt, der Aufstieg in eine gesicherte Existenz erscheint fast unmöglich. Aus dem Teufelskreis von Niedriglohn, Arbeitslosigkeit und Armut gibt es kaum ein Entrinnen. Das ist mittlerweile auch statistisch nachweisbar. Ausgrenzung und Polarisierung sind strukturell verfestigt. Doch droht diese Perspektive keineswegs jedem. Für die Mittelschichten dient Hartz IV als Drohkulisse gegen allzu große sozial- und einkommenspolitische Begehrlichkeiten. Für jene, die unterhalb der Mitte leben, ist Hartz IV jedoch bittere Realität und düstere Zukunft. Arbeiterfamilien – vor allem jene ohne deutschen Pass – gehören zu der Kerngruppe dieses neuen Proletariats.

Die Funktion von Hartz IV ist es, das Existenzrecht derjenigen zu regeln, die in unserer Wirtschaftsordnung für überflüssig erklärt sind. Verhungern lassen kann man sie nicht. Aber mehr als unbedingt notwendig sollen sie auch nicht kosten. Für wie wenig die Überlebenssicherung der Überflüssigen zu haben ist, wird derzeit ausgetestet. Es steht zu befürchten, dass die 347 Euro Alg II noch nicht die Untergrenze markieren. Die Wirtschaftsweisen haben bereits vorgeschlagen, den Satz um 30 Prozent zu senken – das wären 242,90 Euro pro Monat.

Steuerpolitik: Reich wird reicher

Friedrich Merz hasst Steuererklärungen. Am liebsten würde er sie auf einen Bierdeckel kritzeln. Und weil er die Idee so originell fand, bastelte er 2003 ein ganzes Steuerkonzept drumherum. Einfacher sollte es sein und gerechter. Und niedrigere Steuern sollte es auch bringen. Der Plan ist allzu durchsichtig: Der Bundestagsabgeordnete und wirtschaftsliberale Vormann der CDU will Steuern sparen, ohne dass der Fiskus ihm in die Karten schauen darf. Schließlich sagen Insider ihm nach, er verdiene mit seinen Nebenjobs rund zwei Millionen Euro pro Jahr und damit das 25-Fache seiner Abgeordnetendiät.

Merz' Bierdeckelkonzept setzte sich in der großen Koalition nicht durch. Doch der Mann traf den Zeitgeist. Und der heißt Steuervereinfachung, das steuerpolitische Dogma des Neoliberalismus. Das Argumentationsmuster ist so eingängig wie irreführend: Im Gestrüpp der Freibeträge, Abschreibungsmöglichkeiten und Ausnahmeregelungen bleibe die Steuergerechtigkeit hängen. Nur wer alle Tricks im Steuerrecht kenne und ausnutze, könne Steuern sparen, die andern müssten zahlen. Deswegen müsse das Steuerrecht vereinfacht werden. Das sei gerechter und lasse die Steuern für alle sinken. Dennoch stiegen die Einnahmen des Staates, weil die Glücksritter sich nicht mehr drücken könnten. Mehr Steuereinnahmen durch niedrigere Steuern, so die wundersame Verheißung!

Die steuerpolitischen Entscheidungen der großen Koalition im Jahr 2006 sind von diesem Geist beseelt. Das Steueränderungsgesetz 2007 solle das Steueraufkommen stabilisieren, das Steuerrecht vereinfachen und das Streitpotenzial im Verwaltungsvollzug verringern, ließ Bundesfinanzminister Peer Steinbrück (SPD) wissen.[1] Doch wollten die Änderungen so gar nicht zu diesen hehren Zielen passen. »Pendler und Sparer zahlen drauf«, titelte die *Frankfurter Rundschau.* »Die Arbeitnehmer sind die Dummen«, wusste der *Stern.* Selbst das *Manager Magazin Online* konnte nicht umhin festzustellen, »wer die Steuermilliarden zahlen soll«– die Normalverdienenden nämlich. Die Pendlerpauschale von 30 Cent gibt es nur noch ab dem 21. Kilometer. Sparpotenzial angeblich 2,5 Milliarden Euro. Der Sparerfreibetrag wurde fast halbiert auf 750 Euro für Ledige und 1.500 Euro für Verheiratete. Bei einem Zinssatz von 2,5 Prozent werden damit ab etwa 30.000 Euro Spareinlage Steuern fällig. Wenn die Zinsen steigen, sinkt der Grenzbetrag. 750 Millionen Euro erhofft sich Steinbrück daraus. Wer das häusliche Arbeitszimmer von der Steuer absetzen will, muss dort seinen beruflichen Mittelpunkt haben. LehrerInnen, viele Telearbeitende und AußendienstlerInnen gehen leer aus – 300 Millionen Euro. Kindergeld gibt es generell nur noch bis zum 25. Lebensjahr. Noch mal 534 Millionen.[2] Alles in allem summiert sich die Schröpfkur auf über 4,5 Milliarden Euro. Bereits zum Jahresbeginn 2006 waren die Eigenheimzulage, die steuerliche Abzugsfähigkeit für die private Steuerberatung und die Steuerbefreiung von Abfindungen dem Rotstift zum Opfer gefallen. Noch einmal zwei Milliarden weg.

Lediglich mit der sogenannten Reichensteuer holt sich die Regierung auch am anderen Ende der Einkommensskala einen Obolus. Die Reichensteuer ist eine Erfindung der SPD. Dahinter versteckt sich das verschämte Eingeständnis, dass die bereits von Rot-Grün beschlossene Senkung des Spitzensteuersatzes in mehreren Schritten von 53 auf 42 Prozent und der Wortbruch bei der Vermögensteuer die Schönen und Reichen noch weiter von ihrer materiellen Verantwortung fürs Gemeinwesen entlastet hat, als das dem »S« im Parteinamen gut tat. Nun sollen Ledige ab 250.000 Euro Jahreseinkommen und Verheiratete ab 500.000 Euro einen Zuschlag von drei Prozent auf den Spitzensteuersatz zahlen. Da aber – angeblich aus verfassungsrechtlichen Gründen – Einkommen aus Gewerbe, Gewinnen und selbstständiger Arbeit ausgenommen sind, bleibt der Aufschlag zunächst nicht mehr als ein 127 Millionen Euro leichtes Symbol, eine »Beruhigungspille für den Volkszorn«, wie es die *Frankfurter Rundschau* nannte. Erst mit der Unternehmenssteuerreform 2008 sollen alle Einkommen einbezogen werden, suchte der Finanzminister das Publikum im Sommer 2006 zu beruhigen.

Mehrwertsteuer trifft die Kleinen

Der dickste Posten im Umverteilungspaket der großen Koalition ist die Mehrwertsteuererhöhung von 16 auf 19 Prozent. Wer erinnert sich nicht:»Merkelsteuer. Das wird teuer. Nein zur Erhöhung der

Mehrwertsteuer«, hatte die SPD im Bundestagswahlkampf 2005 plakatiert. Die CDU/CSU wollte schon damals einen zweiprozentigen Aufschlag. Als sich die Sozialdemokratie in den Koalitionsverhandlungen auf drei Prozent festnageln ließ, höhnte die Opposition: »Zwei plus null gleich drei.«

Die Mehrwertsteuer belastet den Konsum. Das trifft alle gleich, könnte man meinen. Doch je nachdem, wie viel Geld jemand im Portemonnaie hat, schlägt sich die durch die Mehrwertsteuer verursachte Preiserhöhung unterschiedlich stark aufs Budget nieder. Jene, die ihr ganzes frei verfügbares Einkommen ins tägliche Leben stecken müssen, trifft die Steuer härter als Menschen mit viel Geld und hoher Sparquote. Je weniger Geld, desto gravierender die Auswirkungen. Zwar wird der verminderte Satz von sieben Prozent auf Lebensmittel und Druckerzeugnisse nicht erhöht. Zwar bleiben private Mieten und medizinische Dienstleistungen frei von Mehrwertsteuer. Auch zeigte sich, dass der Einzelhandel die Steuererhöhung nicht voll auf die Preise aufschlagen konnte. Lediglich Autos und Motorräder verteuerten sich zum Jahreswechsel im erwarteten Umfang. Gleichzeitig wurden Heizöl und Sprit billiger, so dass die Mehrwertsteuer weniger stark zu Buche schlug als befürchtet. Doch während das Statistische Bundesamt für Januar 2007 eine Teuerung von 1,6 Prozent im Vergleich zum Januar 2006 meldete, stiegen die Tarifgehälter im gleichen Jahr nur um 1,2 Prozent. Viele Menschen hatten also erneut weniger im Portemonnaie als ein Jahr zuvor.[3]

Im Gegenzug senkte die Bundesregierung zwar den Beitrag zur Arbeitslosenversicherung. Doch das macht das Minus nicht wett. Zumal die Mehrwertsteuer auch Menschen trifft, die keine Sozialversicherungsbeiträge zahlen, also Arbeitslose, Studierende, RentnerInnen, Beamtinnen und Beamte oder FreiberuflerInnen. Die Erhöhung der Mehrwertsteuer ist unsozial. Wer beide Begriffe – »Mehrwertsteuer« und »unsozial« – googelt, findet diese Aussage im Übrigen auch aus dem Munde vieler SPD-Mitglieder, meist jedoch vor der Bundestagswahl am 18.09.2005 datiert.

»Gift für die Konjunktur« urteilten auch die meisten KonjunkturforscherInnen. Die wird weiterhin von der matten Binnennachfrage gebremst, allem Gerede über den Aufschwung zum Trotz, der nun »da« sei. Während etwa im ersten Quartal 2007 Investitionen, Exporte und Importe teils kräftig zulegten, ging der private Verbrauch erneut zurück.[4] Diese Befürchtung hatte im Sommer 2006 auch der Bundesarbeitsminister und Vizekanzler. »Wir müssen dafür sorgen, dass es weitergeht mit den Investitionen«, beschwor Franz Müntefering (SPD).[5]

Trotz aller Proteste und Warnungen, trotz aller Zweifel innerhalb der SPD drückte die Regierung ihr Vorhaben durch. Die »größte Steuererhöhung seit Gründung der Bundesrepublik«, wie die drei Oppositionsparteien FDP, Grüne und Linke nicht aufhörten zu betonen. Bemerkenswert ist an dieser Kritik vor allem, dass in den Jahren zuvor die größte Steuersenkung für Reiche und Superreiche vorausgegangen war, ins Werk gesetzt ausgerechnet von einer rot-grünen Koalition, die 1998 angetreten war mit dem Versprechen, die Vermögensteuer wieder einzuführen.

Rot-grüne Steuersünden

In mehreren Schritten senkte die Regierung Schröder den Spitzensatz bei der Einkommensteuer von 53 auf 42 Prozent. Als Konsequenz zahlten 2006 weniger Steuerpflichtige mehr als 40 Prozent als noch vier Jahre zuvor.[6] Auch der Eingangssteuersatz sank von 25,9 auf 15 Prozent, der Grundfreibetrag wurde von 6.322 Euro (12.365 D-Mark) für Ledige und 12.644 Euro (24.730 D-Mark) für Verheiratete auf 7.664 und 15.328 Euro angehoben. So wurden auch »die kleinen Leute« – soweit sie Steuern zahlten – unter dem Strich entlastet. Allerdings trickste Rot-Grün am unteren Ende der Einkommensteuertabelle. Denn bei Einkommen zwischen 7.665 und 12.699 Euro steigt die Kurve steil von 15 auf 23,5 Prozent an und flacht erst danach ab.[7] Zudem haben SpitzenverdienerInnen erheblich mehr von einem prozentualen Steuernachlass als Menschen mit geringem Einkommen. Und zur Gegenfinanzierung wurden Vergünstigungen gestrichen, die für niedrige Einkommen erheblich wichtiger sind als für hohe.

Obendrein brach Rot-Grün ein Wahlkampfversprechen und verzichtete auf die Wiedereinführung der Vermögensteuer. Das Bundesverfassungsgericht hatte der Bundesregierung 1995 aufgegeben, die Besteuerung von Vermögen bis 1997 neu zu regeln. Die Regierung Kohl tat nichts und setzte am 01.01.1997 die Erhebung dieser Steuer aus. Dabei hatte das höchste deutsche Gericht nicht etwa die Vermögensteuer insgesamt für verfassungswidrig erklärt, sondern nur die unterschiedliche Besteuerung von Immobilien und anderen Vermögen. Daneben führten die RichterInnen unter Leitung des Professors Paul Kirchhof den sogenannten Halbteilungsgrundsatz ein. Danach dürfe die steuerliche Gesamtbelastung die Hälfte des Eigentumswerts nicht übersteigen.[8] (Der Grundsatz wurde übrigens in der neueren Rechtsprechung des Verfassungsgerichts relativiert, nachdem der Wirtschaftsliberale Kirchhof seinen Abschied genommen hatte.)[9] 1997 kostete dieses Steuergeschenk an die Superreichen knapp fünf Milliarden Euro (9,7 Milliarden D-Mark). Heute würde eine Vermögensteuer von nur einem Prozent bei einem Freibetrag von 500.000 Euro nach Berechnungen des DIW rund 16 Milliarden Euro in die öffentlichen Kassen spülen. Angesichts dieser Dimension sind die Einsparversuche bei Otto Normalsteuerzahler nicht mehr als die sprichwörtlichen Peanuts.

Auch bei den Steuergeschenken für profitable Unternehmen ließ sich Rot-Grün nicht lumpen: Für Unternehmen wurde die Körperschaftsteuer ab 2001 von 30 Prozent für ausgeschüttete und 40 Prozent für einbehaltene Gewinne auf einheitlich 25 Prozent gesenkt. Bei der Besteuerung von Dividenden wurde das Halbeinkünfteverfahren eingeführt. AnteilseignerInnen müssen im Rahmen der Einkommensteuer nur noch die Hälfte der Ausschüttungen versteuern. Dafür entfiel die Verrechnung mit der vom Unternehmen gezahlten Körperschaftsteuer. Die sogenannte Teilwertabschreibung auf Kapitalbeteiligungen wurde ab 2002 durch die Steuerfreiheit beim Verkauf solcher Beteiligungen ersetzt. Sprich: Der Gewinn aus Unternehmensverkäufen ist seither komplett steuerfrei. Was Wunder, dass diese Reform, als »Signal für Wachstum« gefeiert, in einem Desaster gigantischen Ausmaßes endete.

Der Anteil der Kapital- und Gewinnsteuern[10] am gesamten Steueraufkommen war bereits von 1980 bis 1996 von 26 auf 16,7 Prozent gesunken. Die rot-grüne Steuerreform von 2000 ließ die Unternehmenssteuern geradezu einbrechen. Im Jahr 2001 mussten die Finanzbehörden den Unternehmen sogar 0,4 Milliarden Euro mehr erstatten, als sie von diesen erhielten. Ein Jahr zuvor hatten sie noch 23,6 Milliarden Euro eingenommen. Im Jahr 2006 hatte die Körperschaftsteuer erst wieder das Niveau von 2000 erreicht.

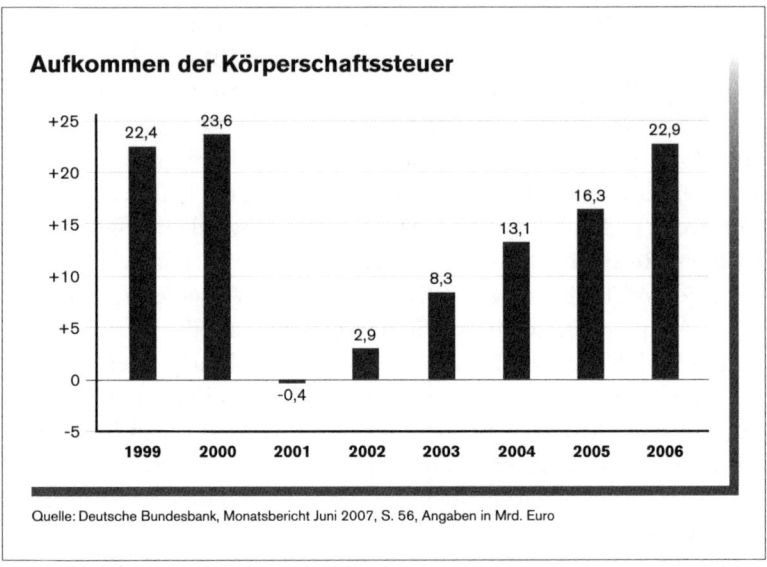

Aufkommen der Körperschaftssteuer

Jahr	Wert
1999	22,4
2000	23,6
2001	-0,4
2002	2,9
2003	8,3
2004	13,1
2005	16,3
2006	22,9

Quelle: Deutsche Bundesbank, Monatsbericht Juni 2007, S. 56, Angaben in Mrd. Euro

Gesunkene Steuersätze in Verbindung mit unbegrenzt möglichen Verlustvorträgen hatten es einigen Unternehmen ermöglicht, ihre Steuerlast gegen null zu drücken. So stellten zum Beispiel alle sieben Münchener DAX-Unternehmen – Allianz, BMW, HypoVereinsbank, Infineon, MAN, Münchener Rück-Versicherung und Siemens – im Laufe des Jahres 2002 ihre Vorauszahlungen auf die Gewerbesteuer ein, und das obwohl sie teils erkleckliche Gewinne erzielten. Erst ab dem Jahr 2004 konnte die Stadtkasse wieder mit zweistelligen Millionenbeträgen rechnen.[11]

Um das Desaster zu begrenzen, einigten sich die rot-grüne Regierung und die Opposition Ende 2003 im Steuervergünstigungsabbaugesetz auf eine Mindestbesteuerung für Unternehmensgewinne. Seit 2004 müssen Unternehmen mindestens 40 Prozent ihres Gewerbeertrags versteuern. Nur auf die restlichen 60 Prozent können Verluste angerechnet werden. Beim Sockelbetrag von einer Million Euro sind Verlustvorträge ausgeschlossen.[12]

Verluste können vor allem mit Unternehmensübernahmen geschrieben werden. Nach Berechnungen der Schweizer UBS-Bank schoben deutsche Unternehmen Anfang 2005 knapp 60 Milliarden Euro als Verlustvorträge vor sich her. Zwei Jahre zuvor waren es sogar 450 Milliarden Euro.[13]

Doch trotz der milliardenschweren Steuergeschenke jammerten die Unternehmen und ihre Lobbyisten weiter, die Unternehmenssteuern seien im internationalen Vergleich zu hoch. Noch so ein steuerpolitisches Dogma des Neoliberalismus. Die Gesamtbelastung von einbehaltenen Gewinnen dürfe maximal 25 Prozent betragen, tat Handelskammertag-Präsident Ludwig-Georg Braun kund. »Wir müssen uns entscheiden. Wollen wir Beschäftigung in Deutschland halten und schaffen, oder wollen wir große Vermögen konfiskatorisch besteuern«, dozierte die Nummer 19 auf der Liste der Milliardäre Deutschlands.[14] Am liebsten würde Braun überhaupt keine Gewerbesteuer mehr zahlen. Aber wenn schon, dann müsse wenigstens die Körperschaftsteuer auf zehn Prozent gesenkt werden.

Schwarz-rote Steuergeschenke

Die große Koalition hörte die Botschaft und setzte im Frühsommer 2007 eine weitere Unternehmenssteuerreform durch, mit beruhigendem Abstand zu den Zumutungen für ArbeitnehmerInnen. Aus gutem Grund, denn die Unternehmen werden um weitere fünf Milliarden Euro entlastet, während normale Steuerzahlende auf 4,5 Milliarden verzichten müssen. Das ist zumindest für die Sozialdemokratie heikel. Hatte doch Finanzminister Peer Steinbrück in einer als Grundsatzrede titulierten Einlassung im Januar 2006 vor der Industrie- und Handelskammer in Frankfurt am Main verkündet, »dass eine zukunftsfähige Haushalts- und Finanzpolitik ein robustes Immunsystem entwickeln muss gegen die Attacken organisierter Einzelinteressen«.[15] Da erwies es sich als glücklicher Umstand, dass mit dem Wirtschaftsaufschwung auch die Steuern wieder sprudelten. Mit gut 22 Milliarden Euro mehr im Jahr 2007 für Bund, Länder und Gemeinden rechneten die SteuerschätzerInnen im Mai 2007 im Vergleich zu ihrer vorigen Schätzung vom November 2006. Im Jahr 2008 sollte das Plus sogar auf 47,5 Milliarden Euro anwachsen, diesmal im Vergleich zur Steuerschätzung vom Mai 2006. In solchen Summen lässt sich das eine oder andere Steuergeschenk an die Unternehmen gut verstecken.[16] Da konnte selbst eine eigene Berechnung der Links-Fraktion im Bundestag nicht mehr schrecken: Diese hatte in einer Studie hochrechnen lassen, dass die Unternehmenssteuerreform nicht fünf, sondern bis zu 15 Milliarden Euro kosten werde.

Ab 2008 sinken die Unternehmenssteuern von knapp 39 auf unter 30 Prozent des Gewinns. Eine Zinsabgeltungssteuer von 25 Prozent stellt Kapitaleinkünfte steuerlich besser als Arbeitseinkommen. Das wird rund drei Milliarden Euro kosten. Chef-Sozialdemokrat Kurt Beck sagt dazu: »Von einer Million 30 Prozent zu haben, ist immer noch mehr, als 40 Prozent zu verlangen und nichts zu bekommen, weil das Kapital im Ausland angelegt wird.« Es gebe nun mal Gerechtigkeitsziele, die nicht zu 100 Prozent umzusetzen seien.[17] Doch woher nimmt Beck den Optimismus, »das Kapital« bleibe bei 25 Prozent im Lande, wenn dessen Besitzer die Chance haben, im Ausland auch diesen Satz einzusparen?

Bei der Erbschaftsteuer gab es erst mal koalitionsintern Krach. SPD-Chef Kurt Beck rief schon mal den »Casus belli« (Kriegsgrund) für den Fall, dass die Union an ihrem Ziel festhalte, die Erbschaftssteuer abzuschaffen. Nach dem erneuten Steuergeschenk an kapitalträchtige Unternehmen konnte sich die SPD einen solchen Deal schlicht nicht leisten, ohne den letzten Rest Glaubwürdigkeit zu verspielen. Nun sollen gewerbliche Vermögen privilegiert werden, angeblich um die Unternehmensnachfolge nicht zu gefährden. Die Erbschaftsteuer soll auf zehn Jahre gestundet und für jedes Jahr, in dem der Betrieb »in vergleichbarem Umfang« fortgeführt wird, ein Zehntel erlassen werden. Dabei weiß Steinbrück selbst, dass das unsinnig und unnötig ist. Im Juli 2006 veröffentlichte das ARD-Magazin *Monitor* einen internen Vermerk seines Hauses, in dem es hieß: »Die immer wieder vorgetragene Behauptung, die Erbschaftsteuer gefährde den Fortbestand mittelständischer Familienunternehmen, ist bisher durch keinen konkreten Fall belegt.« Das bestätigte sogar Hanns-Eberhard Schleyer, Generalsekretär des Zentralverbandes des Deutschen Handwerks. »Es hat keinen Fall einer Insolvenz gegeben.« Dieses Privileg soll rund 500 Millionen Euro kosten. Bezahlen sollen das die privaten Erben. In welcher Form, ist noch unklar. In einem Eckpunktepapier der Koalition heißt es lediglich, »hohe Vermögensübertragungen müssen entsprechend der Leistungsfähigkeit zum Steueraufkommen beitragen«.[18]

Um noch einmal fünf Milliarden Euro soll die neue Reform die Unternehmen also kurzfristig entlasten. Finanzminister Steinbrück brauchte viele Worte, um die Umverteilungsaktionen der großen Koalition zu begründen: »Die Unternehmenssteuerreform wird die Attraktivität und Wettbewerbsfähigkeit des Standorts Deutschland erhöhen. Sie wird die Bedingungen für in Deutschland tätige Unternehmen verbessern und damit die Voraussetzungen für mehr Investitionen und Wachstum schaffen. Dies wird sich positiv auf die Schaffung neuer Arbeitsplätze auswirken. Die Unternehmenssteuereform wird auch dazu beitragen, dass Gewinne, die in Deutschland gemacht werden, wieder stärker als bisher auch hier versteuert werden.«[19]

In dieser verquasten Aussage hat Steinbrück so ziemlich alle Reizworte untergebracht, die als Begründung für die steuerliche Umverteilung von unten nach oben herhalten müssen: Wettbewerbsfähigkeit, Investitionen, Wachstum, Arbeitsplätze und das Wunder, mit niedrigeren Steuern mehr Steuern einnehmen zu wollen. Steuern flossen ab 2007 wieder reichlich. Mit der Unternehmenssteuerreform 2008 hatte das jedoch nichts zu tun.

Diese Erkenntnis hatte sich sogar in der CDU breit gemacht. Ausgerechnet vor dem Programmparteitag im August 2006 bezeichnete Partei-Vize und NRW-Ministerpräsident Jürgen Rüttgers das Dogma, niedrige Steuern führten automatisch zu Investitionen und mehr Arbeitsplätzen, als »Lebenslüge« der Union[20] und handelte sich damit einen Rüffel seiner Chefin Angela Merkel und anderer Unions-Granden ein.

Eine Lebenslüge ist eine Lüge, die man sich selbst einredet, an die man selbst glaubt und die einen Teil des (persönlichen oder politischen) Fundaments bildet. Die zugrunde liegende Behauptung, die Bundesrepublik liege bei den Steuern für Kapitalgesellschaften wie auch bei der tatsächlichen Steuerlast innerhalb der Europäischen Union »einsam an der Spitze« (Ex-BDI-Chef Michael Rogowski),[21] ist indes eine richtige Lüge, kaschiert mit statistischen Manipulationen. Bei den nominalen Sätzen der Körperschaft- und Gewerbesteuer hatte Deutschland 2005 mit knapp 38,7 Prozent inklusive Solidaritätszuschlag innerhalb der EU in der Tat schlechte Karten: Estland verlangt überhaupt keine Unternehmensteuern, Polen 19 Prozent und Österreich 25 Prozent. Interessant ist, dass ausgerechnet die USA mit 39,9 Prozent (bezogen auf New York) und Japan mit 40,9 Prozent noch höhere Steuersätze ausweisen.[22] Betrachtet man den »impliziten Steuersatz«, also die real gezahlten Steuern im Verhältnis zum Gewinn, kann vom »Hochsteuerland Deutschland« indes keine Rede sein. Der implizite Steuersatz lag 2005 bei 20,1 Prozent. Nur in Griechenland bezahlen Unternehmen im Vergleich der 15 alten EU-Staaten weniger Steuern als bei uns.

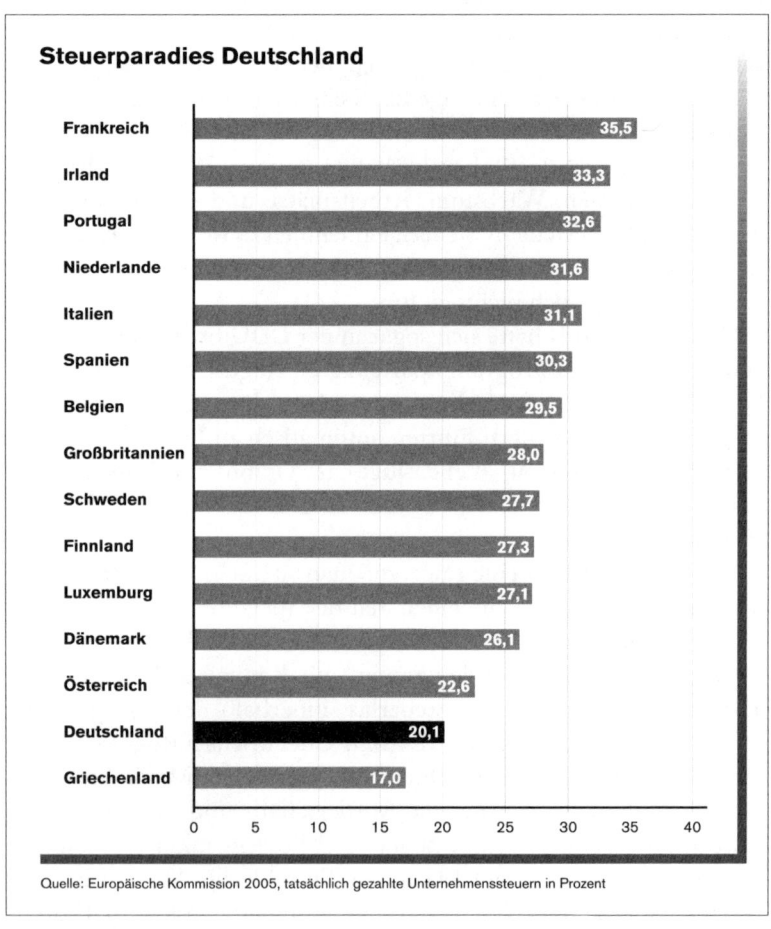

Steuerparadies Deutschland

Frankreich — 35,5
Irland — 33,3
Portugal — 32,6
Niederlande — 31,6
Italien — 31,1
Spanien — 30,3
Belgien — 29,5
Großbritannien — 28,0
Schweden — 27,7
Finnland — 27,3
Luxemburg — 27,1
Dänemark — 26,1
Österreich — 22,6
Deutschland — 20,1
Griechenland — 17,0

Quelle: Europäische Kommission 2005, tatsächlich gezahlte Unternehmenssteuern in Prozent

Was sind eigentlich Subventionen?

Nominal 38,7 Prozent, real 20,1 Prozent – das verweist in der Tat auf weitreichende Gestaltungsmöglichkeiten. Sollte also doch etwas dran sein, am deutschen Steuerdschungel, in dem sich nur gewiefte Trickser auskennen?

Professor Paul Kirchhof, zeitweiliger Unionskandidat für das Amt des Finanzministers, sorgte 2005 mit der Behauptung für Furore, er habe eine Liste von 418 Steuervergünstigungen erstellt, die er – erst einmal im Amt – allesamt abschaffen wolle. Natürlich außer der Abzugsfähigkeit der Kirchen- von der Einkommensteuer, wie der treue Christdemokrat betonte.[23] Sogleich machte sich die gesamte Republik auf die Suche nach den 418 Sündenfällen. Ende August meldete die Wochenzeitung *Die Zeit*, weder die CDU noch die Forschungsgruppe Bundessteuergesetzbuch an der Universität Heidelberg, Kirchhofs Arbeitsplatz, könne sie finden.[24] Kirchhof, der sich selbst weigerte, die Liste zu veröffentlichen, wurde dann auch nicht Finanzminister.

Alle reden von Subventionsabbau, und jeder meint etwas anderes. Schon bei den Summen, die diese Geschenke ausmachen sollen, herrscht Uneinigkeit. Das Kieler Institut für Weltwirtschaft hat 157 Milliarden Euro zusammengerechnet. Hessens Ministerpräsident Roland Koch (CDU) und Peer Steinbrück (SPD), damals noch Regierungschef in Nordrhein-Westfalen, präsentierten 2003 eine Liste mit gut 77 Milliarden Euro. Und die Bundesregierung weist im 20. Subventionsbericht für 2006 insgesamt 55,6 Milliarden Euro an Steuervergünstigungen und Finanzhilfen aus.

Den Besserverdienenden hat schon die rot-grüne Koalition lieb gewordene Steuervergünstigungen genommen: »Investitionen« in Medien-, Schiffs- oder Flugzeugfonds, die Abschreibung von Mietverlusten in Immobilienfonds. Die Vergünstigungen für Investitionen im Osten Deutschlands sind weg, die steuerliche Anerkennung von Verlusten aus Vermietung und Verpachtung gekürzt.[25] Dennoch finden sich in Zeitschriften wie *Manager Magazin*, *Capital* oder *Impulse* vielfältige Tipps, wie die Reichen und Superreichen dem Finanzamt ein Schnippchen schlagen können.

Bei normalen Steuerzahlenden wurde hingegen kräftig hingelangt. Die Eigenheimzulage, einst der größte Posten auf der Subventionsliste, gestrichen, die Pendlerpauschale gekürzt, die Abzugsfähigkeit des heimischen Arbeitszimmers gekürzt, der Sparerfreibetrag gekürzt. Einzig die Arbeitnehmersparzulage, die Förderung der Rürup-Rente und die Steuerbefreiung von Sonn-, Feiertags- und Nachtzuschlägen schlagen noch zu Buche. Doch auch an diesem Ausgleich für Arbeit zu sozial wenig verträglichen Zeiten wird kräftig gerüttelt.

Klammert man diese Positionen aus der Liste der 20 größten Steuervergünstigungen im jüngsten Subventionsbericht aus, so bleiben nur Nachlässe für Unternehmen übrig: für gewerblich genutzte Mineralstoffe und Strom, für Biokraft- und Bioheizstoffe, die Umsatzsteuerermäßigung im Kulturbereich, für den öffentlichen Personennahverkehr und für ZahntechnikerInnen, Investitionszulagen, vor allem für Ausrüstungsinvestitionen, und die Begünstigung von gewerblichen Vermögen bei der Erbschaftsteuer. Der große Unterschied zwischen privaten und gewerblichen Subventionen lässt sich auch in Zahlen ausdrücken: 68,7 Prozent kommen den Unternehmen zugute, nur 31,3 Prozent den privaten Haushalten. Seit 2003 hat sich das Verhältnis von 66 zu 34 Prozent noch weiter zu Ungunsten einfacher SteuerzahlerInnen verschoben.[26] Mit rund 38 Milliarden Euro bekamen Unternehmen mehr als doppelt so viel an Subventionen, wie sie an Körperschaftsteuer zahlten.

Einmal abgesehen von der sozialen Schieflage, ist das Gerede vom notwendigen Subventionsabbau auch von gehöriger Staatsfeindlichkeit geprägt. Denn bei Steuervergünstigungen handelt es sich nicht um willkürliche Steuergeschenke, sondern um den legitimen Anspruch des Staates, mit Steuern wirtschaftliche Entwicklungen zu lenken, zum Beispiel um Biokraftstoffe zu fördern oder Busse und Bahnen bezahlbar zu halten.

Auch bei den Subventionen halten sich Unternehmen schadlos: Manche drohen erst mit Arbeitsplatzabbau oder Betriebsschließung, kassieren vom Staat, der das verhindern will, Millionen, und gehen dann trotzdem. So geschehen in Kaiserslautern, wo der Nähmaschinenhersteller Pfaff 2003 und 2004 insgesamt 1,26 Millionen Euro vom Staat zur Qualifizierung und Arbeitsplatzsicherung bekam und dann die Produktion nach China verlagerte.[27] So geschehen bei Bombardier in Halle-Ammendorf, wo das Land Sachsen-Anhalt 8,58 Millionen Euro springen ließ. Ende 2005 machte der Waggonbauer dennoch dicht.[28] So geschehen beim Chip-Hersteller Infineon, der rund eine halbe Milliarde Euro an Subventionen für den Bau einer hochmodernen Fabrik in Dresden kassierte und dann seine Konzernzentrale in die Schweiz verlegte. Schlechtes Gewissen? – »Nein!«[29]

Vor dem Fiskus sind nicht alle gleich

In der Tat ist unser Steuersystem höchst ungerecht. Das liegt aber nicht an dem – eigentlich gar nicht so dichten – Steuerdschungel. Der Fehler liegt vielmehr im System selbst. Denn der Gleichheitsgrundsatz gilt bei den Steuern nicht.

Erste Ungerechtigkeit: Es gibt Zwangssteuern für ArbeitnehmerInnen und VerbraucherInnen und Gestaltungssteuern für Selbstständige, Vermögende und UnternehmerInnen. Jeder Arbeitgeber führt die Lohnsteuer seiner Beschäftigten direkt ab. Wer glaubt, zu viel bezahlt zu haben, muss das belegen und sich einen Teil mit dem Lohnsteuerjahresausgleich wieder zurückholen. Auch aus der Mehrwertsteuer und anderen Verbrauchsteuern gibt es kein Entrinnen. Sie wird direkt an der Ladenkasse einbehalten.

Hingegen deklarieren Selbstständige, Vermögende und Unternehmen ihre Einkünfte selbst und haben dabei nach wie vor Gestaltungsspielräume: Einnahmen »vergessen«, private Ausgaben als geschäftlich deklarieren, mit dem Sohn oder der Tochter einen »Ausbildungsdienstvertrag« abschließen und die Studienkosten als Betriebsausgaben geltend machen. Und natürlich Kapital ins Ausland transferieren. Die Dimension dieser »Gestaltung« zeigt folgende Zahl: Bis zu 60 Prozent der Körperschaftsteuer deklarieren Unternehmen nicht von sich aus, sondern werden nachträglich per Betriebsprüfung erhoben.[30]

Den laschen Umgang mit der Zahlungsmoral der Reichen bemängelt sogar der Bundesrechnungshof in seinem Prüfbericht 2006. Nach einer bundeseinheitlichen Regelung sollen die Finanzämter Steuerpflichtige mit mehr als 500.000 Euro Bruttoeinkommen, die früheren D-Mark-Millionäre, regelmäßig per Außenprüfung kontrollieren. Diese Kontrollen sind lukrativ. Im Schnitt bringt jede 135.000 Euro ein. Deswegen trifft es in Nordrhein-Westfalen 60 Prozent der Reichen. Doch im Bundesdurchschnitt muss nicht mal jeder Sechste mit einem Besuch des Außendienstes vom Finanzamt rechnen. Vor allem der Süden des Landes ist großzügig. Dort wird gerade mal jeder zehnte ehemalige D-Mark-Millionär überprüft. Als Grund dafür gilt der Länderfinanzausgleich: Die reichen Südländer müssten ohnehin den größten Teil der Nachforderungen in den gemeinsamen Finanztopf abführen. Da verzichten sie lieber auf den Ärger mit den Reichen.[31]

Auf diese Weise geht dem Staat viel Geld durch die Lappen. Laut Einkommensteuerstatistik haben 2002 knapp 31.000 Menschen 500.000 Euro und mehr versteuert. Die Prüfung brächte also über 4,16 Milliarden Euro ein. Weil aber nur jeder Sechste kontrolliert wird, verzichten Bund und Länder auf 3,54 Milliarden Euro.

Zweite Ungerechtigkeit: Steuervergünstigungen fallen umso höher aus, je höher das Einkommen ist. Beispiel Ehegattensplitting: Die Einkünfte des Mannes und der Frau werden zusammengezählt, halbiert und erst dann versteuert. Die Summe der beiden Steuersätze ergibt dann eine geringere Steuerschuld für beide. Müsste derjenige mit dem höheren Einkommen – überwiegend der Mann – sein gesamtes Einkommen selbst versteuern, würde er in der Steuerprogression weiter aufsteigen. So richtig lohnt sich das Ehegattensplitting bei dem sprichwörtlichen Zahnarzt und seiner Hausfrau. Verdient er 120.000 Euro im Jahr, so streicht er beim Splitting gut 9.000 Euro ein. Ein Familienernährer, der nur 20.000 Euro im Jahr nach Hause bringt, spart hingegen nur knapp 2.000 Euro. Wenn beide verdienen, können sie mit durchschnittlich 1.200 Euro rechnen. Gut 19 Milliarden Euro gehen dem Staat dadurch verloren. Obendrein ist das Ehegattensplitting eine fast reine Westsubvention. 93 Prozent der Ersparnis fließen in den Westen, nur sieben Prozent in den Osten, wo die Einkommen egalitärer zwischen den Geschlechtern verteilt sind.[32]

Beispiel Kinderbetreuungskosten und haushaltsnahe Dienstleistungen: Seit 2007 können private Haushalte die Putzfrau oder den Gärtner von der Steuer absetzen, soweit diese ordnungsgemäß als MinijobberInnen angemeldet sind. Auch externe Kinderbetreuung mindert die Steuern. Doch wer seinen Dreck selbst wegputzen muss oder sich die teure Tagesmutter nicht leisten kann, geht leer aus. Und auch hier gilt: Je höher das Einkommen, desto größer das Plus. So spart eine Alleinerziehende mit 1.500 Euro brutto im Monat rund 870 Euro im Jahr, ein berufstätiges Paar mit 5.000 Euro Monatseinkommen hingegen über 2.100 Euro.[33]

Dritte Ungerechtigkeit: Nicht alle Einkommensarten sind vor dem Finanzamt gleich. Am höchsten werden Arbeitseinkommen besteuert, und zwar progressiv von 15 bis 42 Prozent. Je höher das Einkommen, desto höher der Steuersatz. Die Körperschaftsteuer ist quasi die Einkommensteuer von Kapitalgesellschaften, während Personengesellschaften »normale« Einkommensteuer zahlen. Die Körperschaftsteuer beträgt nur 25 Prozent, ab 2008 nur noch 15 Prozent, egal wie hoch der Gewinn ist und egal ob er im Unternehmen verbleibt oder an die Anteilseigner ausgeschüttet wird. Sowohl auf die Einkommen- als auch auf die Körperschaftsteuer werden zusätzlich 5,5 Prozent Solidaritätszuschlag erhoben.

Darüber hinaus erhalten die Kommunen eine vom Ertrag unabhängige Gewerbesteuer. Sie ist deren wichtigste Einnahmequelle und wird in einem komplizierten Verfahren nach kommunal festgelegten »Hebesätzen« berechnet. Im Bundesdurchschnitt beträgt sie knapp 13 Prozent und wird mit der Unternehmenssteuerreform 2008 ebenfalls sinken. Da die Gewerbesteuer als Betriebsausgabe gilt, mindert sie den Gewinn und damit auch die Einkommen- und Körperschaftsteuer, die das Unternehmen zu zahlen hat. Anders als die öffentliche Debatte glauben machen will, zahlen viele kleine und mittlere Unternehmen gar keine Gewerbesteuer.

Noch weniger Steuern sind bei Kapitalerträgen fällig. Dividenden aus Aktien, GmbH-Anteilen und Genossenschaften werden mit 20 Prozent besteuert. Auch beim Kapitalertrag, sprich bei der Vermögensbildung, sind lohnabhängig Beschäftigte schlechter dran. Denn ihre Erträge – Zinsen aus Spareinlagen, Festgeldern, Staatsanleihen oder Pfandbriefen – werden mit 30 Prozent versteuert.

Vermögen sind komplett steuerfrei. Lediglich von den Zinsen will der Staat etwas abhaben. Sie gelten als Einkommen. Die Erbschaftsteuer existiert zwar noch. Doch auch Erben müssen nicht fürchten, dass vom Vermächtnis nichts übrig bleibt. EhepartnerInnen, Kinder und Eltern erben 52.000 Euro steuerfrei. Darüber hinaus zahlen sie sieben bis 30 Prozent, je nach Höhe des Erbes. Die weitere Verwandtschaft hat höhere Steuersätze. Von Erben, die mit dem Verstorbenen nicht verwandt sind, will der Fiskus einen noch größeren Anteil. Bei Betriebsvermögen sind die Freibeträge großzügiger. Außerdem kann die Steuerschuld schon heute zehn Jahre lang zinslos gestundet werden, um die Fortführung des Betriebs zu sichern.

Arbeit wird in Deutschland höher besteuert als Kapital. Wer selbst arbeitet, muss einen höheren Anteil an den Staat abführen als derjenige, der sein Geld oder andere Menschen für sich arbeiten lässt. Das ist sozial ungerecht. Und es ist volkswirtschaftlich schädlich. Denn die Kapitalseite ist im steuerrechtlichen Sinn leistungsfähiger, könnte also einen höheren Beitrag für das Gemeinwesen leisten. Allerdings ist Kapital auch über Ländergrenzen hinweg mobiler – man könnte auch sagen »steuerflüchtiger«. Deswegen soll es mit Steuererleichterungen im Land gehalten werden. Das Motto der hilflosen FinanzpolitikerInnen: Lieber wenig Steuern als gar keine. Statt der Kapitalflucht Einhalt zu gebieten, wird sie auch noch belohnt.

Wer bezahlt den Staat?
Lohnsteuer rauf, Gewinnsteuer runter

Quelle: Statistisches Bundesamt

Das wirkt sich gravierend auf die Steuereinnahmen des Staates aus. Unser Gemeinwesen finanziert sich mittlerweile zu fast zwei Dritteln aus der Einkommen- und Mehrwert- bzw. Umsatzsteuer. Unternehmenssteuern sind zu einer Restgröße im einstelligen Prozentbereich geschrumpft. An der Nikotinsucht der Deutschen verdient der Staat inzwischen mehr als am Erfolg seiner Global Players.

Kapitalgesellschaften haben 2003 in Deutschland rund 220 Milliarden Euro verdient, aber nur 25 Milliarden an Steuern gezahlt. Das entspricht einer realen Steuerquote von gerade mal 11,4 Prozent. Zwei Jahre zuvor, vor der desaströsen Steuerreform des rot-grünen Kassenwarts Hans Eichel, waren es noch rund 20 Prozent.[34] Selbst das Finanzministerium hat insgeheim nachgerechnet und kommt auf 65 Milliarden Euro, die die großen Konzerne jedes Jahr am Fiskus vorbeischleusen, und das zumeist ganz legal.[35]

Beispiel IKEA: Der Wiesbadener Wirtschaftsprofessor Lorenz Jarass hat die möglichen Steuertricks des »unmöglichen Möbelhauses« analysiert und die drei wichtigsten Kniffe herausgefiltert, mit denen IKEA seinen Steuersatz auf 15 Prozent senkt, während ein mittelständisches Möbelhaus, das nicht international mitspielt, rund 30 Prozent Steuern zahlt.

1. Die deutsche Niederlassung des schwedischen Konzerns hat nur 0,2 Prozent Eigenkapital. Die 99,8 Prozent »Fremdkapital« leiht sich IKEA Deutschland überwiegend innerhalb des Konzerns zusammen, macht die »Schuldzinsen« steuermindernd geltend und spart 30 Millionen Euro im Jahr.

2. Die deutsche Niederlassung zahlt drei Prozent Lizenzgebühren für jedes verkaufte Möbelstück an den Mutterkonzern in den Niederlanden, wo die Steuern niedriger sind, und spart damit weitere 25 Millionen Euro im Jahr.

3. Die deutsche Niederlassung gründet Tochterfirmen in Osteuropa und verrechnet die Investitionen als Verlust mit dem Gewinn in Deutschland.[36]

Was IKEA kann, beherrschen auch andere – das Steuerhopping. Mitspielen können international aufgestellte Unternehmen. Der mit dem deutschen Binnenmarkt verhaftete Mittelstand steht am Spielfeldrand und guckt zu. Besonders beliebt ist es, Verluste im Ausland mit Gewinnen im Inland zu verrechnen. Das wollte der »eiserne Hans« vor ein paar Jahren verbieten. Doch der Europäische Gerichtshof dekretierte Ende 2005, ein solches Verbot verstoße gegen die Niederlassungsfreiheit von Unternehmen in der Europäischen Union.

Nicht nur Verluste, auch Gewinne von Tochterfirmen lassen sich steuersparend nach Deutschland verlagern. Die werden zunächst zum niedrigeren Tarif im Ausland versteuert, der Rest fließt an die Konzernmutter nach Deutschland. Hier fallen Steuern nur noch auf fünf Prozent des ausländischen Gewinns an. Die doppelte Besteuerung lohnt sich, wenn die Summe unter dem Steuersatz für inländische Gewinne liegt.[37]

Auf diese Weise entgeht dem Staat viel Geld. Das Widersinnige ist, dass er auch noch bei der Steuerflucht hilft. Die Kosten einer Betriebsverlagerung können als Betriebsausgaben von der Steuer abgesetzt werden. Fünf Milliarden Euro kostet das jedes Jahr. Der Wirtschaftswissenschaftler Jarass sieht hier eine Grundregel im Steuerrecht verletzt, das Abzugsverbot. Es besagt, dass ein Unternehmen für Einnahmen, die nicht der Steuer unterliegen, auch keine Kosten geltend machen kann. Sprich: Wer hier Betriebsausgaben abziehen will, muss auch hier den Gewinn versteuern – eigentlich. Die Praxis sieht anders aus.

Immer ausgefeilter werden die Methoden, mit denen sich internationale Unternehmen das Land quasi aussuchen, in dem sie Steuern zahlen. Bei dieser »Steueroptimierung« lassen sie sich von großen Wirtschaftsprüfungsgesellschaften und international agierenden Wirtschaftskanzleien helfen. Besonders lukrativ ist das Mehrländermodell. Möglichst viele Unternehmensfunktionen werden ins Ausland verlegt. Der inländische Unternehmensteil muss bei Niederlassungen im Ausland Dienstleistungen, Vorprodukte und andere Waren zu hohen Verrechnungspreisen einkaufen. Das produziert hierzulande Betriebsausgaben und im steuergünstigen Ausland Gewinne. Zeitweilig trieben die Verrechnungspreise geradezu absurde Blüten, so wurden zum Beispiel ein paar Rollen Toilettenpapier mit vierstelligen Beträgen veranschlagt. Seit 2003 müssen die Konzerne darlegen, wie ihre Verrechnungspreise zustande kommen. Aber in die Kalkulationsgrundlagen eingreifen können die Steuerbehörden nicht. Und da rund 60 Prozent des internationalen Handels nicht auf dem freien Markt, sondern innerhalb von Konzernen abgewickelt werden, lässt sich weiterhin tricksen.

Manche Konzerne degradieren die deutsche Niederlassung zur Lohnfertigung, um Steuern zu vermeiden. Die Ware wird hier produziert, zum Beispiel für 200 Euro, und soll für 300 verkauft werden. Das brächte einen zu versteuernden Gewinn von 100 Euro. Deswegen überlässt die deutsche »Lohnfertigung« der Mutterfirma in einem Niedrigsteuerland das Produkt für 220 Euro und reduziert so den Gewinn auf 20 Euro. Der Rest des Verkaufserlöses wird im Ausland versteuert. Für diesen Transfer muss die Ware nicht einmal das Betriebsgelände verlassen.[38]

Stiftungen: Eigennutz, als Gemeinnutz getarnt

Besonders fein ist es, wenn ein Unternehmen Steuervermeidung mit dem Image der Wohltätigkeit verknüpfen kann. Heute nennt man das bürgerschaftliches Engagement oder auf Neudeutsch Corporate Citizenship. Dazu gründen Unternehmen Stiftungen.

Familie Mohn mischt sich mit ihrer Bertelsmann Stiftung in die Politikentwicklung und -beratung ein. Die gemeinnützige Hertie Stiftung hat das »Audit Beruf und Familie« entwickelt, mit dem sich Unternehmen ihre Familienfreundlichkeit attestieren lassen können. In seiner Klaus Tschira Stiftung fördert der SAP-Mitbegründer Forschungsprojekte in Informatik, Naturwissenschaften und Mathematik. Sein Kollege Hasso Plattner hat einen Informatik-Lehrstuhl an der Uni Potsdam gestiftet. Lidl-Chef Dieter Schwarz unterhält mit seiner Lidl Stiftung die Heilbronn Business School. Der ehemalige Wurstfabrikant Karl Ludwig Schweisfurth (Herta und Doerffler) fördert mit seiner Schweisfurth-Stiftung Projekte für Nachhaltigkeit und ökologische Lebensmittelerzeugung. Schweisfurth, der 1985 seinen Konzern an Nestlé verkaufte (wo alles andere als ökologisch produziert wird), sagt: »Verschenke einen Teil deines Vermögens, mitnehmen kannst du eh nichts! Eine Stiftung macht Freude, hält am Leben!«[39]

Das klingt gut, ist aber nicht die ganze Wahrheit. Denn Stiftungen sind auch gut fürs Marketing. Außerdem lassen sich Unternehmensfunktionen, vor allem die Forschung und Entwicklung, steuersparend in gemeinnützige Stiftungen auslagern. Die SAP-Gründer Plattner und Tschira fördern Informatik, was auch sonst.

Klaus Tschira hat 21 Millionen SAP-Aktien als Kapital in seine Stiftung eingebracht. Die Dividenden, im Jahr 2003 etwa 8,44 Millionen Euro, sind steuerfrei. Als geschäftsführender Gesellschafter zahlt sich Tschira ein großzügiges Gehalt aus und spart in Millionenhöhe Steuern auf die jährliche Dividende.

Auch die Erbschaftsteuer lässt sich mit einer Stiftung weitgehend vermeiden. Statt seinen Kindern die Firma oder das Vermögen zu vermachen, gründet der Unternehmer eine Familienstiftung mit dem Stiftungszweck, seine Nachkommen zu finanzieren. Lediglich eine Erbersatzsteuer ist alle 30 Jahre fällig.

Gemeinnützigkeit heißt nicht, dass die Stifter leer ausgehen müssen. Das demonstrierten die Nachkommen des Hertie-Erben Georg Karg. Dieser gründete vor seinem Tod 1972 eine Familienstiftung, der er seinen Kaufhaus-Konzern steuerfrei vermachte. Fast die gesamten Firmenanteile dieser *privatnützigen* Stiftung übertrugen seine Kinder 1993 auf die eigens gegründete »*gemeinnützige* Hertie-Stiftung zur Förderung von Wissenschaft, Erziehung, Volks- und Berufsbildung«. Die wiederum verkaufte den Hertie-Konzern steuerfrei an Karstadt und vergab den Erlös von rund 845 Millionen Euro (1,652 Milliarden Mark) als zinsloses Darlehen an die Familienstiftung, womit die Kinder ihren 30-Prozent-Anteil an Karstadt finanzierten. Damit das Prädikat »Gemeinnützigkeit« nicht verloren ging, sicherte die Familienstiftung der gemeinnützigen Hertie-Stiftung 37,5 Prozent der Gewinne zu, die ein findiger Geschäftsführer jedoch kunstvoll kleinzurechnen verstand, und gewährte ab 1995 eine Mindestverzinsung von 0,5 Prozent. Für diese Jonglage interessierte sich zeitweilig sogar die Steuerfahndung.[40] Die Konsequenz ist, dass die gemeinnützige Hertie-Stiftung mit gut 817 Millionen Euro Vermögen zwar die achtgrößte Stiftung der Republik ist. Bei den Ausgaben für den gemeinnützigen Stiftungszweck rutscht sie allerdings auf Platz zehn ab.[41]

Stiftungen sind Eigentümer oder Anteilseigner mehrerer großer deutscher Konzerne: Der Bertelsmann-Konzern gehört zu 57,6 Prozent der Bertelsmann Stiftung, die Bosch AG zu 92 Prozent der Robert Bosch Stiftung. Bei ThyssenKrupp haben gleich zwei Stiftungen ihre Finger im Spiel, die Alfried Krupp von Bohlen und Halbach Stiftung mit 20 Prozent und die Fritz Thyssen Stiftung mit 4,96 Prozent. ZF Friedrichshafen ist zu 100 Prozent in der Hand von Stiftungen. Die Albrecht-Brüder haben ihren Discounter-Konzern ebenso wie ihr größter Konkurrent Dieter Schwarz (Lidl) in Familienstiftungen eingebracht. Stiftungen schützen vor Übernahmen, da das Stiftungsvermögen – in diesem Fall das Eigentum am Unternehmen – nicht angetastet werden darf. Vor allem aber lassen sich mit Stiftungen Veröffentlichungspflichten und Unternehmensmitbestimmung umgehen.[42]

Eine Stiftung zu gründen, hat das Flair des reichen Mäzenen, der mit seinem vielen Geld arme Schlucker unterstützt, KünstlerInnen,

Kinderheime, Krankenhäuser, ganz selbstlos, unwirtschaftlich und nach persönlicher Liebhaberei. Zwar gehört Corporate Citizenship zunehmend zum guten Ton in Unternehmenskreisen. Doch mit der Selbstlosigkeit ist es nicht so weit her: »Selbst hartgesottene Manager genieren sich, beim gesellschaftlichen Engagement an Eigennutz denken zu wollen«, meckert Jürgen Waldmann, Vorstand der Unternehmensberatung »Competence in Corporate Citizenship«. Eine Studie der Roland Berger Unternehmensberatung und des Schweizerischen Instituts für Kunstwissenschaft kommt zu dem Schluss, dass Kulturengagement meist nicht in der Unternehmensstrategie verankert sei und selten genutzt werde, um Wettbewerbsvorteile zu realisieren.[43] Corporate Citizenship müsse professionalisiert werden, so die Botschaft.

Stiften und sponsern ja, aber nur das, was dem Unternehmen nützt. Daher konzentrieren sich Unternehmen zunehmend auf Bildung und Wissenschaft – wegen des PISA-Schocks und wegen des drohenden Fachkräftemangels. Stiftungen kommen bei dieser Professionalisierung allerdings nicht so gut weg. Denn mit dem Outsourcing gebe das Management die Möglichkeit aus der Hand, das wohltätige Engagement gewinnbringend zu lenken.

Eigennutz durch Gemeinnutz – das ist nicht nur eine moralische Frage, sondern eine von immenser sozialstaatlicher Bedeutung. Auf Druck der Unternehmen senkt der Staat die Unternehmenssteuern, verzichtet auf Einnahmen und kürzt bei Bildung und sozialen Leistungen. Die Unternehmen springen in die Bresche, weil es gut fürs Image ist und die Steuern weiter senkt. Doch sie tun es nur zu ihren Bedingungen. Sie entscheiden, was sie fördern wollen, und lenken zunehmend nicht nur durch wirtschaftlichen Druck und politischen Lobbyismus, sondern auch durch Spenden und Sponsoring die Entwicklung von Sozialstaat und Zivilgesellschaft.

Steuervermeidung II: Kriminelle Energien

Während Unternehmen ihre Gewinne auf der Suche nach Steuerschlupflöchern ganz legal um den ganzen Globus schicken können, bleibt Privatpersonen nur die illegale Flucht, wenn sie nicht gleich mit Sack und Pack in ein Steuerparadies umziehen wollen. Einfacher, als Menschen nach Deutschland einzuschleusen, ist es, Kapital aus Deutschland hinauszubringen. Dafür gibt es verschiedene Möglichkeiten. Eine ist nach wie vor der Schwarzgeldkoffer, mit dessen Inhalt SteuersünderInnen ein Nummernkonto bei einer Schweizer Bank oder eine Treuhand-Stiftung in Liechtenstein eröffnen.

Diese Form des Geldtransfers ist allerdings anrüchig und auch mit einem gewissen Risiko behaftet, weil die Zollfahndung an der Grenze inzwischen ein Auge auf nervöse Fahrer dunkler BMWs und diskrete Koffer hat. Obendrein bleibt sie auf die europäischen Nachbarländer beschränkt. Da ist es doch besser, einen Dienstleister für den »sicheren Bargeldtransfer« zu finden. Banken bieten sich als Fluchthelfer an. Jede deutsche Großbank unterhält Niederlassungen im Ausland und ist sicher behilflich, wenn es darum geht, eine Vermögensanlage in einem Land mit niedriger Kapitalertragsteuer zu organisieren. Allerdings beschränken sich Finanzdienstleister nicht darauf, auf Kunden mit viel Geld und großer krimineller Energie zu warten. Der Wirtschaftsjournalist Michael Kläsgen hat die dreisten Marketingaktionen verschiedener Banken und Berater aufgezählt: Terminangebote bei einem Schweizer Vermögensberater per Call Center; Vorträge von österreichischen oder Schweizer Banken und Liechtensteiner Treuhand-Anstalten in Industriellen-Vereinigungen und Wirtschaftsclubs; Mailings per Post oder Fax, in denen unverfroren »diskrete Kontoführung«, Steuerfreiheit und »schlüsselloses Schließfach« angepriesen werden.

Nach Angaben der Vermögensberatungen von Cap Gemini und Boston Consulting liegen allein in der Schweiz mehr als 16 Prozent des Geldvermögens der Deutschen oder rund 480 Milliarden Euro. Damit entgehen den deutschen Finanzämtern jährlich rund 15 Milliarden Euro Zinssteuern.[44] Zwar werden seit Juli 2005 die Zinserträge von ausländischen Kontoinhabern in 22 der 25 EU-Staaten an die Finanzbehörden der Herkunftsländer gemeldet. Doch Österreich, Luxemburg und Belgien haben wegen des Bankgeheimnisses eine Ausnahmegenehmigung erwirkt und liefern anonym eine Quellensteuer ab, die bis 2011 von 15 auf 35 Prozent steigen soll. Die Schweiz, Liechtenstein, die Kanal-Inseln Jersey und Guernsey, Monaco, Gibraltar und Andorra haben sich diesem Verfahren angeschlossen. Doch auch von dieser Pflicht gibt es Ausnahmen. Und so boomen derzeit Anlageprodukte, die von der Quellensteuer befreit sind. Die Konsequenz: Die Schweiz zahlte im ersten Geltungsjahr der Quellensteuer gerade mal 40 Millionen Euro für 31.463 Kundinnen und Kunden nach Berlin.[45]

Doch die Reichen und Superreichen wollen lieber überhaupt keine Steuern auf ihr Vermögen zahlen und transferieren es verstärkt nach Asien und in die Karibik. Um ihren Marktanteil von derzeit 25 Prozent weltweit bei der Verwaltung von Auslandsvermögen[46] nicht zu verlieren, helfen Schweizer Banken dabei, buchen die Konten auf die Töchter in Übersee um oder legen dort Investmentfonds auf.[47] Deren Vermögensverwalter arbeiten nach mitteleuropäischer Uhrzeit und kommen auch mal zum Kundengespräch nach Europa.[48]

Denn auf den Bahamas, den Cayman-Inseln und den niederländischen Antillen, in Panama, Bahrain, Dubai, Hongkong und Singapur lässt sich großes Geld besonders gut vor dem deutschen Fiskus verstecken. Auf Bankkonten und in Investmentfonds in 60 bis 70 Steueroasen weltweit hat die globale High Society mindestens sieben bis acht Billionen Dollar gebunkert, schätzt Sven Giegold. Der Steuerexperte der globalisierungskritischen Organisation Attac rechnet vor, dass bei einer Rendite von nur fünf Prozent und einem angenommenen Einkommensteuersatz von 35 Prozent den Herkunftsländern dieser Flüchtigen rund 140 Milliarden US-Dollar Steuern entgehen.[49] Mit diesem Geld könnte man die 40 ärmsten Länder der Welt auf einen Schlag entschulden.

Die Steueroasen bieten den Flüchtlingen ein strenges Bankgeheimnis, wenig Auflagen für die Banken, Investmentfonds mit laxer Regulierung, die Möglichkeit zur Gründung von Briefkastenfirmen und natürlich die Freiheit von Quellensteuern. Konzerne können dort sogenannte »Captives« abschließen. Das sind firmeninterne Versicherungen zu überhöhten Prämien, die erlauben, Gewinne in das Oasenland zu verlagern.[50]

Die internationalen Großbanken spielen in diesem Geschäft eine zentrale Rolle. Sie sind es, die die Konten und Fonds in den Oasen von den internationalen Finanzzentren in London, Frankfurt, New York und Tokio aus verwalten. Das ist schon deswegen nicht besonders schwierig, weil die wenigsten Steueroasen wirklich unabhängig sind. Sie hängen wirtschaftlich oder politisch von den Ländern ab, in denen sich die Finanzzentren befinden. Die Großbanken seien die eigentlichen ManagerInnen der Steuerflucht, stellt Sven Giegold fest. »Über Gebühren und Zinsabschläge erhalten sie einen relevanten Anteil der ersparten Steuern.«[51]

Seit April 2006 können die deutschen SteuerfahnderInnen bei der Bundesanstalt für Finanzdienstleistungsaufsicht abfragen, bei welchen Banken jemand Konten oder Depots unterhält, wenn sie einen Verdacht auf Steuerhinterziehung haben. Bis April 2006 waren fast 15.500 Abfragen bearbeitet. In Einzelfällen hätten die Finanzämter mehrere 100.000 Euro eingenommen, freute sich Finanzminister Peer Steinbrück.[52] Die neue Genauigkeit hat anscheinend eine Fluchtwelle ins Ausland ausgelöst. Allein bei den Volks- und Raiffeisenbanken in Bayern habe die »bürokratische Schnüffelvollmacht« innerhalb eines Jahres zu einem Abfluss von 430 Millionen Euro geführt, beschwerte sich Stephan Götzl, der Präsident des Genossenschaftsverbandes Bayern, im *Manager Magazin*.[53] Quasi als Einladung zum Asyl verzichtet die Schweiz seit diesem Jahr auf fast alle Zuzugsbeschränkungen von Deutschen. Da werde dann so mancher seinem Geld hinterherziehen, meinen Insider.

In der Vergangenheit war die Emigration in die Steueroasen jenseits von Deutschlands Grenzen aus der Mode gekommen, weil das Geld auch allein Steuerflucht begehen konnte. Bekannte Steuerflüchtlinge wie der Ex-Tennisprofi Boris Becker, die Formel-1-Rennfahrer Michael und Ralf Schumacher, Franz Beckenbauer und der Radprofi Jan Ullrich sind die Ausnahme geblieben. Bemerkenswert ist, dass lediglich Becker überhaupt von der Steuerfahndung behelligt wurde. Trotz seines offiziellen Wohnsitzes in Monaco hatte er sich über Jahre vorwiegend in seiner Münchener Villa aufgehalten. Der Nachweis einer Briefkasten-Wohnung im Steuerparadies am Mittelmeer fiel den Fahndern nicht schwer. Die anderen Flüchtlinge erfreuen sich in Deutschland weiterhin größter Beliebtheit. Beckenbauer durfte sogar zusätzlich Millionen mit der Organisation der Fußball-WM der Männer 2006 verdienen und ins heimische Kitzbühel in Österreich mitnehmen.

Und der Fiskus schaut weg

Diese Vorzugsbehandlung ist ein Hinweis darauf, dass die Nachsicht der Steuerbehörden politisch gewollt ist, wenn es um die Reichen und

Schönen geht. Davon kann auch die Zollfahndung ein Lied singen, wie das ARD-Magazin *Monitor* berichtet. Die Zollfahnder sollen zwar an den deutsch-schweizerischen Grenzen nach Bargeldkoffern Ausschau halten. Aber wenn sie bei ihren Kontrollen verdächtige Kontoauszüge oder Wertpapiere entdecken, sind ihnen die Hände gebunden. Denn im Mai 2004 hatte die Oberfinanzdirektion Karlsruhe verfügt:»Daher haben Maßnahmen die (...) allein darauf gerichtet sind, solche Unterlagen als Kontrollmaterial (...) zur Weiterleitung an die Landesfinanzbehörden zu finden, zu unterbleiben.«Anlass für die Verfügung waren Ermittlungserfolge des Hauptzollamtes Singen an der Schweizer Grenze. Von dort hatte man 2003 mehr als 2.300 Kontrollmitteilungen an die Finanzämter verschickt. Fast 1,4 Milliarden Euro standen unter dem Verdacht, nicht versteuert zu sein. Da habe sich wohl jemand beschwert, der sehr viel Geld in der Schweiz habe, vermutet denn auch Dieter Ondracek, der Vorsitzende der Deutschen Steuer-Gewerkschaft. Die offizielle Begründung des Bundesfinanzministeriums für das Ermittlungsverbot lautete übrigens Datenschutz!

Über 1,6 Milliarden Euro an Steuern trieben die FahnderInnen 2004 ein.[54] Das war mehr als die 1,4 Milliarden, die die zeitweilige Amnestie für Steuerflüchtlinge vom 01.01.2004 bis 31.03.2005 einbrachte. Von der hatte sich der damalige Finanzminister Eichel rund fünf Milliarden erhofft, wurde aber herb enttäuscht.[55]

Die SteuerfahnderInnen könnten vermutlich noch viel mehr eintreiben, wenn man sie nur ließe. Denn nach Angaben der Deutschen Steuer-Gewerkschaft »erwirtschaftet« ein Steuerfahnder rund eine Million Euro im Jahr. Es würde sich also lohnen, neue Leute einzustellen und auszubilden.

Doch das scheint nicht gewollt. In Frankfurt am Main zum Beispiel wurden allzu erfolgreiche Abteilungen der Steuerfahndung aufgelöst. In der Finanzmetropole ermitteln gerade mal halb so viele SteuerfahnderInnen wie in Düsseldorf.[56]

Ein ähnliches Bild zeigt sich bei der Betriebsprüfung. Die Zahl der PrüferInnen sei 2005 bundesweit von 11.000 auf nur noch 10.100 gefallen, beklagt Gewerkschafts-Chef Ondracek.[57] Dennoch hat die reduzierte Mannschaft 13,5 Milliarden Euro zusätzlich eingebracht.[58] Doch seien die PrüferInnen gehalten, nicht zu genau hinzusehen, erzählt ein Insider. Früher sei es darum gegangen, möglichst viel

Steuern nachträglich hereinzuholen. Heute gehe es nur noch darum, Fälle abzuschließen.[58]

Unternehmen drücken sich vor ihrer Steuerpflicht, und der deutsche Staat hilft ihnen dabei. Vermögende Privatleute begehen Steuerflucht, und der Staat schaut weg. Wenn die leistungsfähigen SteuerzahlerInnen es schaffen, mit Billigung »von oben« dem Gemeinwesen ihr Scherflein vorzuenthalten, wird die Legitimität der Staatsfinanzierung insgesamt in Frage gestellt. Denn warum sollten dann diejenigen, denen die Fluchtwege verbaut sind, noch brav ihren Obolus abliefern? Ob Steuern zu hoch, zu niedrig oder gerade richtig sind, ist weniger eine Frage der finanziellen Leistungsfähigkeit derjenigen, die Steuern zahlen müssen, sondern vor allem eine Frage der gesellschaftlichen Akzeptanz. Und die bröckelt gewaltig.

Haushaltssanierung: Reibach mit öffentlicher Armut

Roland Koch klärte mal wieder brutalstmöglich auf. »Flächendecken-des Heulen und Zähneklappern« prophezeite Hessens Ministerpräsi-dent (CDU), als es in den Koalitionsverhandlungen zwischen CDU/CSU und SPD im Oktober 2005 um die desolate Kassenlage beim Bund ging.[1] Der »eiserne Hans« (Finanzminister Eichel, SPD) hatte abgedankt. Sein Nachfolger Peer Steinbrück liebt es zwar weniger martialisch als Koch. Doch auch er verkündete in seiner Frankfurter »Grundsatzrede« im Januar 2006 unmissverständlich: »Wir müssen uns von der überschussfinanzierten Politik des ›Sowohl-als-auch‹ hin zum ›Entweder-oder‹ der knappen Kassen bewegen.«[2]

Bemerkenswert ist, dass sich an diesem Grundtenor kaum etwas geändert hat, seit die Steuern wieder stärker sprudeln. Jetzt heißt es allenthalben, »wir« dürften nicht in frühere Fehler verfallen und das Geld mit beiden Händen ausgeben.

Koch selbst hatte in Hessen demonstriert, was er mit »Heulen und Zähneklappern« meint. Im September 2003 leitete er die »Operation sichere Zukunft« ein, um eine Milliarde Euro im 17 Milliarden star-ken Landeshaushalt einzusparen. Dabei gehört Hessen keineswegs zu Deutschlands Armenhäusern, sondern ist nach wie vor eines der reichsten Länder. Innerhalb von drei Jahren hatte sich die Zahl der Einkommensmillionäre verdoppelt.[3] Eine Wiedereinführung der Ver-mögensteuer, die je nach Konzept zwischen 600 Millionen und drei Milliarden Euro brächte, lehnt Koch dennoch ab. Stattdessen ließ er streichen: bei Erziehungs-, Jugend-, Drogen- und Schuldnerbera-tungsstellen, bei Frauenhäusern, bei Anlaufstellen für Obdachlose, Gewaltopfer und HIV-Positive. Bauinvestitionen wurden gekürzt, die Arbeitszeit der Landesbeschäftigten verlängert und ein Einstellungs-stopp verhängt.

Kochs politische Freunde vom Landesverband der Vertriebenen, deren Bundesvorsitzende die hessische CDU-Bundestagsabgeordne-te Erika Steinbach ist, sollten indes vom »Heulen und Zähneklap-pern« verschont bleiben. Ebenso die Frankfurter Galopprennbahn. Doch die 125.000 Euro[4] teure Subvention seiner Spezis musste Koch nach öffentlichen Protesten dann doch noch streichen.[5]

287

Die »Operation sichere Zukunft« trieb im Herbst 2003 bis zu 45.000 Menschen auf die Straße. Doch in den folgenden Monaten wurde es still im Land. »Alle sind jetzt vollauf damit beschäftigt, ihre Arbeit zumindest in Kernbereichen irgendwie zu organisieren, neue Geldgeber zu suchen oder Sozialpläne für die Beschäftigten auszuarbeiten, die sie entlassen müssen«, sagte der Direktor der Limburger Caritas, Hejo Manderscheid. Zwar behauptete CDU-Sozialministerin Silke Lautenschläger: »Das soziale Netz ist in seiner Grundstruktur erhalten geblieben.«[6] Die Realität sieht jedoch anders aus: Beratungsstellen und Frauenhäuser mussten schließen. Vor allem im ländlichen Raum rissen riesige Löcher im sozialen Netz auf. Die Operation sichere Zukunft kostete nach Schätzungen des DGB rund 14.000 Arbeitsplätze. Die Zahl der Arbeitslosen war Ende 2004 um fast 46.500 gestiegen.

Der erhoffte Erfolg der Operation hingegen blieb aus: Im Oktober 2004 hatte Hessens Finanzminister Karlheinz Weimar 267 Millionen Euro weniger in der Kasse als ein Jahr zuvor und prognostizierte ein weiteres Haushaltsloch von 500 Millionen zum Jahresende. Das hinderte Koch jedoch nicht daran, im Frühjahr 2005 seinerseits gegen den Haushaltentwurf der damals noch rot-grünen Bundesregierung als »ein weiteres schriftliches Dokument einer Bankrotterklärung«zu stänkern.[7]

Diese Schizophrenie ist nicht nur eine Spezialität von Roland Koch: Im November 2003 lobte sich der damalige Finanzminister von Nordrhein-Westfalen Jochen Dieckmann (SPD): »So schmerzlich die Kürzungen im Einzelnen sind: Wir konsolidieren von einem hohen Niveau.«[8] Jürgen Rüttgers (CDU), damals noch auf der Oppositionsbank, keilte: »Der Entwurf ist finanzpolitisch unseriös. Er ist wirtschaftspolitisch kontraproduktiv, und er ist sozialpolitisch unfair und ungerecht.«[9] Zwei Jahre später war Rüttgers Ministerpräsident, und sein Finanzminister Helmut Linssen brachte den Haushalt 2006 im Landtag ein: »Wir brauchen künftig eine Kultur des Verzichts. Nahezu jede Bürgerin und jeder Bürger wird von Kürzungen betroffen sein. Die Kürzungen sind schmerzhaft. Aber wir haben alles darangesetzt, die Belastungen gerecht zu verteilen«, sagte der CDU-Politiker. Die Oppositionsführerin hieß jetzt Hannelore Kraft, kam von der SPD und warf der Regierung vor, mit Sozialkürzungen die Verantwortung abzuschieben »auf Kommunen, Hochschulen, Verbände, Kirchen, Selbsthilfeorganisationen und im schlimmsten Fall sogar auf die Betroffenen, die Hilfesuchenden selbst«.[10]

Ob Niedersachsen, das Saarland oder Berlin, wer gerade regieren darf, behauptet, die Kürzungen seien zwar schmerzlich, aber unvermeidlich und obendrein gerecht »auf alle« verteilt. Die Opposition hingegen schimpft über die verfassungswidrig hohe Neuverschuldung, weil sie die Summe der öffentlichen Investitionen übersteige, über sozial ungerechte Einschnitte und wirtschaftliche Fehlanreize. Bundesrechnungshof, Bund der Steuerzahler und einschlägige Politikberater liefern die dramatische Begleitmusik: Am 05.05.2006 um 5.15 Uhr habe die Staatsverschuldung die 1,5 Billionen-Grenze überschritten, verkündete Karl-Heinz Däke, der Vorsitzende des Steuerzahlerbundes. Der Schuldenberg wachse jede Sekunde um 2.113 Euro.[11] In 500-Euro-Scheinen sei der Schuldenturm 291 Kilometer hoch und 3.783 Tonnen schwer, rechnet die *Frankfurter Allgemeine Zeitung* vor. Jedes Neugeborene bekomme 17.975 Euro öffentliche Schulden mit auf den Lebensweg. Die Bertelsmann Stiftung legte 2005 erstmals einen Schuldenmonitor vor, krönte die »Schuldenkönige« in einem Länder-Ranking und wollte den Gebietskörperschaften eine drastische Senkung der Ausgaben verordnen, um einen »Schuldenkollaps« zu vermeiden. Die Präsidentinnen und Präsidenten der Rechnungshöfe bei Bund und Ländern zeigten sich schon ein Jahr zuvor »in höchster Sorge«, weil die Verschuldung von Bund und Ländern ein »gefährliches Maß« erreicht habe.[12] Wenn die öffentlichen KassenprüferInnen, laut *Spiegel* »eigentlich vorsichtige, nüchterne Menschen«, schon warnen, dann muss es besonders schlimm sein.

Sparen für höhere Schulden

Was wurde nicht alles versucht, um die Bilanz in Ordnung zu bringen. Von Sozialabbau und Privatisierungen mal ganz abgesehen. »Tricksen, Täuschen, Tarnen« werfen die Rechnungshöfe den Haushältern bei Bund und Ländern vor.[13] Die Berater von Bundesfinanzminister Hans Eichel kamen 2004 auf die Idee, einen Teil der Forderungen zu verkaufen, die aus Krediten an Russland stammen. Dem Vernehmen nach brachten die Anleihen bis zu fünf Milliarden Euro.[14] Eichels Nachfolger Peer Steinbrück kündigte Ende 2005 an, die restlichen Bundesbeteiligungen, vor allem Post- und Telekom-Aktien, bis 2009 zu verscherbeln. Nordrhein-Westfalen bezahlte eine elfköpfige Gruppe von Top-Managern für Empfehlungen zur Haushaltssanierung. Doch den Herren im dunklen Zwirn fiel auch nichts anderes ein als zuvor Roland Koch in Hessen. Der Senat des CDU-Politikers Ole von Beust erklärte Hamburg zum Konzern, legte im August 2006 eine »Eröffnungsbilanz« vor und hoffte auf Wettbewerbsvorteile durch das elf Millionen Euro teure Papier. Danach verfügt die Hansestadt über ein Eigenkapital von lediglich vier Milliarden Euro. Dem stehen Schulden von 25 Milliarden gegenüber. Hätte von Beust den privaten Reichtum in der Hamburger Elbchaussee hinzugezählt, sähe die Bilanz sicher komfortabler aus.

Weil in ihren Ländern gar nichts mehr geht, verklagten Bremen und das Saarland den Bund auf höhere Hilfen. Bremen hatte sich bereits Anfang 2005 mit dem damaligen Kanzler Gerhard Schröder (SPD) angelegt. Der hatte die Zustimmung des kleinsten Stadtstaates zur desaströsen Steuerreform 2000 mit dem Versprechen erkauft, das Land werde keine finanziellen Nachteile haben. Als die dann aber doch eintrafen, wollte Bremen sich das zusätzliche Defizit vom Bund bezahlen lassen und zog deswegen vors Verfassungsgericht.

Auch Berlin wird seine Schulden nicht mehr los. Man wünschte sich dort die gute alte Zeit zurück, als der Bund einen großen Teil des Haushalts im »Schaufenster des Westens« bestritt, und hoffte ebenfalls auf das Bundesverfassungsgericht. Doch die Karlsruher RichterInnen befanden, Berlin sei noch nicht zu arm zum Sparen, und lehnten das Ansinnen ab. Bremen und das Saarland lassen sich davon nicht beirren und halten ihre Klagen aufrecht.

Das ganze Theater wirkt mittlerweile ziemlich lächerlich und belegt vor allem eines: Die Rotstiftpolitik zur Haushaltssanierung, seit über 25 Jahren von allen Regierungen gleich welcher Couleur vorangetrieben, ist grandios gescheitert. Jede Sparrunde hinterlässt größere Steuerlöcher als zuvor. Das ist auch nicht weiter verwunderlich. »In der Krise macht die Sparabsicht den Sparerfolg zunichte«, so umschreibt Albrecht Müller, Kanzler-Berater von Willy Brandt und Neoliberalismus-Kritiker, dieses Phänomen.[15] Peter Bofinger, Wirtschaftsprofessor und einziger Keynesianer unter den fünf Wirtschaftsweisen, nennt es das »Sparparadoxon«. Eine Familie könne ihr Konto ausgleichen, indem sie ihre Ausgaben einschränkt. »Doch was für kleine wirtschaftliche Einheiten kein Problem ist, wird bei einem so großen Akteur wie der Bundesrepublik Deutschland zum Drahtseilakt. Immerhin belaufen sich die Ausgaben des Bundes auf 13 Prozent des Bruttoinlandsprodukts. Wenn ein so großer Akteur beschließt, seine Ausgaben zu reduzieren, hat das zwangsläufig starke negative Effekte auf die gesamtwirtschaftliche Nachfrage.« Die Folge sind mehr Arbeitslose, weniger Beiträge für die Sozialversicherungen, weniger Steuereinnahmen und größere Löcher im Haushalt.[16] Mit anderen Worten, die Konsolidierungspolitik verschärft das Problem, das sie zu lösen vorgibt. Der Abbau öffentlicher Schulden funktioniere nur bei wachsender Wirtschaft, so Bofinger.

Wo das Geld geblieben ist

Dabei sind die roten Zahlen zu einem guten Teil selbst verschuldet. Nachdem bereits die letzte Regierung Kohl auf die Besteuerung hoher Vermögen und damit auf mindestens drei Milliarden Euro pro Jahr verzichtete, schenkte die rot-grüne Koalition den Unternehmen, den Reichen und Superreichen allein 2005 fast 45 Milliarden Euro an Steuersenkungen. Lägen die Unternehmens- und Vermögensteuern noch auf dem Niveau der 1970er Jahre, nähme die öffentliche Hand pro Jahr 70 Milliarden Euro mehr ein.[17] Das ist mehr als das Doppelte der 33,4 Milliarden Euro, um die sich Bund, Länder und Kommunen im Jahr 2006 neu verschuldeten.[18]

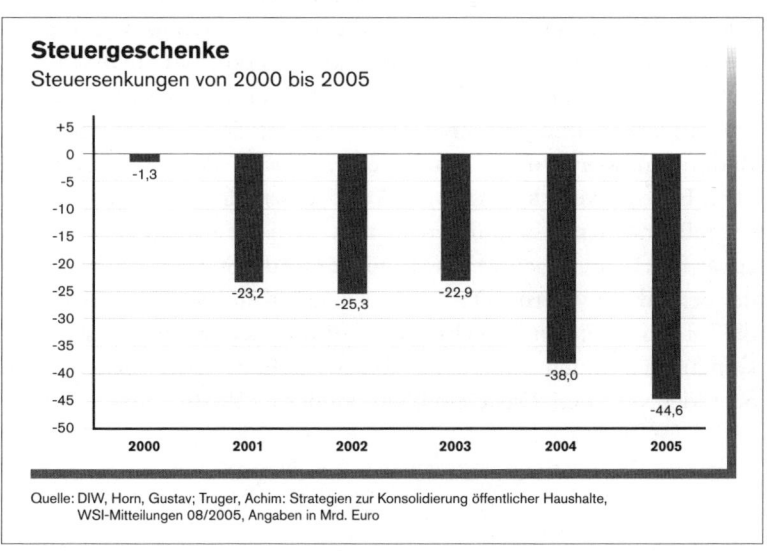

Steuergeschenke
Steuersenkungen von 2000 bis 2005

Quelle: DIW, Horn, Gustav; Truger, Achim: Strategien zur Konsolidierung öffentlicher Haushalte,
WSI-Mitteilungen 08/2005, Angaben in Mrd. Euro

Mit diesem Geld ließen sich auch die Folgekosten der deutschen Einheit quasi aus der Portokasse finanzieren, so wie das Helmut Kohl versprochen hatte. Der West-Ost-Transfer betrug 2004 zwischen 15 und 120 Milliarden Euro, je nach Interessenlage desjenigen, der die Zahlen nennt.[19] Ohnehin ist strittig, ob die Vereinigung sich überhaupt negativ auf den öffentlichen Schuldenstand auswirkt. Denn das Geld stabilisiert im Osten die Nachfrage, was wiederum Steuer- und Beitragseinnahmen nach sich zieht und die Zahl der Arbeitslosen senkt.

Warum wird eine offensichtlich gescheiterte Politik weiter betrieben? Da ist zunächst das »Hausfrauen-Argument«: Wir alle haben gelernt, dass man möglichst keine Schulden macht, und wenn doch, diese möglichst schnell zurückzahlt. Finanzminister Steinbrück hat in seiner »Grundsatzrede« im Januar 2006 an diesen – im Privaten durchaus richtigen – Leitsatz appelliert: »Dieser Mentalitätswechsel hat im privaten Bereich längst stattgefunden. Neuer Fernseher zur Fußball-WM oder Jahresurlaub? Neues Auto oder neuer energiesparender Kühlschrank? Alles auf einmal geht nicht.«[20]

Wer diesen Grundsatz missachte, so geht das Argument weiter, lebe auf Kosten nachfolgender Generationen. »Wir« machen Schulden, die »unsere Kinder« zurückzahlen müssen. Da aber eine Volkswirtschaft komplexer ist als ein Vier-Personen-Haushalt oder ein mittelständisches Unternehmen, stimmt auch diese Annahme nicht. Es stellt sich zunächst die grundsätzliche Frage, was schlimmer wirkt, öffentliche Investitionen auf Kredit zu finanzieren, wie das in der privaten Wirtschaft gang und gäbe ist, oder auf Investitionen zu verzichten, öffentliche Gebäude, Straßen und Kanalisation verrotten zu lassen und auf eine Verbesserung der Forschungs- und Bildungsinfrastruktur zu verzichten. Mit »auf Pump« finanzierten öffentlichen Investitionen werden Werte geschaffen, die den Schulden gegenüberstehen. Mit anderen Worten: »Unsere Kinder« bekommen etwas fürs Geld. Obendrein wird nicht nur die Schuld, sondern auch der Schuldtitel vererbt. Das heißt, »unsere Kinder« zahlen nicht nur die Zinsen als SteuerzahlerInnen, sie bekommen sie auch ausbezahlt. Genau genommen kann eine Volkswirtschaft weder sparen noch Schulden vererben. Das Geld bleibt immer im Wirtschaftskreislauf.

Hier zeigt sich allerdings ein soziales Problem staatlicher Schulden: Die SteuerbürgerInnen sind es, die die Zinsen zahlen. Angesichts des dargestellten Marsches in den Lohnsteuerstaat sind das im Wesentlichen lohnabhängig Beschäftigte und VerbraucherInnen. Zurückbezahlt bekommen die Zinsen diejenigen, die Geld zum Anlegen haben. Da der gesellschaftliche Reichtum immer ungleicher verteilt ist, sind das wiederum überwiegend Besserverdienende, Reiche und Superreiche – und natürlich die Banken, über die der Schuldendienst abgewickelt wird.

Das funktioniert so: Der Bund legt Staatsanleihen als festverzinsliche Wertpapiere auf und versteigert sie über die Finanzagentur GmbH in Frankfurt am Main an Kreditinstitute, die die Papiere an der Börse frei handeln dürfen. Der Rückzahlungszeitpunkt ist für jede Tranche festgelegt. Von März bis Mai 2006 wurden Papiere im Wert von 14 Milliarden Euro versteigert. Zahltag ist der 08.04.2011. Dann wird diese Transaktion den Bund 2,45 Milliarden Euro gekostet haben, jedes Jahr 490 Millionen Euro Zinsen.[21]

Staatsverschuldung ist permanente Umverteilung von unten nach oben. Deswegen ist das Ziel, die Schuldenlast zu verringern, gar nicht falsch. Wohl aber der Weg: Denn derzeit zahlen Normalverdienende die Schuldzinsen. Menschen, die auf das soziale Netz angewiesen sind, tragen die Konsequenzen der Rotstiftpolitik, während sich Unternehmen und Vermögende fein heraushalten. Für sie ist der Schuldenstaat ein Goldesel. Zinsen werden zuverlässig bedient, und das schon seit 1970. Allein der Bund steht mit über 900 Milliarden Euro in der Kreide. Jede siebte Steuermark fließt nicht in die öffentliche Daseinsvorsorge, sondern in den Schuldendienst.

Trotz dieses erklecklichen Profits predigen Wirtschaftsvertreter, Unternehmensberatungen und die sie unterstützenden PolitikerInnen Schuldenabbau und Haushaltssanierung. Doch dabei geht es gar nicht darum, den Staat aus dem Schuldturm zu befreien. Vielmehr lässt sich mit der vermeintlichen Notwendigkeit zur Haushaltssanierung vieles begründen, vor allem Sozialabbau.

Beim Bund geht es insbesondere um die Bundeszuschüsse zu den Sozialversicherungen. Gezahlt werden pro Jahr bis zu 80 Milliarden Euro an die gesetzliche Rentenversicherung, seit 2004 bis zu vier

Milliarden jährlich an die gesetzlichen Krankenkassen und 0,4 bis sieben Milliarden Euro in den vergangenen zehn Jahren an die Bundesagentur für Arbeit. Das macht mehr als ein Drittel des gesamten Bundeshaushalts aus. Eigentlich wird die Sozialversicherung paritätisch, also je zur Hälfte von Arbeitgebern und Beschäftigten finanziert. Doch der Staat ist gesetzlich verpflichtet, für Defizite einzustehen. Ein Teil der Bundeszuschüsse lässt sich mit versicherungsfremden Leistungen begründen, mit der kostenlosen Familienversicherung in der Krankenkasse etwa, der Anrechnung von Erziehungszeiten bei der Rente oder mit der Finanzierung von Fremdrenten für SpätaussiedlerInnen. Allerdings gilt im politischen Berlin das Dogma von den niedrigen Lohnnebenkosten. Und da verbietet es sich von allein, die Beitragssätze zu erhöhen, wenn sich ein Finanzloch auftut.

Sparen an den Arbeitslosen

Der daraus folgende Umverteilungsmechanismus zeigt sich plastisch bei der Arbeitslosenversicherung: Parallel zur Arbeitslosenquote stiegen die Beitragssätze in den vergangenen 30 Jahren von zwei auf 6,5 Prozent. Seit 1993 ist eine Erhöhung tabu. Mit den Hartz-Reformen wurden das Arbeitslosengeld I auf zwölf Monate begrenzt und die arbeitsmarktpolitischen Leistungen zusammengestrichen. Statt mit einem Defizit schloss die Bundesagentur (BA) 2006 mit 11,2 Milliarden Euro Überschuss ab, obwohl die Zahl der registrierten Arbeitslosen nicht nennenswert gesunken ist. Der Gewinn war nur möglich, weil Arbeitslose schneller aus der Versicherungsleistung Arbeitslosengeld I heraus- und in die Fürsorgeleistung Alg II hineinrutschen. Für jeden Menschen, dem das passiert, zahlt die BA 10.000 Euro an den Bund. Aber selbst das lohnt sich offensichlich. Das Alg II schlägt im Bundeshaushalt mit weit über 20 Milliarden Euro zu Buche. Deswegen denkt sich die große Koalition immer neue Boshaftigkeiten für Langzeitarbeitslose aus. Gleichzeitig fließt ein Prozent aus der Mehrwertsteuererhöhung an die Bundesagentur, um den Beitragssatz zu senken. Davon profitieren zwar Beschäftigte wie Arbeitgeber. Doch obwohl im Export keine Mehrwertsteuer anfällt, streicht die profitable Exportwirtschaft die Einsparungen bei den Lohnnebenkosten genauso ein wie die am Binnenmarkt kränkelnden Unternehmen. Zahlen müssen die VerbraucherInnen, unabhängig davon, ob sie einer bezahlten Arbeit nachgehen, studieren, arbeitslos oder in Rente sind. Das Ende vom Lied: Die Arbeitgeber sparen Beiträge, die Reichen werden verschont, die VerbraucherInnen zahlen höhere Preise, und den Arbeitslosen geht es schlechter als zuvor.

Sparen an der Bildung

Wissensgesellschaft und PISA-Schock hin oder her, die Länder sparen weiter an der Bildung. So wurden im Jahr 2006 rund 1.400 LehrerInnen weniger eingestellt, als notwendig wären, um den Unterrichtsbedarf zu decken. Von 2003 bis 2005 fehlten sogar 14.800 LehrerInnen.[22] Stattdessen gibt es größere Klassen, werden Arbeitsgemeinschaften und Aktivitäten außerhalb des Unterrichts zusammengestrichen.

Großspurig hatte Hessen die »Unterrichtsgarantie plus« für das Schuljahr 2006/2007 angekündigt. Keine Schulstunde sollte ausfallen. Neue LehrerInnen wollte Kultusministerin Karin Wolff dafür jedoch nicht einstellen. Stattdessen flatterte vielen Eltern ein Brief der Schulleitung ins Haus mit der Anfrage, ob sie nicht auch mal einspringen könnten. Wolff hatte sich das so schön ausgedacht: »Ein erfahrener Jugendtrainer mit Lizenz kann die erkrankte Sportlehrerin ersetzen. Eine pädagogisch talentierte Mutter, die ihre drei Kinder regelmäßig bei den Hausaufgaben begleitet, ist sehr wohl in der Lage, wiederholendes Lernen in Klassenzimmern zu organisieren. Auch spricht nichts dagegen, wenn gestandene Handwerksmeister Arbeitskundeunterricht erteilen.«[23] Leider kam es anders. In einer Frankfurter Schule zum Beispiel stand eine Vertretung im Französisch-Unterricht, die die Sprache überhaupt nicht beherrschte. Die Dolmetscherin wiederum, die überstürzt einspringen musste, hatte keinerlei pädagogische Fähigkeiten. Zwar versicherte Wolff, die VertretungslehrerInnen müssten »über die notwendige Sachkompetenz verfügen«. Doch in der zehnseitigen Verordnung zur Unterrichtsgarantie plus sind gerade mal neun Zeilen der Qualifikation gewidmet. Beurteilen soll das die Schulleitung. Doch die könne nur »nach Augenschein« entscheiden, meint ein Frankfurter Schulleiter.[24] Ein richtiges Bewerbungsverfahren ist nicht vorgesehen, zumal jede Schule pro LehrerIn nur 1.000 Euro Vertretungsmittel erhält.

In Nordrhein-Westfalen sollen nicht mehr benötigte Verwaltungs-beamtinnen und -beamte an Schulen abgeordnet werden, um dem Unterrichtsausfall zu begegnen, ab dem Schuljahr 2007/2008 zunächst einmal an Berufskollegs.

Was in Hessen noch für Aufregung sorgt, ist in Bayern längst Realität. Doch während die hessischen Laien-LehrerInnen wenigstens für ihren Einsatz bezahlt werden, gibt es in Bayern nur ein »Vergelt's Gott«. Hingegen wollte die CSU die Eltern für die Schulbücher selbst zahlen lassen. Begründung: »Für ein Handy haben die Eltern ja auch genügend Geld.«[25] Das löste im Herbst 2004 einen Sturm der Entrüstung aus. Jetzt ist »nur« eine Eigenbeteiligung fällig, für Kinder in Grundschulen 20 Euro, an allen anderen Schulen 40 Euro pro Schuljahr.[26]

Der Freistaat liegt damit voll im Trend. Nach einer Studie der Gewerkschaft Erziehung und Wissenschaft (GEW) sind die Ausgaben der Länder für Schulbücher von 1991 bis 2003 von 400 Millionen Euro auf 250 Millionen gesunken. Vielerorts ist der Kalte Krieg in Schulatlanten noch nicht zu Ende, oder die Rechtschreibreform hat nicht stattgefunden. Einspringen müssen die Eltern. Hamburg steht mit 100 Euro pro Jahr an der Spitze.

Bücher sind der dickste Posten bei den elterlichen »Nebenkosten« für die Bildung der Kinder. Aber auch Schreibhefte, Kopier- und Fahrtkosten schlagen zu Buche. Von Lernmittelfreiheit kann schon lange keine Rede mehr sein. Und wenn, wie in Brandenburg, Eltern für einen Schulweg von 25 Kilometern jedes Jahr 545 Euro aufbringen müssen, wird der ländliche Raum irgendwann wieder zur Bildungswüste.[27]

Der Raubbau am deutschen Schulwesen setzt sich in den Kommunen fort. Da wird das Renovieren eines Klassenzimmers zum pädagogischen Event umdefiniert. Andernorts rücken handwerklich begabte Eltern mit Farbeimer und Werkzeugkiste an. In manchen Schulen werden nicht mal mehr die Toiletten täglich geputzt. Gespart wird an Hausmeistern und Schulsekretärinnen, an der technischen Ausstattung und am Mobiliar.

Mit 28 Milliarden Euro ist das deutsche Schulwesen im internationalen Vergleich unterfinanziert. Eine Konsequenz ist die zunehmende Bedeutung von privater Nachhilfe. Nach einer Studie des Deutschen Instituts für Wirtschaftsforschung sucht jeder dritte Schüler, der das Abitur schaffen will, private Unterstützung. Über zwei Milliarden Euro geben Eltern dafür pro Jahr aus, oder sie schicken ihre Kinder gleich auf eine private Schule, wenn sie das nötige Kleingeld haben. Die Zahl der PrivatschülerInnen nahm innerhalb von zehn Jahren um 146.000 zu und erreichte 2006 mit 640.000 einen Höchststand,[28] während sie an staatlichen Schulen um 331.000 sank.[29] Nach Angaben des Bundesverbandes Deutscher Privatschulen belaufen sich die reinen Schulgebühren auf 100 bis 200 Euro pro Monat. Und während für qualifizierte VertretungslehrerInnen in Hessen kein Geld da ist, stockte Kultusministerin Karin Wolff 2006 die Zuschüsse für private Schulen um zehn Millionen Euro auf.[30]

An staatlichen Schulen ist ein Schulgeld noch tabu, doch die Ablehnungsfront gegen Studiengebühren bröckelt in den Landesparlamenten. Baden-Württemberg, Bayern, Hamburg, Hessen, Niedersachsen, Nordrhein-Westfalen und das Saarland haben allgemeine Studiengebühren von bis zu 500 Euro beschlossen. Dabei ist nicht einmal überall gesichert, dass das Geld an der jeweiligen Hochschule verbleibt oder dass im Gegenzug nicht der Landesetat für die Hochschule gekürzt wird.[31]

Thüringen und Sachsen-Anhalt verlangen Strafgebühren für Langzeitstudierende, Sachsen bittet im Zweitstudium zur Kasse. Rheinland-Pfalz hat ein nutzungsorientiertes Studienkonto eingerichtet. Nur in Bremen, Berlin, Brandenburg, Mecklenburg-Vorpommern und Schleswig-Holstein sind Studiengebühren kein Thema – noch. Absehbar ist, dass sich das ändern wird, wenn immer mehr junge Menschen, die sich Gebühren nicht leisten können, zum Studium in diese Länder ausweichen.

Die sozialen Konsequenzen steigender Kosten fürs Studium machen sich seit Jahren bemerkbar: Immer weniger Arbeiterkinder gelangen an die Hochschulen, während die Zahl der Studierenden aus hohen sozialen Schichten steigt. Obendrein lassen Studiengebühren die Zahl der Erstsemester sinken. Das hat 2005 die Kultusministerkonferenz festgestellt. Ein Jahr später tadelte eine neue PISA-Studie Deutschland für seinen geringen Anteil an Menschen mit akademischer Ausbildung.

Soziale Herkunft von Studierenden

	1982	1988	1994	2000	2003	2006
hoch	17 %	23 %	27 %	33 %	37 %	38 %
gehoben	26 %	26 %	31 %	26 %	24 %	24 %
mittel	34 %	33 %	28 %	28 %	27 %	25 %
niedrig	23 %	18 %	14 %	13 %	12 %	13 %

Quelle: 17. und 18. Sozialerhebung des Deutschen Studentenwerks

Kommunale Pleite

Die Kommunen stehen ganz am Ende beim öffentlichen Finanzpoker. Mit dem Bund streiten sie sich um dessen Beteiligung an den Unterkunftskosten der Alg-II-BezieherInnen und um den Ausbau der öffentlichen Betreuungsangebote für Kleinkinder. Mit der Verabschiedung des »Tagesbetreuungsausbaugesetzes« Ende 2004 hatte die rot-grüne Bundesregierung den Kommunen versprochen, dass sie durch die Hartz-Reform 2,5 Milliarden Euro sparen würden. Dafür sollten sie 1,5 Milliarden Euro in die Betreuung der ganz Kleinen stecken. Die erhofften Einsparungen blieben jedoch aus. Deswegen muss sich der Bund an den Unterkunftskosten beteiligen. Da der Bund nicht direkt mit den Kommunen verhandeln kann, fließt das Geld über den Umweg der Länderhaushalte. Dort werden die Zuwendungen aber nicht in vollem Umfang weitergegeben, oder es werden andere Zuschüsse gekürzt. Und das, was unten ankommt, verwenden die Ratsherren lieber zum Stopfen von Haushaltslöchern als zum Ausbau der Betreuungsinfrastruktur.

In den Kommunen zeigt sich der durch leere Kassen diktierte Sozialabbau wie im Brennglas. Große Löcher sind bereits ins soziale Netz gekokelt. Gebühren steigen, Kultureinrichtungen werden geschlossen, Vereine müssen auf Zuschüsse verzichten oder »marktübliche« Mieten für die Nutzung öffentlicher Gebäude zahlen. Nicht nur Schulen verrotten, auch die Kanalisation ist vielerorts so marode, dass Fachleute inzwischen von einer tickenden Zeitbombe unter unseren Städten sprechen. Und Schwimmbäder werden geschlossen, weil kein Geld für die Renovierung da ist. Um 42 Prozent haben die Kommunen ihre Bauinvestitionen seit 1992 zurückgefahren, klagt der Hauptverband der Deutschen Bauindustrie. In Sachsen zum Beispiel seien zwei Drittel der kommunalen Gebäude in kritischem Zustand und müssten dringend renoviert oder erneuert werden.[32] Investitionszurückhaltung kann tödlich sein. Anfang 2006 kamen in Bad Reichenhall beim Einsturz einer Eissporthalle fünfzehn Menschen ums Leben. Mancherorts müssen auch auf Spielplätzen private Paten dafür Sorge tragen, dass sich die Kids beim Toben nicht an verrosteten Stangen oder morschen Scharnieren verletzen oder sich an herumliegenden gebrauchten Fixer-Spritzen mit Aids oder Hepatitis infizieren.

So sehr Länder und Kommunen auch unter Finanznot leiden, sie wissen aus der Misere auch Kapital zu schlagen und trocknen unliebsame Träger von Hilfeeinrichtungen finanziell aus. Im Saarland wurde Anfang 2005 der Landeszuschuss von 90.000 Euro für die Koordination saarländischer Arbeitsloseninitiativen gestrichen.[33] In Nordrhein-Westfalen traf es die Regionalstellen Frau und Beruf, jene zentralen Netzwerkknoten der Infrastruktur für Frauen des Landes, die oft als einzige Stellen für eine regionale Arbeitsmarktförderung im Interesse von Frauen stritten. In Hessen mussten fast alle Organisationen, die sich um Problemgruppen kümmern, mit weniger oder ohne Landeszuschüsse auskommen. Das Nachsehen haben Obdachlose, Gewaltopfer, Überschuldete und HIV-Positive. Eben alle, die nicht in die heile konservative Familienwelt eines Roland Koch, eines Jürgen Rüttgers oder eines Peter Müller passen und nach deren Weltbild vermutlich selbst schuld sind an ihrem Elend.

In ihrer Not verscherbeln Kommunen auch noch das letzte Tafelsilber: Dresden machte Anfang 2006 Furore, als es 48.000 kommunale Wohnungen für 1,7 Milliarden Euro an einen US-amerikanischen Hegdefonds verkaufte und den Kommunalhaushalt auf einen Schlag entschuldete. Im Juni 2006 beschloss der Stadtrat ein Neuverschuldungsverbot. Eine Bürgschaft für den geplanten Neubau des Stadions für den Fußball-Regionalligisten der Männer Dynamo Dresden kommt nach Auffassung der CDU-Stadtratsfraktion schon mal nicht in Frage.[34] Bei einem Unternehmen ist die Vorstellung, Kredite für Investitionen zu verbieten, völlig absurd. Aber anscheinend kann Dresden auf neue Schulen, Straßen oder eine funktionierende Kanalisation auf Dauer verzichten.

Auch die Stadt Leipzig denkt über den Verkauf des kommunalen Wohnungsbestandes nach.[35] Eines wird dabei übersehen. Wer öffent-

lichen Wohnraum privatisiert, nimmt stark steigende Mieten in Kauf
und muss hinterher höheres Wohngeld bezahlen.

Das Schuldenmachen verbieten?

Das Neuverschuldungsverbot ist zwar auf dem Mist des (im Mai 2006
wegen Untreue und Beihilfe zum Insolvenzbetrug vom Dienst sus-
pendierten und in erster Instanz zu 14 Monaten Haft auf Bewährung
verurteilten) Dresdener Oberbürgermeisters Ingolf Roßberg (FDP)
gewachsen. Doch er steht nicht allein. Seine gesamte Partei wie auch
weite Teile der CDU/CSU sind dieser Fußfessel für öffentliche
Gestaltungsoptionen zugetan. Der Bundesverband junger Unternehmer will das Verbot gar im Grundgesetz festschreiben. Und nach
Informationen des *Spiegel* wird selbst im Bundesfinanzministerium
darüber nachgedacht, die Kreditaufnahme des Bundes auf »konjunkturelle Gründe« zu beschränken.[36]
   Bei diesen Daumenschrauben geht es weniger darum, die öffentlichen Hände quasi vor sich selbst in Schutz zu nehmen, wie AlkoholikerInnen, die den Fusel ins Klo kippen. Vielmehr hat ein solches
Verbot ideologische Gründe. Der Staat solle nicht investieren, weil er
damit nämlich private Investitionen verdränge, so zumindest argumentiert Herrmann Remsperger, Vorstandsmitglied bei der Bundesbank.[37] Staatsverschuldung als Grund für ausbleibende private Investitionen – ein absurder Gedanke, allerdings ein weit verbreiteter.
Dass die Staatsquote zurückgefahren werden müsse, gehört zu den
Dogmen des Neoliberalismus. Die Staatsquote definiert den Anteil
der Staatsausgaben am Sozialprodukt. Nach neoliberaler Ideologie
sind hohe Staatsausgaben schlecht, weil sie private Investitionen
hemmen. Deswegen will der Wirtschaftsrat der CDU »Deutschland
aus dem Würgegriff der Staatswirtschaft« befreien.[38]
   Die Senkung der Staatsquote findet sich in Partei- und Wahlpro-
grammen von CDU, CSU und FDP. Auch die SPD und weite Teile
der Grünen haben diesen Glaubenssatz inzwischen übernommen.
Mit der Senkung würden Mittel frei für eine Steuerreform und für die
Finanzierung von Wissenschaft und Ausbildung, argumentiert Professor Rolf Peffekoven, Finanzwissenschaftler in Mainz und Regierungsberater in Berlin.[39] Da ist sie wieder, die Mär von den Steuer-

senkungen, um private Investitionen anzuregen. Es lohnt sich zu wiederholen: Die Unternehmen haben auch in Zeiten, als sie im Geld schwammen, nicht investiert, weil es sich nicht lohnte.

Warum der Staat nicht handeln darf

Das Dogma von der Notwendigkeit einer sinkenden Staatsquote hat zur Voraussetzung, dass diese überhaupt zu hoch ist. Das ist sie aber nicht, weder im langjährigen nationalen Durchschnitt noch im internationalen Vergleich. Seit 20 Jahren pendelt die Quote hierzulande zwischen 45 und knapp 50 Prozent.[40] Unter den 15 alten EU-Staaten rangiert Deutschland damit im unteren Mittelfeld.[41] Ein Zusammenhang mit der wirtschaftlichen Entwicklung lässt sich nicht herstellen. Weder ist die Staatsquote in den Jahren der Wirtschaftskrise nennenswert gestiegen, noch haben Staaten mit einer dynamischeren Wirtschaft generell eine niedrigere Staatsquote.

Nicht zuletzt stellt sich die Frage, was die Staatsquote überhaupt aussagt. Zum einen gehören auch Sozialversicherungen zur Staatsquote, soweit sie staatlich organisiert sind. Länder, in denen die Lebensrisiken nicht über öffentliche Sozialversicherungen, sondern individuell abgesichert werden, kommen im Vergleich der Staatsquoten zwar besser weg. Aber geht es der Mehrheit der Menschen damit besser? Zum anderen fließen »durchlaufende Posten« in die Staatsquote ein, etwa das Kinder- oder das Elterngeld.

Sozialversicherungen, Geldleistungen und Staatstätigkeit im engeren Sinne – wer die Staatsquote senken will, hat alle drei Bereiche im Blick. Die Privatisierung der Altersvorsorge und der Gesundheitskosten ist in vollem Gang. Transferleistungen werden mit dem Gerede vom Subventionsabbau in Frage gestellt.

Auch bei anderen staatlichen Leistungen gibt es fast keine Tabus mehr: In Bahnhöfen und Einkaufszentren, selbst vor Bundeswehrkasernen patrouillieren private Wachdienste. In Hessen wird sogar ein Gefängnis privat betrieben. Vielerorts sind der öffentliche Personennahverkehr und die Müllabfuhr an Private vergeben. Die Städtischen Bühnen in Frankfurt am Main wurden in einer GmbH zusammengefasst. In Hamburg und anderen Städten wurden Museen und Kultureinrichtungen in Stiftungen ausgelagert, ohne ausreichend Stiftungskapital mitzugeben.[42] Wohnungsbaugesellschaften wechseln von öffentlichem in privaten Besitz. Kommunale Krankenhäuser werden an Klinik-Konzerne verkauft. Die größten – Rhön, Helios und Asklepios – machen heute jeweils mehr als eine Milliarde Euro Umsatz.[43] In Hamburg setzte sich der Senat sogar über ein 70-prozentiges Nein bei der Volksabstimmung zum Verkauf der Uniklinik hinweg. Nur die Privatisierung der Deutschen Flugsicherung lehnte der Bundespräsident, der jedes Gesetz unterschreiben muss, aus verfassungsrechtlichen Gründen ab. Jetzt erwägt die große Koalition eine Verfassungsänderung.

In Großbritannien hat Arvato, eine Tochter des Bertelsmann-Konzerns, die Verwaltung eines ganzen Bezirks übernommen, betreibt Bürgerbüros, kassiert Steuern und zahlt Wohngeld. East Riding mit seinen 320.000 Einwohnerinnen und Einwohnern gilt nur als Pilotprojekt. Im Visier hat Arvato Zentraleuropa und Deutschland. Pikant an der Angelegenheit: Die Bertelsmann Stiftung ist eine offene Befürworterin von Privatisierungen, berät Parteien und Regierungen in Deutschland bei der Verwaltungsmodernisierung und könnte sich als Wegbereiterin für die »Konzern-Schwester« erweisen.[44]

Jahrzehntelang lebten öffentliche und private Energieversorger in friedlicher Koexistenz. Die EU kündigte 1996 die Liberalisierung des Strommarktes an. Seitdem kommt Bewegung in die Eigentümerstruktur. Inzwischen beherrscht ein Oligopol von vier Stromkonzernen den deutschen Markt und streicht mit überhöhten Preisen Monopolgewinne ein: E.on, EnBW, Vattenfall und RWE. Die Konzerne kauften sich in kommunale Versorgungsunternehmen ein und bauten ihre marktbeherrschende Stellung aus, bis das Bundeskartellamt dem 2005 ein Ende setzte.

Eine besondere Variante der Privatisierung ist das »Sale and lease back« – das Verkaufen und Zurückmieten. Der Landkreis Offenbach hat seine 90 Schulen an einen privaten Betreiber verkauft und zahlt jetzt Miete in den vormals eigenen Räumen. Die Stadt Monheim am Rhein überlässt die Sanierung und den Betrieb seiner Schulen und Sporthallen dem Bauunternehmer Kirchner aus Bad Hersfeld und zahlt 25 Jahre lang jährlich drei Millionen Euro. Behauptete Ersparnis: 15 Prozent.[45] Das Land Hessen verkauft Immobilien im Wert von ein bis zwei Milliarden Euro, unter anderem das Frankfurter Polizeipräsidium, das Finanz- und das Innenministerium, und mietet sie für

20 oder 30 Jahre zurück. Wegen der Mietgarantie ist das für die interessierten Hedgefonds ein sicheres Geschäft.[46] Auch in Hamburg wurden 38 öffentliche Gebäude für 815 Millionen Euro verkauft. Vermie-
ter ist jetzt der französische Immobilienfonds Ixis.[47]

Öffentlich-private Partnerschaft: Ganz schön teuer

Verkaufen und Zurückmieten ist eine Variante der Public Private
Partnerships (PPP), der öffentlich-privaten Partnerschaften, in denen
sich eine öffentliche Institution mit einem privaten Investor
zusammentut, um eine öffentliche Aufgabe zu erfüllen. Das geschieht
in Bereichen, wo eine komplette Privatisierung nicht in Frage kommt.
Das größte Projekt dieser Art ist die Autobahn-Maut für Lkws. Toll
Collect, ein Joint Venture der Deutschen Telekom, DaimlerChrysler
und der französischen Cofiroute, entwickelte ein satellitengestütztes
System, um die Lkw-Maut auf deutschen Autobahnen zu erheben.
Zwar hätte es eine viel billigere Vignette auch getan. Aber die Unternehmen wollen ihre Systeme global verkaufen, und das klappt besser,
wenn sie eine Referenzstrecke vorweisen können. (Aus dem gleichen
Grund wurde übrigens jahrzehntelang nach einer geeigneten Strecke
für die Magnetschwebebahn Transrapid gesucht.) Doch von Anfang
an steckte der Wurm drin. Ursprünglich sollte das Maut-System am
01.08.2003 in Betrieb gehen. Wegen technischer Probleme wurde der
Start auf den 01.01.2005 verschoben, zudem kam auch nur eine abge-
speckte Form zum Einsatz. Erst seit Anfang 2006 läuft das System in
vollem Umfang. Wegen der Verzögerung musste Toll Collect bisher
eine Vertragsstrafe in dreistelliger Millionenhöhe zahlen. Der Bund
macht aber noch mehr als fünf Milliarden Euro geltend, vor allem für
entgangene Einnahmen, und hat das Unternehmen vor dem vertraglich vereinbarten Schiedsgericht verklagt. Der Finanzminister rechnet
nun mit jährlich rund drei Milliarden Euro aus der Lkw-Maut. Etwa
650 Millionen davon streicht Toll Collect ein.

Das deutsche Autobahnnetz mit einer Gesamtlänge von 12.000
Kilometern und einem Zeitwert von 52,5 Milliarden Euro ohne
Grund und Boden weckt die Begehrlichkeiten der Bauwirtschaft. Bis
2015 müssen rund 80 Milliarden Euro in den Straßenbau investiert
werden, davon allein 28 Milliarden in den Aus- und Neubau von

Autobahnen.[48] Auch bis zu einem Drittel der Brücken sind stark sanierungsbedürftig.[49] Doch Bund und Länder sind klamm. Und so bröckelt die Front derer, die den urdeutschen Grundsatz der »freien Fahrt für freie Bürger« hochhalten. Die Idee, Autobahnen, Brücken und Tunnels privat zu bezahlen und durch eine Maut auch für Pkws zu refinanzieren, findet immer mehr AnhängerInnen in der Politik. Bisher wurden der Warnow-Tunnel in Rostock und der Herren-Tunnel in Lübeck privat gebaut. Doch in Rostock lohnt sich das Geschäft kaum. Eine Insolvenz des Betreibers wurde nur knapp abgewendet – auf Kosten der NutzerInnen. Denn die müssen statt der ursprünglich vorgesehenen 30 jetzt 50 Jahre lang zahlen.

Mit den Straßen-PPPs kommt die Maut für alle, das ist sicher. Und in Rostock zeigt sich, wer das Nachsehen hat, wenn der Deal zwischen öffentlicher Hand und privatem Investor nicht aufgeht: Bürgerinnen, Kunden und Nutzerinnen. Der Publizist und PPP-Kritiker Werner Rügemer sagt: »In keinem der bisher bekannt gewordenen Modelle sind Vorteile für die Bürger herausgekommen. Überall sind nach der Privatisierung – nach einer gewissen Frist – die Preise und Gebühren stärker angestiegen als unter kommunaler Regie.« Rügemer kritisiert vor allem, dass die Gesamtverpflichtungen, die die öffentlichen Hände eingehen, nicht offen gelegt werden, etwa Mietsteigerungen und die von der Nutzbarkeit unabhängige Zahlungspflicht. Personalabbau und niedrigere Löhne, die fast immer einer Privatisierung folgen, schlagen sich außerdem im Sozialetat nieder.[50]

Mit der Privatisierung geben Kommunen wichtige Instrumente aus der Hand, um auf die wirtschaftliche und soziale Entwicklung einer Stadt Einfluss zu nehmen. Beispiel Hamburg: In den 1970er Jahren wurden die Aluminiumwerke mit dem Versprechen günstiger Energiepreise an die Elbe gelockt. Zwanzig Jahre später verkaufte die Stadt die Hamburger Elektrizitätswerke (HEW) an Vattenfall. Die Strompreise stiegen, die Aluwerke machten dicht und die Zahl der Arbeitslosen stieg. Doch nicht einmal die öffentlichen Schulden konnte die Hansestadt mit dem HEW-Deal senken. Sie kletterten von 20 auf 25 Milliarden.[51]

Steigende Mieten, steigende Preise und Gebühren, schlechterer Service, etwa bei der Post, die sich zunehmend aus der Fläche zurückzieht – Verlierer bei Privatisierungen sind alle, die öffentliche Dienstleistungen in Anspruch nehmen.

Die Privatisierungsbranche

Die Gewinner der Public Private Partnerships sind zum einen die Unternehmen, die für die Übernahme einer öffentlichen Aufgabe bezahlt werden. Sie kassieren garantiert und über Jahre hinweg, statt mit ihren Steuern die Investitionen in öffentliche Infrastruktur zu finanzieren. Gewinner sind aber auch jene Beratungsunternehmen und Wirtschaftskanzleien, die den Prozess der Privatisierung begleiten und vertraglich absichern. So wollte die Stadt Frankfurt am Main 2003 das städtische U-Bahn-Netz in Form eines Cross Border Leasings – der internationalen Variante des Kaufens und Zurückmietens – an einen US-Investor verkaufen. Nach öffentlichen Protesten und nachdem die USA die solche Projekte begünstigende Steuergesetzgebung geändert hatte, verzichtete man auf die Transaktion. In Aussicht gestellt waren 110 Millionen US-Dollar Ersparnis. Davon hätte die Stadt nach Angaben von attac Frankfurt allenfalls ein Viertel gesehen. Der Rest wäre in Form von Provisionen an die Privatisierungs-Dienstleister gegangen.

Die rot-grüne wie auch die große Koalition haben durch Gesetzesänderungen PPP-Projekte erleichtert. Dabei wurde der Bock zum Gärtner gemacht. Der Buchautor Albrecht Müller deckte auf, dass das rot-grüne PPP-Vereinfachungsgesetz vom Berliner Büro der US-amerikanischen Anwaltssozietät Hogan & Hartson Raue vorbereitet worden war. Die Wirtschaftskanzlei berät öffentliche Träger bei der Privatisierung.[52]

Trotz der offensichtlichen Nachteile für die Mehrheit der Bevölkerung wird das Zurückfahren der Staatsquote von der Politik forciert. Dazu gehört die Forderung vor allem von Wirtschaftsverbänden, CDU/CSU und FDP, dass die öffentlichen Hände sich nur noch dann wirtschaftlich betätigen sollen, »wenn sie das besser können als Private«. Was da für wen »besser« sein soll, wird nicht so genau erläutert. Teilweise haben die Länder die wirtschaftliche Betätigung von Kommunen bereits eingeschränkt.

Ganz eigene Erfahrungen mit den »besseren Privaten« hat der Kreis Muldental in Sachsen gemacht. Dort war die Müllabfuhr öffentlich ausgeschrieben worden. Doch gegenüber der Organisation in Eigenregie sparte der Kreis gerade mal 6.000 Euro. Die Müllwerker allerdings, die vom neuen Auftragnehmer genauso übernommen wurden wie die

Müllautos, verdienen nun statt gut 2.000 Euro nur noch 1.000 Euro brutto und haben fünf Tage weniger Urlaub. Allein das Wohngeld für einen Beschäftigten mit Familie frisst die gesamte Ersparnis wieder auf. Der Kreis Uckermark hingegen hat die Müllabfuhr rekommunalisiert. Die Beschäftigten bekommen jetzt wieder Tariflohn. Dennoch spart der Kreis im Vergleich zum Vorjahr voraussichtlich rund eine Million Euro. Für Anfang 2007 haben auch zwei westdeutsche Kreise die Rekommunalisierung aus Kostengründen angekündigt.[53]

Daumenschrauben aus Brüssel

Als effektiver Knüppel wirkt der EU-Stabilitäts- und Wachstumspakt. Darin haben sich die Euro-Länder innerhalb der EU auf Kriterien geeinigt, um die Währung stabil zu halten. Die jährliche Neuverschuldung darf drei Prozent und die Staatsverschuldung 60 Prozent des Bruttoinlandsprodukts nicht überschreiten. Staaten, die diese Kriterien verfehlen, müssen mit empfindlichen Strafen rechnen. Damit hat die EU ihre Wirtschaftspolitik – nicht zuletzt auf Betreiben Deutschlands – am alleinigen Ziel der Geldwertstabilität ausgerichtet. Doch immer mehr Länder verletzen die Verschuldungsgrenze. Auch Deutschland hat das fünfmal in Folge gemacht. Jetzt flammt immer mal wieder eine Debatte um die Auslegung der Kriterien auf, zumal diese ökonomisch nicht begründet und nicht begründbar sind, sondern Ergebnis einer langen Verhandlungsnacht waren.

Doch das spielt in der öffentlichen Diskussion keine Rolle. Hierzulande dienen die Stabilitätskriterien als Knute, um öffentliche Ausgaben zu begrenzen, den Sozialstaat auf ein Gerippe abzumagern und den öffentlichen Händen effektive Instrumente zur Gestaltung der wirtschaftlichen Entwicklung zu entreißen. Inzwischen fordern manche PolitikerInnen, die Stabilitätskriterien auch beim nationalen Länderfinanzausgleich anzuwenden.

Ihre Schulden werden Bund, Länder und Kommunen auf diese Weise nicht los. Vielmehr sind öffentliche Investitionen, Wirtschaftswachstum und sinkende Arbeitslosenzahlen die Voraussetzung, damit Steuern und Sozialabgaben wieder sprudeln.

Ostdeutschland: Der deutsche Mezzogiorno

Tagsüber sind sie kaum zu sehen, nachts leuchten sie umso heller: DAX, Dow Jones und Nikkei-Index auf dem Dach des neu errichteten Vilfredo-Pareto-Hauses, in dem die wirtschaftswissenschaftliche Fakultät der Uni Magdeburg ihren Sitz hat. Nachts, wenn drum herum die Wege auf dem Unigelände nur spärlich gelb beleuchtet sind und viele Gebäude noch heruntergekommener, noch verfallener, die eingeschlagenen Fenster noch unheimlicher und die Graffiti auf zerbrochener DDR-Platte noch düsterer wirken.

Aktienkurse als Leuchtturm inmitten von zerfallenen öffentlichen Gebäuden, ein neues Haus für die Wirtschaftswissenschaften, wo für Bildung kein Geld da ist. Solche Inseln des Wohlstands gibt es vielerorts im Osten der Republik: In Halle wechseln sich in so manchem Straßenzug renovierte Bürgerhäuser und Industrieruinen ab. In Dresden wurde die Altstadt für den Tourismus aufgemöbelt. In der Neustadt hat sich eine bunte Alternativszene entwickelt, die jedoch die unübersehbaren Lücken im runderneuerten Stadtbild nicht überdecken kann. In Rostock nehmen die herausgeputzte Altstadt und das noble Ostseebad Warnemünde die Plattenbausiedlungen quasi in die Zange. Dennoch scheint man in Evertshagen und Lichtenhagen, wo 1992 junge Rechtsradikale – angefeuert von so besoffenen wie frustrierten Schaulustigen – eine Flüchtlingsunterkunft attackiert und abgefackelt hatten, in einer ganz anderen Welt. In Arnstadt und Rudolstadt im Thüringer Wald muss man nur zweimal um die Ecke biegen, um von der neu hergerichteten Fußgängerzone in die Misere ostdeutschen Niedergangs einzutauchen. Und in Vorpommern, kurz hinter Wolgast und Anklam, beginnt – überhaupt nichts mehr: Hier missbrauchen Neonazis den Frust und die Perspektivlosigkeit arbeitsloser junger Männer für ihre menschenverachtende Ideologie.

Ja, es blüht etwas, jedoch keine Landschaften, allenfalls sorgsam gehegte Rabatten: Tourismus an der Ostsee, Chipindustrie in Dresden, Optik in Jena, die Chemie-Region Leuna-Bitterfeld, Autoindustrie rund um Leipzig und Dresden.[1]

Mit weit über 17 Prozent ist die Arbeitslosigkeit östlich der Elbe fast doppelt so hoch wie im Westen. In manchen Regionen hat jeder Vierte keinen Broterwerb. Das Lohngefälle zwischen beiden Teilen Deutschlands wächst, weil immer mehr Unternehmen im Osten aus der Tarifbindung fliehen oder ohnehin nie einem Arbeitgeberverband angehörten und unter Tarif oder selbst unter Mindestlohn zahlen. Das Medianeinkommen, das ostdeutsche Haushalte in eine reichere und eine ärmere Hälfte teilt, ist von 79 Prozent des Westniveaus im Jahr 1995 auf 63 Prozent im Jahr 2004 gesunken.[2] Die öffentlichen Investitionen gehen nach einem Schub Anfang der 1990er Jahre weit stärker zurück als in den alten Bundesländern. Das Bruttoinlandsprodukt pro Beschäftigtem erreichte 2006 nur drei Viertel des Westniveaus. Vor dem Mauerfall verließen ungefähr 65.000 Menschen pro Jahr die DDR. 2001 wanderten rund 97.700 ab. Fünf Jahre später waren es per Saldo immer noch rund 54.000.[3] Auf die Frage, in wie vielen Jahren die Einkommen endlich angeglichen seien, antworteten 41 Prozent der Befragten: »Nie«! Nur 20 Prozent hoffen auf gleichwertige Lebensverhältnisse in den nächsten 20 Jahren.[4]

Blütezeit verpasst

Über alledem schwebt das Versprechen blühender Landschaften im Osten, das der »Kanzler der Einheit« Helmut Kohl bei der Gründung der Wirtschafts- und Währungsunion am 01.07.1990 vollmundig abgab und danach mehrfach bekräftigte. Schon so manche PolitikerInnen und tatsächliche oder selbsternannte Fachleute haben sich an der Frage versucht, wie die Wirtschaft in Ostdeutschland auf Trab zu bringen sei. Ein von der rot-grünen Bundesregierung eingesetzter Gesprächskreis Ost mit dem SPD-Politiker Klaus von Dohnanyi an der Spitze schlug vor, nur noch Wachstumskerne zu alimentieren, die dann wie Leuchttürme auf die Region ausstrahlen sollten, ferner Unternehmen statt Infrastruktur zu fördern, den Arbeitsmarkt zu flexibilisieren und »bürokratische Paragrafen« vorübergehend außer Kraft zu setzen. Der CDU-Politiker Friedrich Merz forderte eine »Sonderwirtschaftszone Ost«.[5] Das Kieler Institut für Weltwirtschaft machte verfehlte Subventionen für die Misere verantwortlich und forderte, den Kündigungsschutz abzuschaffen.[6] Viel mehr als niedrige Löhne und lange Arbeitszeiten, niedrige Unternehmenssteuern, weniger Mitbestimmung, geringere Umwelt- und Sozialstandards fiel kaum jemandem ein. Lediglich Jens Bullerjahn (SPD), heute Finanzminister in Sachsen-Anhalt, machte noch in Oppositionszeiten 2004 einen Kassensturz und kam zu dem Schluss, dass Sachsen-Anhalt wegen der aufgelaufenen Zinszahlungen selbst dann nicht genügend Geld haben wird, wenn die Neuverschuldung 2009 gestoppt werde. Von Bullerjahns damaliger Forderung nach einer Teilentschuldung des Landes ist heute im Finanzministerium in Magdeburg jedoch keine Rede mehr.[7]

Lohndumping und längere Arbeitszeiten sind Realität. Auch Subventionen sind in den vergangenen 16 Jahren reichlich an Unternehmen geflossen, die östlich der Elbe investieren wollten. Steuer-, Umwelt- und Sozialdumping konnten hingegen verhindert werden. Welche Folgen ein solcher Unterbietungswettbewerb hat, lässt sich in den neuen EU-Staaten und noch weiter östlich besichtigen. Dorthin verdrücken sich Unternehmen mit der Aussicht auf niedrige Steuern, beschränkte Arbeitnehmerrechte und wenig Auflagen, nur um bei nächster Gelegenheit ein noch günstigeres Angebot in einem anderen Land anzunehmen. Der Wirtschaft dieser Länder hilft das nicht auf die Beine. Stattdessen entsteht eine Art Zwei-Klassen-System zwischen jenen, die in einem solchen Betrieb ihr Auskommen finden, und jenen, die vor dem Werkstor stehen. Das Gemeinwesen verkommt derweil, weil sich mit niedrigem Einheitssteuersatz weder gute Schulen noch ein funktionierendes Gesundheitswesen aufbauen und unterhalten lassen.

Dumpingstrategien haben noch nirgendwo die Wirtschaft in Schwung gebracht. Nach einer Studie der Universität Jena beruht die Wettbewerbsfähigkeit der starken Standorte in Ostdeutschland gerade nicht auf niedrigen Löhnen, sondern auf den traditionellen wirtschaftlichen Stärken einer Region, auf Bildung und Forschung, auf Löhnen, die zur Leistung motivieren, und auf einer staatlichen Förderung, die Erfolg versprechende Ideen des Mittelstandes honoriert.

Abgesang auf soziale Einheit

Bullerjahns Analyse markierte einen Wendepunkt. Seither verabschieden sich immer mehr PolitikerInnen vom Heilsversprechen blühender Landschaften. Auch Bundespräsident Horst Köhler, zur Wendezeit Staatssekretär im Bundesfinanzministerium und als

Beauftragter der Bundesregierung für die Währungsunion verantwortlich, offenbart seinen Landsleuten im Osten: »Es gab und gibt nun mal überall in der Republik große Unterschiede in den Lebensverhältnissen. Das geht von Nord nach Süd wie von West nach Ost. Wer sie einebnen will, zementiert den Subventionsstaat und legt der jungen Generation eine untragbare Schuldenlast auf.«[8] Köhler zieht alle Register, mit denen den Menschen auch im Westen das Vertrauen auf den Sozialstaat ausgetrieben werden soll: naturgegebene Unterschiede, Schuldenstaat, fehlende Generationengerechtigkeit.

Damit spricht der Bundespräsident jenen aus dem Herzen, die ohnehin meinen, es müsse ein Ende haben mit der Alimentation des deutschen Ostens. Dass Edmund Stoiber (CSU), Ossi-Schreck und bis dato Ministerpräsident in Bayern, »sein« Geld lieber für sich behalten will, verwundert nicht weiter. In Bayern hat sich erst im Zuge der deutschen Einheit die Fließrichtung des Geldes aus dem Länderfinanzausgleich geändert. Bis 1989 bekam der Freistaat Geld aus dem gemeinschaftlichen Finanztopf. Erst danach mussten die Blauweißen zahlen. Der Aufstieg vom Nehmer- zum Geberland ist Stoiber offensichtlich zu Kopf gestiegen. Denn heute predigt er, wie sein hessischer Kollege Roland Koch (CDU), den »Wettbewerbsföderalismus«. Dessen Grundlage ist nicht etwa der finanzielle Ausgleich struktureller Nachteile einzelner Länder. Vielmehr erinnert dieses Konzept fatal an die Rechtfertigung großer Einkommensunterschiede in der Bevölkerung: Mehr Geld zu haben als andere, ist in dieser Denkschule ein Beleg für größere Leistungen. Wer weniger Geld erwirtschaftet, leistet wohl auch weniger und soll sich lieber anstrengen (so wie Bayern), als den Reicheren das Geld zu neiden.

Stoibers erhobener Zeigefinger ist unredlich. Doch er weiß viele Menschen in den wirtschaftlich schwachen Regionen westlich der Elbe hinter sich, denen es auch nicht besser geht als den neuen Ländern, die aber weniger Aufmerksamkeit genießen und den Eindruck haben, Geld, das eigentlich ihnen zustünde, fließe in den Osten: das nördliche Ruhrgebiet, das sich vom Zechensterben nicht erholt, Ostfriesland, die ehemaligen Stahlstandorte im Saarland oder die früheren Zonenrandgebiete in der Oberpfalz und in Oberbayern. Im oberfränkischen Nordhalben, gelegen im nordöstlichsten Zipfel Bayerns, dachte der Bürgermeister sogar laut darüber nach, die Seiten zu wechseln und sich Thüringen anzuschließen, weil Arbeitsplätze,

Unternehmen und immer mehr Menschen abwandern und die Zuschüsse aus München immer spärlicher fließen.[9]

In solchen Gegenden fällt ein Vorwurf auf fruchtbaren Boden, den mittlerweile auch das Bundesfinanzministerium äußert: Der Osten verschwende Fördergelder. Eigentlich sollen die neuen Länder das Geld aus dem Solidarpakt investieren. Stattdessen würden sie Schulden abbauen und ihren aufgeblähten öffentlichen Dienst alimentieren. Gut die Hälfte der Mittel aus dem Solidarpakt würden auf diese Weise »zweckentfremdet«.[10]

Wie viel Geld »uns« der Osten kostet

Die Rede von der fetten Verwaltung ist ein Märchen. Während Personalkosten in den Westländern gut 40 Prozent der Landesausgaben ausmachen, beträgt diese Quote im Osten nicht mal 25 Prozent.[11] Auch bei der tatsächlichen Höhe des West-Ost-Transfers werden Zahlen je nach Interessenlage frisiert. Der *Spiegel* schreckte Ende 2003 die Republik mit dem Titel: »1.250 Milliarden Euro – wozu?« Dieser Betrag versickere nutzlos im Osten. Das Hamburger Nachrichtenmagazin bezog sich dabei auf den Bruttotransfer in den Jahren 1990 bis 2003. Der umfasst allerdings nicht nur Fördergelder, sondern alle Ausgaben des Bundes, der Länder und der Sozialversicherungen, die in den Osten fließen, also auch Personalkosten für Bundesbedienstete östlich der Elbe, anteilige Verteidigungsausgaben und Sozialleistungen, die den Menschen im Westen ja auch zustehen. Obendrein wird dabei nicht berücksichtigt, dass die Ostdeutschen durch Steuern und Beiträge ihr Scherflein zum Staatsbudget beitragen. Im Nettotransfer – knapp 950 Milliarden Euro – ist dieser Anteil schon mal herausgerechnet. Die reinen Aufbauhilfen betrugen von 1990 bis 2003 nur 250 Milliarden Euro.[12]

Seit dem Jahr 2000 flossen jährlich rund 10,5 Milliarden Euro aus dem Solidarpakt in den Osten. Die Zahlungen sollen sich bis 2019 auf knapp 2,1 Milliarden verringern. Bis zu diesem Zeitpunkt will der Bund weitere 51 Milliarden Euro in den Aufbau Ost stecken. Danach soll angeblich Schluss sein.[13]

Der mehr oder minder offen formulierte Vorwurf der Westländer lautet: »Wenn wir den Osten nicht durchfüttern müssten, hätten wir eine florierende Wirtschaft und weniger Schulden.« Das eignet sich trefflich, um Stimmung zu machen und Bevölkerungsgruppen gegeneinander auszuspielen. Ob es tatsächlich stimmt, ist hingegen weniger sicher, als so mancher glauben machen will. Denn die Transfers »versickern« nicht, sondern fließen vollständig als kaufkräftige Nachfrage in den Wirtschaftskreislauf zurück. Teils landen sie in den ostdeutschen Filialen westdeutscher Handelsketten, teils fließen sie direkt in die ostdeutsche Wirtschaft und schaffen Arbeitsplätze. Das Institut für Wirtschaftsforschung in Halle schätzt die Zahl der durch Transfers gestützten Jobs auf rund 850.000.[14]

Lediglich die Finanzkrise der Sozialversicherung lässt sich mit einigem Recht auf die Transferzahlungen in den Osten zurückführen. Denn statt Steuern zu erhöhen, versteckte Kanzler Helmut Kohl die Kosten der Einheit in den Bilanzen der Arbeitslosen- und Rentenversicherung. Die Bundesagentur für Arbeit etwa hätte ohne die Leistungen in den fünf neuen Ländern seit 1994 einen Überschuss von mehr als 111 Milliarden Euro erwirtschaftet.[15] Doch dieser Kardinalfehler der Kohl'schen Vereinigungspolitik wird lieber verschwiegen. Denn die Finanzmisere passt prima in das politische Konzept, die großen Lebensrisiken zu privatisieren.

Experimentierfeld für den Neoliberalismus

Auf jeden Fall stellen sich Länder und Kommunen im Osten darauf ein, dass ab 2020 kein Geld mehr fließt. Deswegen hat Dresden seine kommunalen Wohnungen verkauft. Deswegen denkt Sachsen über ein Verschuldungsverbot nach. Deswegen lassen sich die neuen Länder zum Experimentierfeld für neoliberale Ideologien machen. Doch ist die Staatsverschuldung im Osten – wie im Westen auch – keine Folge gedankenloser Verschwendung, sondern struktureller Natur. Vorläufig werden noch Wetten darüber angenommen, wie lange Dresden nach seinem Milliarden-Coup schuldenfrei bleibt.

Bei der deutschen Vereinigung ging es nicht darum, die marode DDR-Wirtschaft auf Vordermann zu bringen, um Menschen nach dem wirtschaftlichen, politischen und moralischen Bankrott im realsozialistischen Teil Deutschlands wieder eine Lebensperspektive zu geben. Die Konzerne im Westen nutzten vielmehr die unverhoffte

Chance, lästige Konkurrenz loszuwerden. Die Treuhandanstalt und später die Bundesanstalt für vereinigungsbedingte Sonderaufgaben (BvS) verscherbelten DDR-Unternehmen zu Schleuderpreisen an westdeutsche oder ausländische Investoren. Die Chance, einen ostdeutschen Mittelstand zu entwickeln oder große Unternehmen in die Eigenständigkeit zu entlassen, wurde hingegen verpasst, obwohl Erfolg versprechende Konzepte vorlagen. Zwischenzeitlich gesteht selbst der für den Aufbau Ost zuständige Bundesminister Wolfgang Tiefensee ein: »Es gibt zu wenig Unternehmen mit Hauptsitz im Osten.«[16] Die Investoren installierten verlängerte Werkbänke, die nach Ablauf der Subventionsfristen oder bei wirtschaftlicher Flaute wieder abgebaut werden konnten. Dafür gibt es viele Beispiele: Der kanadische Konzern Bombardier versetzte 2005 dem traditionsreichen Schienenfahrzeugbau in Halle-Ammendorf den Todesstoß, um Überkapazitäten abzubauen. Der Chemiekonzern Degussa übernahm 1991 ein Werk in Radebeul, setzte sich jedoch 2003 wieder ab, ein halbes Jahr nach Ablauf der Subventionsfrist. Die Chipfabrik Frankfurt/Oder ging 2004 gar nicht erst in Betrieb, weil die Investoren zwar viele öffentliche Investitionen, aber wenig Risiko haben wollten.[17]

Vieles, was heute noch dem abgewirtschafteten DDR-System in die Schuhe geschoben wird, ist in Wirklichkeit eine Folge verfehlter Vereinigungspolitik und Wirtschaftsförderung. Die Westunternehmen waren an der Ex-DDR als billigem Produktionsstandort und als Absatzmarkt interessiert. Der Produktionsstandort wird nicht mehr gebraucht. Doch ohne diesen gibt es auch keinen Absatzmarkt.

Und so ist Deutschland in der Normalität anderer Industrienationen angekommen, die fast alle ihren »Mezzogiorno«, ihren verarmten Süden haben. Im Nachkriegsdeutschland, dem Frontstaat der Blockkonfrontation, war ein solches Armenhaus nicht opportun. Man benötigte das soziale Gesicht des goldenen Westens. Inzwischen geht es auch ohne Kosmetik.

Schluss: Solidarische Gemeinschaft? Einfach kompliziert!

Reden wir also über Reichtum. Reden wir darüber, dass der Chef der Deutschen Bank, Josef Ackermann, pro Stunde mehr Geld bekommt, als ein Durchschnittsverdiener in zwei Monaten. Darüber, dass die Vorstandsbezüge in den DAX-Unternehmen 2005 um elf Prozent gestiegen sind, während die lohnabhängig Beschäftigten sogar mit 0,1 Prozent weniger auskommen mussten.[1] Darüber, dass die Quandt-Erbin Susanne Klatten jedes Jahr 78 Millionen Euro spart, weil die Vermögensteuer ausgesetzt ist.[2] Darüber, dass nur zehn Prozent der Bevölkerung über annähernd die Hälfte des gesamten Vermögens in Deutschland verfügen, während die untere Hälfte davon gerade mal vier Prozent auf der hohen Kante hat.[3]

Reden wir darüber, obwohl wir uns dann den Vorwurf anhören müssen, den »Sozialneid« zu schüren. Wer die ungerechte Verteilung des Reichtums in unserer Gesellschaft anprangert, kratzt an dem Mythos, viel Geld habe etwas mit großer Leistung zu tun. Mehr als ein Mythos ist das tatsächlich nicht. Davon zeugen Unternehmenskrisen, die durch haarsträubende Managementfehler ausgelöst wurden. Davon zeugen aber auch die 100 deutschen Milliardäre. Die meisten von ihnen haben ihr Geld nicht verdient, sondern geerbt, und leben jetzt von den Zinsen. Eigene Leistung? Fehlanzeige!

Am anderen Ende der Einkommensskala können viele Menschen so viel Leistungen erbringen, wie sie wollen. Sie kommen auf keinen grünen Zweig. Lothar Späth, Ex-Ministerpräsident von Baden-Württemberg und ehemaliger Chef der Jenoptik, bringt das zynisch auf den Punkt: »Leistungsbereitschaft ist nicht etwas, was dir am Morgen einfällt, weil du gut drauf bist. Das hat auch damit etwas zu tun, dass du Schiss hast, dass ein anderer dir den Job wegnimmt.«[4]

Mit diesem »Schiss« wird Politik gemacht. Normalverdienende Menschen erleben, wie die Arbeitslosigkeit bedrohlich näher rückt. Fast jeder hat im persönlichen Umfeld oder am eigenen Leibe erfahren, wie Jobs gestrichen werden. Während bis vor einigen Jahren die Arbeitslosenhilfe auch nach längerer Arbeitslosigkeit rund 60 Prozent des Nettoeinkommens sicherte, landet man heute nach zwölf

Monaten im Arbeitslosengeld (Alg) II mit 347 Euro plus Warmmiete und muss seine Ersparnisse regelrecht aufessen. Diese Perspektive nagt, zumal wenn Arbeitgeber vollmundig weiteren Verzicht fordern, angeblich um Arbeitsplätze zu sichern.

Am unteren Ende der Gesellschaft geht ohnehin die Angst um, nicht nur vor dem Verlust des Arbeitsplatzes. Den haben viele schon längst nicht mehr. Sondern die Angst, krank zu werden, morgen nicht einmal mehr das Essen für sich und die Kinder bezahlen zu können, das Dach über dem Kopf zu verlieren. Armut gibt es im drittreichsten Staat der Erde im Überfluss.[5] Jeder achte Mensch in unserem Land ist arm, jeder fünfte bis zum Alter von 25 Jahren und jedes sechste Kind. Ein Drittel der alleinerziehenden Frauen und zwei Drittel der Langzeitarbeitslosen leben unterhalb der Armutsgrenze. In manchen Regionen Ostdeutschlands hat jeder Vierte keine bezahlte Arbeit. In manchen Städten fristen bis zu 40 Prozent der Kinder ihr Leben in Armut. Manche kommen hungrig in die Schule, weil die Eltern das tägliche Leben finanziell und/oder psychisch nicht mehr bewältigen.

Die Unterschicht: Nur ein paar Menschen?

Im Oktober 2006 entbrannte an einer Studie der SPD-nahen Friedrich-Ebert-Stiftung (FES) eine Debatte über die »neue Unterschicht«. Bemerkenswert war daran dreierlei: Erstens hatte die Studie ein ganz anderes Thema. Es handelte sich um eine repräsentative Befragung über die Einstellung der Deutschen zu den Reformprozessen. In der Studie wird auch nicht von der Unterschicht gesprochen, sondern von einem »abgehängten Prekariat«. Zweitens ist der Befund, dass in Deutschland ein Teil der Bevölkerung in verfestigter Armut ohne Chancen auf Aufstieg lebt, keineswegs neu. Er ist durch die beiden Armuts- und Reichtumsberichte der Jahre 2001 und 2005 hinreichend dokumentiert. Und drittens reagierte vor allem die SPD-Spitze, als sei sie beim Lügen ertappt worden, mit aggressiven Schuldzuweisungen an die Betroffenen. Vizekanzler und Sozialminister Franz Müntefering bestritt kurzerhand das gesamte Problem: »Es gibt keine Schichten in Deutschland. Es gibt Menschen, die es schwerer haben, die schwächer sind.«[6] Ach so, nur ein paar Menschen, die es schwer haben! Wo ist das Problem? Der Herr Minister, so scheint es, nimmt die Realität nur sehr eingeschränkt wahr. Kurt Beck ist realistischer. Er hat die »Unterschicht« neu entdeckt und vermisst in ihren Reihen das Streben nach sozialem Aufstieg.[7]

Nach der sozialdemokratischen Neuentdeckung der Unterschicht haben wir die gar nicht so neue Oberschicht wiederentdeckt. Während die Lebensbedürfnisse und Motivationen der sogenannten Unterschicht peinlichst genau seziert werden, kann die Oberschicht ungestört aus dem Vollen schöpfen. Ihr Reichtum ist gänzlich aus dem Blick geraten, obwohl oder gerade weil er die Ursache für die um sich greifende Armut ist.

Doch statt zu sagen, dass genug Geld für alle da ist, und von den Reichen ihren gerechten Obolus einzufordern, macht Kurt Beck – und nicht nur er – die Armen selbst für ihre Situation verantwortlich. Denn in dem Hinweis auf den mangelnden Aufstiegswillen ist der Vorwurf versteckt, denen könne man nicht helfen, weil sie sich nicht helfen lassen wollen. Doch woher soll ein Jugendlicher an einer Hauptschule in Berlin-Neukölln den Aufstiegswillen nehmen, wenn er sich an seinen zehn Fingern abzählen kann, dass er keinen Ausbildungsplatz bekommt? Wer in Armut lebt, reibt sich jeden Tag auf zwischen der schieren Unmöglichkeit, mit dem wenigen Geld zumindest die existenziellen Bedürfnisse zu befriedigen, und dem lähmenden Gefühl, in einer Überflussgesellschaft überflüssig zu sein.

Geld verteilt Lebenschancen

Es reicht eben nicht aus, Menschen in Armut mehr Bildung angedeihen zu lassen in der Hoffnung, dass die Betroffenen sich dann selbst aus der Patsche helfen könnten, wie es das SPD-Konzept des »vorsorgenden Sozialstaats« glauben machen will. Oder mit einem Frühwarnsystem verwahrloste Kinder aufzuspüren, bevor sie verhungern oder zu Tode geprügelt werden, wie es Familienministerin Ursula von der Leyen vorschlägt. In unserer Gesellschaft werden Lebenschancen über Geld zugeteilt. Wenn arme Kinder häufiger krank sind als ihre Schulkameradinnen und -kameraden, wenn arme Menschen früher sterben als der Durchschnitt der Bevölkerung, dann liegt das nicht an ihren Genen oder am mangelnden Aufstiegswillen, sondern daran, dass Gesundheit Geld kostet. Mehr Geld, als der Alg-II-Regelsatz für medizinische Hilfe, gesunde Ernährung, gesundes Wohnen, Erholung und Freiheit von existenzieller Angst einräumt.

Deswegen bedeutet soziale Gerechtigkeit auch mehr als gleiche Bildungschancen. Ohne einen menschenwürdigen und fairen Anteil am Reichtum unserer Gesellschaft können Menschen viele theoretisch vorhandenen Chancen nicht wahrnehmen. Daher gibt es keine soziale Gerechtigkeit ohne materielle Verteilungsgerechtigkeit. Bemerkenswertes Ergebnis der FES-Studie ist auch, dass im Wertekanon der Gesellschaft weitgehend unabhängig von der sozialen Position der Befragten der Wert soziale Gerechtigkeit die höchste Zustimmung genießt. 83 Prozent halten diesen Wert für »sehr wichtig« oder »wichtig«, gefolgt von der Gleichberechtigung von Mann und Frau mit 81 Prozent.[8]

Diese hohe Wertschätzung findet in der Politik kaum Widerhall. Bei der FDP ohnehin nicht. Auch in der CDU haben die Wirtschafts- und Neoliberalen endgültig über die christlichen Sozialethiker gesiegt. Bei den Parteien mit dem »C« im Namen sind nur noch wenige Stimmen zu hören wie der zornige alte Mann Heiner Geißler, der wortgewaltig anklagt: »Große Konzerne wie E.on oder Telekom machen Milliardengewinne, treiben die Kapitalrendite nach oben. Und anstatt in Forschung, Innovation und neue Technologien zu investieren, werden Zehntausende Menschen entlassen und dem so verachteten Sozialstaat buchstäblich vor die Tür gekippt.«[9] Die SPD reduziert spätestens seit der Agenda 2010 soziale Gerechtigkeit auf Bildungschancen. Und die Grünen, in der Opposition angekommen, wissen nicht, wie sie sich von ihrer früheren Zustimmung zum Schröder'schen Verarmungsprogramm glaubwürdig distanzieren sollen. Einstweilen beschränkt sich Fraktionschefin Renate Künast auf den zaghaften Hinweis, das Fördern komme beim »Fördern und Fordern« zu kurz.[10] Derweil hält die Linkspartei den Wert der sozialen Gerechtigkeit hoch und muss sich als ewiggestrige Ostalgietruppe schelten lassen.

Die aus betriebswirtschaftlichen Worthülsen zusammengepappte Reform-Rethorik greift auch andernorts um sich. In ihrer Denkschrift »Gerechte Teilhabe – Befähigung zu Eigenverantwortung und Solidarität« zur Armut in Deutschland weist die Evangelische Kirche Deutschlands (EKD) im Juli 2006 zwar darauf hin, dass Chancengleichheit ohne materielle Verteilungsgerechtigkeit ins Leere laufe und dass Armut nicht ohne Reichtum diskutiert werden könne. Doch dann folgt kaum mehr als die aus rot-grünen und schwarz-roten Regierungsprogrammen hinlänglich bekannten Phrasen, wonach die Lohnnebenkosten zu hoch, private Altersvorsorge unabweisbar sei und die Staatsschulden die kommende Generation belasteten. Von der Investitionsverweigerung der Unternehmen, von konjunkturfördernder Wirtschaftspolitik, von menschenverachtenden Schmarotzer-Debatten hingegen schweigt die EKD-Denkschrift.

Wer soziale Gerechtigkeit reduziert auf gleiche Chancen beim Start und darauf hofft, dass sich die so Ausgestatteten in einer auf wirtschaftliche Teilmärkte reduzierten Gesellschaft behaupten werden, akzeptiert die Ökonomisierung von immer mehr Lebensbereichen. Politik, die nur »Startchancen« zuteilt, verzichtet darauf, unsere Gesellschaft zu gestalten. Sie überlässt Altersvorsorge, Gesundheit, Bildung, öffentliche Daseinsvorsorge »den Märkten« und damit den dort agierenden Konzernen.

Was wir brauchen, ist statt der um sich greifenden Ökonomisierung der Demokratie eine Demokratisierung der Ökonomie. Denn ein würdevolles Leben im Alter darf keine Frage des Geldes sein, sondern ist ein Menschenrecht. Gesundheit und Bildung sind keine Waren, sondern Menschenrechte. Eine gesunde Umwelt ist keine Ware, zu deren Verschmutzung per Zertifikat das Recht erkauft werden kann. Ein Dach über dem Kopf ist ein Menschenrecht und kein auf Kapitalmärkten handelbares Wertpapier. Energie, sauberes Wasser, Mobilität, Kommunikation – all diese Güter dürfen nicht einfach zu Markte getragen werden, sondern bedürfen der gesellschaftlichen und politischen Gestaltung. »Kultur ist eine Äußerung der menschlichen Natur, die die Würde des Menschen ausmacht. Also müssen auch Formen der Kultur möglich sein, die sich am Markt nicht behaupten können«, sagt der SPD-Programmatiker Erhard Eppler und folgert daraus: »Links ist heute zuerst einmal der Wille, Politik – und als Instrument von Politik den Staat – gegen das Überborden des Marktes zu verteidigen.«[11]

Reformstau einmal ganz anders

Politik, Staat und Gesellschaft gegen das Überborden des Marktes verteidigen – wer sich auf dieses Feld begibt, stößt auf jede Menge

»Reformstau«, der jedoch nichts mit der Privatisierung der großen Lebensrisiken zu tun hat. Allein für die vor lauter Reformeifer liegen gebliebenen Probleme – die Sanierung öffentlicher Einrichtungen und öffentlicher Infrastruktur, die Reform unseres Bildungswesens, die Modernisierung unserer Gesundheitseinrichtungen, Umweltschutz und anderes – hat die Gewerkschaft ver.di einen kurzfristigen Investitionsbedarf von 40 Milliarden Euro errechnet. Die Sanierung der maroden Kanalisation, um die tickende Zeitbombe unter unseren Städten zu entschärfen; die Renovierung der heruntergekommenen Schulhäuser, damit Kinder Bildung als etwas Bedeutsames sinnlich erfahren; der Ausbau öffentlicher Verkehrsmittel und Investitionen in umweltschonende Energien. – All das würde Hunderttausende, wenn nicht sogar Millionen Arbeitsplätze auf dem ersten Arbeitsmarkt schaffen und die Massenarbeitslosigkeit signifikant senken.

Das reicht aber nicht: Wie werden jene integriert, die keinen Platz auf dem ersten Arbeitsmarkt finden? Wie ebnet diese Gesellschaft Jugendlichen den Weg ins Erwerbsleben? Was wird getan, damit nicht Hundertausenden beim Schulabschluss der Stempel »überflüssig« aufgedrückt wird? Welchen Wert genießen die Leistung und die Erfahrung der Älteren? Wie gehen wir mit jenen um, die sich nicht in eine Leistungsgesellschaft integrieren lassen, weil sie behindert, krank, süchtig oder einfach »neben der Spur« sind? Mit solchen Fragen ist ein öffentlich geförderter Beschäftigungssektor angesprochen. Hier finden jene Menschen Arbeit, die auf dem ersten Arbeitsmarkt keine Chance haben, zu menschenwürdigen Bedingungen, tarifvertraglich abgesichert und eben nicht mit nur einem oder gar keinem Euro gedemütigt.

Und schließlich stellt sich die Frage nach einer Grundsicherung für jene, die ihren Lebensunterhalt nicht durch Lohnarbeit verdienen. Das betrifft nicht nur Kranke und Behinderte, sondern auch die bisher hauptsächlich von Frauen unbezahlt geleistete Erziehungs- und Pflegearbeit. Welche dieser Arbeiten sollen professionalisiert werden, und wer bezahlt das? Welche Arbeiten sollen privat bleiben, und wie lässt sich dafür sorgen, dass Männer endlich ihren Anteil daran übernehmen? Mehr Geschlechterdemokratie lautet die Forderung. Wichtige Aspekte sind kürzere Arbeitszeiten und die Neudefinition des Verhältnisses von Arbeit und Einkommen.

Um das Verhältnis von Arbeit und Einkommen geht es auch, wenn Gesellschaft und Wirtschaft erwarten, dass Menschen lebenslang lernen. Wenn sie einige Zeit ihren Lebensunterhalt nicht durch Arbeit bestreiten können, weil sie sich weiterbilden, wovon sollen sie dann leben?

Verschiedene Konzepte einer von Erwerbsarbeit unabhängigen Grundsicherung – auch Existenzgeld, Bürgergeld oder Grundeinkommen genannt – stellen das Verhältnis von Arbeit und Einkommen neu zur Diskussion. An der Debatte beteiligen sich nicht nur linke Parteien, Gewerkschaften, attac und feministische Gruppen, sondern auch Vertreter des bürgerlichen Lagers, etwa der Besitzer der Drogerie-Kette dm, Götz Werner, Thüringens Ministerpräsident Dieter Althaus und der Leiter des Hamburger Welt-Wirtschafts-Instituts (HWWI) Thomas Straubhaar. Das macht zu Recht misstrauisch. Denn so paradiesisch es auch klingt, ein Grundeinkommen, das ohne jede Voraussetzung an jeden Menschen gezahlt wird, lädt als quasi flächendeckender Kombilohn zum Lohndumping geradezu ein. Wenn jeder Mensch jeden Monat 800 Euro bekommt – einfach so, werden Arbeitgeber diesen Betrag schon einmal vom Entgelt abziehen. Und wozu brauchen Josef Ackermann und Susanne Klatten monatlich 800 Euro vom Staat? Auch besteht die Gefahr, dass der Skandal verfestigter Massenarbeitslosigkeit aus dem Blick gerät und das Grundeinkommen zu einem »Schweigegeld für Ausgegrenzte« verkommt.

Das Problem besteht nicht darin, dass der Arbeitsgesellschaft die Arbeit ausgehen könnte, sondern dass Lohnarbeit nur noch dann angeboten wird, wenn sie den Renditekriterien der internationalen Finanzmärkte entspricht. Zudem haben wir bisher keine Antwort auf die Frage, wie die reichlich vorhandene gesellschaftlich nützliche Arbeit zu organisieren wäre, die (bisher) nicht entlohnt wird. Wovon sollen die Menschen leben, die diese Arbeit leisten? Es lohnt sich auf jeden Fall, über die Gestaltung einer Grundsicherung zu streiten, die sich am Bedarf für ein menschenwürdiges Leben orientiert. Dies schon deswegen, um die Verarmung und Stigmatisierung derer, die ihren Lebensunterhalt nicht durch Erwerbsarbeit verdienen, zu beenden.

In einem weiteren Sinne ist auch die sozial und umweltverträgliche Entwicklung von Wirtschaft und Gesellschaft eine Frage von Verteilungsgerechtigkeit, diskutiert unter dem Stichwort »Nachhaltigkeit«.

Gesunde Arbeit, Mobilität, Energie und Flächenverbrauch sind wichtige Aspekte. Lassen sich Probleme am Arbeitsmarkt künftig mit dem Verweis auf »mehr Wachstum« lösen, oder stößt das Wachstum an seine ökologischen Grenzen? Diese Debatte wurde bereits in den 1970er und 80er Jahren geführt, geriet dann aber in Vergessenheit.

Es fehlt nicht an Alternativen

Für viele der angesprochenen Fragen gibt es Lösungen: Eine Bürgerversicherung für Gesundheit und Altersvorsorge, eine Arbeitsversicherung, um Auszeiten wie Erziehung, Pflege und Weiterbildung genauso zu finanzieren wie Zeiten der Arbeitslosigkeit, eine bedarfsorientierte Grundsicherung, ein solidarisches und einfacheres Steuersystem, wie es attac und ver.di gemeinsam entwickelt haben.

Es gibt sozialpolitische Errungenschaften, die wir keinesfalls aufgeben dürfen, wenn die Einkommen der Bevölkerungsmehrheit stabilisiert werden sollen: Tarifautonomie ist nicht bloß ein gewerkschaftlicher Kampfbegriff, sondern gelebte Demokratie. Der Flächentarifvertrag ist kein Stück fürs Museum der Arbeit, sondern eine Errungenschaft, die die Konkurrenz zwischen lohnabhängig Beschäftigten abbaut. Die Forderung nach Mindestlöhnen, auf die sich die Gewerkschaften nach langem Streit geeinigt haben, ist kein staatsdirigistischer Sündenfall, sondern die Existenzsicherung für jene, die auf den weißen Flecken der tarifpolitischen Landkarte leben und arbeiten.

Wer gegen Flächentarifvertrag und Tarifautonomie polemisiert, meint nicht nur diese Haltelinien gegen Lohndumping, sondern auch die Gewerkschaften, die die Verträge aushandeln. Das offenbarte FDP-Parteichef Guido Westerwelle, als er im *Focus*-Interview im April 2005 schimpfte, die Politik der Gewerkschaften koste mehr Jobs, als die Deutsche Bank je abbauen könne.[12] Doch ohne freie Gewerkschaften gibt es keine Demokratie und keinen Sozialstaat. Deswegen gehört gewerkschaftliche Organisation zu den im Grundgesetz garantierten Grundrechten. Das weiß auch Westerwelle, weswegen er sich gezwungen sah, ein wachsweiches Bekenntnis zu Gewerkschaften abzulegen. Doch Gewerkschaften sind keine Freizeitvereine. Wer zu Gewerkschaften ja sagt, kann zu Tarifautonomie,

Mitbestimmung und Streikrecht nicht nein sagen – eigentlich. Doch bei Westerwelle und Co. hört es hier schon wieder auf.

Lösungen für die drängenden Probleme der Gesellschaft gibt es, eine politikfähige parlamentarische Alternative, die solche Konzepte auf den Weg bringen könnte, hingegen nicht. Viele Menschen hatten 1998 große Hoffnungen in Rot-Grün gesetzt und mussten mit ansehen, wie sich diese beiden Parteien von emanzipativen Ansätzen verabschiedeten und in den neoliberalen Chor einstimmten. Das hat viele in ihrem Eindruck bestärkt, dass »die da oben« doch nur tun, was sie wollen.

Das können sie jedoch nur, wenn »die Menschen draußen im Lande« (Helmut Kohl) sie lassen. Es bleibt daher notwendig, sich einzumischen, vernehmbar die Stimme zu erheben und außerparlamentarisch Druck zu machen. Seit Jahren führen Gewerkschaften und soziale Bewegungen einen kräftezehrenden und teilweise frustrierenden Abwehrkampf gegen Sozial- und Demokratieabbau. Dennoch: Eine Alternative zum Engagement für die eigenen Interessen gibt es nicht.

Danksagung

Viele Menschen haben zum Entstehen dieses Buches beigetragen. Wir danken all jenen, die – teils anonym – bereit waren, mit uns über ihre Lebenssituation zu sprechen, und die uns mit Informationen und Kontakten unterstützt haben.

Unser besonderer Dank gilt Dr. Peter Scherer für seine kritischen Anregungen, Lena Dreier und Johanna Braun für ihre sorgfältigen Recherchen, Astrid Knüttel für ihre wertvollen Kontakte und Marion Meyer für effektive Organisation und Koordination.

Anmerkungen

Einleitung

1 »Soziale Marktwirtschaft (II): Wohlstand und Leistung«; Wirtschaft und Unterricht. Informationen aus dem Institut der deutschen Wirtschaft Köln für Pädagogen, 09/2006

Berlin: Sozialwohnungen für Superreiche

1 Ferchland 2004, S.79
2 Sozialstrukturatlas Berlin 2003
3 www.berliner-bankenskandal.de, 28.07.2004
4 »Bürgerinnen und Bürger von Berlin«; unveröffentlichte Anzeige der Initiative Berliner Bankenskandal
5 »Bürgerinnen und Bürger von Berlin«; a.a.O.
6 Ludwig 1992
7 »Chronik des Berliner Banken-Skandals«; www.khd-research.net/Politik/Bank-GesBerlin_1.html#1980
8 Ugarte Chacón 2006
9 »Verlustgeschäft für das Land Berlin«; MieterEcho 307 / 12/2004. Hrsg. von der Berliner MieterGemeinschaft
10 »Das nächste schwarze Loch«; Berliner Zeitung, 07.09.2004
11 »Letzte Hoffnung vor der Pleite des Neuen Kreuzberger Zentrums«; MieterEcho 297, 05/2003. Hrsg. von der Berliner MieterGemeinschaft

Milliardäre: Ein Blick in 100 Taschen

1 Für 2007 wurde diese Zahl nicht ausgewiesen.
2 Manager Magazin, Sonderheft 10/2006
3 www.forbes.com/lists/, »The World's Billionaires«, 08.03.2007
4 Manager Magazin, 02/2001
5 Jungbluth 2002
6 Deutscher Bundestag 2006, Capital 26/06
7 Betriebswirtschaftliche Zahlen aus Liedtke 2006
8 www.forbes.com/lists/, »The World's Billionaires«, 08.03.2007

326

1 »Rücksichtslosigkeit und Gier«, www.manager-magazin.de, 22.07.2004

2 »Linde-Chef Reitzle rügt Manager-Gier«, Spiegel Online, 24.08.2005

3 »EnBW-Vorstandschef Utz Claassen fordert: Leistungsprinzip für Spitzenmanager«, Zeit-Brief, 10.08.2005

4 »Merkel hält Managergehälter für unangemessen«, Spiegel Online, 25.07.2004

5 »Wie viel verdienen Sie, Frau Ministerin?«, www.manager-magazin.de, 26.08.2004

6 »BMW-Chef Panke fühlt sich diffamiert«, Spiegel Online, 16.03.2005

7 »Münchener-Rück-Chef hat Angst vor Kidnappern«, Spiegel Online vom 15.03.2005

8 Manager Magazin 07/2007

9 »Ackermann will Verzicht üben«, Spiegel Online, 25.02.2005

10 »Kolumne: Wer über die Boni entscheidet«, Financial Times Deutschland, 16.04.2003

11 Handelsblatt, 04.06.2007

12 »Ackermann verdoppelt sein Aktienpaket«, www.manager-magazin.de, 04.03.2005

13 »Ackermann ist nicht alleine«, FAZ.NET, 28.02.2006

14 »Süßes Gift«, Spiegel Online, 16.02.2004

15 Frankfurter Allgemeine Zeitung, 05.10.2006

16 Manager Magazin 07/2007

17 »Gehälter im Europa Vergleich: Deutsche Manager in der Spitzengruppe«; Kiembaum-Pressemitteilung, 15.05.2007

18 »Mitbestimmung erhöht die Frauenquote«, www.wiwo.de, 23.06.2005

19 Süddeutsche Zeitung, 27.11.2006

20 »Merck: Vertrag des Ex-Chefs Scheuble war frisch erneuert«, www.wiwo.de, 30.11.2005

21 »Aventis-Chef bekommt zwölf Millionen Euro«, Spiegel Online, 09.06.2004

22 »Millionenabfindung für Ex-Chef Holtrop«, www.manager-magazin.de, 17.11.2004

23 »Exklusiv Manager sichern ihre Abfindungen«; Financial Times Deutschland, 20.10.2005

24 »HVB-Vorständen winken Millionenabfindungen«; Financial Times Deutschland, 07.11.2005

25 »KarstadtQuelle: Fast elf Millionen Euro Abfindung für Vorstände«, www.wiwo.de, 20.07.2005

26 »Wie der Abschied versüßt werden soll«, www.manager-magazin.de, 24.03.2006

27 Süddeutsche Zeitung, 09.11.2006

28 Walter, Norbert: Altersvorsorge im Wandel der Zeit. Vortrag beim Kompetenz-
Tag Finance, TelekomForum, Frankfurt/Main, 06.10.2004

29 »Commerzbank kündigt Mitarbeitern die Betriebsrente«, FAZ.NET, 06.01.2004

30 Capital, 02/2006

31 Capital 02/2006

Anonymer Reichtum: Wem gehört die Deutsche Bank?

1 www.deutsche-bank.de, »Dubai setzt auf Deutsche Bank«, Frankfurter Rundschau, 18.05.2007

2 Liedtke 2006

3 Statistisches Bundesamt 2007

4 »Schering-Aktionäre nehmen Bayer-Offerte nur verhalten an«, www.welt.de,
01.05.2006

5 Spiegel Spezial 07/2005

6 »Deutschlands verschleuderte Schätze«, Die Zeit 02/2006

7 Monatsbericht des BMF, Mai 2007

8 »Wenn der Investor klingelt«, Die Zeit 02/06

9 »Was macht eigentlich ...Florian Gerster?«, Manager Magazin 08/2006; »Wenn
der Investor klingelt«, a.a.O.

10 Deutsche Immobilien-Partner: Markt & Fakten 2006. Halbjahresbericht 01/06

11 Bulwien AG: Büromarktprognosen für deutsche Standorte bis 2007, 5. Ausgabe,
April 2003

12 Laut Hedge Fund Research

13 »Erster Großaktionär auf dem Rückzug«, Frankfurter Rundschau, 18.05.2005

14 »Börse stellt Rekord auf«, Frankfurter Rundschau, 03.05.2005

15 »Die Zeche zahlt der Wirt«, Der Spiegel Nr. 18/2005

16 Fröhlich, Babette, IG Metall: Präsentation »Private Equity«, 10.10.2005

17 BVK-Statistik. Das Jahr 2006 in Zahlen

18 Dachfonds sind Fonds, die in andere Fonds investieren.

19 ver.di Bundesvorstand Bereich Wirtschaftspolitik (Hrsg.): Hedge- und Private
Equity-Fonds. Die Turbos im Kapitalismus. Wirtschaftspolitische Informationen
08/2005 Oktober 2005

20 »Grohe streicht weniger Jobs«, Frankfurter Rundschau, 09.06.2006

21 Was steckt hinter den Brauseköpfen von Grohe«, Stern 14/2006, 2006

22 »Schamlos«, Frankfurter Rundschau, 29.04.2006

23 OECD Global Pensions Statistics Project, update 2005

1   Bt.-Drs. 15/3942
2   »Üppige Politiker-Versorgung bleibt erhalten«, Spiegel Online, 28.09.2004
3   »Abgeordnetendiäten sollen steigen«, www.ftd.de, 04.04.2006
4   Informationen. Leistungen an die Mitglieder des Deutschen Bundestages. Hrsg.
    vom Deutschen Bundestag, Berlin, Stand Januar 2003
5   »Ackermann fordert höhere Politikergehälter«, Spiegel Online, 19.01.2006
6   » Managereinkommen und Führungsqualitäten«, Manager Magazin, 29.01.2004
7   »Westerwelle: Radikale Reformen gegen ›deutsche Krankheit‹«, FAZ.net,
    06.01.2004
8   »Union setzt auf stärkere Eigenverantwortung der Bürger«, Die Welt, 22.05.2002
9   »Einigung schafft Vorteile für alle Beteiligten«, www.politikerscreen.de/stand-
    punkt/18254, 18.10.2004
10 »Zur Person«, Frankfurter Rundschau, 19.10.2004
11 »Zur Person«, Frankfurter Rundschau, 18.02.2005 und 08.04.2005; »Pension als
    Spende«, Frankfurter Rundschau, 05.02.2005
12 »Cash nach Kündigung – Die Abfindungen und Pensionen der Bosse und
    Politiker«, ARD-Magazin Panorama, 22.01.2004
13 Nach Angaben des Steuerzahlerbundes
14 »Schröder stellt Vorgänger in den Schatten«, Handelsblatt, 12.12.2005
15 www.staatsbriefe.de/1994/2004/ehrensold_rollt.htm
16 Bericht der Kommission »Soziale Sicherheit« zur Reform der sozialen Sicherungs-
    systeme, Berlin, 29.09.2003, Vorwort S. 5
17 »Liberales Klima des Misstrauens«, die tageszeitung, 19.04.2004. »Wolf kämpft
    gegen Absahner-Image«, Focus Online, 15.04.2005. »Wie Florida-Wolf zum
    Wohltäter wurde«, Spiegel Online, 05.05.2005

Politik II: Wem gehört Gerhard Schröder?

1   »Frage des Tages: Bedienen sich die Politiker zu großzügig?«, www.ftd.de,
    28.11.2005
2   »Stoiber will Politiker länger arbeiten lassen«, Handelsblatt, 30.03.2006
3   »Politik in der Business-Class«, Der Spiegel 15/2006
4   »Politik in der Business-Class«, a.a.O.
5   »Finanziell ging es für Laurenz Meyer stets bergauf«, Financial Times Deutsch-
    land, 21.12.2004

6   »RWE-Tochter zahlte CDU-General 160.000 Mark aus Versehen«, Spiegel
    Online, 23.12.2004. »Meyer will 80.000 Euro an SOS-Kinderdörfer spenden«,
    Spiegel Online, 20.12.2004

7   »Zum Abschied bekommt Meyer noch mal 50.000 Euro«, Spiegel Online,
    24.12.2004

8   »Gehaltsaffäre: Arentz gibt politische Ämter auf«, FAZ.net, 08.12.2004.

9   »Von Arnim sieht Fall Meyer im Dunstkreis der Korruption«, www.ftd.de,
    20.12.2004

10 »SPD-Politiker müssen zahlen«, Frankfurter Rundschau, 17.11.2005

11 »Unterstützung von der Union, Widerstand in der SPD«, Spiegel Online,
    21.01.2005

12 »Klage der Abgeordneten gegen Offenlegung von Einkünften erfolglos«, Presse-
    mitteilung des Bundesverfassungsgerichts, 04.07.2007

13 »Politik in der Business-Class«, a.a.O.

14 »Bundestagsabgeordneter als Hobby? Wie viel Zeit haben Politiker für Neben-
    jobs?«, ARD-Magazin Kontraste, 20.01.2005

15 »Warum manche Anwälte schweigen dürfen«, Spiegel Online, 11.07.2007

16 »Lammert hat kein Problem mit RAG-Job«, www.n24.de, 28.03.2006

17 »Staatsrechtler von Armin: ›Entscheidung von Bundestagspräsidenten Lammert
    stellt offenen Rechtsbruch dar‹«, Pressemitteilung von Transparency Internatio-
    nal Deutschland, 16.03.2006

18 »Ex-Kanzler Schröder bekommt 250.000 Euro«, Spiegel Online, 30.03.2006

19 »Lammert nennt Schröders Job-Deal instinktlos«, Spiegel Online, 12.12.2005

20 »Wulff will gläsernen Schröder«, Handelsblatt, 12.12.2005

21 »Gestern abgewählt, heute eingekauft – Wie Politiker schamlos ihr Insiderwissen
    vermarkten«, RBB-Magazin Kontraste, 02.03.2006

22 »Wolfgang, der Postensammler«, Handelsblatt, 14.02.2006; »Zur Person«, Frank-
    furter Rundschau, 18.05.2006

23 »Lücke im Gesetz«, Wirtschaftswoche 38/2004

24 »Vom Minister zum Manager«, www.manager-magazin.de, 01.09.2006

Profisport: Fußballwerbemeisterschaft

1   »Schumis Millionen«, Focus Online, 25.04.2005

2   »Reich durch Rasen«, Manager Magazin Online, 01.03.2005

3   »Top Ten der Geldrangliste im Sport«, www.ftd.de, 26.12.2005

4   »Dirk Nowitzki«, www.wikipedia.de, 14.06.2007

5   http.sportard.de, 14.12.2006

6   »Personality ist alles. Woran es liegt, dass Sportler, wollen sie erfolgreich sein, mehr beherrschen müssen als ihren Sport?«, Brand eins 8/2003

7   »Wer verdient was? Millionäre und arme Schlucker im deutschen Team, www.inside-forum.de, 16.08.2004

8   »Wer verdient was? Millionäre und arme Schlucker«, a.a.O.

9   »Neues Milram-Team mit zehn deutschen Profis«, www.sol.de, 10.01.2006

10 »Schumi bleibt Bestverdiener«, RP Online, 06.12.2002

11 »Personality ist alles. Woran es liegt, dass Sportler, wollen sie erfolgreich sein, mehr beherrschen müssen als ihren Sport?«, a.a.O.

12 »Schumi schlägt Kahn«, Pressemitteilung der F & S Internet Infotainment GmbH, 17.06.2004

13 »Ausbeutung bis aufs letzte Hemd«, Greenpeace Magazin 03/2004

14 »Was ein Schuh kostet«, die tageszeitung, 06.05.2002

15 Sponsor Visions 2006, Quelle: www.pilot-group.de/research/sponsorvisions.php

16 www.fifaworldcup.com (Pfad: Organisation, Volunteers)

17 »Entwicklung der Gelder für TV-Übertragungsrechte«, Hamburger Abendblatt, 21.01.2006

18 www.germany2006.com/index/index.php?cat_id=26&article_
    id=65&logger_name=Sponsoren

19 »Deutschland ist Weltmeisterin«, Die Zeit 01/2003

20 www.zdf.de, 09.06.2004

21 France Football, 26.04.2006

22 »Schalke spielt künftig in der ›Veltins-Arena‹«, FAZ.NET, 12.04.2005

23 »Größtes Cabrio der Welt«, Echo Online, 29.03.2005

24 www.wikipedia.de

25 »Stadion wird zur HSH Nordbank Arena«, Focus Online, 29.03.07

26 »EasyCredit-Stadion: Kein Kredit für neuen Namen«, Focus Online, 21.03.2006

27 www.misterinfo.de

28 »Die Verdienste des Dicken«, die tageszeitung, 08.03.2006

29 »Mit deutschen Tugenden an die Spitze«, Spiegel Online, 23.10.2006

Luxus: Mit Millionen shoppen gehen

1   »Die Ein-Prozent-Gesellschaft«, Der Spiegel 38/2006

2   »Bentley mit Mikrowelle«, www.manager-magazin.de, 03.02.2005

3   »Brite kauft sich Stadt und tauft sie um«, Spiegel Online, 07.06.2006

4   »Leben als Angstpartie«, Der Spiegel 44/2004

5   »Keiner will ›Deutschland‹«, www.manager-magazin.de, 03.12.2004

6   »Deutsche haben ein gestörtes Verhältnis zu Luxus, Wirtschaftswoche 35/2005,
    24.08.2005

7   »Reiche werden stärker im Verborgenen leben«, www.manager-magazin.de,
    07.12.2005

8   »Der Siemens-Chef und die verschwundene Rolex«, Spiegel Online, 28.01.2005

9   »Millionäre tarnen sich mit Jeans und Jacke«, www.manager-magazin.de,
    23.07.2004

10 »Deutsche Pracht«, Manager Magazin 12/2004, S. 218

11 »Deutsche haben ein gestörtes Verhältnis zu Luxus«, a.a.O.

12 »Luxus ... find' ich gut«, www.manager-magazin.de, 23.08.2004

Normalverdienende: Was ist mir mein Arbeitsplatz wert?

1   »Die Ordnung der Freiheit«, Rede von Bundespräsident Horst Köhler beim
    Arbeitergeberforum »Wirtschaft und Gesellschaft«, 15.03.2005

2   »Altana-Chef Schweickart verteidigt Stellenabbau bei ALTANA Pharma«,
    www.finanznachrichten.de, 03.05.2007; »Konzernchef streicht 1.250 Stellen – und
    wird Ethik-Professor«, Spiegel Online, 30.04.2007

3   »Bayer streicht in Deutschland 1.500 Stellen«, Spiegel Online, 02.03.2007

4   »Deutsche Bank vergoldet Kapital«, Frankfurter Rundschau, 02.02.2007; »Deut-
    sche Bank steigert Ergebnis vor Steuern in 2005 um 58 Prozent auf 6,4 Milliarden
    Euro«, Pressemitteilung der Deutschen Bank, 02.02.2006

5   »Commerzbank bricht Gewinnrekord«, Frankfurter Rundschau, 15.02.2007

6   »Die Rolle des Bundes ist ein Skandal«, »Service-Jobs bis 2012 gesichert«, Frank-
    furter Rundschau 21.06.2007

7   »AEG-Streik: Ergebnis nach zähen Verhandlungen«, Pressemitteilung der IG
    Metall Nürnberg, 28.02.2006

8   »Globalisierung: Wie eine Fabrik trotz Millionen-Gewinne dicht macht«, ARD-
    Magazin »Monitor«, 13.06.2002

9   »Wir werden alle ein bisschen weniger verdienen«, Wirtschaftswoche 39/2004,
    16.09.2004

10 »Wir stehen in allen Märkten an der Spitze. Ari Bousbib, Präsident von US-
    Lifthersteller Otis, über die Möglichkeiten in China und die Konkurrenz mit
    Schindler«, Finanz und Wirtschaft, 15.02.2003

11 Zit. nach Wirtschaftspolitik aktuell Nr. 4, 01/2005. Hrsg. vom ver.di Bundesvor-
    stand, Bereich Wirtschaftspolitik

12 »Alles für die Dividende«, ARD-Magazin »Plusminus«, 04.01.2005

13 »Minijobs in einigen Jahre Vergangenheit«, Interview mit Prof. Gerhard Bosch,

Institut für Arbeit und Qualifikation. www.wdr.de »Jobs & mehr«
vom 09.12.2005

14 »Job-Verluste bei Siemens abgewendet«, Financial Times Deutschland, 10.06.2004

15 »Alles für die Dividende«, ARD-Magazin »Plusminus«, 04.01.2005

16 Umfrage der Stellenbörse Stepstone, 10/2005

17 »Alte sollen weniger verdienen«, Spiegel Online, 04.03.2006

18 Beck 2005, S. 8/S. 35

19 »Auf dem Rücken der Müllwerker – Die Privatisierung der Müllabfuhr«, ARD-Magazin »Monitor«, 21.07.2005

20 Dörre 2005

21 »Raucherpausen sollen künftig vom Lohn abgezogen werden«, Spiegel Online, 14.11.2004

22 »Merz will Beschäftigte Betriebsräte bezahlen lassen«, Handelsblatt, 17.08.2005

23 »Ohoven: Lehrlingsvergütung flexibilisieren«, Pressemitteilung des Bundesverbandes der mittelständischen Wirtschaft, 14.12.2005

24 »Urlaub nur dann, wenn der Chef will«, Spiegel Online, 01.07.2004

25 »Rogowski will Sozialpartnerschaft abschaffen«, Spiegel Online, 15.09.2004

26 »Die Angst vor Jobverlust wächst«, www.fr-aktuell.de, 28.04.2005

27 »Bescheidenheit zahlt sich nicht aus«, Manager Magazin 10/2004, S. 233

28 Arbeitskreis »Volkswirtschaftliche Gesamtrechnung der Länder«, Zahlen für 2006

29 Bericht zur Berufs- und Einkommenssituation von Frauen und Männern – Textband. Düsseldorf/Stadtbergen/Berlin 2001, S. 46

30 Statistisches Bundesamt, EVS 2003

31 Zweiter Armuts- und Reichtumsbericht 2005, S. 102

32 Statistisches Bundesamt (Hrsg.): Einnahmen und Ausgaben privater Haushalte. EVS 2003. Wiesbaden 2004, S. 20f

33 EVS 2003, S. 56f.

34 EVS 2003, S. 9f.

35 »Jeder zehnte Euro landet im Sparschwein«, Pressemitteilung des Statistischen Bundesamtes, 27.10.2006

Niedriglöhne: Geld für Arbeit? – Na ja, manchmal!

1 »Mehr Jobs mit weniger Lohn«, Focus Money, 16.10.2003

2 »Mehr Jobs mit weniger Lohn«, a.a.O.

3 »Ifo-Chef Sinn fordert Lohnzurückhaltung auf Jahre«, Der Tagesspiegel, 28.02.2005

4 »Warum wäre ein Mindestlohn von zehn Euro notwendig?«, Vortrag am 12.09.2005 in Frankfurt/Main

5   »Bundestagsdebatte über Mindestlohn von 8 Euro«, www.ngo-
    online.de/ganze_nachricht.php?Nr=12958, 17.02.2006

6   »Bundestagsdebatte über Mindestlohn von 8 Euro«, a.a.O.

7   »Es werden zwei oder drei Familienmitglieder arbeiten müssen, damit es zum
    Leben reicht«, Volksstimme Magdeburg, 11.02.2005

8   Kalina, Weindorf 2006; Armutslöhne laut Claudia Weinkopf

9   Bispinck, Schäfer 2005

10 IG BAU Bundesvorstand (Hrsg.): Themendienst Scheinselbstständigkeit, 06/2005

11 Themendienst Scheinselbstständigkeit, a.a.O.

12 »Neue Festnahmen im Immobilien-Skandal«, Frankfurter Rundschau, 13.05.2005.
    »Schmiergeldaffäre weitet sich aus«, www.nachrichten.at, 31.12.2005

13 »Verschlungene Geldströme«, Wirtschaftswoche 38/2004; »Blanke Angst«, Der
    Spiegel 38/2004

14 »Eine Hand wäscht die andere«, Frankfurter Rundschau, 12.03.2002

15 »Verschlungene Geldströme«; in: Wirtschaftswoche 38/2004

16 »Möllenberg fordert artgerechte Arbeitnehmerhaltung«, NGG-Pressemitteilung,
    04.03.2005

17 »Schröder will nicht für ›ein paar Kröten‹ arbeiten lassen«, Spiegel Online,
    12.04.2005

18 »Kommissionsbericht: Freizügigkeit der Arbeitnehmer seit der Erweiterung 2004
    mit positiver Wirkung«, Pressemitteilung der EU-Kommission IP/06/130, 08.02.2006

19 »Mindestlöhne – Dorn im Auge der Neoliberalen«, Frankfurter Rundschau,
    28.04.2005

20 »Unter Spargelstechern«, Frankfurter Rundschau, 29.04.2005

21 »Kombilohn für mehr Niedriglohn-Jobs?«, IAT-Pressemitteilung, 11.01.2006

22 Quartalsbericht I/2007 der Minijob-Zentrale

23 Greve, Pfeiffer, Vennebusch 2007, S.38

24 »Arbeitgeberpräsident Hundt: Mini-Jobs sind Vorbild für erfolgreiche Reform am
    Arbeitsmarkt«, BDA-Presse-Information Nr. 74/2004

25 DIW-Wochenbericht 08/2005

26 DIW-Wochenbericht 08/2005

27 Bericht der Statistik der BA. Mini- und Midijobs in Deutschland. Nürnberg, Mai
    2007

28 ›Teilzeitarbeit und geringfügige Beschäftigung ersetzen zunehmend Vollzeitarbeit
    im Alter«, Informationsdienst Ruhr, 29.09.2005

29 Quartalsbericht I/2007 der Minijob-Zentrale

30 Quartalsbericht II/2006 der Minijob-Zentrale

31 »Ich-AGs doppelt so teuer«, FAZ.NET, 23.06.2005

32 Beck 2005

33 »Bundestagsdebatte über Mindestlohn von 8 Euro«, www.ngo-online.de/ganze_nachricht.php?Nr=12958, 17.02.2006

34 Rhein, Gartner, Krug 2005

35 Kaltenborn 2001, S. 11

36 Kaltenborn 2001, S. 4

37 Bundesagentur für Arbeit, Oktober 2006

38 »Millionen arbeiten auf Alg II-Niveau«, Böckler Impuls 16/2006

Armut: Leben, um zu überleben

1 Zweiter Armuts- und Reichtumsbericht 2005, S. XV, berechnet nach EVS 2003, gewichtet nach OECD-Skala

2 Erster Armuts- und Reichtumsbericht 2001, S. XV

3 Zweiter Armuts- und Reichtumsbericht der Bundesregierung 2005, S. 18ff.

4 »Studie zu Effekten von Hartz IV. 60 Prozent verlieren Einkommen, 40 Prozent gewinnen hinzu«, Pressemitteilung der Hans-Böckler-Stiftung, 28.02.2006

5 Zweiter Armuts- und Reichtumsbericht 2005, S. XVI

6 Zweiter Armuts- und Reichtumsbericht 2005, S. XVIII

7 Erster Armuts- und Reichtumsbericht 2001, S. XIV

8 Zweiter Armuts- und Reichtumsbericht 2005, S. XVI

9 Martens 2004

10 Martens 2004, S. 7

11 Sozialgericht Nürnberg v. 05.04.2005 – S 19 AL 741/04

12 Sozialgericht Aachen v. 11.08.2005 – S 8 AS 50/05 ER

13 Sozialgericht Freiburg v. 18.05.2005 – S 9 AS 1581/05 ER

14 Sozialgericht Berlin v. 02.08.2005 – S 63 AS 1311/05

15 Sozialgericht Münster v. 28.02.2005 – S 12 SO 14/05

16 Sozialgericht Dresden v. 30.08.2006 – S 23 1372/05 ER

17 »Regierung: Alg II darf bei stationärem Aufenthalt gekürzt werden«, Heute im Bundestag, 21.06.2006

18 »Geldgeschenke an Kinder in der Regel bei Arbeitslosengeld II problemlos«, Pressemitteilung der Bundesagentur für Arbeit, 14.03.2007

19 »Jedes sechste Kind in Deutschland von Armut betroffen«, Spiegel Online, 23.04.2007; »2,5 Millionen arme Kinder«, Hannoversche Allgemeine Zeitung, 28.07.2006

20 »Kinderarmut hat mit Hartz IV Rekordniveau erreicht«, Pressemitteilung des Paritätischen Wohlfahrtsverbands, 25.08.2005

335

21 Fertig, Tamm 2005

22 Mittagstische für Kinder in Deutschland. In: www.children-for-a-better-world.de

23 »Armut verbaut Bildungschancen«, Böckler Impuls 02/2006

24 www.offroadkids.de

25 Grabka 2004

26 »Armut: Im toten Winkel des Sozialstaats«, Böckler Impuls 01/2006; »Millionen verzichten auf Unterstützung«, Spiegel Online, 18.10.2006

27 Schuldenreport 2006

28 Zweiter Armuts- und Reichtumsbericht 2005, S. XVII

29 Mikrozensus 2004

30 Alle Zahlen zu Working Poor: Strengmann-Kuhn 2004

31 Zweiter Armuts- und Reichtumsbericht 2005, S. 166-167

32 Krieger, Ludwig, Schupp, Will 2006, S. 15

33 Krieger, Ludwig, Schupp, Will 2006, S. 16

34 »Kein warmes Bett für alle«, Frankfurter Rundschau, 02.02.2006

35 »Immer mehr junge Menschen werden obdachlos‹. Evangelische Obdachlosenhilfe stellt bundesweite Studie vor«, Pressestatement von Pfarrer Dr. Wolfgang Gern, Frankfurt, 09.07.2004

36 »Kreise benachteiligen Obdachlose«, Frankfurter Rundschau, 10.11.2004

37 Werenka Rosenke: Leben in ständiger Angst vor Gewalt, Frankfurter Runddschau, 20.02.2006

38 »Familie soll in finanzieller Notlage helfen«, Frankfurter Rundschau, 06.04.2005

Statistik: Wahrheitssuche im Zahlenlabyrinth

1 Deutsches Institut für Wirtschaftsforschung: Einkommens- und Vermögensverteilung, Erwerbstätigkeit und Arbeitslosigkeit seit dem Anfang der achtziger Jahre. Berlin 1997 S. 28f

2 Jahreswirtschaftsbericht 2006, S. 101f

3 »Deutsche Wirtschaft im Jahr 2006 kräftig gewachsen«, Pressemitteilung des Statistischen Bundesamts, 11.01.2007, »Aufschwung nützt nur den Reichen«, Frankfurter Rundschau, 23.02.2007

4 Statistisches Bundesamt 2006

5 Zweiter Armuts- und Reichtumsbericht 2005, S. 22ff

6 Bach, Corneo, Steiner 2005

7   Merz, Hirschel, Zwick 2005. Die Einkommensteuerstatistik 1998 wurde für 2003
     simuliert.

8   Becker, Hauser 2003, S. 92

9   Ammermüller, Weber 2005

Sozialstaat: Keine Chancen ohne Geld

1   BMGS (Hrsg.): Sozialbudget 2006

2   »Krankheit ohne Krankenkasse«, Handelsblatt, 01.03.2005. »Ohne Krankenversi-
     cherung vor dem schwarzen Loch«, Frankfurter Rundschau, 07.12.2005

3   »Gesundheitsökonomen warnen vor Risiken«, Pressemitteilung der Hans-
     Böckler-Stiftung, 25.10.2005

4   »Nur wenige Rückkehrer«, Frankfurter Rundschau, 17.07.2007

5   Bundesarbeitsministerium (Hrsg.) Statistisches Taschenbuch 2005

6   Blos 2006

7   »Mitgeschleppter Fehler«, Böckler Impuls 07/2005

8   »BA legt Finanzbericht über das vierte Quartal und das Jahr 2006 vor«, Pressemit-
     teilung 07 vom 26.01.2007

9   Mitgliedsstaaten der Organisation für wirtschaftliche Zusammenarbeit und
     Entwicklung

10   OECD (Hrsg.): Health at a Glance 2006

11   Statistisches Bundesamt 2006, Prozentangaben: eigene Berechnung

12   Gerlinger 2004

13   Gerlinger 2004

14   »Für Sozialdemokraten eigentlich nicht akzeptabel«, Spiegel Online, 05.10.2006

15   »Für Sozialdemokraten eigentlich nicht akzeptabel«, Spiegel Online, 05.10.2006

16   »Kniefall vor Pharma-Konzernen«, Presseerklärung der Coordination gegen
     Bayer-Gefahren, 22.07.2003, Zahl der zugelassenen Arzneimittel laut VdAK-
     Pressestelle

17   »Arzneimittelreport kritisiert Milliardenverschwendung«, Frankfurter Rund-
     schau, 20.10.2006

18   »Süße Medizin«, Frankfurter Rundschau, 21.06.2006

19   »Akupunktur sticht Schulmedizin – Streit um die hilfreichen Nadeln«, ZDF-
     Magazin Frontal 21, 25.04.2006

20   »Süße Medizin«, a.a.O.

21   »Süße Medizin«, a.a.O.

22   Die Tricks der Pharmabranche«, Frankfurter Rundschau, 21.06.2006

337

23 »Stern: Skandal um Pharmakonzern Ratiopharm«, Pressemitteilung des Magazins »Stern«, 09.11.2005

24 Jahrbuch Korruption 2006

25 »Bin ich als Kassenpatient der Dumme«, Stern Nr. 27/2006

26 »Bin ich als Kassenpatient der Dumme«, a.a.O.

27 »Bin ich als Kassenpatient der Dumme«, a.a.O.

28 ARD-Morgenmagazin, 26.06.2006

29 »Ärztliche Versorgung«, www.volkssolidaritaet.de, Bericht von einer Fachtagung des Sozial- und Wohlfahrtsverbandes, Berlin, 28.03.2006; »Studie belegt ungleiche Verteilung von Ärzten«, dpa-Meldung, 22.06.2007

30 Prof. Dr. Jörg-Dietrich Hoppe, Rede zur Eröffnung des 109. Deutschen Ärztetages in Magdeburg am 23.05.2006

31 »Machtkartell: Die Kassenärztlichen Vereinigungen und die Gesundheitsreform«, ARD-Magazin Monitor, 06.07.2006

32 »Kassenarzt-Chef räumt Lücken in Einkommenstabelle ein«, Frankfurter Rundschau, 27.03.2004

33 Prof. Gerd Bosbach, FH Koblenz, verschiedene Quellen, zusammengefasst in »Deutsche sterben doch nicht aus«, DGB-Info-Brief »Frau geht vor« 03/2006

34 »›Jammerlappen‹ sind selbst schuld«, Focus Online, 09.03.2006

35 »Wir leben so gut wie keine andere Generation«, Die Zeit 48/2004

36 Bäcker 2004

37 Bäcker 2004

38 »Rürup als Werbeträger des Finanzdienstleisters MLP«, www.nachdenkseiten.de, 26.01.2006

39 »Union Investment mahnt private Vorsorge an«, Frankfurter Rundschau vom 06.10.2006

40 Bäcker 2004

41 »Riester-Rente weiter mit viel Rückenwind«, Pressemitteilung des BMAS, 18.05.2007

42 »Boom bei der Riester-Rente; Lebensversicherung mit starkem Beitragswachstum«, Pressemitteilung des Gesamtverbandes der Deutschen Versicherungswirtschaft, 30.01.2006

43 »Wer nicht abnimmt, soll mehr zahlen«, Spiegel Online, 20.07.2006

44 Rede beim Neujahrsempfang der Industrie- und Handelskammer Frankfurt/Main am 10.01.2006, www.bundesfinanzministerium.de

1   »Der wahre Hartz«, ARD-Magazin Monitor, 12.08.2004

2   »Hart(z) am Rande der Seriosität«, Wirtschaft und Markt, 08/2002

3   Bt.-Drs. 16/505, 01.02.2006, S. 17

4   »Arbeit und Brot« von Friedhelm Hengsbach, Frankfurter Rundschau, 27.05.2006

5   Bundesagentur für Arbeit (Hrsg.): Eckdaten zur Grundsicherung für Arbeitsuchende: März 2007

6   Bundesagentur für Arbeit

7   Blos, Rudolph 2005

8   BVerfG vom 02.09.2004 – 1 BvR 1962/04

9   Bt.-Drs. 16/1410

10 »Bundessozialrichter rügt Verschärfung von Hartz IV«, Frankfurter Rundschau, 06.06.2006

11 »Rechtliche Apartheid für Arbeitslose«, die tageszeitung, 14.02.2006

12 Kolf 2005

13 Kolf 2005

14 »Die Arbeitslosen sollen weichgekocht werden«, Junge Welt, 23.02.2006

15 »Bremen lässt Haushalten mit zu hohen Mieten Zeit für Umzug«, Pressemitteilung des Senators für Arbeit, Frauen, Gesundheit, Jugend und Soziales, 26.09.2005

16 Allex 2006

17 »Die Arbeitslosen sollen weichgekocht werden«, a.a.O.

18 Bundesagentur für Arbeit, Zahlen Dezember 2005 hochgerechnet auf das Jahr

19 Bundesrechnungshof (Hrsg.): Durchführung der Grundsicherung für Arbeitsuchende – Wesentliche Ergebnisse der Prüfungen im Rechtskreis des Zweiten Buches Sozialgesetzbuch, Bonn 19.05.2006

20 »Auf Hartz und Nieren«, Warentest Nr. 11/2005

21 Grundsicherung für Arbeit suchende. Jahresbericht 2006, S. 94

22 Wolff, Hohmeyer 2006

23 »Hartz-Reform schröpft Rentner«, Der Spiegel Nr. 29/2005

24 Bundesrechnungshof (Hrsg.): a.a.O.

25 »Skandal bei Werkstatt Frankfurt e.V.: Wahlbeeinflussung, Kündigungen, ›Spezialabteilung‹ für ehemalige und amtierende Betriebsräte«, www.labournet.de, 07.11.2006

26 »Suchhilfen sind nötig«, Frankfurter Rundschau, 01.07.2005

27 »Kauder will ›Null-Euro-Jobs‹«, Süddeutsche Zeitung, 31.05.2006

28 Steffen 2006

29   Presseinformation des hessischen Justizministeriums, 10.03.2005

30   »MdB Müller schlägt Gemeinschaftsdienst für Langzeitarbeitslose vor«, undatierte Pressemitteilung 13.06.2006

31   »Arbeitslose bergen verendete Grippe-Vögel«, Spiegel Online, 16.02.2006

32   »Spielplätze, Bushaltestellen und Straßenlampen reinigen«, Spiegel Online, 07.07.2004

33   »Bodo Ramelow (PDS): Peter Struck nimmt Arbeitslosenheer wörtlich«, Pressemitteilung, 28.06.2005

34   »Vorrang für die Anständigen« 2005

35   »Hausbesuche gegen Hartz-Missbrauch«, Spiegel Online, 08.10.2005

36   »Große Koalition zielt gegen angeblichen Hartz-IV-Missbrauch«, Frankfurter Rundschau, 24.10.2005

37   »Koch fordert schärfere Gangart gegen Arbeitslose«, Spiegel Online, 01.02.2006

38   »CDU-Vorstandsmitglied will härtere Sanktionen für Arbeitslose«, Stern, 08.06.2005

39   »Datenabgleich ergibt fünf Prozent Missbrauch«, Frankfurter Rundschau, 03.06.2006

40   »Viel Propaganda, wenig Missbrauch«, DGB-Infoservice Einblick 12/2006

41   »Zehn Prozent tricksen beim Arbeitslosengeld«, Spiegel Online, 19.10.2005

42   »SPD-Chef Beck löst Anstands-Debatte aus«, Die Welt, 09.06.2006

43   »Jahrhundert-Reform oder Milliarden-Grab. Ist Hartz IV gescheitert?«, ZDF-Talkshow »Berlin Mitte«, 01.06.2006

44   »SPD-Fraktionsvize Poß lehnt Reform des Ehegattensplittings ab«, www.handelsblatt.com, 18.06.2006

45   »Hartz IV läuft aus dem Ruder«, FAZ.NET, 23.05.2006

46   »Viel Propaganda, wenig Missbrauch«, a.a.O.

47   »Kostenexplosionsbericht« Arbeitslosengeld 2006

48   »Rechnungshof kritisiert Klassifizierung von Arbeitslosen«, Spiegel Online, 25.09.2006

1   »Kabinett beschließt Steueränderungsgesetz 2007«, Pressemitteilung des Bundes-
    finanzministeriums, 10.05.2006

2   »Bittere Einschnitte«, Frankfurter Rundschau, 11.05.2006

3   Statistisches Bundesamt (Hrsg.): 2006: Geringster Anstieg der Tarifgehälter seit
    1995, Pressemitteilung, 29.01.2007; dss.: Verbraucherpreise Januar 2007: + 1,6%
    zum Januar 2006, Pressemitteilung, 16.02.2007

4   »Ausführliche Ergebnisse zur Wirtschaftsleistung im 1. Quartal 2007«, Pressemit-
    teilung des Statistischen Bundesamts, 24.05.2007

5   »Es muss weitergehen mit den Investitionen«, Frankfurter Rundschau, 25.08.2006

6   »Topverdiener zahlen weniger an den Staat«, Süddeutsche Zeitung , 31.10.2006

7   ver.di Wirtschaftspolitik aktuell Nr. 15/2004, Dezember 2004

8   BVerfG v. 22.06.1995 – 2BvL 37/91

9   »Bundesregierung lässt Vermögensteuer ruhen«, Frankfurter Rundschau,
    06.04.2006

10 Veranlagte Einkommensteuer, Körperschaft-, Gewerbe-, Kapitalertrag- und
    Vermögensteuer

11 »Die arme reiche Stadt«, die tageszeitung , 12.07.2003, »Großkonzerne zahlen
    wieder Gewerbesteuer«, www.sueddeutsche.de, 28.1.2004

12 § 10a Gewerbesteuergesetz

13 »Verlustvorträge werden zum Risiko«, Die Welt, 16.04.2005, »Vodafone. Ein ganz
    legaler Steuertrick«, Die Welt, 08.06.2004

14 »Zehn Prozent Körperschaftsteuer gefordert«, www.wiwo.de, 02.06.2006

15 »Kein fetter, aber ein leistungsfähiger Staat«, Frankfurter Rundschau , 11.1.2006

16 Ergebnisse der Steuerschätzung vom 08. – 11.05.2007, Monatsbericht des BMF,
    Mai 2007

17 »Koalition erwägt Abgeltungssteuer von 25 Prozent«, in Handelsblatt, 30.08.2006

18 »Private Erben müssen mehr zahlen«, Frankfurter Rundschau, 14.05.2007

19 »Kabinett beschließt Eckpunkte zur Unternehmenssteuerreform«, Pressemittei-
    lung des Bundesfinanzministeriums, 12.07.2006

20 »Generalsekretär warnt vor Dauer-Hickhack«, Frankfurter Rundschau,
    08.08.2006

21 »Industrie sieht sich im ›Hochsteuerland‹«, Frankfurter Rundschau, 24.09.2004

22 BMF (Hrsg.): Die wichtigsten Steuern im internationalen Vergleich 2005, Berlin,
    Dezember 2005

23 »Im Steuer-Wirrwarr sind nicht einmal die Begriffe klar«, Frankfurter Rund-
    schau, 13.09.2005

24 »Kirchhofs 418 Steuer-Ausnahmetatbestände nicht zu finden«, Zeit-Brief 36/2005, 31.08.2005

25 »Im Steuer-Wirrwarr sind nicht einmal die Begriffe klar«, a.a.O.

26 Bt.-Drs. 16/120 S. 22 ff.

27 »Land will um Pfaff-Arbeitsplätze kämpfen«, www.swr.de/Nachrichten, 12.03.2004. »Pfaff wandert nach China aus«, die tageszeitung , 18.03.2004

28 »Sachsen-Anhalt will von Bombardier Millionen Fördergelder zurück«, FAZ.NET, 23.03.2004

29 »Unternehmen auf Steuerflucht«, MDR Nachrichten-Magazin Exakt , 04.11.2003

30 »Im Steuerdschungel«, Frankfurter Rundschau , 22.01.2005

31 »Fiskus schont Millionäre«, Hannoversche Neue Presse, 15.11.2006

32 »Das Ehegattensplitting hat sich überlebt«, Frankfurter Rundschau, 08.08.2005, Bt.-Drs.: 106/2231

33 Berechnungen des Bundes der Steuerzahler

34 »Das Hochsteuer-Paradies«, www.manager-magazin.de , 01.03.2005, »Fiasko für den Fiskus«, Die Zeit 08/2005, 17.02.2005

35 »Konzerne prellen Fiskus um 65 Milliarden«, www.stern.de, 14.08.2006

36 »Das unmögliche Möbelhaus: IKEAs ganz legale Steuertricks«, ARD-Magazin Monitor, 30.06.2005

37 »Im Gespräch: Lorenz Jarass«, metall-direkt 11/2005

38 »Im Steuerdschungel«, Frankfurter Rundschau, 22.01.2005

39 »Warum Stiftungen so populär sind«, Handelsblatt, 21.12.2004

40 »Steuertricks der Hertie-Erben«, Der Spiegel 22/1999

41 Angaben des Bundesverbandes Deutscher Stiftungen für 2006

42 »Wohltaten im stillen Winkel«, Süddeutsche Zeitung, 28.05.2005

43 »Corporate Citizenship: Winwin«, Wirtschaftswoche Nr. 26/2004

44 Sven Giegold, Vortrag bei der Veranstaltung »Aufstehen gegen Steuerflucht«, Frankfurt/Main, 04.11.2004

45 »Weiße Gipfel, schwarzes Geld«, Capiatal 12/2007, Deutsche Bundesbank;

46 Sven Giegold: Die multilaterale Regulierung der Steuerflucht, undatiert, in www.attac.de (Pfad: Steuern, Steuerflucht/Steueroasen)

47 »Asiatische Lösung«, Der Spiegel, 26/2005, S. 80

48 »Auf der Flucht«, Manager-Magazin Nr. 08/2006

49 Sven Giegold: Die multilaterale Regulierung der Steuerflucht, a.a.O.

50 Sven Giegold: Steuerflucht und Steuervermeidung als Hebel für Sozialabbau, undatiert, www.attac.de (Pfad: Steuern Steuerflucht/Steueroasen)

51 Sven Giegold: Die multilaterale Regulierung der Steuerflucht, a.a.O.

52 »Kontenabfragen hat sich bewährt«, Handelsblatt, 06.04.2006

53 »Auf der Flucht«, a.a.O.

54 Monatsbericht des BMF, 07/2006

55 Monatsbericht des BMF, 09/2005

56 »Steuerfahnder kaltgestellt?«, hr-online, 06.11.2005

57 »Falsche Sparpolitik«, Frankfurter Rundschau, 17.02.2006

58 »Ergebnisse der steuerlichen Betriebsprüfung 2005«, Mitteilung des BMF, 03.05.2006

59 »Im Steuerdschungel«, a.a.O.

Haushaltssanierung: Reibach mit öffentlicher Armut

1 »Roland Koch – wie ein Hesse den Deutschen das Sparen beibringen will«, RBB-Magazin Kontraste, 10.11.2005

2 »Kein fetter, aber ein leistungsfähiger Staat«, Frankfurter Rundschau, 11.01.2006

3 »Operation ohne Zukunft für die Schwachen«, Frankfurter Rundschau, 23.09.2003

4 »DGB Hessen wirft Landesregierung soziale Kälte vor«, Pressemitteilung des DGB Hessen, 12.11.2004

5 »Im sozialen Netz klaffen große Lücken«, Frankfurter Rundschau, 04.03.2004

6 »Im sozialen Netz klaffen große Lücken«, a.a.O.

7 »Regierung sucht Ausweg aus Haushaltskrise«, Frankfurter Rundschau, 10.05.2005

8 Einbringungsrede von Finanzminister Jochen Dieckmann zum Haushalt 2004/2005 im Landtag NRW am 12.11.2003, Pressemitteilung des Finanzministeriums

9 laut Plenarprotokoll, 13/102, 12.11.2003

10 laut Plenarprotokoll 14/21, 28.02.2006

11 »Staatsschulden: 1,5-Billionen-Grenze überschritten«, Focus Online, 05.05.2006

12 »Rechnungshöfe attackieren Eichel und Kollegen«, Spiegel Online, 07.05.2004

13 »Rechnungshöfe attackieren Eichel und Kollegen«, a.a.O.

14 »BMF plant 2005 keinen weiteren Verkauf von Russland-Forderungen«, www.finanznachrichten.de, 28.06.2004

15 Müller 2004, S. 310

16 Bofinger 2005, S. 121

17 ver.di Bundesvorstand (Hrsg.): Staatsfinanzen stärken, Berlin o.J., S. 9

18 »Öffentliches Finanzierungsdefizit 2006 auf 15,3 Milliarden Euro verringert«, Pressemitteilung des Statistischen Bundesamtes, 19.03.2007

19 »Zwischen Mythen und Fakten«, www.stern.de, 11.10.2005

20 »Kein fetter, aber ein leistungsfähiger Staat«, a.a.O.

21 »Die Schuldenmacher vom Dienst«, www.sueddeutsche.de, 08.05.2006

22 Haiduk, Klemm, Meetz 2006

23 www.unterrichtsgarantieplus.hessen.de

24 »Erste Flops bei Ersatzlehrern für ›Unterrichtsgarantie plus‹«, Frankfurter
    Rundschau 15.09.2006

25 »Aufruhr der Eltern und Lehrer treibt CSU zu Rückzieher«, Frankfurter Rund-
    schau, 29.09.2004

26 Brief des Bayerischen Kultusministeriums an Eltern und SchülerInnen am
    21.07.2005

27 »Lernmittelfreiheit gibt es kaum noch«, Frankfurter Rundschau, 02.02.2006

28 »Neuer Höchststand mit 640.000 Schülern«, Pressemitteilung des BVD,
    01.09.2006

29 Bundesbildungsministerium 2006

30 »Privatschulen werden mit rund zehn Millionen Euro stärker gefördert«, Presse-
    mitteilung des Hessischen Kultusministeriums, 14.09.2006

31 www.studis-online.de/studInfo/gebuehren

32 »Bauindustrie kritisiert Kommunen«, Frankfurter Rundschau, 11.01.2006

33 »Frauen, Kinder und Arbeitslose zuerst?«, Pressemitteilung von Attac Saar,
    20.01.2005

34 www.dresden-fernsehen.de, 20.06.2006

35 »Dresden denkt über Verbot von Schulden nach«, Frankfurter Rundschau,
    10.03.2006

36 »Überlegungen für Neuverschuldungsverbot im Finanzministerium«, Yahoo-
    Nachrichten, 24.06.2006

37 »Die Schulden-Republik«, Capital 24/2004, 11.11.2004

38 www.wirtschaftsrat.de/data/jahresberichte/finanzsteuer.htm, 20.09.2006

39 »Peffekoven: Politikern fehlt Mut zu radikaler Kürzung«, DeutschlandRadio
    Berlin, 08.03.2004

40 Müller 2004, S. 338

41 Bofinger 2005, S. 40

42 »Geniestreich unter Vorbehalt«, Frankfurter Rundschau, 27.10.2004

43 »Krankenhäuser: Konzerne rücken vor«, Die Zeit Nr. 28/2006

44 »Der private Staat«, Der Spiegel 34/2006, 21.08.2006

45 »Der Unternehmer als Staat«, Die Zeit 13/2005, 23.03.2005

46 »Exklusiv: Hessen forciert Immobilienverkauf«, Financial Times Deutschland,
    23.09.2005

47 »Käufliches Hamburg«, Die Zeit 28/2006

48 »52,5 Milliarden Euro Zeitwert der Autobahnen«, Pressemitteilung des Statistischen Bundesamts 21.10.2005; »Unternehmen wollen am Straßenbau verdienen«,
Frankfurter Rundschau, 20.10.2005

49 ver.di-Bundesvorstand (Hrsg.): In unsere Zukunft investieren, Berlin, Februar
2006, S. 12

50 »Kein PPP-Modell bietet Vorteile für die Bürger«, Frankfurter Rundschau,
13.03.2006

51 »Käufliches Hamburg«, a.a.O.

52 Müller 2006

53 »Sozialistische Müllhaufen«, Die Zeit Nr. 40/2006

Ostdeutschland: Der deutsche Mezzogiorno

1   Bericht zum Stand der deutschen Einheit 2006

2   DIW Juli 2005

3   VGR 2006

4   Umfrage der Volkssolidarität September 2005

5   »Angst vor der Spritze«, www.bpb.de/themen/5vvwke.html, 15.05.2006

6   »IfW prangert Fehlsubventionen im Osten an«, in www.ftd.de, 15.03.2006

7   »Aussichtslose Einsichten«, Frankfurter Rundschau, 02.03.2004

8   Zit. nach Luft, Christa: Wendeland. Fakten und Legenden. Aufbau Taschenbuch
Verlag, Berlin 2005, S. 23

9   »Franken beneiden Thüringer«, Frankfurter Rundschau, 10.10.2006

10 »Finanzministerium wirft Ost-Ländern Verschwendung vor«, Spiegel Online,
30.01.2006

11 Bericht zum Stand der deutschen Einheit 2006, S. 150

12 »Transferleistungen für die neuen Länder – eine Begriffsbestimmung«, Pressemitteilung des Instituts für Wirtschaftsforschung Halle, 07.07.2004

13 www.bmvbs.de, Beauftragter der Bundesregierung für die neuen Bundesländer

14 Mai 2006

15 Frankfurter Rundschau, 03.06.2004

16 »Der Osten Deutschlands hinkt weiter hinterher«, Frankfurter Rundschau,
28.09.2006

17 Beck 2004

1   Bundesarbeitsministerium: Statistisches Taschenbuch 2006, Bruttoarbeitnehmer-entgelt

2   Bei einer Vermögensteuer von einem Prozent

3   Zweiter Armuts- und Reichtumsbericht

4   Stern, 28.05.1998. Zit. nach Metall-direkt 12/1998

5   Berechnet nach dem Bruttoinlandsprodukt für 2004; Platz 1 und 2 USA und Japan

6   »Für Müntefering gibt es keine Unterschicht«, Netzeitung, 16.10.2006

7   »Beck vermisst Aufstiegswillen«, Frankfurter Rundschau, 09.10.2006

8   »Gesellschaft im Reformprozess«, ppt-Präsentation von Rita Müller-Hilmer, TNS Infratest Sozialforschung, Juli 2006

9   »Aber Norbert, das ist doch Lyrik«, Die Zeit, 29.12.2005

10 »Es fehlt das Fördern«, Frankfurter Rundschau, 18.10.2006

11 »Was ist heute links« von Erhard Eppler, Deutschlandfunk, 15.09.2006, 9.30 – 10 Uhr

12 »Westerwelle nennt Gewerkschafter ›die wahre Plage‹ für Deutschland«, Netzei-tung, 30.04.2005

Literaturverzeichnis

Allex, Anne: Schnappschuss: Aufforderungen zur Unterkunftskostensenkung führen zu Aushungerung, zwangsweisen Um- oder Auszug – Überblick Bundesrepublik Deutschland (Kurzfassung), Berlin 20.03.2006

Ammermüller, Andreas, Andrea Maria Weber, Peter Westerheide: Die Entwicklung und Verteilung des Vermögens privater Haushalte unter besonderer Berücksichtigung des Produktivvermögens, Bundesministerium für Gesundheit und Soziale Sicherung, Mannheim 2005

Bach, Stefan, Giacomo Corneo, Viktor Steiner: Top Incomes and Top Taxes in Germany, DIW Discussion Paper, Berlin 11/2005

Bäcker, Gerhard: Der Ausstieg aus der Sozialversicherung – Das Beispiel Rentenversicherung, WSI-Mitteilungen 9/2004, S. 483ff

Beck, Dorothee (Hrsg.): Zeitarbeit als Betriebsratsaufgabe. Dokumentation der Arbeitstagung am 28.Oktober 2004 in Düsseldorf; Edition der Hans Böckler Stiftung Nr. 146, Düsseldorf 2005

Beck, Dorothee, Hartmut Meine: Wasserprediger und Weintrinker. Steidl Verlag Göttingen 1998

Beck, Dorothee: Maß halten sollen immer die anderen. Untersuchung und Bewertung bekannter und weniger bekannter Unternehmens-Skandale. Unveröffentlichtes Manuskript, Frankfurt 21.09.2004

Becker, Irene, Richard Hauser: Anatomie der Einkommensverteilung, Berlin 2003

Bericht der Bundesregierung zum Stand der deutschen Einheit 2006

Bericht der Kommission »Soziale Sicherheit« zur Reform der sozialen Sicherungssysteme, Berlin 29.09.2003

Bispinck, Reinhart, Claus Schäfer: Niedriglöhne? Mindestlöhne. Verbreitung von Niedriglöhnen und Möglichkeiten ihrer Bekämpfung, Sozialer Fortschritt Nr. 1-2/2005

Blos, Kerstin, Helmut Rudolph: Verlierer, aber auch Gewinner. Simulationsberechnungen zum Arbeitslosengeld II. IAB-Kurzbericht 17, 07.10.2005

Blos, Kerstin: Solidarisch über alle Grenzen, IAB-Kurzbericht Nr. 11, 07.07.2006

BMAS (Hrsg.): Statistisches Taschenbuch 2005

BMWA (Hrsg.): Vorrang für die Anständigen – gegen Missbrauch, »Abzocke« und Selbstbedienung im Sozialstaat, 08/2005

Bofinger, Peter: Wir sind besser, als wir glauben, Pearson Studium, München 2005

Bremer Institut für Arbeitsmarktforschung und Jugendberufshilfe (Hrsg.): »Kostenexplosionsbericht« Arbeitslosengeld; Bremen 16.05.06

Bundesagentur für Arbeit: SGB II. Grundsicherung für Arbeitsuchende. Jahresbericht 2005

Caritas, Diakonie, Rotes Kreuz, VZBW (Hrsg.): Schuldenreport 2006. Hintergrundinformationen

Deutsches Institut für Wirtschaftsforschung (Hrsg.): Einkommens- und Vermögensverteilung, Erwerbstätigkeit und Arbeitslosigkeit seit dem Anfang der achtziger Jahre. Gutachten im Auftrag der Zeitverlag Gerd Bucerius GmbH, Berlin 1997

Dörre, Klaus: Prekariat – eine arbeitspolitische Herausforderung; in: WSI-Mitteilungen 5/2005 S. 250ff

Ferchland, Rainer: Soziale und sozialräumliche Ungleichheit in Berlin – statistische Befunde 2003, Studie im Auftrag des kommunalpolitischen Forums e.V., Berlin 2004

Fertig, Michael, Marcus Tamm: Kinderarmut in Deutschland – Einige empirische Befunde. In: WSI-Mitteilungen 05/2005, S. 239ff

Gerlinger, Thomas: Privatisierung – Liberalisierung – Re-Regulierung. Konturen des Umbaus des Gesundheitssystems, WSI-Mitteilungen 09/2004, S. 501ff

Giegold, Sven: Die multilaterale Regulierung der Steuerflucht, undatiert, www.attac.de (Pfad: Steuern, Steuerflucht/Steueroasen)

Giegold, Sven: Steuerflucht und Steuervermeidung als Hebel für Sozialabbau, undatiert, www.attac.de (Pfad: Steuern Steuerflucht/Steueroasen)

Grabka, Markus M.: Einkommen, Sparen und intrafamiliale Transfers von älteren Menschen. DIW Wochenbericht 06/2004

Greve, Georg, Roman Pfeiffer, Thorsten Vennebusch: Minijob-Zentrale – Entwicklung und Status quo der geringfügigen Beschäftigung, RV aktuell 3/2007, S.38ff

Haiduk, Verena, Klaus Klemm, Frank Meetz: Teilarbeitsmarkt Schule. Arbeitsmarktbericht für das Jahr 2006. Essen, November 2006

Horn, Gustav, Achim Truger: Strategien zur Konsolidierung öffentlicher Haushalte; in: WSI-Mitteilungen 8/2005, S. 425ff

IG BAU Bundesvorstand (Hrsg.): Themendienst Scheinselbstständigkeit 06/2005

Jahrbuch Korruption 2006 – Schwerpunkt: Korruption im Gesundheitswesen, Parthas Verlag, Berlin 2006

Jungbluth, Rüdiger: Die Quandts. Ihr leiser Aufstieg zur mächtigsten Wirtschaftsdynastie Deutschlands. Campus, Frankfurt/Main – New York 2002

Kalina, Thorsten, Dorothea Voss-Dahm: Mehr Minijobs = mehr Bewegung auf dem Arbeitsmarkt? IAT Report 2005-07

Kalina, Thorsten, Claudia Weinkopf: Mindestens sechs Millionen Niedriglohnbeschäftigte in Deutschland: Welche Rolle spielen Teilzeitbeschäftigung und Minijobs? IAT-Report 2006–03

Kaltenborn, Bruno: Kombilöhne in Deutschland. Eine systematische Übersicht; IAB-Werkstattbericht 14, 05.12.2004

Kolf, Ingo: Wie teuer dürfen ALG II-Bezieher wohnen? Soziale Sicherheit 06/2005

Krieger, Wolfgang, Monika Ludwig, Patrick Schupp, Annegret Will: Lebenslage »illegal«. Menschen ohne Aufenthaltsstatus in Frankfurt am Main. Von Loeper Literaturverlag, Karlsruhe 2006

Krüger, Lydia, Suleika Reiners: Expansion ohne Grenzen. Hrsg. von weed, Bonn 2005

Lebenslagen in Deutschland. Der erste Armuts- und Reichtumsbericht der Bundesregierung 2001

Lebenslagen in Deutschland. Der zweite Armuts- und Reichtumsbericht der Bundesregierung 2005

Liedtke, Rüdiger: Wem gehört die Republik?. Eichborn Verlag, Frankfurt 2006

Ludwig, Johannes: Wirtschaftskriminalität – Schleichwege zum großen Geld. Fischer Taschenbuch Verlag, Frankfurt 1992

Luft, Christa: Wendeland. Fakten und Legenden. Aufbau Taschenbuch Verlag, Berlin 2005

Mai, Karl: Liegt der »Schwarze Peter« in Ostdeutschland? Weshalb Deutschland an BIP-Wachstumsschwäche leidet, www.memo.uni-bremen.de, 09.03.2006

Martens, Rudolf: Die ab Januar 2005 gültige Regelsatzverordnung (RSV) und der Vorschlag des Paritätischen Wohlfahrtsverbandes für einen sozial gerechten Regelsatz als sozialpolitische Grundgröße, Berlin, Paritätischer Wohlfahrtsverband e.V., 2004

Martens, Rudolf: Vermuteter Sozialmissbrauch und gefühlte Kostenexplosion beim Arbeitslosengeld II, Soziale Sicherheit Nr. 11/05

Martens, Rudolf: Der Vorschlag des Paritätischen Wohlfahrtsverbandes für einen sozial gerechten Regelsatz als sozialpolitische Grundgrö-

ße. Neue Regelsatzberechnung 2006. Hrsg. vom Paritätischen Wohlfahrtsverband, Berlin, Mai 2006

Merrill Lynch, Capgemini: World Wealth Report, 2006

Merz, Joachim, Dierk Hirschel, Markus Zwick: Struktur und Verteilung hoher Einkommen. Mikroanalysen auf Basis der Einkommensteuerstatistik. Lüneburg 2005

Müller, Albrecht: Die Reformlüge, Droemer, München 2004

Müller, Albrecht: Machtwahn. Droemer, München 2006

Reitzig, Jörg: Innovativ wider den Mainstream. Gesellschaftliche
Umbrüche und ihre Bedeutung für gewerkschaftliche Innovationen. Schriftliche Fassung eines Vortrags vom 18.09.2004

Rhein, Thomas, Herman Gartner, Gerhard Krug: Aufstiegschan-
cen für Geringverdiener verschlechtert; IAB Kurzbericht 3/05,
10.03.2005

Schuhler, Conrad: Die Globalisierungsstrategie der deutschen
Wirtschaft am Beispiel der Telekom, Referat bei der Telekom-
Betriebsräteversammlung, Nürnberg, 27.09.2005

Senatsverwaltung für Gesundheit, Soziales und Verbraucherschutz
(Hrsg.): Sozialstrukturatlas Berlin 2003, Kurzfassung, Berlin 2004

Statistisches Bundesamt (Hrsg.): Einnahmen und Ausgaben privater Haushalte. EVS 2003. Wiesbaden 2004

Statistisches Bundesamt (Hrsg.): Armut und Lebensbedingungen –
Ergebnisse aus »Leben in Europa« für Deutschland. Wiesbaden
2006

Steffen, Johannes: Bedarfsdeckende Bruttoarbeitsentgelte. Arbeitspapier zur erforderlichen Höhe der den SGB II-Bedarf deckenden
Bruttoarbeitsentgelte. Hrsg. von der Arbeitnehmerkammer Bremen, 05/2006

Strengmann-Kuhn, Wolfgang: Armut trotz Erwerbstätigkeit – Em-
pirisches Ausmaß und sozialpolitische Schlussfolgerungen. In:
Josef-Popper-Nährpflichtstiftung (Hrsg.): Broschüre zur Verleihung

des Forschungspreises 2003/2004 der Josef Popper-Nährpflichtstiftung. Frankfurt/Main 2004

Ugarte Chacón, Benedict: Der Verkauf der Berliner Sparkasse. Kritik und Alternativen. Hrsg. von Sahra Wagenknecht MdEP, Berlin 2006

ver.di Bundesvorstand Bereich Wirtschaftspolitik (Hrsg.): Hedge- und Private Equity-Fonds. Die Turbos im Kapitalismus. Wirtschaftspolitische Informationen 08/05 Oktober 2005

ver.di Bundesvorstand Bereich Wirtschaftspolitik (Hrsg.): Staatsfinanzen stärken, Berlin o.J

Wolff, Joachim, Katrin Hohmeyer: Förderung von arbeitslosen Personen im Rechtskreis des SGB II durch Arbeitsgelegenheiten: Bislang wenig zielgruppenorientiert; IAB-Forschungsbericht Nr. 10/2006, Nürnberg 2006